colección **Ideas en Debate**

SERIE ESTUDIOS CULTURALES

Piacenza, Paola
    Años de aprendizaje. Subjetividad adolescente, literatura y formación en la Argentina de los sesenta - 1a ed. - Buenos Aires : Miño y Dávila srl / Miño y Dávila sl, 2017.
    416 p. ; 22.5 x14.5 cm.
    ISBN 978-84-16467-76-1

    1. Teoría literaria. Estudios culturales. Filosofía y teoría de la educación. I. Título
    IBIC DSA, JFC, JNA

Edición: Primera. Marzo de 2017

ISBN: 978-84-16467-76-1

Ilustración de portada: Susana Mattanó
Diseño: Gerardo Miño
Composición: Laura Bono

© 2017, Miño y Dávila srl / Miño y Dávila editores sl

Prohibida su reproducción total o parcial, incluyendo fotocopia, sin la autorización expresa de los editores.
Cualquier forma de reproducción, distribución, comunicación pública o transformación de esta obra solo puede ser realizada con la autorización de sus titulares, salvo excepción prevista por la ley. Diríjase a CEDRO (Centro Español de Derechos Reprográficos, www.cedro.org) si necesita fotocopiar o escanear algún fragmento de esta obra.

dirección postal: Tacuarí 540 (C1071AAL)
Ciudad de Buenos Aires, Argentina
tel-fax: (54 11) 4331-1565
e-mail producción: produccion@minoydavila.com
e-mail administración: info@minoydavila.com
web: www.minoydavila.com
redes sociales: @MyDeditores, www.facebook.com/MinoyDavila

Años de aprendizaje

Subjetividad adolescente, literatura y formación en la Argentina de los sesenta

Paola **PIACENZA**

A la memoria de Luis Daniel Piacenza, mi padre.
Su inquebrantable fe en la utopía.
En homenaje a todas aquellas charlas en las que aprendía a pensar
junto a él, mientras crecía.

ÍNDICE

9 Una máquina de leer. A propósito de la tesis (y de este libro) de Paola Piacenza, por Gustavo Bombini

15 **PRIMERA PARTE: Relato de formación y subjetividad adolescente**

21 Capítulo I. Años de aprendizaje.
22 1. Narrar la historia.
26 2. Las formas del cambio
26 2.1. Desarrollo
30 2.2. Subdesarrollo
34 2.3. Revolución
38 2.4. Transición
44 3. Formación
44 3.1. La idea de formación
51 3.2. El relato

59 Capítulo II. Un nuevo paisaje humano
61 1. Adolescencias
61 1.1. El segundo nacimiento
73 1.2. La edad profética
79 1.3. La edad del siglo XX
81 1.4. La edad difícil
85 2. La subjetividad adolescente
85 2.1. Lo joven como valor
92 2.2. Los nuevos saberes acerca de la adolescencia
95 2.3. Los teenagers argentinos
110 3. La experiencia latinoamericana contemporánea: México, Cuba y Perú
114 3.1. Cuba: historia y experiencia
118 3.2. México: Babel
127 3.3. Perú: en la collera

141 **SEGUNDA PARTE: Literatura y experiencia adolescente**

143 Capítulo III. El personaje adolescente
143 1. Literatura y adolescencia: dos conceptos modernos
149 2. El personaje adolescente en la literatura argentina
155 3. Final de juego. Cortázar y el adolescente romántico

155	3.1. Una literatura efébica
160	3.2. La adolescencia como figura
175	3.3. Las verdades del tiempo perdido
180	4. Crecer de golpe. El relato de formación de izquierda
183	4.1. El adolescente Astier
185	4.2. Los muchachos del sur
191	4.3. El enigma del crecimiento
195	4.4. Saltar al camino
202	4.5. Relatos crispados
207	Capítulo IV. Memorias del tiempo de inmadurez
210	1. *L'heure de promesse*
216	2. La forma de lectores
220	3. La montaña mágica
227	Capítulo V. Los oficios terrestres
255	Capítulo VI. Cancha rayada. Lectura, escritura, adolescencia
258	1. El chiste idiota de Rilke
275	2. Una escena secreta
288	3. Clarín
291	Capítulo VII. Revelación de un mundo
292	1. Ángeles
304	2. Hacerse hombre
317	**TERCERA PARTE: La cultura adolescente y los jóvenes en los sesenta/setenta**
319	Capítulo VIII. El tesoro de la juventud
319	1. Lectura y formación
321	2. Libros para adolescentes
329	2.1. Sobre las hadas
335	2.2. Las enciclopedias
355	2.3. Los adolescentes se leen a sí mismos
363	Capítulo IX. Imberbes
363	1. Un lugar en el mundo
366	2. Una generación enfurecida
369	3. ¡Que mueran los viejos!
379	4. *You say you want a revolution*
391	Conclusiones
395	Bibliografía

Una máquina de leer
A propósito de la tesis (y de este libro)
de Paola Piacenza

Por Gustavo Bombini

A principios de los años noventa, recibí un llamado telefónico de una joven profesora en Letras rosarina interesada en conversar conmigo sobre cuestiones vinculadas con la enseñanza de la literatura. Con algunos años más que ella, yo era otro joven capaz de compartir el entusiasmo de mi sorpresiva interlocutora, a la vez que me sentí por cierto honrado por el hecho de que ella creyera que era yo quien podía acompañarla en sus intereses. De este modo, me convertí en director de su tesis presentada años más tarde en la Maestría en Enseñanza de la Lengua y la Literatura de la Universidad Nacional de Rosario (creo que una de las primeras tesis defendidas en esa maestría y una de las primeras tesis que yo dirigí) que giraba en torno a la cuestión de la formación del canon escolar en la década de los sesenta. Sobre ese tema yo solo tenía una intuición que provenía de una conversación con mi amiga Susana Itzcovich en la que ella me contaba que en los inicios de su tarea docente, cuando apenas tenía unos pocos años más que sus alumnos de quinto año de la secundaria, no se había imaginado otra cosa que dar de leer a esos estudiantes los mismos autores que ella estaba descubriendo: Borges, Cortázar, García Márquez, más allá de que no estuvieran en prescripciones curriculares y ni en libros de texto de la época. La tesis de maestría de Paola (que pronto también va a ser publicada) se tomaba en serio esa intuición pasajera sobre la que debimos haber hablado en nuestros primeros encuentros, y desarrollaba una rigurosa investigación en torno a la complejidad de los procesos de canonización escolar en esos años potentes de la cultura argentina. Recuerdo el entusiasmo de mi querida María Adelia Díaz Rönner, jurado de esa tesis, a la hora de vincular aquella potente investigación con sus propias referencias autobiográficas también en sus inicios en la profesión docente.

Por supuesto que la historia no se terminaría aquí; ya mencioné el entusiasmo del primer contacto, a lo que ahora le agrego la persistencia en el modo en que Paola se relaciona con el trabajo intelectual. Y la cuestión de la lectura de los adolescentes como un problema de investigación interesante recién comenzaba a prefigurarse a partir de una publicación que Paola me refirió cierto día. Se trataba de un volumen de la Colección GOLU (Grandes Obras de la Literatura Universal), de la Editorial Kapelusz, que ella ya había estudiado con minuciosidad en su tesis de maestría. El libro de GOLU se llamaba *Cuentos de adolescentes,* y el compilador era Angel Mazzei. Este criterio de selección instalado en una colección emblemática para la escuela secundaria invitaba a seguir revisitando el tema de la relación adolescencia/literatura, tramado en este caso a partir de posibles representaciones de la experiencia vital forjadas en el interior de los relatos literarios. Sin duda, este hallazgo funcionó como primera pulsión para encarar nuevos pasos en la investigación de Paola. Acaso esa antología del año 1979 daba el puntapié para algunas de las mejores preguntas de investigación que recorren esta tesis en libro que este prólogo precede.

Digo, las mejores preguntas pues se trataba de volver a la literatura desde una perspectiva interdisciplinaria ahí cuando "adolescencia" como concepto invita a un recorrido teórico-histórico donde literatura, psicología, pedagogía y política establecen insospechados maridajes semánticos que nos permiten vislumbrar la riqueza de un tiempo de la historia, de la escritura y de transformación social como son los años sesenta. La indagación se vuelve exhaustiva y en cada nuevo dato, en cada insospechada fuente, hay un descubrimiento que refuerza los hilos de la trama cultural que esta tesis construye.

Circulaba otro dato. Alguna vez, en busca de las manifestaciones de lo juvenil en la producción editorial y en las lecturas escolares en otros países, yo había accedido al corpus de la llamada "literatura de la onda" que se volvía a leer a comienzos de los noventa en las escuelas secundarias y sobre todo en las escuelas preparatorias (las "prepa") mexicanas. Seguramente profesores que en sus lecturas juveniles habían transitado esta literatura, la convertían en ese momento en lectura escolar. José Agustín, Gustavo Sanz, entre otros, eran los autores "de la onda" y en algún lugar yo había leído que en cuando en México se producía una novela que leerían los jóvenes, mientras, en Argentina, se producía una canción del pujante rock nacional, cotejo que sintetizaba caminos posibles que habría de tomar en cada país la construcción de esa experiencia cultural (ya no solo psico-biológica) llamada "adolescencia".

Esta experiencia tomada entonces en sentido amplio y no restringida al modo en que la literatura habría de procesarla abrió caminos insospechados a la hora de seguir recortando las fuentes de esta tesis, pues ahí estaban otros modos en que se produciría la experiencia de lectura de los adolescentes y uno de ellos, es el proyecto editorial llevado adelante por el Centro Editor de América Latina, a la vanguardia en materia de divulgación y que se propuso desarrollar, a principios de los setenta, una (así llamada) "Nueva Enciclopedia del Mundo" o en otra distribución "Enciclopedia temática cultural", un proyecto ambicioso —como lo son muchos en la época– en el que se comprometían los mejores intelectuales y científicos, para imaginar junto con la emprendedora y sagaz Amanda Toubes como directora y a la brillante Graciela Cabal como jefa de redacción, un producto editorial que pretendía una interpelación directa al lector adolescente, al mismo que tomaba como objeto de reflexión y análisis en sus propias páginas. Me surgió sugerirle a Paola que esa era una especie de "paideia de izquierda" para jóvenes y que debía formar parte del corpus a analizar.

De este modo, se fue urdiendo un territorio de lectura prolífico, cuantitativamente relevante y rico en su diversidad de objetos, fuentes, referentes teóricos y políticos y frente a los cuales surgía el desafío metodológico de construir una suerte de nueva máquina de leer que permitiera abordar el variado corpus no circunscripto ni a la literatura ni a cierto modo hegemónico de leerla en la academia. Paola habilitó esa máquina y ratificó la idea-clave de que una de las piezas fundamentales para esa máquina es, por un lado, la propia teoría literaria, pero también "las otras teorías" en su sentido más amplio. Y esa parece ser la clave interdisciplinaria que pone a prueba esta máquina de leer en acción que el lector descubrirá en las siguientes páginas.

En algunas de sus etapas, el desarrollo de esta tesis estuvo apoyado por una beca doctoral de CONICET, luego interrumpida por discutibles criterios de la burocracia de la investigación, pese a los cuales el trabajo de Paola siguió adelante, no perdió nada de su calidad y excelencia, y fue concluida mientras sus roles de madre y profesora la requerían para otras faenas. El afán intelectual de su autora, la creatividad al servicio de la escritura de investigación y la inteligencia manifestada en el uso de esta potente máquina de lectura, dio como resultado este volumen que será sin duda un aporte nuevo y fundamental para el conocimiento de las políticas, de las experiencias culturales y pedagógicas, de los modos de producir y leer literatura y también de los modos de producir y leer otro tipo de textos y también de los modos de hacerlo en América Latina, en tres países, ahí donde la ausencia de prejuicios llevó a Paola a agrandar ese corpus literario inicialmente argentino y que sorprende por su amplitud y diversidad. Sale uno con ganas de leer muchos de los cuentos y novelas que se analizan en esta tesis y que seguramente no hemos leído. También de recrear la lectura de algunos que ya hemos transitado. Sorprende y gratifica revisitar textos muy diversos y muy queridos por nosotros ahora puestos en relación en torno a un sesgo de lectura por cierto atractivo y sin duda muy original.

En este punto parece que nadie falta a la cita, desde los más previsibles Arlt y Cortázar a Manuel Puig, Haroldo Conti, Miguel Briante, Beatriz Guido, Alvaro Yunque, Germán García, Daniel Moyano, Nora Lange, David Viñas, Juan José Saer y Rodolfo Walsh, entre los argentinos, y luego, un amplio espectro que incluye escritores tan diversos como Gombrowicz, Salinger, Nabokov, Octavio Paz, José Lezama Lima, entre tantísimos. La tesis desborda de lecturas: literarias, no literarias y teóricas, rescata autores aún no traducidos como el holandés John Neubauer, antecedente clave de esta investigación y un gran descubrimiento, cuyo traducción al español algún editor nos debe.

Y en simultaneidad al canon de escritores, acaso más esperable para el lector literario, vamos atravesando otros nombres y citas trabajadas de autores tan diversos como el presidente Arturo Frondizi y su discurso parlamentario, Juan Mantovani, Gino Germani, Gustavo Cirigliano, María Herminia Mérega, Arminda Aberastury y el psicólogo Oscar Oñativia de la ciudad de Salta, pero también Stanley Hall, el autor del primer libro dedicado íntegramente a la psicología del adolescente publicado en 1904, el psicólogo Erik Erikson o Rafael Cansinos Asséns, prologuista y traductor de Dostoiesvky, y dejo de enumerar para que el lector se vaya sorprendiendo a medida que avance en la lectura de estas páginas.

Uno podría afirmar que después de la existencia de esta tesis de Paola Piacenza los debates sobre lectura, adolescencia y formación (y agrego) y sobre escuela y producción editorial, ya sea que se produzcan en la academia (en la pedagogía, en los estudios literarios y culturales, en la sociología, en la psicología), en la escuela secundaria, en el ámbito de la formación de profesores o en el campo editorial, ya no podrán ser debates con un abordaje superficial y sin tener en cuenta esta tesis como punto de partida.

Por fin, quiero decir que me tocó en suerte ser, en distintos períodos, codirector y director de esta tesis, acompañado o acompañando de/a colegas que ya no están: Nora Bouvet y Nicolás Rosa. No conocí a Nora pero fui, como Paola, alumno de Nicolás, profesor de la Universidad de Buenos Aires y de la Universidad Nacional de Rosario. Más cercana, ella fue y sigue siendo miembro de su cátedra de Teoría Literaria y en ella esa marca de origen ha sido la disponibilidad de unas potentes herramientas de lectura que, para el caso de esta tesis, ha superado y traspasado los límites excluyentes y endogámicos de los abordajes literarios asumiendo una perspectiva discursiva que ha permitido una lectura cruzada de "objetos", que hacen sentido para la comprensión de un tiempo histórico complejo y productivo y permite asumir, si los lectores-investigadores y críticos se animan, un modo de trabajar nuevo.

En este punto, esta tesis ha sido para mí —y lo será para sus inminentes lectores, poseedores de este libro— un lugar de aprendizaje, la ocasión para acercarnos a los mecanismos de esta nueva máquina de leer. Y podríamos agregar, más o menos risueñamente, a los mecanismos de esa criteriosa, inteligente y sensible máquina de leer que es su autora.

Me pone muy feliz hoy, cuando estoy terminando de escribir estas líneas, el hecho de saber que muchos colegas van a poder leer la tesis de Paola. La recomendaré con entusiasmo y sé que muchos, después de leerla, también lo harán.

Años de aprendizaje

Subjetividad adolescente, literatura y formación en la Argentina de los sesenta

Paola **PIACENZA**

PRIMERA PARTE:

Relato de formación y subjetividad adolescente

Partimos de dos premisas. La primera es que, en los años sesenta en la Argentina, los discursos que construyen el mundo social, es decir, que formulan no solo lo que es decible y pensable en la época, sino también, las lógicas y sistemas de creencias que le otorgan verosimilitud, se organizan en torno a un *relato de formación*. La segunda, sugiere que este *relato de formación* encuentra su metáfora en la subjetividad adolescente tal y como es definida por los discursos hegemónicos en ese momento histórico.

En lo que respecta al período elegido, llamamos "años sesenta" al lapso de tiempo que va de 1955 a 1973 y que, si bien coincide y guarda relación en la Argentina con los años del "posperonismo" y del regreso de Perón al poder, no implica una relación directa con esta referencia política. Acordamos con Fredric Jameson que, en *Periodizar los sesenta* (1997 [1989]), señala la necesidad de sostener la categoría histórica de "período" para poder reconocer el "valor de lo excepcional" sobre el horizonte de lo históricamente dominante o hegemónico en un horizonte comparativo. Así planteado, se observa que la tendencia en la bibliografía acerca de los sesenta tiende a extender los inicios a la década del cincuenta e imaginar su clausura en los primeros años de la del setenta. Las diferencias, en cada caso, responden, a la naturaleza del objeto de estudio elegido. De este modo, Jameson, en una conceptualización del período a nivel mundial, destaca la importancia inicial de la Revolución Cubana de 1959 y su aporte de "sentimiento de libertad y posibilidad" (Jameson, 1997: 82) y a los años 1967-1968 y 1972-1974 como dos cortes indicadores del fin.

Para el caso de América Latina, Claudia Gilman también defiende la noción de "época" para caracterizar un "bloque" que designa como los sesenta/setenta y comprende desde el año 1959 hasta *circa* 1973 ó 1976. Dice la autora al respecto: "(...) así sin comillas, constituye una época con un espesor histórico propio y límites más o menos precisos, que la separan de la constelación inmediatamente anterior y de la inmediatamente posterior" (Gilman, 2003: 36). De hecho, la historia política de la época se escribe, cronológicamente, a caballo entre dos décadas. Veíamos recién el caso de la proscripción y *vuelta* del peronismo pero también el desarrollismo gobierna el país entre 1958 y 1962 y, de acuerdo con Oscar Terán (1991), el nacimiento de una nueva izquierda intelectual se da entre 1956 y 1966. La misma percepción del tiempo aparece en algunos de quienes fueron sus actores, como es el caso del escritor Luis Chitarroni: "Mientras los sesenta exhiben su frescura y su deseo de cambio, los setenta obligan a buscar un microscopio. Mientras los sesenta con toda su fluctuaciones, pueden verse en bloque, los setenta exigen las hojas de almanaque de cada año" (Chitarroni, 2000: 180).

Si tomamos en cuenta la periodización de la historia literaria, el capítulo acerca de la narrativa argentina escrita entre 1960 y 1970 que firman Ana María Amar Sánchez, Mirta Stern y Ana María Zubieta en la *Historia de la literatura argentina* del Centro Editor de América Latina en 1981 se refiere a la "narrativa a partir del '60" como a una producción de narradores que "(...) se ha designado como generación del '55" (Sánchez, Stern, Zubieta, 1981: 625) y, si bien las autoras señalan lo polémico de la designación, aceptan el hecho de atender a la centralidad que representa la caída del peronismo en 1955 así como a las marcas del exilio y la censura –durante los setenta– como índices *generacionales*. La reciente *Historia crítica de la literatura argentina* dirigida por Noé Jitrik para la Editorial Emecé "recorta" las dos décadas cronológicas que nos ocupan en un período que "(...) habría comenzado hacia la segunda mitad de los sesenta, se volvió intenso durante los setenta y sin duda mantiene efectos fuertes hasta ahora (...)" (Drucaroff, 2000: 8)[1].

En cuanto al corpus, consecuentemente, está constituido por un conjunto de textos de distintos géneros, subgéneros, campos disciplinares y estilos, producidos en esta época, en los que es posible leer el funcionamiento de un conjunto de tópicos, tropos, enunciados y dispositivos que giran en torno a las premisas planteadas. Nuestro objetivo no fue tratar la completa producción discursiva del período, por inabordable, sino atender a aquellas

---

1. En el campo específico de nuestro objeto de investigación, podemos mencionar como antecedentes los recortes "epocales" y no "cronológicos" de los artículos de Rafael Gagliano "Educación, política y cultura adolescente, en la *Historia de la educación argentina* dirigida por Adriana Puiggrós, que circunscribe su análisis a los años comprendidos entre 1955 y 1970 (Gagliano, 1997) y "Ha llegado la nueva ola: música, consumo y juventud en la Argentina" de Valeria Manzano (2010) que remite su estudio al período 1956-1966 en el volumen colectivo *Los '60 de otra manera. Vida cotidiana, género y sexualidades en la Argentina*.

textualidades que se mostraban particularmente *densas* en la medida en que promovían relaciones con otros discursos contemporáneos.

Llamamos *relato de formación* a un estado del discurso social (Angenot, 1988) caracterizado por una temporalidad incoativa y progresiva que postula al "cambio" como valor y al aprendizaje como condición necesaria para operar ese pasaje en el marco general de una asociación entre aprendizaje y crecimiento y, en el contexto todavía más amplio, de un proceso de modernización de todos los campos de la cultura. En este contexto, la identidad –individual y colectiva ("nacional")– asume una forma narrativa que encuentra su metáfora en la subjetividad adolescente porque el *relato de formación* de los años sesenta en la Argentina narra los años de aprendizaje de una nación que busca *salir de la adolescencia* y alcanzar su *madurez*.

Elegimos colocar en el centro de ese *relato* a la literatura por más de un motivo. En primer lugar, porque la lectura y la escritura literarias constituyen en los sesenta prácticas que forman parte del *habitus* de los sujetos y, por lo tanto, se presentan como una ocasión privilegiada para la elaboración de los sentidos en juego. En segundo término, porque las distintas formas del realismo que caracterizan a la narrativa del período, favorecen la observación de este proceso formativo, que constituye nuestro objeto de estudio, en una verdadera *mathesis* (Barthes, 1982) en la que pueden reconocerse tanto los saberes de época como las estrategias textuales para su representación. Por último, porque resulta fácilmente constatable, en el período estudiado, una proliferación de cuentos y novelas de aprendizaje protagonizadas por adolescentes. Proponemos que así como la sociedad se piensa a sí misma en *estado de transición*, la educación aspira a la *formación* de los más jóvenes y se ocupa especialmente de la *"edad intermedia"* y de la escuela *media*, la política busca su forma adulta a través del *cambio disruptivo* de la *revolución* o *progresivo* del *desarrollo*; la literatura ensaya su propia respuesta a partir de la representación de la experiencia de aprendizaje de una subjetividad que se caracteriza, justamente, como una edad intermedia, definida por el cambio y en tránsito hacia una forma acabada, adulta, que se supone superadora. De este modo, el personaje adolescente encarna los años de formación del sujeto del futuro nacional.

En la I[ra] Parte, "Relato de formación y subjetividad adolescente", se propone un análisis de los principales temas y reglas discursivas que definen tanto al relato de formación como a la subjetividad adolescente. En particular, en relación con el primero, interesó atender a los valores atribuidos a la narración como tipo de discurso privilegiado y a sus distintos narremas (Rosa, 1998) o, unidades que organizan ese discurso narrativo, y postulan al "cambio" como lógica hegemónica, a saber: desarrollo, subdesarrollo, revolución, transición y formación. En cuanto a la subjetividad adolescente, el principal interés fue estudiar su representación por los discursos de la época y, para ello, fue necesario, en un primer momento, historizar los sentidos asociados a esta edad de la vida que surge como tal en el siglo XIX. En un segundo momento, resultó imprescindible atender a las importaciones de teorías psicológicas y sociológicas con origen en los Estados Unidos de Norteamérica y a las representaciones de la edad adolescente por la literatura latinoamericana contemporánea (en la que se producían fenómenos semejantes) porque, dada la inédita circulación vertiginosa de ideas que favorecía el fuerte impulso de las industrias culturales y las comunicaciones, se reconocía una notoria influencia de las representaciones allí originadas.

La II[da] Parte, "Literatura y experiencia adolescente", parte del reconocimiento de dos grandes figuraciones de la subjetividad adolescente por la literatura que inauguran sendas series en las que se inscriben, de un modo u otro, todas las formulaciones comprendidas por el corpus de cuentos y novelas aquí reunido. Por un lado, el adolescente *romántico*, asociado a la literatura contemporánea de Julio Cortázar y, por el otro, la adolescencia *picaresca* que conforma una tradición que recupera la modelización inicial de Roberto Arlt en *El juguete rabioso*, en 1926.

Después de haber trazado, en el capítulo III de esta II[da] Parte, las características de los principales modos de representación de la subjetividad adolescente y su tiempo de aprendizaje como parte del relato de formación imperante en la época, en el capítulo IV fue necesario considerar, también, los modos de inscripción de la hipótesis contraria: el *no aprendizaje* o la memoria del *tiempo de inmadurez*. Esto es, la deconstrucción de la solidaridad hegemónica entre narración, crecimiento y aprendizaje, (propia del realismo de la época), y que operan las literaturas de Germán García y Manuel Puig a partir de las posibilidades que abrió el paso de Witold Gombrowicz por la Argentina.

A continuación, los capítulos V, VI y VII exploran un conjunto de tópicos que se descubren como presupuestos del relato de la experiencia de aprendizaje adolescente en su representación por el corpus propuesto. En este sentido, el capítulo V, "Los oficios terrestres" conjuga escrituras centradas en la vida en la escuela y en los efectos subjetivantes del universo escolar. El capítulo VI atiende al lugar que ocupan la lectura y la escritura como prácticas escolares y en el *devenir escritor* de algunos de los personajes. Finalmente, en el capítulo VII, a partir de la lectura de la iniciación sexual de los personajes, se profundiza en la particularidad del relato de formación de personaje femenino y del volverse mujer y volverse varón en una época signada por una "revolución sexual discreta" (Cosse, 2010). En todos los casos, fue posible leer estos tópicos desde las relaciones de préstamo, continuidad y discontinuidad que se producían entre la literatura y los otros discursos contemporáneos. La escuela, la familia y las "costumbres" se revelaron como instancias fundamentales para contemplar los lugares de encuentro y desencuentro entre las fábulas de aprendizaje individual, de clase y nacional.

Por último, en la III[ra] Parte "La cultura adolescente y los jóvenes en los sesenta-setenta", nos ocupamos de la zona de contacto entre los últimos años de la década del sesenta y los tres primeros de la del setenta. En este período reconocimos la clausura de estos años de aprendizaje evidenciada por la cristalización de una "cultura adolescente" y el protagonismo del joven o de "la juventud" como actor político.

Capítulo I
Años de aprendizaje

Ya en los primeros años de la década del sesenta, la Argentina era un país en vías de desarrollo en un continente joven. La Sociología decía que atravesaba un período de transición hacia una modernización que aludía no solo a una creciente industrialización sino a los cambios que afectaban a todos los ámbitos de la cultura y dejaban su impresión en formas nuevas que expresaban la aceleración del tiempo histórico. Eran los tiempos del *happening* en las artes plásticas, del *rock* en la música y del *boom* del mercado literario. A medida que, en pocos años, se profundizaba su incorporación al ritmo de las transformaciones mundiales –también vertiginosas– la cultura se apropiaba de los rasgos que escenificaban el desarrollo: juvenilización de la cultura de masas (Manzano, 2010), conflicto generacional, cuestionamiento del modelo doméstico (Cosse, 2010) y, simultáneamente, incluía otras formas del cambio –disruptivo, *contracultural*– aunque también comprometido con un futuro igualmente inminente (y posible) en el imaginario social.

En síntesis, en el porvenir adulto de la joven nación estaban el desarrollo y la revolución y, para ello, era necesario crecer y aprender. De este modo, el discurso de la búsqueda de la madurez *de la nación* encontró su metáfora en el adolescente que en ese momento estaba siendo "descubierto" por la psicología y el psicoanálisis como sujeto en formación.

Para abordar este *relato de formación* durante los años sesenta en la Argentina nos disponemos a analizar en este capítulo ciertas unidades o *narremas* que "integran la materia prima del discurso con el que la narración edificará su entramado sintáctico y el registro de sus funciones temáticas" (Rosa, 1998). Estos narremas pueden descubrirse en los distintos discursos que traman el discurso social de la época y por ello es necesario atender a sus condiciones de emergencia así como a las relaciones que contraen entre sí atravesando, a veces, más de una unidad discursiva. Se advierten migraciones y préstamos que resultan también significativos en función de lo que representan en la trama del *relato* que nos ocupa. Así puede hipotetizarse que narración, desarrollo/subdesarrollo, revolución, aprendizaje, cambio, transición y crisis son algunas de estas principales unidades narrativas a considerar.

Queremos proponer al relato de formación como "modelo cognitivo fundamental" (Angenot, 1988) para los años sesenta en la Argentina, entendiendo por esto lo que Marc Angenot, desde una perspectiva sociodiscursiva del análisis de las relaciones entre literatura y sociedad, define como "un tipo discursivo" hegemónico que, en un estado de sociedad, engendra lo decible y lo escribible pero también una "gnoseología". Para Angenot, si todo acto de conocimiento es también acto de discurso es necesario avanzar más allá de un repertorio tópico para abordar la gnoseología o "conjunto de reglas fundamentales que hacen a la función cognitiva de los discursos" (Angenot, 1994: 377). De acuerdo con esta hipótesis, estaríamos cerca de la definición bajtiniana acerca de la producción de tipos relativamente estables de enunciados como producto de cada una de las esferas de la actividad humana pero, además, esto supone que la consecuencia refluye sobre la causa, porque ese tipo discursivo es el que modela las prácticas.

1. Narrar la historia

En principio, Elsa Drucaroff, en relación con una historia de la literatura argentina, ha definido a esta época como aquella en la que "la narración gana la partida". De acuerdo con Drucaroff:

> "En aquel 'hoy por hoy' se aludía a un presente en el que explícitamente y sin saber mucho por qué, se vislumbraba que la narración había ganado la partida, que se había impuesto como estructura literaria, que la tendencia dominante era jerarquizar en primer lugar el género novela y privilegiar el gesto narrativo" (Drucaroff, 2000: 8).

Para Drucaroff, la novela es el género central en la producción literaria de los años sesenta mientras que se asiste al desarrollo de otras formas como la narrativa histórica, fantástica, de ciencia ficción y humorística pero, lo más importante para nosotros,

> "En un entorno en el que la idea de un 'relato social', de una cierta gesta cotidiana o bien de una voluntad generalizada de autocomprensión

de un futuro, gozaba de alguna hegemonía, el gesto de armar y contar historias 'gana la partida' a otros gestos posibles" (*ídem*).

El interés por la novela y la narración obedecía a ciertas ideas en circulación en las ciencias sociales de la época acerca de estos objetos cuyo origen puede reconocerse en la *Teoría de la novela* (1920) de Georg Lukács y su definición como "un espacio de reflexión sobre el tiempo histórico y sobre la inserción del ser humano en su entorno" (*ídem*)[2] pero también es heredero de la estética de *Contorno,* que decía, en el editorial del número tres de la revista, en 1955: "Este acercamiento a la novela es una toma de posición (...) Es parte del intento de comprender nuestra realidad, de efectuar una valoración de lo que aquí se ha hecho... nos acercamos a la literatura como a un testimonio" (Contorno: 2007 [1955]: 64 [2]). En este texto se da una articulación entre el género (la narrativa novelística), el referente (nuestra realidad) y un modo de leer (interpretativo) que delimitan el dominio del "gesto narrativo" que reconocemos en el centro del discurso social de los años sesenta.

Probablemente, *La narración de la historia,* el título del cuento del por entonces estudiante de Filosofía, Carlos Correas, que provoca el cierre de la revista *Centro* de la Facultad de Filosofía y Letras de la Universidad Nacional de Buenos Aires en 1959 y un proceso judicial contra el autor y los directores de la publicación, resulte emblemático en relación con esta hipótesis.

El cuento de Carlos Correas desató un proceso judicial por inmoralidad y pornografía, a partir de una querella iniciada por el fiscal Guillermo de la Riestra en junio de 1960 según el artículo 28 del Código Penal, porque narraba una relación homosexual entre dos hombres: un joven universitario –Ernesto Savid– y un adolescente de diecisiete años, morocho, santafecino, de clase baja: Juan Carlos Crespo. A raíz del juicio, Correas y Lafforgue recibieron como pena seis meses de libertad condicional. El texto no solo generó la censura del Poder Judicial sino que ya había sido publicado con reservas y hasta incomodidad de buena parte de la comisión directiva del Centro de Estudiantes. De acuerdo con José Maristany, la decisión de publicarlo fue exclusivamente de Oscar Masotta y de Jorge Lafforgue, director de la revista, según declaraciones de este último.

El título del cuento de Correas podría pensarse hasta redundante, si consideramos que la idea de narración incluye a la de "historia", pero resulta pertinente si atendemos al carácter performativo que Correas parece

---

2. Seguimos aquí la hipótesis de Drucaroff (2000).

otorgarle al acto de narrar. José Maristany (Maristany, 2008) ha enfatizado el hecho de que "El título (...) hace alusión no a la diégesis (...) sino al propio acto de habla que presuponemos en cualquier relato". El crítico atiende a la provocación que constituye el relato como "crónica de aquello que quedaba fuera de la órbita de representación en la literatura" y en la que importa menos la naturaleza de la anécdota narrada que el escándalo de su publicación[3]. Sin embargo, esta explicación resulta tan cierta como la hipótesis según la cual la insistencia sobre el acto de narrar responde a la caracterización de la propia vida como relato en la obra de Correas y a cierta continuidad que se alienta entre las condiciones de la vida individual y de la vida colectiva. Esto es, más precisamente, en el cuento se define a la vida misma como algo que contar[4]/se. Lo que Ernesto, el joven estudiante universitario protagonista de *La narración de la historia*, resume como "Algo que los demás pudieran mencionar como "La vida de ...", sin agregar nada más" (Correas, 2005: 210). Cuando Ernesto ensaya burlonamente un futuro común para él y su pareja adolescente, dice que serían "el bárbaro conquistador que finalmente termina vencido y conquistado, como dice la historia" (*ídem*: 213).

El deslizamiento historia/Historia que construye la analogía es el gesto discursivo de época que no solo está en el centro del sistema literario sino que define un cierto modo de comprender la realidad que se vuelve central y que atraviesa otras prácticas discursivas. En este sentido, Claudia Gilman en su investigación acerca del escritor revolucionario en América Latina, define esta época a partir de un "haz de relaciones institucionales, políticas, sociales y económicas fuera de las cuales es difícil pensar cómo podría haber surgido la percepción de que el mundo estaba a punto de cambiar" (Gilman, 2003: 37). Es ese reconocimiento de un cambio inminente e impostergable, que se traduce en términos de transformación, crisis y transición, según la ocasión, el que hace que el relato sea la forma discursiva más representativa de esa experiencia. Si concebimos a la narración como un discurso definido a partir de la producción de cambios en una línea temporal, será este el modo adecuado para poner en palabras la percepción de la que la cita de

---

3. El mismo Maristany (2008) explica que el artículo determinante "la", de "la historia" tiene como antecedente la historia que no pudo ser contada en "El revólver" un relato publicado cinco años antes en el N°3 de la revista *Contorno* y que insinuaba, también, un vínculo homosexual.
4. Eduardo Rinesi señala en el prólogo a la compilación de cuentos y nouvelles de Carlos Correas *Un trabajo en San Roque y otros relatos* (Buenos Aires, Interzona, 2005) –en la que se incluye *La narración de la Historia*– que la idea de "trama" como equivalente a vida aparece frecuentemente en distintos textos de Correas.

Gilman da cuenta y que, a su criterio, define a los sesenta/setenta como época. La narración, como modelo cognitivo fundamental, introduce una percepción dinámica de la Historia que se refuerza en la concepción crítica del tiempo histórico propia del materialismo dialéctico que se promovía desde los sectores de la después llamada "nueva izquierda argentina[5]" pero que también estaba presente —en una suerte de concurrencia equívoca— en los requerimientos del proceso de modernización, propulsado desde los sectores de clase media —de los que el *desarrollismo,* como tendencia política nacional e ideología económica internacional, era la mejor expresión. En el seno de "Una aceleración inédita del tiempo histórico", como lo ha definido Carlos Altamirano (2001) que no solo involucraba al país, sino al mundo capitalista, se impone una ética de la acción como condición ineluctable para los cambios que la consecución de un futuro mejor demandaba. El imperativo de la acción solo dejaba lugar para la opción entre las dos alternativas que representaban el cambio gradual (aunque vertiginoso) propio de las teorías del desarrollo o la disrupción revolucionaria que ejemplificaba para la época la Revolución Cubana.

Dice Gilman que "en términos de una historia de las ideas, una época se define como un *campo de lo que es públicamente decible y* aceptable —y goza de la más amplia legitimidad y escucha— en cierto momento de la historia, más que un lapso temporal fechado por puros acontecimientos" (Gilman, 2003: 36) y, para la autora, como veíamos, lo que se dice y es legítimo en los sesenta/setenta tiene como fundamento la urgencia de un cambio. Si revisamos el campo semántico de los principales discursos de estos años en la Argentina encontraremos diversas expresiones que no solo designan ese cambio y lo vuelven legítimo, sino que le asignan un protagonismo inusual. En una discusión acerca de la vigencia del debate sobre el desarrollo entre 1955 y 1970, Altamirano caracteriza este fenómeno como una "dramatización general del cambio económico y social" (2001: 57).

---

5. El valor de la narrativa como forma de conocimiento desde una perspectiva marxista puede evaluarse en relación con la recordada oposición de Gyorg Lukács entre narrar y describir en "¿Narrar o describir? Contribución a la discusión sobre el naturalismo y el formalismo", de 1939. Lukacs privilegia el narrar por sobre el describir y sostiene que "El escritor que narra un acontecimiento humano o un conjunto de acontecimientos humanos con ojo retrospectivo, partiendo de las posiciones finales, aclara y hace comprensible, a los ojos del lector, esta selección de lo esencial, que ha sido realizada por la vida misma" (en Altamirano y Sarlo, 1977: 51).

2. Las formas del cambio

2.1. Desarrollo

"Desarrollo" es el concepto axial de este estado de movilización orientado hacia el futuro. La idea de "desarrollo" se introdujo masivamente en el discurso social de los años sesenta a partir de las teorías que hicieron de este concepto el centro del pensamiento económico después de la Segunda Guerra. En América Latina, la teoría del desarrollo señaló el rumbo de las políticas de estado y se ubicó en el ojo de la polémica acerca de las economías nacionales y regionales desde la década del cincuenta y hasta principios de la del setenta especialmente a partir de la creación de la CEPAL (Comisión Económica para América Latina) en 1948. En la Argentina, la palabra tuvo, además, un significado singular porque denominó al movimiento político liderado por Arturo Frondizi quien, secundado por Rogelio Frigerio, asumiría la presidencia del país en 1958.

En el discurso presidencial inaugural del 1° de mayo de 1958, ante la Asamblea Legislativa, el concepto de "desarrollo" vertebra la exposición de Frondizi: el presidente expone las bases sociales, económicas, culturales y políticas del desarrollo e incluye la referencia al papel que le caben a las Fuerzas Armadas en ese proceso. La palabra se repite a lo largo del texto cincuenta veces. El párrafo inicial introduce la consigna básica del desarrollismo:

> "A partir de estos momentos, dos perspectivas se abren para nuestra patria. O seguimos paralizados en nuestro desarrollo empobreciéndonos paulatinamente, estancados en nuestra pasiones, descreídos en nuestra propia capacidad y nos despeñamos en el atraso y la desintegración nacional; o, en cambio, cobramos conciencia de la realidad, imprimimos un enérgico impulso y nos lanzamos, con decisión y coraje a la conquista del futuro por el camino del progreso y de la grandeza del país" (Frondizi, 1958).

El resto no será otra cosa que un llamado vehemente a elegir la segunda opción en un discurso marcado por imágenes cinéticas y futuristas: "El *empuje* de la juventud será uno de los *poderosos motores* del gran *impulso* que cobrará la Nación"; "Tendremos que *movilizar todas las energías* y todos los recursos"; "En *esta gigantesca movilización*, el único protagonista será el pueblo argentino"; el parágrafo noveno del texto se titulará "En *marcha hacia el futuro*" (el destacado es nuestro).

El tono general del discurso responde a las premisas de las teorías económicas del momento. Sin embargo, constituye un rasgo insoslayable porque se vuelve una característica única de la política que inauguraba el presidente entrante y porque en él puede reconocer la diferencia que caracterizó al desarrollismo argentino de las otras versiones latinoamericanas (particularmente de los casos de México y Brasil): la continua contextualización del progreso industrial y económico en un marco más amplio de "desarrollo espiritual". En el apartado 5.2 del discurso, "Vida moral y bienestar social", Frondizi declara: "El progreso económico y social sólo será fecundo si sirve al desarrollo espiritual del país". La afirmación reviste importancia porque en ella está la clave para comprender la peculiaridad del sentido de la idea de "desarrollo" en los años sesenta en la Argentina, como parte de un relato de formación. Explícitamente, Frondizi después de llamar al desarrollo espiritual, sostiene: "el desarrollo nacional reclama que la *formación* humana y las creaciones culturales de los argentinos se afirmen en la concreta realidad del tiempo y del lugar en que vivimos y sean, también, expresión de los anhelos del pueblo". En la tríada desarrollo-formación-cultura *nacional,* que resume la cita del discurso presidencial, está *in nuce* toda la complejidad de la época. Una síntesis que buscó y representó el pensamiento de Frondizi caracterizado por una moral cristiana, un compromiso popular sospechado de *criptocomunista*[6] y una estrategia industrialista que habilitó la coexistencia de paradigmas que en principio parecían incompatibles. Muchos han visto en esto el límite de este pensamiento. En nuestra opinión, la mentada "traición" de Frondizi –con contenidos diversos según se enuncie desde uno u otro sector– implicaría reducir la historia a un personalismo inaceptable desde la complejidad que supone no solo cualquier proceso histórico sino, en particular, los años que nos ocupan. En todo caso, Frondizi representa cabalmente un concentrado de las tensiones que atravesarán estos tiempos en la Argentina, con distinta suerte.

No es casual que, en el marco de este gran relato de formación, sea la educación uno de los principales discursos en los que esta complejidad encuentra eco: lo que Adriana Puiggrós (1997 [2003]) llama con ironía "la familia pedagógica argentina" (1997: 48) de los años sesenta. En su análisis de la historia de la educación en la Argentina, Puiggrós describe el momento como un campo de lucha dominado por la idea de "trascendencia" que adquiere distintas manifestaciones según las principales tendencias: la tradición filosófica espiritualista (liberal; asociada fundamentalmente al

---

6. Así lo definen Luciano de Privitello y Luis Alberto Romero en la presentación del "Discurso de Paraná", 3 de febrero de 1962 (Privitello y Romero, 2000: 324).

nombre de Juan Mantovani pero con estribaciones más o menos conservadoras; laicas o católicas); las ideas pedagógicas funcionalistas (vinculadas al desarrollismo económico y a la lógica del planeamiento) y una pedagogía de izquierda (ligada a los sectores humanistas y reformistas que comienzan a actuar durante el gobierno de Illía y se consolidará hacia 1973). Estas disputas ideológicas tienen lugar en un territorio definido en la contingencia nacional del peronismo y el antiperonismo y la inclemencia de golpes de estado, elecciones y revocamientos de mandato.

Desde nuestra perspectiva, nos interesa, de la lectura de Adriana Puiggrós, su atención sobre dos constancias –en el seno de la extrema diversidad descripta– que nos permiten justificar la condición de "época" del segmento histórico aquí estudiado y documentar la existencia de un relato de formación que representa a este *estado de época*. Por un lado, un núcleo trascendentalista que asumiría distintas formas asociado a los avatares de las tendencias en pugna y las décadas. Por el otro, la definición de la educación como tránsito que está en la base de ese trascendentalismo.

El espiritualismo de las ideas que Juan Mantovani venía desarrollando desde fines de la década del '30[7] "funcionó como un punto de anclaje de posiciones espiritualistas liberales (laicas y católicas)" (Puiggrós, 1997: 39) y llegará, a través de sus discípulos, a los ministerios de educación de Frondizi, Illía y Onganía con las variantes propias de cada período: el funcionalismo "tecnocrático"[8] del gobierno desarrollista; el conservadurismo católico del *onganiato*. Puiggrós se refiere a cuatro formas de trascendentalismo en el campo pedagógico: el esencialismo trascendentalista católico (cuyo destino es Dios); el liberalismo trascendentalista laico (que tiene como finalidad la cultura); el carácter misional de los sectores ligados al pensamiento de Paulo Freire (y las premisas de una educación popular[9]) y el de la concepción

---

7. Nos ocuparemos más adelante de las ideas de Mantovani en particular.
8. Adriana Puiggrós (1997) señala: "Si usamos el término 'desarrollismo' descargado de su connotación partidaria argentina, podemos ubicar al conjunto de los discípulos de Mantovani dentro de los adherentes a la Teoría del Desarrollo" (p. 47) y en nota al pie (n° 43): "Es significativo el rechazo de algunos miembros del grupo a ser clasificados como 'desarrollistas' y la preferencia del término 'tecnocráticos' para definir su identidad. Denominan 'tecnocrática' a su reacción contra el irracionalismo católico y los sectores ultralaicistas tradicionales (...) la categoría 'desarrollismo' formaba parte del lenguaje de la UCRI. Otros prefieren la denominación 'desarrollistas', subrayando el sentido del progresismo de la Teoría del Desarrollo, sus simpatías con el Partido Socialista y el radicalismo, y rechazan la identidad tecnocrática".
9. Puiggrós cita como ejemplo de las experiencias realizadas en educación popular, durante el gobierno de Arturo Illía, la tarea en los Centros de Recreación para De-

educativa funcionalista (cuyo fin último es el desarrollo). Estas variantes de la noción de trascendencia incluyen a distintos sujetos y objetos de esa teleología (sean esta la libertad, la cultura, la esencia del hombre, etc.) así como ontologías diversas (esencialismo, culturalismo; posturas deístas y no deístas) y son las que hacen posible, tal vez paradójicamente, la permanencia del trascendentalismo que reconoce Puiggrós y que, agregamos nosotros, diferencia a la Argentina de otras experiencias del desarrollismo latinoamericano contemporáneo. En otras palabras, en este trascendentalismo radica la condición de posibilidad de un relato de formación que se trama más allá de la especificidad de la esfera educativa y de sus programas, teorías e implementaciones.

En todos los casos, por lo mismo, persiste la idea de un tránsito; la imagen cinética de un cambio y la necesidad de una explicación pedagógica. La importancia del discurso pedagógico –de la cuestión *educativa*– en el discurso social de la época tal vez solo sea comparable en la historia argentina con la que tuvo para la generación del '37 o con la realización de su ideario por el liberalismo de la generación del '80 que es justamente el modelo que está en cuestión y que representa el "atraso" que demanda nuevas respuestas e intervenciones en el discurso modernizador del desarrollismo. Es en este sentido que Myriam Southwell ha caracterizado a los años sesenta como años de "optimismo pedagógico" caracterizado por "un imaginario nutrido en una enorme fe en el sistema educativo como factor de movilidad social" (Southwell, 1997: 120).[10]

---

sertores Escolares de la Municipalidad de Avellaneda bajo la dirección de Noemí Fiorito y Amanda Toubes (Directora del Departamento de Extensión Universitaria, DEU, de la Universidad Nacional de Buenos Aires). Esta última será, también, la directora de la *Enciclopedia del mundo joven* que analizaremos en el III[ra] Parte, capítulo VIII.

10. Sergio Pujol en relación con la infancia en los sesenta afirma, con la misma intención: "Los 60 fueron, tal vez, más que cualquier otra cosa, los años de una nueva infancia, de un proyecto pedagógico que creció en clara sintonía con el deseo de cambio de los jóvenes. *Emergió en esos años un ideal educativo en cuyo contenido residió el zeitgeist de los 60*" (Pujol, 2002: 21; la cursiva es nuestra).

2.2. Subdesarrollo

"Todos éramos desarrollistas de alguna manera" titula Carlos Altamirano (2001: 54) al análisis de una suerte de expansión de la palabra en los textos de la época que atraviesa los extremos ideológicos definiendo posicionamientos divergentes aunque siempre ligados a la pregunta acerca de cómo resolver el diagnóstico de un "estancamiento" o "atraso" de las economías e instituciones sociales y a las expectativas por acompañar las transformaciones que en todo momento se perciben "veloces" o "vertiginosas". La geografía del desarrollo introducía una distribución de países y regiones que implicaba, para el caso argentino y latinoamericano, responder de alguna manera a su condición rezagada en relación con las evaluaciones comparativas de sus índices de crecimiento. Se trataba de explicar esa situación y de encontrar los medios para alcanzar posiciones de liderazgo o de rechazarla en términos de una crítica a la dependencia presupuesta por estas categorizaciones pero, en cualquier caso, nadie podía sustraerse a la discusión que el desarrollo imponía como fundamento último; de ahí, la productividad de la apelación a esta noción. Reseña Altamirano:

"«El vocablo 'desarrollo' está hoy en boca de todo el mundo», escribía en 1963 el dirigente de la Acción Católica Enrique E. Shaw en un artículo destinado a exponer lo que entendía como el enfoque cristiano del problema. Y, por cierto, unos pocos datos, tomados de aquí y allá, pueden darnos una imagen de la expansión intelectual del vocablo y de la idea. En 1958 comienza a publicarse la revista *Desarrollo Económico*, que a poco de andar y tras superar un percance político, habrá de convertirse en el principal vehículo de la literatura erudita, económica y sociológica, relativa al desarrollo. En ese mismo año 1958 se crea en la Universidad de Buenos Aires la licenciatura en Economía, que funcionará, junto con la carrera de Sociología, como ámbito de transmisión universitaria de la temática desarrollista. La revista de esta universidad, editada entonces bajo la dirección de José Luis Romero, le consagra a los problemas del desarrollo el primer número del año 1961. A partir de 1962, la preocupación por el desarrollo hace su aparición también en el campo del pensamiento católico, como se puede detectar en los artículos que la revista *Criterio* le dedica al pensamiento de la CEPAL. La cuestión, por último, halla eco también en las filas del ejército argentino, anudada con el tema de la seguridad continental y el atractivo creciente que ejerce, no solo entre los militares, el proyecto de una modernización por vía autoritaria. El desarrollo es uno de los tópicos del célebre discurso en West Point del general Juan Carlos Onganía en 1964" (Altamirano, 2001: 55).

De este modo, el problema del desarrollo dio rápidamente lugar a la discusión, en Argentina y América del Sur, acerca de la dependencia o independencia económica (y cultural) del país y del continente. El entero curso de los acontecimientos histórico políticos que va desde la segunda mitad de la década del cincuenta hasta los primeros años de la del setenta se dirime, en buena parte, en el espacio que recortan estas dos teorías y las opciones en uno u otro sentido permiten escandir distintos momentos en el *continuum* que representa la época que aquí nos ocupa.

Un ejemplo claro del alcance de este debate ideológico, de su vigencia y de los distintos momentos de su conceptualización a los que aludíamos es el libro *Literatura y Subdesarrollo* de Adolfo Prieto, de 1968 y publicado en la colección "Ensayos" de la editorial "Biblioteca" de la Biblioteca Constancio C. Vigil de la ciudad de Rosario.

Para empezar, resulta insoslayable considerar la conjunción planteada en el título. La referencia al "subdesarrollo", puesta en relación con el problema literario, evidencia la importancia que esta categoría tenía para el momento. Se advierte cómo trasciende el ámbito "natural" de la discusión económica, así como el hecho de que encuentra un lugar entre los nuevos objetos que construye una sociología de la literatura, que era además uno de los marcos referenciales más importantes de la época y que halló en la crítica y ensayística de Adolfo Prieto una de sus más altas expresiones.

Para 1968, fecha de la publicación de *Literatura y subdesarrollo*, la discusión sobre el desarrollo cuenta con una década. Prieto resume el tránsito entre las expectativas del desarrollo de fines de la década del '50 y el "estigma del subdesarrollo" contemporáneo a la escritura del libro en los siguientes términos:

> "Los hechos comprendidos en el lapso que separa a los años 1955 y 1965 han afectado a la totalidad del país, han cuestionado las instituciones políticas que lo rigen y las fórmulas económicas que habitualmente sirvieron para controlar el sistema (...) la imagen del país, según se la advierte en los testimonios más corrientes, es la que describe una Argentina envejecida, paralizada, expulsada de las corrientes vivas de la historia.
>
> Hubo, sin embargo, un prólogo esperanzado a esta situación depresiva. Fue el meteoro político de Frondizi, un intelectual que, de pronto, concitó sobre su figura un notable crédito de confianza" (Prieto, 1968: 187-189).

El ensayo de Prieto busca, por un lado, contraargumentar los principios de la analogía comparativa que presupone el morfema "sub" en *subdesarrollo* mediante un argumento económico: el "efecto de demostración" (*ídem*: 34). Por otro lado, cuestiona la homologación entre economía subdesarrollada y estructura social subdesarrollada, que se desprende de la bibliografía económica sobre el desarrollo, a partir de la introducción de un tercer término: la defensa de la autonomía de la esfera de la producción cultural. Con este fin, apela a la sociología de Gino Germani y a su tesis acerca de la "asincronicidad" de los cambios en las estructuras sociales (Germani, 1962: 17). Argumenta Prieto:

> "El término subdesarrollo o cualquiera de los equivalentes eufemísticos conocidos, es un término que lleva implícito una comparación, que vale por el objeto con el cual se compara, que adquiere su pleno sentido con relación a él. Un país subdesarrollado, desde el punto de vista rigurosamente económico, es un país cuya economía se destaca como anómala en relación con la economía del país o del grupo de países aceptados como modelos de economía desarrollada. Ahora bien, ¿debe deducirse de aquí que un país de economía subdesarrollada es también un país de estructura social subdesarrollada en relación con el país o con el conjunto de países propuestos como modelos?" (Prieto, 1968: 18).

Así planteado, la tesis de Prieto es que el "satelismo cultural" (*ídem*: 108), que se manifiesta en la remitencia de los escritores y las obras nacionales a modelos y referencias extranjeras así como el "nacionalismo" (*ibídem*) que practican otros escritores empeñados en la búsqueda de autoctonías (por ejemplo, la llamada "literatura regional") o el tributo a una tradición en buena parte mítica (el culto al "tango", por ejemplo) no serían sino actitudes complementarias en tanto "manifestaciones superestructurales del subdesarrollo" (*ídem*: 137).

Cuatro años más tarde, en 1972, encontramos la misma discusión en el artículo "Literatura y subdesarrollo" del crítico brasileño Antonio Candido incluido en el volumen colectivo *América Latina en su Literatura*,[11] coordinado por César Fernández Moreno (México, Siglo XXI). Como en el libro de Prieto, Candido busca evaluar los índices que convalidan la tesis del subdesarrollo en el plano de la producción cultural y las consecuencias para el sistema literario de la literatura latinoamericana situada en "dependencia" de los sistemas culturales centrales así como la trascendencia que

---

11. Del que también participa Adolfo Prieto. Cfr. III[ra] Parte, Capítulo IX.

este concepto tiene en la conciencia del escritor latinoamericano. Pero, la distancia temporal con el libro de Adolfo Prieto, si bien breve, resulta significativa porque acusa la marca del cambio de década.

Candido comienza por recordar la posición del escritor brasileño Mario Vieira de Mello, al que sindica como uno de los pocos que han tratado este problema, y su tesis acerca de que la idea de subdesarrollo introduce una imagen desesperanzada del futuro, basada en la atención sobre las faltas y carestías del continente, que se opone a la que predominó hasta mediados de los años treinta y que consistía en pensar a Brasil, en el caso de Vieira de Mello —pero que Candido piensa puede extenderse a todo el continente— como un *país joven*, es decir, que *todavía* no había desarrollado sus potencialidades, sobre las que no se dudaba. Al respecto, coincide con la descripción del cambio operado aunque discrepa en la evaluación de sus consecuencias.

Por un lado, releva los datos estadísticos y demográficos que son índices del atraso y subraya la gravedad de aquellos factores que efectivamente hacen al subdesarrollo cultural en la región entre los que destaca la elevada tasa de analfabetismo, el acceso dispar a la publicación por parte de los escritores según el estado relativo de la industria editorial en los países más o menos urbanizados, las situaciones de diglosia en las zonas todavía marcadamente rurales. Pero, además y en relación con los otros dos aspectos tiene una posición optimista porque, en cuanto a las consecuencias para la creación, afirma:

> "Desprovista de exaltación, es una perspectiva agónica y lleva a la decisión de luchar, pues el traumatismo, producido en la conciencia por la comprobación de lo catastrófico del retraso, suscita reformas políticas (...) De ahí la disposición de combate que se extiende por el continente, convirtiendo la idea de subdesarrollo en fuerza propulsora, que da nuevo carácter al tradicional empeño político de nuestros intelectuales"[12] (Candido, 1972: 337).

En cuanto a la influencia sobre el sistema literario, Candido se apropia de las hipótesis de la "teoría de la dependencia" para proponer en principio la aceptación del "vínculo placentario" (*ídem*: 345) inicial de nuestras literaturas en relación con las europeas; las situaciones de dependencia

---

12. Resulta significativo el papel que el brasileño le asigna a la novela en este proceso de comprensión de la realidad: "No es falso decir que la novela adquirió, desde este punto de vista, una fuerza desmitificadora que se anticipa a la toma de conciencia de los economistas y políticos" (Candido, 1972: 337). Cfr. "Capítulo 1. 1. Narrar la historia".

actuales –para la época– provenientes del campo de la producción en serie de la cultura de masa pero para finalmente celebrar la posibilidad de una "interdependencia" (*ibídem*) que representan la obra de Jorge Luis Borges en el origen de ficciones europeas; la de Vargas Llosa y su importación de procedimientos narrativos, y la superación del pintoresquismo regionalista de Juan Rulfo, entre otros.

Este ensayo en buena medida cierra el ciclo del pensamiento del desarrollo que venimos describiendo desde su optimismo inicial. Renueva la pregunta por el desarrollo pero en función de las ideas de juventud y de dependencia lo que significa –para 1972– la percepción de un "combate" que, si bien metafórico, evoca las formas violentas de superación que se ensayan por entonces como solución al *atraso* latinoamericano.

2.3 Revolución

La necesidad de cambio contemplaba, también, su forma urgente. La idea de *revolución* encontró en los años sesenta su momento de formulación ideológica más compleja y, en América Latina, el terreno de experimentación más fértil en tanto la *juventud* de América era la vocera de la esperanza que el *viejo continente* solo podía meramente teorizar en virtud del largo camino recorrido.

Sin lugar a dudas, el primer sentido de la idea de revolución era político. En la Argentina, significaba, principalmente, la opción a la "decadencia" y al "orden burgués" que resumían para el proyecto revolucionario lo que, en términos de las teorías del desarrollo, constituía "el atraso".[13] Si el desarrollismo oponía la modernización a la sociedad tradicional, la izquierda intelectual imaginaba un proyecto de ruptura que incluía dejar atrás el sistema capitalista y el vasallaje colonial económico y preparar el nacimiento de un hombre nuevo.[14]

---

13. Cabe destacar hasta qué punto el concepto de "revolución" formaba parte del vocabulario de época que también designó, irónicamente, a las dos intervenciones militares que pusieron fin, respectivamente, a los gobiernos de Perón e Illía: la *Revolución* libertadora, de 1955 y la *Revolución* argentina, de 1966.

14. Isidoro Gilbert reseña que la idea del hombre nuevo ya estaba en "la esencia del materialismo dialéctico, que José Stalin desplegó en su famoso capítulo IV de *Cuestiones del Leninismo* (...) enseñó que con los cambios en la estructura económica, sólo posibles con la revolución, devendrían modificaciones radicales en la superestructura (instituciones), pero también en los hombres, incluso en sus sentimientos." (Gilbert, 2009:174). De todos modos, cobró nuevo vigor a partir de su apropiación por el discurso del Che Guevara.

El modelo era la Revolución Cubana (1959) y "la fascinación por la acción, la premura y lo completamente nuevo estaban en perfecta sintonía con los valores de la Modernidad occidental que se cuestionaba[15]" pero esto en un marco de un humanismo crítico que reconocía tres fuentes no necesariamente en contradicción en la práctica: el humanismo sartreano y su rechazo del conformismo burgués (que se había instalado en el país fuertemente de la mano de la revista *Contorno* desde 1953); el voluntarismo gramsciano (cuyos principales introductores y divulgadores en el país fueron los miembros de la revista *Pasado y Presente* en los años 1963-65 y 1973) y el marxismo (asociado a la expansión del Partido Comunista), especialmente traído por este entonces a la discusión política más allá del Partido a partir de su crítica a la alienación capitalista y a sus efectos *deshumanizantes* (lo que tendió, además, virtualmente un "puente" de comunicación hacia las otras dos tendencias[16]).

No nos interesa aquí detenernos en la historia de la conformación de la izquierda en la Argentina en los sesenta aunque estos años fueran en gran medida momentos definitivos para su organización. No nos ocuparemos de las polémicas ideológicas que las distintas lecturas y líderes generaron o de las batallas acerca de la definición de su rol en relación con la vida política y social que se libraron en las organizaciones partidarias y revistas literarias y políticas sino, en relación con nuestro tema, queremos atender al lugar que se reservaba a los jóvenes y adolescentes en el proceso revolucionario y cómo se imaginaba, también, su educación para el cambio y la consecución del nacimiento de ese "hombre nuevo".

En cuanto al lugar de los jóvenes y adolescentes en el proceso revolucionario, podría empezarse por recordar que el grupo *Contorno* se había presentado en sociedad, en noviembre de 1953, con un editorial escrito por Juan José Sebreli en el que tomaba distancia de *los martinfierristas* a

---

15. El optimismo generalizado que compartían los distintos sectores de la vida intelectual y política de los sesenta es una observación común de la lectura histórica y cultural de estos años. En términos de Oscar Terán (1991): "una corriente de optimismo generalizado que compartían –cada uno en el triunfo de su propio proyecto– desde la política de Jruschov que prometía la superación del capitalismo en el propio terreno de la economía hasta las promesas del presidente Johnson en aras de la *Great Society*".

16. Pablo Ponza evalúa la atracción que ejercía el marxismo como teoría explicativa de la historia en los años sesenta y sus alcances cada vez más inclusivos a partir de dos índices: la presencia del libro *Marx y su concepto del hombre* de Eric Fromm en 1963 en la lista de *best sellers* del semanario *Primera Plana* y las búsquedas de una compatibilidad doctrinaria entre cristianismo y marxismo que emprenden las revistas *Criterio y Cristianismo y Revolución* (Cfr. Ponza, 2007).

los que acusaba de "pertenecer a una especie de orden de exclusividad: la francmasonería de la juventud" (Sebreli, 1953: 1). El editorial rechazaba con vehemencia un rupturismo (que hace extensivo al radicalismo de Irigoyen, contemporáneo de la vanguardia de Florida) que no produce transformaciones sino una forma banal de solipsismo: "un mismo orgullo de ser hijos de sí mismos y no deberle nada a nadie". De este modo, la revista *Contorno* impugnaba los valores de la juventud porque es "ante todo la edad del resentimiento" y, por lo tanto, permanece anclada en el pasado a través del rencor. En resumen y dicho de otro modo: "La juventud es al final una edad artificial, un espejismo de la conciencia de clase burguesa" (*ibídem*). Por el contrario, "El proletario no es nunca joven, pasa sin transición de la adolescencia a la edad del compromiso y la responsabilidad, a la edad del hombre".

Si decíamos que *hacer la revolución* era, exactamente, ir en contra de las instituciones *burguesas,* la "juventud" no podía, digámoslo rápidamente, atentar contra ella misma. En todo caso, de lo único que es capaz es de "rebeldía" una actitud que no se deja confundir con la revolución que compromete no solo el "escándalo" y la "provocación" sino la "construcción que es orden y disciplina" (*ibídem*).

El texto de Sebreli reúne en su diatriba contra la juventud martinfierrista la crítica a los dos grandes males que definen al sujeto alienado por la sociedad capitalista: el conformismo burgués y el escepticismo decadente: "Los sobrevivientes de esa catástrofe adoptan una actitud acorde con las circunstancias ... *Son jóvenes envejecidos* (la cursiva es nuestra) antes de madurar, fatigados y desilusionados, que flotan en el aire al azar, que 'deambulan como fantasmas entre cadáveres' al decir de uno de ellos", ironiza Sebreli.

Estos *jóvenes viejos,* denunciados por el artículo editorial en los primeros años de la década del cincuenta, se convertirían en el blanco de la alarma de la izquierda intelectual argentina diez años más tarde porque representaban una certera amenaza contra las esperanzas revolucionarias. El desarrollo de los medios de comunicación masiva y la ampliación de los mercados estaban convirtiendo a la juventud no solo en un nuevo y poderoso agente de consumo sino, peor aún, en un producto. No es casualidad que, en 1962, se estrenara una película de Rodolfo Kuhn cuyo título era, justamente, *Los jóvenes viejos*. Contra ellos, no solo se elaborarían complejas argumentaciones y debates sino que se propondría una *pedagogía alternativa*.

En su investigación documental acerca del nacimiento y desarrollo de la Federación Juvenil Comunista (la *Fede*), Isidoro Gilbert (2009) señala las estrategias del Partido para ofrecer formas de entretenimiento que supusieran una opción frente a la oferta *disolvente* de las nuevas formas de la cultura popular y juvenil de los sesenta (por ejemplo, alentar el consumo de música folklórica contra la influencia de los Beatles). Pero, también, reseña su incapacidad para comprender el momento y la *otra revolución*, la de las costumbres, que sin lugar a dudas escapaba a su alcance y a sus posibilidades de gestión. De este modo, por ejemplo, en enero de 1964, en la revista *Juventud* de la Federación el filósofo Ernesto Giudici contestaba a la pregunta: "¿Qué será de la juventud del año 2000?":

> "No sabemos lo que será el mundo de 2000. Pero podemos saber lo que irá sucediendo en lo fundamental si somos capaces de descubrir las líneas directrices permanentes que vienen del pasado y que se perfilan con máxima nitidez y nueva fuerza en el mundo de hoy. La juventud tendrá que realizar la imagen revolucionaria y dinámica que corresponde al mundo de hoy. Para ello debe superar cualquier dogmatismo ... Ha de saber comprender lo nuevo que brota desde abajo y encauzarlo" (en Gilbert, 2009: 410).

La formación de los jóvenes había sido desde el inicio –en los años veinte– un imperativo de la militancia de izquierda tanto desde los sectores anarquistas como comunistas (como veremos en el capítulo II de la II Parte, en la lectura de la narrativa de Álvaro Yunque). Las razones de este interés educativo radicaban no solo en las expectativas a largo plazo de una transformación integral del hombre *nuevo* sino en el objetivo inmediato de la formación de cuadros de militancia que incluían el adoctrinamiento de niños y adolescentes.

Durante los años sesenta, la formación de adolescentes y jóvenes alcanza su punto más alto justamente por el protagonismo que la edad adquiere como actor social. Uno de los principales índices es la aparición de organizaciones propias de estudiantes secundarios (ligado esto a la ampliación extraordinaria de la matrícula) que comienzan a intervenir en los sucesos de la vida política con un protagonismo inusitado. El caso paradigmático será el de las luchas de *Laica o libre* en 1959. A este respecto, la formación del militante joven o adolescente incluyó no solo una enseñanza doctrinal (vehiculizada por verdaderas escuelas de enseñanza teórica en el Partido) sino también, a partir de los sesenta, el adiestramiento militar en los distintos países que por entonces formaban parte del eje soviético (la URSS, Cuba, El Salvador, Nicaragua). En este sentido, Gilbert destaca la invención del "campamento" que representaba un dispositivo que permitía encontrar un espacio que combinaba las necesidades "educativas" con una estrategia más de flexibilización del Partido que buscaba captar voluntades adaptándose, de algún modo, a las nuevas modas de relación social.

2.4. Transición

La idea de "transición" designa, en un proceso de cambio, el estado intermedio entre el originario y el que se postula como punto de llegada. En los años sesenta, esta instancia de la mudanza formará parte del vocabulario de época asociada al nombre propio de Gino Germani, particularmente en función de su libro *Política y sociedad en una época de transición. De la sociedad tradicional a la sociedad de masas* de 1962.

El *concepto de transición* será central a su teoría de la modernización en América Latina constituyéndose en una opción equidistante de las teorías integracionistas del desarrollo y de quienes, enrolados en las teorías de la dependencia, optaban por la hipótesis sin más de la marginalización de los países periféricos o del "tercer mundo". La idea de *transición* se sustenta sobre la tesis de la asincronicidad del desarrollo tanto en sus instancias internas (de las distintas "partes" de la sociedad entendida como estado-nación) como del desarrollo relativo en función de las experiencias que, a falta de una definición conceptual, se erigen como meta del desarrollo preconizado.

En relación con nuestra tesis, nos interesa, sobre todo, la "sensibilidad de cambio" (Vezzetti, 1998) que está en el núcleo de la proposición de Germani por su sentido convergente en relación con otras descripciones de la época pero también por la temporalidad que esta noción introduce en la representación generalizada de propensión al futuro. La idea de "transición" implica un orden temporal particular porque implica la consideración de una evolución y, particularmente, de su estado intermedio. Si, por definición, las ideas de desarrollo y de subdesarrollo implican el estado final y primitivo del progreso aludido; la de "transición" asigna igual importancia al pasaje. De este modo, no resulta casual la emergencia de la subjetividad adolescente como figura del relato epocal en tanto encarna de modo ejemplar la condición de un sujeto en tránsito a la adultez (que, como veremos, se equipara al estado final del desarrollo, ya no vital, sino social/económico).

En la "Advertencia" a *Política y sociedad en una época de transición. De la sociedad tradicional a la sociedad de masas* Germani dirá que el propósito del libro es "estudiar algunos aspectos del proceso de cambio que estamos viviendo" (Germani, 1962) al que conceptualiza con carácter excepcional. Si bien admite que el cambio es propio de todas las sociedades y, desde esa perspectiva podría decirse que "siempre hubo transición", por el otro advierte sobre una "aceleración del ritmo" (*ídem*: 69) según la cual las transformaciones "cuya rapidez ya no se mide –como en el pasado– por siglos, sino por años, y es tal que los hombres deben vivirlo dramáticamente y ajustarse a él como a un proceso habitual" (*ibídem*). Es decir que, para Germani, no solo se trata de señalar la emergencia de un tipo de sociedad radicalmente distinto sino también de una "crisis" (*ídem*: 70) que atañe a la propia constitución de la subjetividad: tal es la conclusión que se desprende de su referencia al "dramatismo" del cambio reconocido y las demandas de "ajuste" de este para con los hombres que lo atraviesan. El sociólogo atiende, entonces, también a lo que Hugo Vezzetti llama la "exigencia de novedosos procesos de individuación" (Vezzetti, 1998) que comporta el proceso de modernización.

Cambio, modernización, desarrollo, crisis son significantes que constituyen el núcleo semántico de un estado de discurso que aparece o *re*aparece en distintas voces que traman el relato de época según hemos visto hasta aquí. Sin embargo, en ninguna otra de las teorizaciones de orden social o económico se atiende a las transformaciones subjetivas involucradas como en el caso del abordaje de Germani. La "unidad del mundo sociocultural" (Germani, 1962: 15) planteada por el autor y sus tres dimensiones: cultural, social y "motivacional" o de la "personalidad" en la que "adquieren una realidad psicológica los contenidos de la cultura" (*ibídem*) hizo posible que abarcara todos los aspectos del cambio analizado. De todos modos, la "solución" de Germani a la crisis provocada por la asincronicidad de los cambios en las distintas dimensiones de esa sociedad, concebida como una estructura, no es novedosa si la pensamos en relación con los *narremas* contemporáneos:

> "(...) resulta necesario reducir las diferencias de oportunidades para la educación, ocasionadas por la estratificación. Otra condición esencial es la del cambio del contenido de la educación: se requiere en efecto un fortísimo incremento de la enseñanza técnica y científica, y, como es sabido, este requerimiento suele chocar con los valores de prestigio que en las sociedades tradicionales se asignan las clases superiores y también con otras actitudes y valores particularmente religiosos" (*ídem*: 91).

La idea de "transición", asociada a la necesidad de cambios educativos y como parte de un proyecto general de modernización, ganaría nuevamente protagonismo cuatro años más tarde, en 1966, pero, paradójicamente, en el marco autoritario que Germani había señalado como una de las condiciones del atraso argentino. A partir de 1966 y bajo el gobierno militar del general Onganía, se empezaría a elaborar el proyecto de una "escuela intermedia" que, entre sus propósitos explícitos, buscaba introducir una "modernización" de los contenidos (de corte técnico-tecnológicos) y atender a una franja etaria eminentemente *transicional* que hasta ese momento no había sido diferenciada dentro del segmento incluido en los destinatarios de la educación secundaria: los preadolescentes o púberes. La "escuela intermedia" procuraba zanjar el "abismo" que se presuponía mediaba en el paso de la escolaridad primaria a la secundaria.

El proyecto de una "escuela intermedia" había ingresado por primera vez en el debate acerca de la organización del sistema educativo argentino en 1916 de la mano del presidente Victorino de la Plaza y de su ministro Carlos Saavedra Lamas. El fundamento pedagógico de la misma estaba basado en las teorías de Víctor Mercante reunidas en el libro *La crisis de la pubertad y sus consecuencias pedagógicas* (1918). El gobierno de Onganía apelaba a este remoto fundamento científico para documentar la necesidad de atender a esta edad (así como al reciente auge de las teorías psicológicas de la adolescencia) y a la repetida urgencia del cambio que, a la vez, era causa y consecuencia del desarrollo.

El proyecto comenzó a elaborarse por el año 1966 como parte de las "Directivas para el planeamiento y desarrollo de la Acción de Gobierno" e integró una reforma mayor –nombrada con el apellido de su mentor: el ministro Astigueta–. El debate alcanzó el punto más álgido hacia 1971, cuando ya se habían ensayado algunas implementaciones experimentales y los gremios docentes se opusieron con mayor fuerza a través de paros.

La propuesta de una escuela "intermedia" nos interesa por dos razones: en primer lugar, es evidencia no solo de la llamada "explosión de la matrícula" en el nivel medio por estos momentos sino, además, de la atención que la sociedad dispensaba hacia esa edad por entonces secundaria en relación con los planeamientos escolares (pensemos, por ejemplo, la importancia que la escuela primaria tuvo para el proyecto liberal). Esto da cuenta de su visibilidad así como del crédito que el mundo adulto depositaba en esta franja etaria en relación con una previsión de futuro. Se trata de una significativa redundancia por la que el desarrollismo apostaba, tautológicamente, a la llamada *edad del desarrollo*. En segundo lugar, el debate ideológico[17] que agita la propuesta es una verdadera síntesis de las fisuras así como de las continuidades acerca de las hipótesis sobre las relaciones entre subjetividad adolescente, desarrollo y educación.

---

17. Las ideas de los principales actores del debate están reunidas en Villaverde (1971).

El único punto de consenso en el que confluyen las distintas posiciones es el diagnóstico de inadecuación del sistema escolar a "la época de cambio que nos toca vivir" (González Rivero, 1971: 10). Gustavo Cirigliano, una de las principales figuras del pensamiento pedagógico católico, sostenía: "Sólo se la entenderá si se considera que el eje sobre el que gira la idea es el *futuro*. La Escuela Intermedia de 1968 no es para 1968, sino para 1988 o 2000" (Cirigliano, 1971: 95). Los distintos especialistas en educación, maestros, gremialistas convocados acuerdan en describir "El curso acelerado de la vida de nuestro tiempo, la más rápida madurez puesta de manifiesto por los adolescentes de la sociedad actual y las urgencias por incorporarse al mundo del trabajo" (González Rivero, 1971: 43); "los profundos y rápidos cambios que experimenta la sociedad" (Mérega, 1971: 88). De todos modos, difieren en torno a la conceptualización de ese cambio en tanto los sectores religiosos católicos comunican su alarma por el "pragmatismo" o el "tecnocratismo" creciente y anteponen la idea de *formación* como "crecimiento en el ser" del hombre: "Lo más importante de todo desarrollo humano "es permitir que el hombre sea más hombre". La grandeza del hombre radica en el "crecimiento en el ser" sentencia el presbítero José Cinccarelli (1971: 171). Por su parte, los cientistas de la educación celebran la relación entre educación y desarrollo en términos de las teorías contemporáneas del "capital" o "recursos humanos" necesarios para el desarrollo. Dice María Herminia T. de Mérega:

> "Existe una fuerte relación entre educación y desarrollo. El proceso de desarrollo requiere "recursos humanos" eficientes, preparados y la educación debe proporcionarlos, pero la finalidad de la educación va más allá de capacitar buenos productores, técnicos y profesionales; apunta al desarrollo de una personalidad inmersa en ciertos grupos primarios y secundarios en los que debe desempeñar ciertas funciones, decidir y cooperar" (1971: 51).

La polémica por la *escuela intermedia* ilustra de modo ejemplar no solo la controversia contemporánea entre las distintas tendencias pedagógicas en pugna sino que resume lo que ha significado el impacto de las teorías del desarrollo como instancia de relevo del modelo normalista y espiritualista que primara en la Argentina hasta la mitad de la década del cincuenta. Los términos de la crisis que Gino Germani describiera como producto del tránsito a la modernización: estratificación social versus oportunidades educativas; choque entre valores religiosos y seculares; prestigio de los saberes humanistas tradicionales y el fetiche reciente de la prodigalidad de los conocimientos técnico-científicos; estallan en el debate por esta reforma educativa.

Los gremios docentes advirtieron sobre la virtual reducción de la obligatoriedad de la enseñanza que ponía en peligro la posibilidad de garantizar la igualdad de oportunidades educativas. La obligatoriedad de la escuela intermedia era solo un proyecto a concretarse después de ejecutada su implementación y esto implicaba, en los hechos, que el estado avalaba un año menos de educación primaria. La estabilidad laboral de los maestros también estaba en cuestión en tanto se exigía renovar las incumbencias del título docente so excusa de la renovación de los contenidos de enseñanza que la reforma involucraba a la altura de los requisitos de la modernización tecnológica. Los sectores religiosos católicos –autorizados por la encíclica papal *Populorum Progressio*– veían con preocupación el creciente discurso tecnocrático, como señaláramos, y desconfiaban de una imagen de "futuro" escasamente comprometida con las *tradiciones*.

Una de las opiniones más originales en el seno del debate es la del psicólogo Oscar Oñativia, por entonces director del Instituto de Psicología y Ciencias de la Educación de Salta, en tanto cuestiona el principal argumento de la reforma: el *atraso* del sistema y acusa a la que llama "élite tecnocrática" (Oñativia, 1971: 197) de desconocer la "labor fecunda de más de setenta años de escuela activa (parcializada, resistida, todo lo que se quiera)" (*ídem*: 199) y cuya eficacia es innegable en tanto que si se podía "encarar una reforma *integral* de la educación en sus aspectos cuantitativos como cualitativos" (*ibídem*) se debía justamente a su "inspiración". Opone a la entronización del cambio y el "desarrollo" la idea de que:

> "La educación no existe sólo como una técnica, como un sistema o como una estrategia de la acción política de gobierno, sino que es antes que eso, una forma de convivencia humana y de desarrollo de la personalidad integral del ser humano. En consecuencia, precede a los planes pedagógicos, a los hechos educativos abstraídos" (*ídem*: 197).

En consecuencia, la originalidad de su propuesta radica en que toma distancia del diagnóstico de obsolescencia generalizado por el pensamiento tecnocrático pero también de las posiciones esencialistas que reinvidicaban un humanismo religioso. Los fundamentos de Oñativia son psicológicos pero, además, culturalistas. En este último aspecto, también su aporte resulta singular.

Oñativia sostiene que lo que se requiere no es una "escuela intermedia" sino un "ciclo de orientación" y el fundamento principal es que los ciclos educativos deben tener en cuenta las estructuras genético-evolutivas del desarrollo y, desde esta perspectiva: "Carece (...) de sentido hablar de un "nivel del pre-adolescente". Este no se define como período, sino como *transición* de la niñez a la adolescencia y no configura un sistema de intereses y aptitudes propios y tampoco origina una subcultura" (*ídem*: 201). En la argumentación, la "transición" ha cobrado un nuevo sentido, negativo, en relación de las edades de la niñez y la adolescencia que cobra entidad en tanto pueden ser descriptas como *subculturas*. La importancia del carácter de esta definición debe ser evaluado en el contexto de su producción: reconocer como *subculturas* (Oñativia equipara este concepto con la expresión "su mundo": dice "podemos hablar del niño y su mundo; del adolescente y su mundo, con sus propios problemas e intentos de soluciones" –*ibídem*–) implica otorgarle un estatuto y rol social que era impensable en otro momento cuando, justamente eran los niños y los adolescentes los que eran meros lugares de *tránsito* hacia la adultez como forma realizada.

Lo cierto era que, para el momento de la discusión de este proyecto de escuela intermedia, los estudiantes secundarios tenían una presencia pública que había cambiado para siempre su percepción como colectivo en el escenario de la vida social a los ojos de los adultos. En particular, todo iba a cambiar para siempre después de la verdadera batalla que se libró para mediados de 1958, conocida como "Laica o libre", cuando el presidente Frondizi informó acerca de su decisión de reglamentar el Artículo 28 del decreto ley 6403, promulgado en diciembre de 1955, por el cual se autorizaba a las universidades privadas (o "libres") para que expidieran títulos habilitantes para el ejercicio profesional.

El contenido del Artículo 28 era verdaderamente anecdótico en relación con los supuestos ideológicos que movilizaba y con las características del conflicto que suscitó. Por un lado, lo que para los "laicos" estaba en peligro era no solo la laicicidad del sistema instaurada desde la Reforma Universitaria de 1918 en el nivel universitario sino en el entero sistema educativo y, además, el avance de los sectores privados en un espacio hasta entonces patrimonio del estado. Desde el gobierno, el principal argumento era, nuevamente, las exigencias del "desarrollo" que demandaban una oferta educativa más diversificada –orientada a las nuevas tecnologías y formas de producción– que la universidad pública tradicionalmente no ofertaba (más orientada a las profesiones liberales y humanidades). En cuanto a los "libres", no solo reclamaban el derecho a una educación confesional y a la gestión privada de la educación considerada como un bien sino que también veían con preocupación la expansión de un discurso marxista y el impacto que podría tener en las generaciones más jóvenes y que quedaría demostrado en la gravitancia que el PCA y la Federación Juvenil Comunista tuviera en las movilizaciones estudiantiles. De hecho, como lo ha señalado Valeria Manzano, la radicalización política de la movilización (que incluyó tomas de escuelas, huelgas y manifestaciones callejeras) y su intensificación cambió la representación de los adolescentes en la prensa y opinión pública "porque pasaron a considerarse instrumentos de un ubicuo comunismo o porque se los asociara con tendencias 'antidemocráticas' en la cultura política argentina" (Manzano, 2009: 125).

3. Formación

La "formación" se convierte en mucho más que otra versión de las modalidades que asume el cambio conceptualizado en el centro del discurso social de los años sesenta en la Argentina. Resulta su representación más inclusiva en tanto participa de la temporalidad durativa y teleológica de las otras ideas convergentes (transición, desarrollo) y de la renovada confianza iluminista en la educación, como condición ineludible y necesaria para operar el pasaje.

3.1. La idea de formación

La idea de "formación" o "desenvolvimiento de sí" es la traducción convencional en español de la palabra alemana *Bildung* que reconoce más de un sentido en su historia lingüística y también en su larga y compleja tradición filosófica. La palabra procede de *Bild* que puede definirse como figura, cuadro o retrato. Sus orígenes se remontan hasta el misticismo medieval alemán (Liedman, 1996; Salmerón, 2003; Gadamer, 1991; Amícola, 2003) y su noción del hombre como imagen (*Bild*) divina en el conocimiento de la *Imago* Dei, o en la tradición panteísta de la *Imago* Mundis; del hombre como microcosmos. En este sentido, la *Bild* reúne simultáneamente las ideas de "imagen imitada" y "modelo para imitar" (Gadamer, 1991: 40) o, en otras palabras, "creación y realización" (Salmerón, 2003: 16).

En la tradición alemana, durante la Ilustración, emerge el término *Bildung* como concepto pedagógico "pero privado de la riqueza de acepciones originarias, centrándose en la designación de un saber formal" (*ibídem*). Luego, los valores del humanismo y la sensibilidad romántica (Villanou, 2001) repondrán la idea de "formación" como educación activa. Wilhelm

Von Humboldt en "Teoría de la *Bildung* del hombre" dirá que la tarea esencial de la existencia humana es "dar al concepto de la humanidad un contenido tan grande como sea posible". Así planteado, se exige de una nación o época que ofrezca oportunidades para el desenvolvimiento de sí (*Bildung*) en tanto que ser humano.

Es decir que, como parte del proceso de secularización de la modernidad, el concepto pierde su orientación teológica y el objetivo será la propia humanidad según Herder, el recién mencionado Humboldt, Kant y Pestalozzi, entre otros. La idea recupera su carácter dinámico y doble, tanto de imagen (en el sentido de "acuñar una imagen en el alma", como había sido planteado por la mística medieval alemana) como de forma (Salmerón, 2003) y, de este modo, adquiere también el sentido de un cambio o transformación que es el que se conceptualiza, en Herder, como camino de ascenso a la humanidad y que se traducirá en un *relato de formación* (*Bildungsroman*) a partir de Goethe. Por lo tanto, la *Bildung* designa tanto el resultado del proceso de formación como el proceso mismo porque "el resultado del proceso interior de la formación no se produce al modo de los objetivos técnicos, sino que surge del proceso interior de la formación y conformación y se encuentra por ello en un constante desarrollo y progresión" (Gadamer, 1991: 40).

Gadamer explica que, a partir de Herder, "La formación pasa a ser algo muy estrechamente vinculado al concepto de cultura y designa, en primer lugar el modo específicamente humano de dar forma a las disposiciones y capacidades naturales del hombre" (*ídem*: 39). Desde entonces, la "forma" —como supuesto ser en sí— solo se revela como identidad en el seno de una relación con lo otro cuya expresión más cabal es la cultura como *cultus*, como "lugar de manifestaciones visibles y externas: trabajo, arte y virtudes cívicas" (Salmerón, 2003: 22) lo que significa que, así entendida, la *Bildung* tiene un carácter a la vez individual y comunitario. En la Alemania entre los siglos XVIII y XIX:

> "(...) se confió en el progreso de la humanidad, en las posibilidades de la historia y de la educación del género humano (Lessing), en la moralización de la humanidad (Kant), en la dimensión estética de la educación humana (Schiller), en la resolución de las disonancias en el interior de uno mismo (Hölderlin), en el desplegar de las potencialidades autoformativas que plantea el *Meister* de Goethe e, incluso, en el carácter dialéctico de la formación helegiana según la cual cada individuo alcanza un yo que se ha hecho libre a sí mismo como manifestación de lo absoluto (...) En conjunto, se trata de una serie de proyectos formativos que buscaban restablecer una especie de

armonía ideal truncada por la sucesión histórica de los acontecimientos derivados de la consolidación de una razón ilustrada y, por ende, escindida entre la razón teórica y la razón práctica, entre inteligencia y voluntad, entre sujeto y objeto, entre yo y el mundo, entre interioridad y exterioridad, entre el hombre y la naturaleza" (Vilanou, 2001).

Ahora bien, ya para 1888, Nietzsche en *Ecce Uomo* haría estallar el concepto de identidad e integridad de la *Bildung* y después de 1914 –es decir, después del fracaso de la idea de *humanidad* que representa la Primera Guerra– los principios del optimismo pedagógico propio de la fe en la razón estarán ciertamente en cuestión. Después de Nietzsche, señala Jorge Larrosa, ese "cobrar forma" será la única certeza que pueda detentarse porque la experiencia de la diferencia (respecto de los otros y de sí) no tendrá fin:

"Eso que somos y que tenemos que llegar a ser no es ya ni sujeto ni objeto, no es una realidad de ningún tipo, ni subjetiva ni objetiva, no es ni siquiera una 'idea' que tendríamos que 'realizar' sino que está claramente del lado de la invención" (Larrosa, 2003: 127).

Es entonces, como palabra *caída*[18] aunque lejos todavía de pensarse en términos de "invención", que la *Bildung* llega hasta los años sesenta en la Argentina de la mano de la filosofía de la educación de Juan Mantovani que le había dedicado un breve ensayo aparecido en la revista *Verbum* n° 83 en 1933 –*Sobre la idea clásica de "Bildung"*– que pasará luego a formar parte de uno de los capítulos de *Ciencia y Conciencia de la Educación*, en 1947. La continuidad del pensamiento de Mantovani sobre el concepto de formación a lo largo de su producción intelectual puede advertirse por las sucesivas publicaciones que recuperan el tema y literalmente, como veíamos en el caso recién mencionado de la revista "Verbum", la reformulación y reedición de textos previos. Así, en 1941 publica en el Instituto de Didáctica de la Facultad de Filosofía y Letras de la Universidad de Buenos Aires *La adolescencia y los dominios de la cultura* que originariamente había sido leído en el Instituto Popular de Conferencias de "La Prensa" de Buenos Aires y nueve años más tarde, en 1950, pasa a formar parte del libro *Adolescencia, formación y cultura* publicado por la editorial Austral. *Educación y plenitud humana*, publicado por editorial El Ateneo por primera vez en 1933, remite en el prólogo a la cuarta edición ampliada y revisada por el autor,

---

18. Tomo el adjetivo "caída" de Jorge Larrosa (2003) que lo emplea para designar la falta de correspondencia completa de la palabra respecto de su representación alemana original. Particularmente, después de *Ecce Homo* de Nietzsche. Cfr. Larrosa, 2003: 138-139.

de 1952, a una primera versión como curso de Introducción Filosófica a los problemas pedagógicos, de 1931.

En el primer texto, de 1933, el interés de Mantovani en la idea clásica de *Bildung* responde a la necesidad de situar el lugar del "mundo autónomo del espíritu" (Mantovani, 1933: 10) individual frente "a la absorción social que ha llegado a extremos nefastos" (*ídem*: 11). En este sentido, admite que, "La idea de que se pueda formar una totalidad con la propia individualidad no la acepta nuestra época. Razones sociológicas orientan hacia otro sentido la idea de formación, con la cual es imposible llegar a la estructuración de la personalidad como un 'todo' autónomo" (*ídem*: 7).

El pedagogo sostiene que lo que puede subsistir del concepto de formación es "una individualidad ligada al medio histórico y del que recibe influjos y aportes inevitables. Lo que el hombre es en el fondo de su ser debe quedar intacto frente a las variaciones contingentes a que ese mismo ser está obligado por el juego de sus vínculos sociales" (*ídem*: 11).

La filosofía de Mantovani encuentra en la duplicidad inherente a la idea de *Bildung* la coartada adecuada para resolver la progresiva incompatibilidad del pensamiento espiritualista *clásico* con la creciente hegemonía de las ciencias sociales. Esto explica la introducción del concepto de "cultura", más tarde, en una nueva etapa de su producción intelectual. De hecho, hemos visto cómo, en la historia de las representaciones asociadas a la idea de *Bildung*, se produce un desplazamiento hacia el concepto de cultura que termina siendo, en algunas traducciones, uno de sus significados equivalentes.

En *La adolescencia y los dominios de la cultura. El problema de una relación,* Mantovani dice que su propósito es:

> "ligar la compleja y turbulenta vida interior de una edad difícil con ese mundo real, de contenido valioso, que desde una esfera objetiva envuelve y presiona al hombre y concurre poderosamente a su formación (...) Se busca comprender el enlace bipolar de una edad, a la que se ha llamado 'obscura' e 'indecisa' porque en el alma se mueven los más contradictorios impulsos, con un mundo de contenidos culturales, dotado de claro sentido y de poder sobre el desenvolvimiento individual" (*ibídem*).

En la cita está implícita la definición roussoniana de adolescencia como "segundo nacimiento"[19] a la vida social, y es la razón que está en la elección de la adolescencia por parte de Mantovani como objeto central de atención.

---

19. Cfr. Iª Parte, capítulo II, 1 *Adolescencias*.

Así definida, es la subjetividad que mejor da cuenta de la relación entre "espíritu" y "cultura" o entre "individuo" y "mundo real" –Mantovani elude hablar de "sociedad"– dado que, en estos términos, exige un tratamiento "bipolar", para usar sus palabras.

La adolescencia se le aparece al filósofo como la edad de formación por excelencia y por eso dice que "ese enlace no es un hecho meramente psicológico ni una relación estrictamente lógica. Es una categoría pedagógica. Pertenece a los problemas de la formación en su sentido hondo, no con alcance lisamente escolar" (Mantovani, 1941: 12). Ya hemos visto qué significa ese "sentido hondo" de la formación para Mantovani en términos generales, como desprendimiento de la tradición alemana de *Bildung*. En esta oportunidad, puesta en relación con el problema de la edad adolescente y de la cultura, la polaridad que se establece entre la reciente conciencia del propio yo del adolescente y su salir al mundo exterior al encuentro con el "tú" le permite atender a lo que llama "los dominios de la cultura" (*ídem*: 42) que está compuesto por objetividades y normas que responden a un ideal al que propende el recién llegado a este espacio en "coordinación" (*ídem*: 45). La idea de "coordinación" o "integración" describe la relación del adolescente con el dominio de la cultura pero, por lo mismo, señala el fin al que debe tender el proceso educativo. En última instancia, esta relación le permite definir con precisión su concepto de educación: "La educación", dice Mantovani, "es desarrollo del ser que no es naturalmente dado" (*ídem*: 59) pero esto no implica que la función del maestro como "enlace" (*ídem*: 61) sea estática en el sentido de que sea el maestro el que tenga las coordenadas de la cultura y el individuo que aprende permanezca ajeno a ella. Antes bien, Mantovani dice que:

> "La relación educativa no es encuentro de un mundo estático, hecho y una subjetividad fluctuante. Ésa es la apariencia. La realidad profunda es otra. Es una relación viva entre personas, enlace humano: animación espiritual del educando por la presencia cultural del educador" (*ibídem*).

En significativa consonancia con lo que años después Paulo Freire llamará "educación bancaria" (Freire, 1970) insiste en el hecho que "Desde el punto de vista empírico la relación no significa un adolescente y contenidos de cultura colocados frente a frente, como si el primero se abriera a la recepción pasiva de los segundos, o éstos penetraran coactivamente la entraña de aquél" (Mantovani, 1941: 59). Su preocupación a lo largo del ensayo es defender la singularidad y diversidad de cada encuentro entre quien enseña (un ser "formado") y quien aprende ("en formación"). Esta

PARTE I: Relato de formación y subjetividad adolescente

relación es, para Mantovani, "por ello, menos racional de lo que creen ciertos fanáticos del método. Del método como esquema técnico, no del método como trabajo ordenado y movido por la vida del discípulo y la personalidad del educador" (ídem: 61).

En este último argumento, cierta "irracionalidad" del vínculo pedagógico, radica probablemente otro de los fundamentos de la elección del tratamiento de la idea de formación a partir del análisis de la subjetividad adolescente.

Esta edad no solo se define en sus textos en consonancia con Rousseau sino que, de modo esperable en función de esta referencia: en términos románticos. La tormenta y el impulso del *sturm und drang*[20] son, en Mantovani, "el temblor de la vida presente y la ansiedad angustiosa de la futura madurez" (ídem: 21) que caracterizan "el misterio de la transición" (ibídem).[21]

Si, en un primer momento dice, como veíamos más arriba, que en "el alma" del adolescente "se mueven los más contradictorios impulsos" en adelante la edad estará definida por su "misterio" y este *incalculable* será la condición que más apreciará el autor en tanto responde a su hipótesis de un *plus* de irracionalidad que se sustrae a cualquier método con el que se pretenda reducir la complejidad del acto de comunicación pedagógica.[22]

Mantovani insiste en destacar la dificultad para "comprehender" (ídem: 16) a la adolescencia por parte de los adultos y, especialmente por los docentes, y para ello recurre a una conferencia de William Stern para afirmar su oscuridad inherente. Dice Stern citado por Mantovani:

---

20. En la reedición de este ensayo como parte de *Adolescencia, formación y cultura*, en 1950 Mantovani denuncia sus fuentes en el pensamiento en relación con la adolescencia en una "Guía bibliográfica" ofrecida a los lectores sobre el tema en cuya lista reconocemos el *Emilio*, de Rousseau y el inaugural *Adolescence. Its psychology and its relations to physiology, anthropology, sociology, sex, crime, religion and education* de Stanley Hall (Cfr. Iª Parte, capítulo II, 2.1.1 "El segundo nacimiento") Al margen de estas fuentes "románticas" se destaca *Adolescencia y cultura en Samoa* de Margaret Mead, publicado en la Argentina en 1948 y *Ambición y angustia de los adolescentes*, de Aníbal Ponce, de 1936.

21. El personaje del adolescente romántico volverá en repetidas ocasiones en el discurso de Mantovani. Así en *La adolescencia y los dominios de la cultura. El problema de una relación* afirma que "vive verdaderas tormentas interiores que psicólogos y novelistas han pintado con maestría" (p. 27) y define: "vida dramática dentro de su propio ser es la adolescencia" (p. 28).

22. Adriana Puiggrós advierte la paradoja según la cual "la visión del desborde de sentidos no produjo en Mantovani un impulso de apertura sino de cierre. Abrió su discurso a la teoría del planeamiento, en lugar de dar lugar a lo contingente, a lo no previsto en el proceso de enseñar y aprender, que le hubiera posibilitado salvar sus ideas del disciplinamiento funcionalista" (Puiggrós, 1997: 44).

"(...) es una época muy característica, casi misteriosa, difícil de tratar para aquellos que han de estar en relación con los jóvenes de esta edad y difícil de comprender para aquéllos que quieran penetrar teóricamente en las profundidades de este estadio de desarrollo..." (Stern, en *ídem*: 18).

y a la autobiografía de Chesterton para documentar su condición de "incomunicabilidad". Cita Mantovani, que, en su *Autobiografía*, Chesterton dice:

"La adolescencia es una cosa compleja e incomprensible. Ni habiéndola pasado se entiende bien lo que es. Un hombre no puede comprender nunca del todo a un chico, aun habiendo sido niño. Crece, por encima de lo que fué el niño, una especie de protección que pica como pelo; una dureza, una indiferencia, una combinación de energía dispersa y sin objeto mezclada con cierta disposición a aceptar las convenciones" (Chesterton, en *ídem*: 18).

Finalmente, en el camino en donde se encuentran la idea de "cultura" con la representación romántica del adolescente y su edad, el pensamiento encuentra la idea de "nación" y la visión totalizadora del *Zeitgest*. Mantovani propicia una comparación entre el estado del espíritu individual del adolescente en formación y el espíritu de la nación sobre el presupuesto de que "Cada hombre debe alcanzar el poder de reconocer en sí mismo no una conciencia aislada, sino un reflejo del espíritu general dominante cuyo sostén es la comunidad" (*ídem*: 63).

En síntesis, en la obra de Juan Mantovani encontramos no solo una reinvidicación del concepto de *Bildung* a partir de su "actualización" en relación con las posibilidades de exportación de esta categoría a otro tiempo y territorio sino, además, una sostenida reelaboración de la idea durante treinta años cuyas consecuencias trascienden su obra dada la ascendencia del filósofo en sus discípulos y su participación política como funcionario a nivel nacional y provincial (en la provincia de Santa Fe).[23]

---

23. Sintéticamente, la actuación pública de Juan Mantovani puede reconocer su origen en la Reforma Universitaria de 1918 y ya graduado se extiende hasta 1959, año de su muerte, en el que es presidente de la Comisión de "Formación de Maestros" del Proyecto Principal de Educación de UNESCO. En el lapso comprendido en esos cuarenta años, además de su tarea académica universitaria y como parte de revistas culturales de la época: *Verbum, Imago Mundi, Sur* ocupa, entre 1928 y 1929, el cargo de Inspector General de Escuelas de la Provincia de Santa Fe. Durante los años 1932-1938 Juan Mantovani es inspector General de Enseñanza Secundaria, Normal y Especial de la Nación. Entre los años 1938-1941 ocupa el cargo de

De este modo, podemos documentar cómo la idea de "formación" estará en la base de las formulaciones político-pedagógicas ligadas al "espiritualismo" (Puigróss, 1997; Southwell, 1997; Suasnábar, 1998) pero también, aunque con otro carácter –que señalaremos a continuación– en el trascendentalismo católico de la pedagogía de Paulo Freire que se comenzará a conocer en la Argentina después de *Pedagogía del Oprimido* (1970) y estará en la base de algunas experiencias de educación popular promovidas en espacios de postergación social.

En los proyectos educativos oficiales, la idea de "formación" será complementaria de las expectativas desarrollistas mientras tengan una orientación –en el sentido de "dirección"– común. Aproximadamente después de 1966, las teorías del "capital humano" desalojan cualquier concepción que distraiga el esfuerzo de la meta de realización tecnológica. El imperativo de la especialización desplazará el interés por la "integralidad" de la formación del sujeto. Hemos visto en el debate por la "educación intermedia" el alcance de la polémica entre estas visiones enfrentadas de la cuestión educativa.

Finalmente, el humanismo ateo del existencialismo sartreano y la filosofía de la praxis de Antonio Gramsci –principales referentes del pensamiento de la izquierda intelectual del momento– pondrán, también, en el centro de la discusión la idea de formación desprovista de los sentidos espiritualistas de los otros sectores recién mencionados pero como parte de una concepción política de la educación del hombre. No obstante, estas formulaciones compartirán desde su diferencia con las primeras una concepción "misional" de la tarea educativa de las generaciones más jóvenes.

3.2. El relato

Podemos entonces constatar, en los años sesenta en la Argentina, un estado de discurso social caracterizado por una temporalidad incoativa y progresiva; una matriz narrativa que hace de la novela el género privilegiado y el reconocimiento de una identidad –individual y colectiva– definida en tránsito de *formación*. A este estado de discurso social queremos llamarlo, entonces, y en función de esta descripción, *relato de formación*. Este *relato de formación* encontrará su metáfora en la subjetividad adolescente y hará del discurso literario su territorio más fértil en tanto la idea de *formación* ha estado unida a la de *novela* y *narración* desde el siglo XVIII a través del desarrollo del subgénero de la *novela de formación* o *Bildungsroman*.

Ministro de Instrucción Pública y Fomento de la Provincia de Santa Fe, durante la gestión del gobernador de la provincia Dr. Manuel M. de Iriondo.

En 1796, Goethe escribe *Los años de aprendizaje de Wilhelm Meister* que se convertirá, más tarde, en 1813, en ejemplo del subgénero *novela de formación*. Es en 1813 cuando, en unas conferencias, el profesor Karl Morgenstern se refiere a un tipo de novela que encuentra su modelo más acabado en el texto de Goethe y que narra el proceso por el cual un personaje madura hasta dar con una imagen de sí que le confiere su identidad adulta. Este subgénero —por mediación de su traducción al francés— recibirá, también, los nombres de "novela de educación" o "novela de aprendizaje".

La novela de formación es, por lo tanto, inseparable de la representación de una experiencia histórica particular que es el contexto del Iluminismo alemán y del debate acerca de la educación que tenía lugar por entonces. Además, resulta impensable fuera de la historia de la constitución de la novela misma como género. De hecho, Bajtín coloca a la novela de formación en el origen de su discusión acerca del realismo y, particularmente, de la idea de una temporalidad que introduce la imagen del "hombre en proceso de desarrollo" (Bajtín, 1998: 209) lo que, para el teórico, define esencialmente a la novela burguesa.

La idea de "formación" designa, en consecuencia, un tipo de diégesis narrativa singular que no puede compararse con la de la novela de aventuras o incluso con la de la novela biográfica. Por un lado, Paul Ricouer sostiene que la "novela educativa" constituye la segunda expansión del carácter a expensas de la trama (después de la novela picaresca) (Ricoeur, 1998: 387) que se prolonga hasta el primer tercio del siglo XX. Por el otro, a pesar de que la novela de formación participa de la representación del tiempo iluminista progresivo, lineal y "evolutivo", la transformación "formativa" del carácter del personaje tiene una modalidad "reflexiva" en tanto esta no depende de la superación de pruebas u obstáculos (como en la novela de aventuras o peripecia) o de la superación de etapas (como en la novela biográfica) sino que participa de una suerte de descubrimiento que tiene lugar cuando el sujeto da con las circunstancias adecuadas para que opere la revelación. En este sentido, Larrosa ha señalado que los "acontecimientos anteriores no repercuten sobre los posteriores, sino (...) que los acontecimientos posteriores y las formas de conciencia posteriores, son los que repercuten sobre los anteriores en un proceso constante de significación retrospectiva" (Larrosa, 2003: 117). La búsqueda emprendida por el personaje puede incluso que no se manifieste conscientemente o en forma declarativa sino que, en general, aparezca en la superficie de las acciones, como una inquietud o, incluso, cierto desasosiego. Al personaje le ha llegado el momento de madurar y este pretérito perfecto designa un pasado irrecuperable porque es el de la forma que está esperando la oportunidad de mostrarse e instalarse, para siempre, en el acabamiento de la instancia adulta que es cuando la madurez acontece. Es por esto que los distintos nombres que ha recibido esta clase de novela, *Bildungsroman*, novela de formación, de educación o de aprendizaje, no resultan intercambiables porque los dos últimos –educación y aprendizaje– no dan cuenta de esta dialéctica entre un interior y un exterior que sí estaba en el viejo concepto de *Bildung* y en su traducción: la idea de formación. En este sentido, si bien se ha insistido en el hecho de que la novela de formación narra una "historia interior" (Salmerón, 2003) o una "acción interna" (Amícola, 2003), la definición está incompleta si esa dimensión interior no se caracteriza en relación con la "discrepancia" (Lukács, 1970) que esta mantiene con el mundo exterior. El aprendizaje tiene lugar en el seno de esta dualidad: la vida y el mundo son "experiencia y escuela" para el individuo en formación (Bajtín, 1998: 213). El mundo exterior no constituye un lugar de ensayo y error sino un terreno de posibilidades algunas veces abiertas y disponibles y otras cerradas a la experiencia de aquel que detenta una búsqueda de sí. Se produce una imbricación permanente y reversible entre lo social y lo psicológico: "carácter y trama se condicionan mutuamente" (Ricoeur, 1998: 387).

Ahora bien, el tratamiento de lo "psicológico" o del "carácter", en términos de Ricoeur, depara otro problema a resolver. En general, se tiende a asociar a la novela de formación a la representación de la adolescencia. La correspondencia tiene como evidencia la edad de los personajes que, habitualmente, no supera los veinte años. No obstante, la adolescencia de los personajes, por obvia, no deja de ser un aspecto conflictivo. El problema es que en la novela del siglo XVIII los años de adolescencia, paradójicamente, son marginales o están ausentes (Spacks, 1981; Neubauer, 1999) y la razón es que los presupuestos filosóficos y didácticos del *Bildungsroman* glorifican la madurez y habrá que esperar un siglo para que esta valorización se invierta. Además, en Europa, la subjetividad adolescente es una invención del siglo XIX vinculada al desarrollo de la burguesía y al nacimiento de la más importante institución asociada con la adolescencia: la escuela secundaria. Desde un punto de vista léxico, la palabra no apareció en el francés sino hasta el siglo XVIII y en el diccionario de alemán, sino hasta después del que escribieran los hermanos Grimm también en el siglo XIX. Por lo tanto, el *Bildungsroman* tiene personajes adolescentes que, sin embargo, no viven una experiencia adolescente en tanto el modo en que se los presenta "neutraliza" los llamados "peligros de la edad". Antes bien, se trata de jóvenes de las clases prominentes que atraviesan el tránsito a la adultez bajo la turbación de un amor no correspondido o una vocación artística que entra en conflicto con sus deberes de clase. Recién después de la primera mitad del siglo XIX la formación se convertirá en la *modalidad literaria* (cfr. Amícola, 2003; Guillén: 1985: 165) privilegiada para representar la experiencia adolescente.

La novela biográfica (romántica) estará asociada a la "infancia", en el sentido de que se escribirá desde los orígenes en los que se cifra el porvenir de una "personalidad". La novela de aventuras estará asociada a la "juventud" o, mejor, al "adulto joven" que es el que tiene las condiciones físicas, psíquicas y morales para sobrellevar los escollos y el peligro. Finalmente, la novela de formación, a partir del siglo XIX, tiene como protagonista a un adolescente. Se detiene en los años de adolescencia del personaje o bien hace de la adolescencia una poética del relato. En el centro de esta convergencia está la idea de "paso" o "pasaje" que remite, también, a la llamada "novela de iniciación".

En este punto es necesario volver a Bajtín. En *Teoría y estética de la novela*, particularmente en el capítulo en el que caracteriza al género en oposición a la epopeya, Bajtín insiste en que la novela "es el único género en proceso de formación" (Bajtín, 1989: 449). Más allá de las características del contexto de producción del ensayo (el texto es de 1941), el autor produce un deslizamiento de la poética de la novela (que narraría un "proceso de desarrollo") a las características del género en el sistema literario del que resulta que este "inacabamiento" o estado de crisis permanente no caracterizaría a una novela en particular sino al propio género más allá de sus circunstancias históricas. Incluso, ensaya una hipótesis fuerte, basada en la experiencia recogida hasta la fecha de escritura del ensayo, acerca de que habría ciertas características histórico-sociales que caracterizan a los momentos en los que la novela se convierte en género predominante y sería, justamente, que "Toda la literatura está envuelta en el proceso de formación y en un cierto criticismo de los géneros" (Bajtín, 1989: 451). Si aceptamos la proposición de Bajtín podríamos afirmar —como de hecho ya lo ha afirmado oportunamente Julia Kristeva (1993)— que la novela es adolescente. La adolescencia y la novela tendrían como rasgo común esta inestabilidad de la forma que tiene en la "formación" su expresión más acabada. En síntesis, la idea de "formación" —tal como fuera planteada a partir de las conferencias de Morgenstern— no es un tema de la novela sino un principio poético y, en este sentido, aparece como una categoría necesaria y útil que sirve para nombrar a cierta narrativa.

Esta asociación aquí planteada entre novela de formación y adolescencia nos lleva a una tercera posibilidad para pensar las relaciones entre literatura y formación que es la perspectiva de los procesos de subjetivación y de la representación de la identidad. La idea de formación tiene la virtud de reunir en sí la experiencia del tiempo, de la subjetividad y el problema de la cultura. En consecuencia, revela la naturaleza narrativa de la identidad (Ricoeur, 1998: 997) al mismo tiempo que su naturaleza ficcional.

Otro de los rasgos principales que definen al *Bildungsroman* es su condición didáctica: la narración de los años de aprendizaje del personaje tiene un carácter modélico para el lector. Como decíamos al comenzar, la novela de formación es el resultado ejemplar del proyecto educativo neohumanista alemán según el cual "La literatura debía ser un vehículo privilegiado de la educación estética del hombre" (de Diego, 1998: 18). No es casual que el *Wilhelm Meister* se publique el mismo año que las *Cartas para la educación estética del hombre,* de Schiller. Por eso, el relato está signado por una intervención directa del narrador que tiene un fuerte "carácter autorial" (Amícola, 2003: 56) y que en buena medida "guía" la interpretación de las acciones del personaje para que la historia pueda cumplir con su misión "formativa".

Lo que está en la base de esta recursividad de la "formación" es la postulación de una subjetividad en términos de conocimiento. El *Bildungsroman,* nacido en el seno de una confianza plena en la razón, enseñaba —en general— que el conocimiento de uno mismo era la condición primera para poder comprender el mundo y, comprender, quería decir básicamente, controlar el azar, cumplir con un destino que, por otra parte, ya estaba previsto desde el comienzo: *serás lo que debas ser o serás nada.* Con la caída del concepto de representación, cuando las palabras dejaron de designar las cosas, la novela de formación pone en evidencia que conocer(se) consiste únicamente en dar con las palabras que puedan nombrarnos: lo que Nietzsche llamaba "imprimir un estilo al carácter" (Larrosa, 2003: 127). Podría llamarse a esta tercera posibilidad para la relación aquí planteada "acerca de cómo los relatos dan forma a la experiencia" o, mejor, acerca de cómo la experiencia se revela como relato. Al respecto, es importante recordar que, etimológicamente, *Bildung,* designa tanto a lo producido como a lo que se produce. Es este dinamismo de la forma lo que permite recurrir a la idea de formación más allá de su realización en una especie narrativa en particular. Así planteado, importa poco decidir si estamos o no frente a una novela de formación porque lo importante es que la idea de formación puede reconocerse como una trama. Su "duradero interés"

—para decirlo en términos de la "temática" de Tomashevski (1965)– reside en el hecho de que no se trata solamente de un tópico o de una poética sino de un significante siempre disponible para contar(nos). Al respecto, Claudio Guillén, en *Entre lo uno y lo diverso. Introducción a la literatura comparada* (1985) propone que:

> "(...) el género funciona a menudo como modelo conceptual y entonces lo que evoluciona es el paradigma mental, compuesto generalmente de algunas obras canónicas, mientras al propio tiempo las imitaciones individuales del modelo obedecen a su propio ritmo de evolución" (Guillén, 1985: 146).

Esta distinción resulta de interés porque se introducen dos instancias que responden, respectivamente, a dos temporalidades diferentes: por un lado, el género como "modelo conceptual" se fija en relación con cierto canon que, como tal, está sujeto a procesos de valoración y selección históricos, en consecuencia, ese modelo conceptual también resulta una referencia mudable. Paralelamente, las "imitaciones" o, mejor, "proyecciones" de ese modelo mental (aquí "la formación") "obedecen a su propio ritmo de evolución" de lo que se deduce que la semejanza no estará fundada en la identidad o correspondencia sino en la referencia —indirecta— al "modelo mental" en cuestión. Consecuentemente, ante la incomodidad o impertinencia que pudiera provocar el nombre en alemán –*Bildung* o *Bildungsroman*- por su datación histórica o por las connotaciones místicas y filosóficas asociadas (cfr. Amícola, 2003) la abstención tiene como contrapartida la desventaja que supone buscar un nombre nuevo que, a pesar de acercarse a la idea representada, resulta parcial porque carece de las asociaciones que todavía resultan vigentes en la polisemia o que, al menos, pueden volverse a pensar con variaciones en un contexto alternativo.

En este sentido, encontramos los estudios de Horst Nitschack (1996), Julia Kushigian (2003), Teresita Frugoni de Fritszche (1997), Gabriela Mora (1985), María Inés Lagos (1996), entre otros, que refieren indistintamente a los conceptos de *Bildungsroman,* novela de aprendizaje o formación en relación con la narrativa latinoamericana y, tal como en su versión primera, como género que reúne el relato de una experiencia de subjetivización individual de algún modo asociada a la formación de la identidad nacional y a las expectativas culturales (y estatales) acerca de ese individuo en formación. De acuerdo con Kushigian, "*así como la persona crece y se vuelve ella misma, también las naciones padecen los mismos dolores de crecimiento, pelean las mismas luchas y atraviesan los mismos ritos de pasaje*" (Kushigian, 2003; la traducción del inglés es nuestra).

En los años sesenta, el adolescente se constituye en un personaje ineludible en la narrativa latinoamericana y como subjetividad en estado de formación, encarna al sujeto del futuro nacional en el proceso de búsqueda identitaria que tiene lugar luego de la Segunda Guerra Mundial. Como lo ha observado Alejandro Latinez (2006) en estos años se puede reconocer una articulación semántica entre "crecimiento" y "madurez" como instancias de maduración individual pero como parte del discurso hegemónico del "desarrollo" en Latinoamérica. Sostiene Latinez que se da una relación metafórica entre los años de aprendizaje adolescente y el período de desarrollo de los países latinoamericanos: "la representación del adolescente en la modernidad como ente indefinido, inconstante, tutelado pero independiente, producto de cambios sociales y en permanente revisión, actualiza su relación con la categoría de desarrollo" (Latinez, 2006: 12). Desde su perspectiva y en relación con el corpus de su investigación[24] el personaje adolescente es una:

> "(...) representación contestataria que cuestiona el futuro 'desarrollado' como un espacio fijo, axiomático y natural que debe aceptarse bajo una imagen paternalista, y que rechaza asumir una responsabilidad del encargo social que los adultos le preparan y demandan desde una práctica institucional. En un tiempo en que la pregunta por la identidad latinoamericana se plantea en un marco de propuestas de renovación social, política y tecnológica, estas narrativas muestran insistentemente la imagen del adolescente para responder a ese discurso hegemónico" (ídem: 13).

En nuestro caso, como se discutirá a continuación, coincidimos en reconocer a la subjetividad adolescente como figura del relato de formación de la época sin embargo consideramos que la representación no es siempre "contestataria" a los proyectos de futuro y, en principio, esta diferencia con otras realidades latinoamericanas descansa sobre el carácter marcadamente espiritualista de las imágenes de futuro y de los proyectos educativos asociados, en la Argentina y, por lo mismo, la prevalencia del concepto de formación por sobre el de desarrollo.

---

24. El corpus literario de la investigación doctoral de Alejandro Latinez incluye a *Paradiso*, de Lezama Lima; *La noche de Tlatelolco*, de Elena Poniatowska; *La ciudad y los perros*, de Mario Vargas Llosa y *Lazos de familia y La legión extranjera*, de Clarice Lispector.

Capítulo II

Un nuevo paisaje humano

A partir de los años sesenta el discurso sobre la adolescencia introduce progresivamente la pregunta, y la preocupación, acerca de la percepción de esta edad como "definitiva", es decir, como un lugar de llegada antes que como una etapa de paso hacia la madurez. Al mismo tiempo, la pregunta acerca de la identidad adolescente comienza a revelarse como una inquietud en la que está en juego la propia identidad común o colectiva: es la sociedad adulta la que se mira a sí misma a partir de la especulación sobre sus generaciones más jóvenes.

Es en ese momento histórico de constitución de la representación semántica de la idea de adolescencia, que la edad se convierte en un tópico hegemónico en el discurso social en la Argentina de los años sesenta y funciona como metáfora de la época al convertirse en la subjetividad con la que se identificará una sociedad que, como hemos visto en el capítulo I, está siendo definida en un momento de "transición"; una economía y un país caracterizado a partir de la idea de "desarrollo" y una cultura cuyas distintas manifestaciones acusan una "crisis" producida por un tiempo de cambio "inédito".

O, más precisamente: en el mismo momento en el que el campo emergente de las ciencias sociales así como el amplio espectro del discurso *psi* (psicológico evolutivo y psicoanalítico) atienden a la conformación de esta subjetividad como "agente social" (Hobsbawm, 1998), la literatura de Conti, Cortázar, Briante, Guido, Yunque, Germán García, Puig, Moyano, Lange, Viñas, Saer y Rodolfo Walsh, entre otros, eligen al personaje adolescente como protagonista de sus ficciones y los rasgos que definen a la adolescencia (desarrollo, transición, crisis) son los mismos que caracterizan a la época en los principales juicios y evaluaciones de las ciencias sociales, el discurso político y periodístico contemporáneo. La subjetividad adolescente ofrece una imagen que se vuelve metáfora de la época en la medida en que se convierte en expresión intercambiable de la experiencia histórica en curso. Su eficacia argumentativa reside en que responde perfectamente al razonamiento analógico que equipara la naturaleza del tiempo histórico con la del tiempo vital: un país *en desarrollo* es aquel que se dirige hacia otro estado que se identifica con su *madurez*.

En este capítulo II propondremos que en el origen de este fenómeno se puede reconocer, por un lado, la importación de modelos de conceptualización que acabamos de revisar, como parte de la expansión y complejización de los medios de circulación de la información que caracterizan al momento: un marcado crecimiento editorial (editoriales con catálogos internacionales, traducciones prácticamente simultáneas al momento de su aparición, democratización de las vías de acceso a los bienes culturales), desarrollo de la investigación y producción intelectual en las universidades, incremento vertiginoso de la matrícula en la educación secundaria y superior. Por el otro, la coyuntura histórica que sitúa a la Argentina en el cruce del proyecto desarrollista que atraviesa a las principales capitales americanas y las expectativas revolucionarias que forja la llamada *nueva izquierda intelectual* (Terán, 1991). Paradójicamente, se produce una convergencia heterogénea de modelos políticos que, si bien son prácticamente incompatibles, introducen una cierta representación común que define a la época como un momento de cambio inminente e impostergable, situado frente a una crisis de un pasado que, consecuentemente, se considera caduco y que requiere, entonces, de intervenciones que permitan atravesar en forma satisfactoria esa transición.

Como subjetividad en estado de formación, la adolescencia encarna, de este modo, al sujeto del futuro nacional en un proceso de búsqueda identitaria. La metáfora, de hecho, no es patrimonio exclusivo del estado de discurso social en la Argentina sino que atraviesa las principales capitales latinoamericanas por las mismas razones que planteábamos más arriba y, además, porque para el orden mundial del momento, América es el *continente joven* o *en vías de desarrollo* según se prefiera, nuevamente, una u otra metáfora, mutuamente sustituibles, desde la perspectiva aquí adoptada.

1. Adolescencias

1.1. El segundo nacimiento

El concepto de "edad" –como categoría de análisis del tiempo vital e historiográfico– está sustentado sobre una representación lineal y, por lo tanto, sucesiva, de esta dimensión de la experiencia en la que, además, el "paso" del tiempo se vuelve –en apariencia, inevitablemente– evolutivo. Esto es, a la espacialización del tiempo ha correspondido, particularmente, a partir del siglo XIX, una interpretación moral según la cual su acumulación –el paso de los días y de los años– resulta provechosa. Las sociedades "progresan"; la especie "evoluciona" y los hombres y mujeres "maduran" o, por lo menos, crecen y se vuelven "adultos".

La necesidad de organizar y pautar el paso del tiempo vital en "edades" parece haber estado desde sus orígenes en las organizaciones humanas si bien ha asumido distintas formulaciones a lo largo de la Historia. Lo que está en la base de la asociación entre sucesión y progreso es una cierta economía del tiempo según la cual lo que importa es su empleo, dicho de otro modo, el supuesto de que el pasar del tiempo –su naturaleza huidiza– obliga a su conservación a través de actos (realizaciones) y celebraciones (ritos y monumentos). Es en este sentido que Philipe Ariès (1996) dice que las edades se definen, principalmente, por las funciones sociales que las caracterizan antes que por su referencia a una fase de la evolución biológica. Si esta definición se aplica a todas las edades de la vida es especialmente cierto en el caso de la adolescencia por más de un motivo.

En primer lugar, la "adolescencia", como *edad de la vida* guarda estrechas relaciones con la "pubertad" como *edad biológica*. Esto es, si bien en el lenguaje corriente ambos términos se solapan, existe un relativo consenso acerca de la diferente naturaleza de uno y otro concepto. Técnicamente, se reserva el nombre de "pubertad" para designar al período inmediatamente posterior a la infancia y cuyos signos incontrastables son el desarrollo de los caracteres sexuales secundarios en las niñas y en los varones y "adolescencia" al período subsiguiente señalado por una crisis de carácter emocional y social antes que hormonal; aunque las explicaciones puedan establecer relaciones causales entre ambos procesos madurativos. Por lo tanto, la cualidad simbólica de la adolescencia resulta ineludible desde el primer momento.

De acuerdo con Octave Mannoni (1986) lo que diferencia a la adolescencia de la pubertad es la "dimensión" social de la primera. Dice Mannoni:

"La pubertad es una crisis puramente individual que no plantea ningún problema social; no se modifica con la situación sociohistórica; la pubertad tiene efectos físicos y psicológicos, pero no pone en tela de juicio lo social, en tanto que la adolescencia ya amenaza con crear un conflicto de generaciones" (Mannoni *et al.*, 1986: 18).

La argumentación del psicoanalista no solo diferencia "dominios" de efectuación de una y otra edad de la vida (la pubertad *individual* y la adolescencia *social*) sino que precisa una representación particular del lugar y modalidad de inscripción del adolescente en el conjunto social: en el marco de las relaciones intergeneracionales y con carácter de amenaza. De esta caracterización se concluye uno de los principales usos de la adolescencia en la vida social (tal vez el principal): la edad adolescente es útil para delimitar el espacio de los "adultos" o, dicho de otra manera, para determinar cuáles son los valores y saberes necesarios para detentar el poder. La definición "relacional", en función del concepto de "adultez", es un rasgo que la adolescencia comparte con la infancia en tanto en una y otra se pone en juego una relación entre el presente de los niños y adolescentes y su futuro adulto. Al respecto, Sandra Carli, en su investigación sobre los discursos acerca de la infancia en la historia de la educación en la Argentina (Carli, 2002) llama a esta condición el pensamiento "generacional" sobre una edad. Dice Carli:

"(...) los niños evocados como generación son dotados de un tiempo que atiende el presente pero se proyecta hacia el futuro, se desplaza de la edad para proyectarse en un tiempo imaginario", por eso, "(...) la infancia/niñez se torna así en una bisagra privilegiada para abordar las articulaciones entre pasado, presente y futuro" (Carli, 2000: 15-16).

Como decíamos, esta es una característica compartida por la infancia y la adolescencia, la diferencia aparece al pensarlas en sí mismas: se advierte inmediatamente que la infancia pertenece al "pasado" –del hombre– mientras que la adolescencia se proyecta hacia el "futuro". La "infancia" –por definición– está en el origen mientras que, también, etimológicamente, el *estar creciendo* adolescente representa una tensión hacia el por-venir adulto.

Por otro lado, el carácter "funcional" de la adolescencia se reconoce en el hecho de que, a diferencia de la infancia y de la adultez, es una edad que tiene un carácter eminentemente *relacional* y, para ser más precisos, *transicional*. La adolescencia se define, cualquiera sea el marco de su caracterización, en función de la infancia y de la mayoría de edad. Su definición es negativa y relacional antes que positiva en tanto representa un tránsito entre ambos momentos de la vida. Los ritos de iniciación de las llamadas "sociedades primitivas" constituyen la representación más acabada de esta edad aunque no haya consenso acerca de si efectivamente se concebía a la adolescencia como una "edad" o únicamente como un pasaje en función de su condición "intermedia". Al respecto, Ariane Deluz (Mannoni *et al.*, 1986: 134) sostiene que hubo que esperar a *Adolescencia, sexo y cultura en Samoa* (*Coming of Age in Samoa*, 1926) de Margaret Mead para que la adolescencia se convirtiera en objeto de estudio de la etnología. Mead no utiliza el término "adolescencia" para referirse a las jóvenes de Samoa sino a las de las sociedades "occidentales". Sin embargo, por su parte, Ariès en el ensayo "Las edades de la vida" (Ariès, 1995 [1970]) sostiene que tanto etnólogos como historiadores de la antigüedad han demostrado que en las sociedades "salvajes" la juventud existía como categoría de edad:

> "Se entraba y salía de ella por medio de ritos de iniciación, de paso. La juventud tenía funciones, ocupaba un lugar en la sociedad entre otras categorías de edad como los adultos casados o los viejos. Esto es bien sabido. Lo que no lo es tanto, en cambio, e interesa a nuestro tema, es que esta clasificación por edad desapareció de nuestras sociedades occidentales durante la Edad Media" (*ídem*: 330).

En las sociedades "estables" (o "menos evolutivas") los ritos de iniciación constituyen un marco que contiene la experiencia del pasaje y vuelve visible y evidente las expectativas del grupo respecto de los "recién llegados" a la vida adulta. Deluz diferencia cuatro modos según los cuales las sociedades han resuelto el problema del paso a la adultez (Mannoni *et al.*, 1986: 134):

> "a) Confiar a los niños a otros hogares domésticos b) Destinarlos a una institución extrafamiliar bajo la conducción de educadores y jefes c) Autorizar la formación de grupos iguales a los de los adultos y liberados de su control d) 'No se sabe muy bien qué hacer'; 'el estado actual de los estudios' propio de 'las sociedades desculturizadas'".

Es en este sentido en el que se establece la segunda polémica esta vez en torno a la pregunta acerca de si las sociedades "occidentales" disponen o no de un encuadre semejante al de los ritos de iniciación o pasaje de las sociedades "salvajes". Por un lado, hay quienes dicen que la escuela ocupa este rol en el proceso de enculturación de las jóvenes generaciones y otros (Mannoni *et al.*, 1986; Hébrad, 1986) que la principal diferencia que media entre la escuela y aquellos ritos originarios es que esta no explicitaría sus propósitos. También, hay quienes sostienen que la escuela solo iniciaría, paradójicamente, en sus propios ritos.²⁵ Esta falta de transitividad implicaría que no ofrezca modelos estables de identificación; de ahí la conocida "crisis" de la adolescencia y su correlativa ausencia en las sociedades menos evolutivas.²⁶

De acuerdo con Ariès, entonces, esta edad tiene la particularidad de haber formado parte de las representaciones acerca de la vida humana en las sociedades primitivas para luego desaparecer del imaginario social durante la Edad Media hasta su regreso triunfal en el siglo XIX. Según el historiador:

> "En las sociedades medievales y del Ancien Régime, se simplifica el asunto diciendo que no había juventud; ni en el sentido de los etnólogos ni en el sentido que le damos hoy en día. La palabra existía, la "verde juventud", pero no designaba la adolescencia sino la plenitud de la fuerza, la madurez del adulto, la cima en la escala de las edades simbolizada por el rey, padre y triunfador" (Ariès, 1996 [1970]: 331).

Las conclusiones de Ariès acerca de las edades de la vida constituyen hoy el principal referente de cualquier estudio interesado en la infancia, adolescencia, madurez y vejez. Desde una "historia de las mentalidades", Ariès atiende a las "invenciones" de las edades de la vida definiéndolas en el seno de una preocupación mayor por las relaciones entre cultura/naturaleza y en los términos de los "sentimientos" o "actitudes" que una sociedad muestra para con los sujetos en cuestión. La principal crítica a la tesis acerca de la "invención" de la adolescencia en el siglo XIX la encontramos en *Adolescencia. El adiós a la infancia,* de la psicóloga norteamericana Louise J. Kaplan (1986). Kaplan acusa a Ariès de plantear una "(...) nociva conexión entre el deseo de igualdad social y los puntos de vista reaccionarios sobre la naturaleza humana" (Kaplan, 1986: 37). La autora lee en la tesis de Ariès acerca de la indiferenciación de las edades durante el medioevo en contraste con la "Condescendencia excesiva y la devoción hacia los niños durante la Ilustración [que] presagiaba la expulsión de éstos de la vida real y su aprisionamiento dentro de los límites sofocantes del aula y del capullo familiar" (*ídem*: 38), la intención de recrear una imagen "bucólica" de una pretendida comunidad basada en la "espontaneidad,

---

25. Los procesos de subjetivización del adolescente en la escuela serán discutidos en la II Parte capítulo V "Los oficios terrestres."

26. Jean-Jacques Rassial resuelve esta polémica acerca de si los ritos de pasaje representan una conciencia de una edad o meramente un *lugar de paso* a través de una paradoja. Dice Rassial que se trata de la preservación de un *"espacio potencial* de ese *no-lugar* de la adolescencia" por parte de las sociedades "orales" (cfr. Rassial, Jean-Jacques, 1999: 14; la cursiva de la cita es nuestra).

espiritualidad e instinto" (*ídem*: 41) que falsea y desdibuja las condiciones brutales de vida de los niños y de los adolescentes durante ese período. Kaplan contrasta la supuesta libertad de los niños durante la Edad Media que Ariès parece añorar con el hecho de que las probabilidades de ese niño para sobrevivir no superaban los veinte años y con la certeza de que carecía de cualquier posibilidad de mejorar su suerte por medio de la educación. Concluye irónicamente: "La vida era corta y brutal, admite Ariès. Pero era dulcemente vital" (*ídem*: 40). Por otra parte, Kaplan discute la posición de Ariès también en el campo de la Historia cuando sostiene que el francés parece desconocer que durante esos tiempos en los que se daba una supuesta homogeneización infancia-pubertad-adultez:

> "(...) una forma de adolescencia, o del crecimiento hasta la edad adulta, estaba institucionalizada en el código de hidalguía, por el cual un muchacho podía avanzar desde ser paje a los siete años a ser escudero a los catorce y virtuoso caballero a los veintiún años de edad. Se observaban progresiones similares en la iniciación de los novicios en la Iglesia y en el pasaje del aprendiz a oficial y luego a maestro artesano en el sistema de gremios" (*ídem*: 43).

En el contexto del libro de Kaplan, la polémica con Ariès se incluye en un conjunto mayor de denuncia de actitudes de "trivialización" de la adolescencia que, según la autora, serían parte de los *mecanismos de defensa* de la sociedad ante el carácter efectivamente revulsivo de la edad. Desde nuestra perspectiva, la polémica nos interesa en la medida en que pone en escena no solo las dificultades para precisar una definición del concepto sino por la naturaleza de los argumentos esgrimidos. Aunque la perspectiva de Ariès es producto de un interés por la microhistoria característico de la historia de los Anales, no deja de atender al fenómeno en términos "colectivos" (Ariès está evaluando las consecuencias generales del reconocimiento de las edades de la vida para una sensibilidad de época y como consecuencia de la división del trabajo moderno). En cuanto a Kaplan, la mirada psicológica antepone la experiencia de los sujetos en cuestión al proceso histórico común. En este sentido, los casos históricos a los que apela como contraargumentación acerca de la existencia de adolescentes durante la Edad Media son producto de contextos especializados de la vida cotidiana definidos por situaciones de aprendizaje (convertirse en caballero; monje; artesano) que, si bien dan cuenta de la inscripción social de los adolescentes, en primer lugar, dirigen la atención sobre una trayectoria personal.

La doble dimensión de la polémica: la histórico-política y la subjetiva puede advertirse en un texto paradigmático de la literatura con protagonistas "adolescentes": *Romeo y Julieta* de William Shakespeare (1591).[27] Para empezar, recordaremos que Romeo y Julieta son muy jóvenes de edad. En el texto se explicita que Julieta tiene catorce años. No se hace mención a la edad de Romeo pero se infiere su juventud justamente a partir del epíteto que caracteriza al personaje: "joven Romeo". De todos modos, la lozanía de Romeo no es la de Julieta: no tienen la misma "edad"; podríamos decir que Julieta es una adolescente mientras que Romeo es un hombre joven. La diferencia está en buena medida ofrecida por el propio drama. Mientras que el personaje de Romeo no "evoluciona", esto es, detenta las mismas posibilidades en relación con sus pares y con el mundo adulto; el de Julieta se transforma. Si, al comenzar la historia, Julieta aparece caracterizada –y nombrada– como una "niña" bajo la tutela de sus padres y sujeta a sus designios (por ejemplo, la docilidad con que acepta casarse con el noble Paris, que sus padres le han propuesto como esposo), durante el curso de la acción asume en forma creciente una actitud cada vez más autónoma. Esta autonomía, por cierto, supone un alejamiento equivalente de las exigencias y expectativas que le impone el mundo de los adultos, encarnado en la figura de sus padres. Lo que la tragedia de Shakespeare muestra es que en el siglo XVI –por lo menos en Inglaterra– aún no existía una clara diferenciación entre la infancia y la juventud y, en consecuencia, tampoco se poseía una imagen exacta de lo que hoy denominamos adolescencia. El término "juventud" a menudo se utilizaba como sinónimo de lo que llamamos "infancia". En el "Prólogo" de la obra, el presentador se refiere a ambos como niños probablemente en virtud de su condición de "hijos" de las dos familias enemistadas. Después de referirse al odio entre Montescos y Capuletos declara: "Which but their *children's* end, naught could remove".[28]

En inglés, en el texto original, Capuleto padre se refiere a su hija llamándola "niña": My *child* is yet a stranger in the world" (Capulet 1.2.8) y "joven" a Romeo "*Young* Romeo, is it? (Capulet 1.5.63) lo que introduce en el problema una diferencia de género y de *posibilidades en el mundo*; para retomar las palabras del padre de Julieta. De hecho, en esta caracterización está la clave para comprender la posición social del adolescente en la "economía" de las otras edades de la vida prácticamente hasta nuestros

---

27. Tradicionalmente se infiere esta fecha por la evocación que se hace en la obra de un terremoto ocurrido en 1591. La obra fue publicada en el año 1596 y probablemente escrita entre 1595 y 1596.

28. Todas las referencias al texto en lengua inglesa de *Romeo y Julieta* proceden de *The Oxford Shakespeare. The Complete Works.* Stanley Wells and Gary Taylor Editors. Clarendon Press, Oxford, 1988; la cursiva nos pertenece.

días. Este "estar aparte", una forma de extranjería, atraviesa las distintas representaciones históricas de los más jóvenes con evaluaciones y predicaciones propias de cada período en cuestión.

Si, en palabras del personaje de Shakespeare, era una forma de desestimar el juicio de Julieta respecto de un proceder razonable o deseable de la sociedad de su tiempo a través de la intervención de un adulto emblemático –un padre–; constituye, por el contrario, un valor fundamental en uno de los pensamientos más importantes –por definitivo– sobre las funciones sociales de la edad adolescente: el de Jean Jacques Rousseau en *Emilio o de la Educación* (1762).

En *Emilio,* el período cronológico que comprende la etapa de la pubertad a la juventud ocupa tres de los cinco libros de la obra. Esto es, un libro cuya materia es el "aprender a vivir" dedica el mayor espacio a la época comprendida entre la infancia y la adultez.

La tesis de Rousseau sobre la necesidad de aislar al niño de la sociedad corrompida y corruptora halla, en el adolescente, una materia predilecta para expresar el conflicto entre norma y pasión; individuo y sociedad. Rousseau parte de los distintos modos de manifestarse la extranjería del adolescente (idealismo; ensoñación; apasionamiento; carácter en formación) para ejemplificar alegóricamente sus ideas educativas y políticas.

Rousseau distingue tres momentos vitales que suceden a la infancia (que comprende el período que va desde el nacimiento a los doce años): un primer momento, a los doce o trece años, seguido por la adolescencia y la juventud. Esta última etapa de la infancia está caracterizada por un esplendor de la fuerza; verdaderamente singular porque es la única hora de la vida en el sujeto que tiene más fuerza de la que necesita, por lo tanto se constituye en un momento "precioso" (Rousseau, 1985 [1762]: 188) porque este excedente debe ser aprovechado para capitalizar aprendizajes duraderos para tiempos posteriores de mayor debilidad. Dice Rousseau que llama "infancia" a este momento a falta de un término mejor: "He aquí el tercer estado de la infancia (...) yo continúo llamándole infancia, carente de término apropiado con qué expresarlo; pues esta edad se acerca a la adolescencia, sin ser todavía la de la pubertad" (*ídem*: 187).

Rousseau en el Libro Cuarto de su *Emilio* (dedicado al período que va entre los quince y veinte años) sostiene: "Nacemos, por decirlo así, en dos veces: la una para existir y la otra para vivir; la una por la especie y la otra por el sexo" (*ídem*: 240). Este segundo nacimiento "a la vida" es la forma de explicar el conflicto que recién referíamos como característico de la definición de esta edad (la relación con el mundo: con sus objetos, legislaciones y actores). En el contexto de la filosofía educativa que Rousseau expone en *Emilio*, la adolescencia representa la hora de resolver la contradicción de una educación cívica planteada al margen de la sociedad imaginada. No obstante, la tesis de Rousseau trascenderá los sentidos propios de su contexto de formulación porque será refrendada por las evidencias biológicas de las transformaciones físicas de los púberes y adolescentes. Desde esta perspectiva, podríamos afirmar que con Rousseau nace una primera figuración del *adolescente moderno* que es el único "adolescente" propiamente dicho. Esto es, considerado una edad.

En la caracterización de Rousseau se distinguen dos pares de oposiciones: el par existencia/vida y el par especie/sexo. Este segundo nacimiento del adolescente es un nacimiento a la vida y por el sexo. Si el niño de la "tercera infancia" estaba definido por una maduración orgánica –un exceso de energía– el adolescente, si bien sale de la infancia en un tiempo "prescrito por la naturaleza" (*ibídem*) no está determinado totalmente por ella: "El paso de la infancia a la pubertad no está determinado totalmente por la naturaleza que no varíe, en los individuos según los temperamentos y en los pueblos según los climas" (*ídem*: 245). La relativización del fatalismo biológico además de una "novedad" en la definición de las edades de la vida es un recurso argumentativo para justificar la educación de las pasiones que propondrá a continuación. Si bien critica una tradición educativa que ha intentado negar las pasiones adolescentes, propone retardar la "conciencia del sexo" porque "Los jóvenes, agotados desde muy temprano, quedan pequeños, débiles, mal hechos, envejeciendo en lugar de crecer, como la viña a la que se le ha hecho llevar el fruto en primavera languidece y muere antes del otoño" (*ídem*: 246).

Se opone a las lecciones de pudor y de honestidad; a la hipocresía y a la condena de las pasiones pero cifra la educación del adolescente en una prolongación de su "inocencia" (*ídem*: 251):

> "Uno de los mejores preceptores de la buena cultura es retardarlo todo en tanto como sea posible. Realizar los progresos lentos y seguros; impedid que el adolescente se convierta en hombre en el momento en que nada le queda por hacer para llegar a serlo" (*ídem*: 266).

Lo que está en la base de este razonamiento es la dualidad según la cual esas mismas pasiones pueden convertirse tanto en motor de la educación del adolescente, sublimadas en las formas de la identidad y la amistad; como en su condena, al volverlo ingobernable:

"A los signos morales de un humor que se altera se juntan cambios sensibles en su figura (...) Todo esto puede llegar lentamente y dejaros tiempo todavía; pero si su vivacidad se hace demasiado impaciente, si su arrebato se cambia en furor, si él se irrita y se estremece de un instante a otro (...) si la mano de una mujer al posarse sobre la suya le hace estremecer, si se turba o intimida junto a ella, Ulises ¡Oh sabio Ulises! ¡Toma precaución (...) no abandones ni un momento el timón, o todo está perdido!" (*ídem*: 241).

Una vez más, la "solución" de Rousseau es una manipulación de la información. La prolongación del "estado de inocencia" no solo será una respuesta al problema de la "inquietud" adolescente sino el secreto para una nueva subordinación al adulto; para que el adulto recupere la dominación puesta en cuestión:

"Lejos de que este fuego del adolescente sea un obstáculo para la educación, es por él como se consuma y se termina, éste es el que os da una captura del corazón de un joven, cuando cesa de ser menos fuerte que vosotros. Sus primeros afectos son las riendas con que dirigís todos sus movimientos: era libre, y le habéis dominado" (*ídem*: 267).

Rousseau ve en la pasión sexual adolescente un principio de individuación (por el que los muchachos y las niñas alcanzan una identificación dentro de la naturaleza indiferenciada de la infancia) y la condición necesaria para el reconocimiento del otro: "las primeras semillas de la humanidad" (*ídem*: 252). Si es cierto que Rousseau "inventó" en buena medida la adolescencia moderna acaso sea menos por las características que derivan de su descripción y que perduran hasta nuestros días: revolución, idealismo social, naturalidad, nobleza, etc. que porque volvió explícita la asociación entre sexualidad y moralidad e hizo de ella un verdadero programa filosófico y pedagógico. El autor creía que:

"(...) la razón y la conciencia no podían armonizarse hasta la maduración de las pasiones sexuales. La bondad impulsiva de un niño no es suficiente para la adquisición de un sentimiento moral más elevado, por lo que hasta la pubertad no puede concretarse la potencialidad del niño para alcanzar la virtud. (...) Las leyes de la naturaleza, dice Rousseau, posponen la madurez sexual a efectos de elevar la sensibilidad. moral" (Kaplan, 1986: 57-8).

La relación sexo/moral/adolescencia ha estado desde el principio en una representación de la edad si consideramos los ritos de iniciación de las sociedades originarias en los que el pasaje constituye un mecanismo de regulación y de control de los cuerpos o de las acciones detentadas por aquellos a los que la madurez biológica pudiera habilitar para cambiar las reglas de juego dominantes (cfr. *ídem*).

Como la mayoría de los ritos de iniciación, la educación roussoniana propone separar a los adolescentes del resto de la sociedad para favorecer su crecimiento. Lo que, en principio, parecería a todas luces una idea paradojal ha sido, sin embargo, increíblemente productiva: los adultos no han cesado de inventar dispositivos para embretar y confinar a los adolescentes: la escuela, la universidad, seminarios y noviciados. Francoise Doltó incluye en esta lista hasta las propias leyes de protección laboral que impiden el acceso de los adolescentes a la independencia económica.

Justamente, las escuelas de cadetes, colegios de marina y escuelas militares para los varones y las congregaciones dedicadas a la educación de las jóvenes vienen creándose desde el siglo XVII pero alcanzarán su mayor desarrollo a partir del XVIII y tendrán su cénit en el XIX; cuando además encuentren su "relato" en las novelas de iniciación y las novelas *adolescentes* de fin de siglo. Tal como lo había imaginado Rousseau, estos centros constituyen una nueva forma de control sobre la infancia y adolescencia (Aymard, 1991: 455) pero también representan una nueva instancia en el camino que llevará a una identificación de la edad adolescente ahora definida como un "tiempo de amistad"; una idea que también ya estaba esbozada en Rousseau:[29]

> "El tiempo de la amistad se convierte así en un paréntesis nuevo entre infancia y edad adulta en el que se inserta una adolescencia prolongada: tiempo de espera y de formación, y también de las opciones y de los compromisos personales que, al ser decididos libremente, podrán ser duraderos; eso lo decidirá cada cual" (*ídem*: 459).

En consecuencia, estos centros no solo serán una oportunidad para la formación de los mandos que conducirán al Estado sino también para el

---

29. "El colegio crea, debido a sus propias imposiciones, un ámbito favorable para que prosperen las amistades totales y apasionadas. Al aislar a la adolescencia la convierte en la edad por excelencia de un sentimiento cuyo contenido y lenguaje quizá sigan siendo los mismos (no es posible saberlo), pero que tiende a cambiar desde el punto de vista del entorno social, espacial y temporal:este sentimiento ya no debe nada a la familia, por lo menos al principio; su último semblante podrá ser el desinterés absoluto, a veces duradero, pero también podrá ocultar atracciones que a los maestros les parecen en seguida turbias; tiene la posibilidad de durar, si no la garantía; su experiencia, anterior al amor desde el punto de vista cronológico, representa el primer descubrimiento de 'la otra persona' y, en tal concepto, puede desempeñar un papel crucial en la caracterización de la identidad personal" (Aymard, 1991: 459).

advenimiento de nuevas formas de sociabilidad. Los adolescentes participan en estas instituciones de relaciones —horizontales (con el grupo de pares; los camaradas) y verticales (con los maestros y encargados de la disciplina)— que funcionan como "borradores" de su vida social futura; fuera de la contención conventual o escolar. De este modo, la "amistad" y el "poder" encontrarán en los colegios un lugar de cruce cuando la vida escolar compartida devenga "influencia" política o social. Las familias apoyan la disciplina escolar, generalmente muy dura, porque les garantiza la rentabilidad de la inversión, siempre costosa, que han realizado y porque esperan que, después del colegio, dicha inversión provea resultados que suponen amistades ventajosas para su inserción en la vida pública.

El amplio proceso de industrialización propio del siglo XIX tiene como consecuencia la acumulación de riqueza y el desarrollo de la clase media. Es en el centro de este considerable progreso material y territorial que se piensa en la necesidad de extender la época de formación de los ciudadanos y se desarrolla la más importante institución asociada a la "adolescencia": la escuela secundaria. En resumen, dice John Neubauer, "(...) la adolescencia puede luego ser definida como una formación de la clase media propia de las sociedades industrializadas generada por la expansión de la escuela secundaria" (Neubauer, 1992: 6).[30]

La idea de que había que extender la época de formación (para disponer de sujetos más capacitados que pudieran optimizar el proceso de desarrollo económico en curso) trajo consigo el reconocimiento de que las generaciones más jóvenes debían disponer de un tiempo en el cual formarse (esto es, no trabajar) y de instituciones específicas que atendieran a sus necesidades. Esta conjunción hizo que la adolescencia apareciera —social y económicamente— en los términos de lo que se ha definido como una *moratoria social* (Erikson, 1950).[31] Esta *moratoria* suponía un compás de espera que el grupo social le ofrecía al joven que se estaba formando para luego, cuando se volviera adulto, reclamarle su aportación al conjunto de la sociedad que había trabajado por él mientras se formaba. La adolescencia, en este sentido, sería un período de la vida en el que se dispone de la posibilidad de salirse de las prescripciones del mundo adulto que exigen incorporarse a la producción de bienes de consumo o bienes culturales desde las formas

---

30. Todas las citas en español del libro de John Neubauer *The fin-de-siècle Culture of Adolescence* son traducción nuestra de la edición en inglés (Yale University Press, New Haven & London, 1992).
31. Ver a continuación en "La edad profética" un desarrollo mayor de la teoría de Erikson.

del trabajo y de la ley. Este último aspecto, económico, el de la producción y el consumo, es indispensable para poder pensar las frágiles fronteras que median entre la conceptualización de la adolescencia y de la juventud: mientras los adolescentes están definidos por la escolaridad (principalmente secundaria; como ya decíamos); la juventud lo está por su incorporación al mundo del trabajo o, en todo caso, por la vida universitaria.

Finalmente, si observamos el fenómeno desde un punto de vista léxico, encontramos que las historias de las principales lenguas indoeuropeas testimonian las fechas que hemos venido advirtiendo como indicativas de una invención de la edad. Las palabras "adolescent" y "adolescence" en inglés, "adolescent" en francés y "adolescente" y "adolescencia" en español[32] derivan del latín *adolescere* (crecer, desarrollarse) que, a su vez, está conformado por *ad* + - *olere* (*olere* tiene el significado de "emitir olor" y la preposición *ad* indica dirección). Conjuntamente la traducción literal sería "extender el olor". Era un término empleado para referirse a las ofrendas a los dioses que portaban los más jóvenes, dando a su intransitivo "*adolescere*" valores relativos al desarrollo e incluso a lo sagrado. En inglés, la palabra se forma a partir del francés e ingresa a la lengua en el siglo XV. "Adolescente" y "adolescencia" tienen, en español, la misma raíz que "adulto" (también en inglés "adult"). *Adult/o* proviene del participio pasado del mismo verbo latino *adolescere*.

En consecuencia, mientras que un adolescente es aquel que *está creciendo*, un adulto es quien *ya creció (ha crecido)*. Significativamente, si contemplamos la precisión que supone la definición numérica, el inglés tiene también la palabra *teenager* para designar a aquellos que tienen entre trece y diecinueve años (thir*teen* to nine*teen*) que ingresa en la lengua, de acuerdo con el diccionario Webster, en 1818. Según Francoise Doltó, la palabra no apareció en el francés sino hasta el siglo XVIII. Doltó cita en su libro *La causa de los adolescentes* un fragmento de un poema de Victor Hugo en el que reconoce el primer uso de la palabra en la literatura francesa. El escritor llama "adolescencia" a "dos crepúsculos mezclados, el comienzo de una mujer en el final de una niña".

---

32. La palabra ingresa al léxico en español en 1444. En cuanto a "pubertad", el origen de la palabra da cuenta de su naturaleza biológica en tanto *pubertas* en latín está relacionado con *pubes* y *puber* que significan "cubrirse de pelos" y "poder para reproducirse".

1.2. La edad profética

Las funciones sociales de la adolescencia están estrechamente relacionadas con un pensamiento sobre la edad y difícilmente podría decidirse una determinación en uno u otro sentido. En todos los casos, se advierte una sociedad que *se piensa* al pensar sobre los adolescentes y adolescentes inventados según lo que cada tiempo y cada sociedad quiere o puede imaginar acerca *de sí misma*. Por lo mismo, la versatilidad de la idea de adolescencia se corresponde con un carácter interdisciplinario del concepto. Según Jean Jacques Rassial,

> "(...) la 'adolescencia' no parece sacar su consistencia más que de otras disciplinas: de la fisiología, en el sentido de que está asociada al proceso de la pubertad; de la sociología y las ciencias sociales, en la medida en que está, en parte al menos, determinada por la historia y la geografía. Por otra parte, la psicología puede ciertamente aislarla como período de establecimiento y cumplimiento del yo" (Rassial, 1999 [1996]: 191).

En 1904 se escribe el primer estudio completamente dedicado a la psicología del adolescente. Su autor es G. Stanley Hall (1844-1924) y la obra (dos volúmenes) se llamará *Adolescence. Its psychology and its relations to physiology, anthropology, sociology, sex, crime, religion and education.* El siglo XX se inaugura con una obra consagrada a la extensión del concepto cuya polisemia hemos venido discutiendo. El subtítulo de la obra de Hall coloca en un mismo nivel sintáctico campos disciplinares (antropología, sociología, fisiología) con órdenes de la vida social que reenvían a una hipotética agenda de discusión comunitaria: sexo, crimen, religión y educación. La tesis central de la obra será la descripción del carácter adolescente en términos de la idea de "*storm and stress*" creada sobre el modelo del *Sturm und Drang* alemán. Hall establece una correlación entre el idealismo, la rebelión contra el pasado y lo viejo, la expresión apasionada y el sufrimiento romántico y las características psicológicas del adolescente. Como Rousseau, pensará a la adolescencia como un "nuevo nacimiento" pero en los términos de una teoría evolucionista biogenética según la cual los individuos, durante su desarrollo, "recapitulan" la experiencia filogenética de la historia de la humanidad. Así planteado, la adolescencia pertenecería a un período de turbulencia de la Historia y alcanzar la madurez significaría emular el movimiento histórico que llevó a la constitución y conformación del estado de civilización moderno[33] aunque, para Hall, la maduración es un proceso que solo se detiene con la muerte. Decía Hall en 1904:

> "Para las almas proféticas, interesadas en el futuro de nuestra raza y deseosas de hacerlas progresar, se debe tratar de encontrar tanto los objetivos como los medios. Si alguna vez se logra agregar esa etapa superior a nuestra raza, ello no se producirá a través de incrementos en alguno de los niveles posteriores de la vida adulta, sino que será el resultado de un mayor desarrollo de la etapa adolescente, la cual es el germen de la esperanza de la raza" (Hall, en Kaplan, 1986: 59).

La importancia del estudio del norteamericano radica no solo en su carácter monográfico sino justamente en esta diversidad que pone en escena porque explica la vinculación que aquí sostenemos entre concepto científico de adolescencia (Hall apela a las teorías de Darwin y de Lamarck), figuración literaria de la adolescencia (el romanticismo alemán como matriz explicativa) y la adolescencia como metáfora de lo social (el funcionamiento de la *ley de recapitulación* de Haeckel).

Sin embargo, esta conmoción y "turbulencia" que Hall tomaba de la literatura para caracterizar a la adolescencia y cuya naturaleza ideológica distraía con apelación a la genética, a Darwin y Lamarck, será cuestionada veinte años más tarde desde la antropología cultural cuando Margaret Mead (por consejo de su maestro, Frank Boas) se pregunte, justamente, acerca de la "naturalidad" (y, por lo mismo, "universalidad") de la condición adolescente en un estudio comparado de la adolescencia estadounidense y samoana. La conclusión de Mead fue que la adolescencia no era en Samoa una etapa de angustia como en Occidente. Lo único que se detectaba en las jóvenes samoanas era los cambios fisiológicos propios de la pubertad pero desprovistos de las consecuencias emocionales y sociales con que se conocen en las sociedades urbanas occidentales. El principal corolario de la conclusión de Mead fue la reconsideración –más allá del caso específico de la edad adolescente– del papel asignado a la naturaleza en la definición de los fenómenos culturales. En relación con la adolescencia, si bien Mead

---

33. "Si Lamark postulaba que lo adquirido a lo largo de la vida podía heredarse, Hall entendía que esto también servía para las características psicológicas adquiridas durante la adolescencia. Ésta era, por lo tanto, una etapa privilegiada para que la humanidad mejorara a través de la educación en lo relativo a la inteligencia, a la ética y a la religiosidad. Como consecuencia de este pensamiento, Hall entendía que era positivo prolongar la adolescencia lo más posible para aprovechar este efecto benéfico sobre las futuras generaciones que se verían mejoradas" (Obiols, Di Segni de Obiols, 1988: 46-7).

no expone en sus libros una teoría específica de esta edad –psicológica, sociológica o antropológica– su obra representa un estudio insoslayable porque desmitificó la índole de la "crisis" que se consideraba inherente a estos años de crecimiento y porque introdujo dos "desvíos" significativos en la tradición respecto del pensamiento sobre la adolescencia. Por un lado, significó un replanteo de la responsabilidad de los adultos en el crecimiento de las jóvenes generaciones como factor determinante para la génesis de una crisis sin embargo ausente entre las adolescentes de una sociedad "primitiva". Los adultos debieron reconocer, por primera vez, que estaban en el origen de la mentada crisis (eran parte del "obstáculo" que generaba dolor) y no meramente los destinatarios o víctimas. En última instancia, el pasaje "indoloro" entre las adolescentes de Samoa no era sino expresión de un estado de sociedad que tributaba la indiferencia y la aceptación por sobre la diversidad, las exigencias y la competencia como modo de relación y de comportamiento predominantes en las ciudades y naciones capitalistas. La conclusión más general era no solo que no había "adolescencia" en Samoa sino tampoco "neurosis".[34] Por otro lado, Margaret Mead, con su trabajo de campo, atrajo la atención sobre la adolescencia femenina postergada desde siempre ante la preocupación predominante por el varón adolescente y su "volverse hombre".

Las conclusiones de Margaret Mead advertían acerca de las consecuencias negativas –e inadvertidas– de la deseable diversidad de la experiencia en las grandes ciudades de la "civilización". La crisis de la adolescente norteamericana estaba en directa proporción con las múltiples opciones que debía enfrentar en los también multiplicados planos de su vida íntima, privada y pública y el ritmo vertiginoso e impiadoso de una sociedad que al tiempo que le exigía que eligiera mudaba constantemente las bases de las opciones que ofrecía. A partir de la década del '30 este estado de cambio e inclemencia se acentuó con las heridas del Crack y de la Segunda Guerra Mundial. El discurso científico acerca de la adolescencia viró de una preocupación por la "crisis" (subjetiva) a una reflexión sobre el problema de la "identidad". En la discusión estaba en juego una completa redefinición de los roles sociales (pensemos en la mujer de la posguerra; en el *baby boom;*

---

34. Dice Margaret Mead: "Al trazar el paralelo surge una tercera consideración: la falta de neuróticos entre los samoanos (...) sabemos que cuanto más severa se representa la elección, más numerosos son los conflictos; cuanta más aspereza se adjudica a las exigencias impuestas al individuo, aparecen más casos de neurosis" (Mead, 1985 [1926]: 194).

en la lucha contemporánea contra el racismo) pero también un creciente malestar por algunas formas protagónicas de los adolescentes urbanos.

En este sentido no es casual que la "geografía" de la psicología y sociología del adolescente sea decididamente norteamericana y esta inscripción se acentúe después de la década de 1950. El desarrollo urbano y económico que experimenta Estados Unidos después de la segunda guerra, sumado a la propia experiencia de la masiva muerte joven en el campo de batalla, preparó las condiciones para una atención sobre el sujeto adolescente que asumió, básicamente, dos formas solo aparentemente contradictorias. Los adolescentes que representaban una "amenaza" en las calles, bajo la forma de las bandas –*gangs*– eran también aquellos sobre los que se interrogaba acerca de la identidad y a los que se los imaginaba irreductiblemente inocentes. La hipótesis común, que resolvía la paradoja, era que las manifestaciones violentas de los adolescentes eran producto de no hallar en el mundo adulto la contención necesaria que preservara su natural candidez. Esta ideología tenía una base puritana, reconocible en la importancia otorgada a la "responsabilidad" como virtud (cívica; no solo individual) y también una base literaria, que había hecho de la "inocencia" un tema predilecto de la literatura norteamericana probablemente también por influencias religiosas asociadas al proceso inmigratorio original.

En principio, parece legítimo imaginar una correspondencia entre la pregunta acerca de los procesos identitarios de los adolescentes –que encarna la psicología de Eric H. Erikson particularmente– y el nuevo rol de una nación *joven* –en la relación con el *viejo continente*– que, por entonces, definía su carácter hegemónico en el contexto internacional. El problema de la identidad y de las responsabilidades "adultas" en la vida social constituía, entonces, un imperativo ineludible y se sumaban aquí las semejanzas posibles que pudieran desprenderse de la analogía entre un sujeto y una nación en crecimiento. Una continuidad que, como veremos, tendrá características similares en la Argentina hacia finales de la década del cincuenta y principios de los sesenta también por razones económicas pero, además, por importación de estos modelos de pensamiento acerca de la adolescencia. Podríamos agregar que en el caso argentino y latinoamericano la asociación adolescencia/nación en crecimiento estará dada por la idea de *desarrollo* sumada a la de *vulnerabilidad* frente a las naciones "adultas"; esta última, una idea ausente en el imaginario norteamericano de por entonces ya que estrenaba, de algún modo, una suerte de "paternidad" por la que detentaba un lugar "adulto" en la gran *familia del mundo*.[35]

Erik H. Erikson crea, en 1950, el concepto de "moratoria psicosocial" para concebir el tiempo de espera propio de la adolescencia en las sociedades industrializadas. Para Erikson, la crisis de la adolescencia se define en función de una "confusión de la identidad", por lo tanto, los adolescentes deben experimentar y evaluar diferentes roles antes de comprometerse (Erikson lo explica en términos de dos "virtudes psicosociales": "fidelidad" y "lealtad") con una identidad yoica duradera. Es en este sentido que la sociedad debe ofrecer una moratoria entendida como un tiempo de experimentación para que los adolescentes puedan ser "ellos mismos"; lograr la identidad del yo y evitar una confusión de identidad que pueda malograrse en fanatismo o repudio. En el Capítulo V "Adolescencia" de *Identidad, juventud y crisis* (1968) Erikson introduce el problema de la relación entre identidad, adolescencia y sociedad en los siguientes términos:

> "A medida que los progresos tecnológicos establecen una distancia cada vez mayor entre la temprana vida escolar y el acceso final del joven al trabajo especializado, el estadio de la adolescencia se convierte en un período más definido y consciente y, como ha ocurrido siempre en algunas culturas durante ciertas épocas, se transforma casi en el estilo de vida entre la infancia y la adultez. De esta manera, durante los últimos años escolares, los jóvenes, agobiados por la revolución fisiológica de la maduración genital y la incertidumbre acerca de los roles adultos que deberán asumir, parecen estar muy interesados en intentos caprichosos de establecer una subcultura adolescente con algo que se asemeja a una formación final de la identidad más que a un desarrollo pasajero o, en realidad, inicial, de la misma" (Erikson, 1968: 105).

Erikson realiza una hipótesis sociológica y psicológica acerca de la creciente especialización y duración del tiempo de la adolescencia y la fundamenta en los términos económicos que ya encontrábamos en la tesis de Ariès acerca del surgimiento de esta edad en la historia de las *mentalidades* de Occidente. En la cita puede leerse una preocupación, que hacia finales del siglo XX se convertirá en lugar común, que es una alarmante "adolescentización" de la conducta que parece instalar a la adolescencia como "estado final" de la formación humana. La idea de "subcultura adolescente", que

---

35. Cfr. Teorías del desarrollo en América Latina, I^{ra} Parte, capítulo I "Años de aprendizaje", 1.2.1 "Desarrollo".

hoy constituye un "asunto" aceptado, es decir, consagrado como objeto de estudio de los estudios culturales y cierta sociología, aparece en Erikson como un virtual peligro para el desarrollo (individual y social) porque interrumpiría el "ciclo total de la vida". La psicología de Erikson parece menos preocupada por las crisis emocionales e individuales de sus pacientes y de los sujetos de su investigación que por la sociedad que está permitiendo que esto pase e incluso ignora la situación, agravando las consecuencias: aquí está la clave para lo que Erikson llama una "psicosociología". En ese sentido advierte:

> "La adolescencia, por lo tanto, resulta un período menos 'tormentoso' para ese sector talentoso de la juventud que sabe ubicar las tendencias tecnológicas en expansión y que, de este modo, es capaz de identificarse con nuevos roles de competencia e invención y de aceptar sin reservas la perspectiva ideológica que implican. Cuando esto no sucede así, la mente del adolescente se hace más explícitamente ideológica, con lo que queremos significar que busca algún tipo inspirador de unificación de la tradición, o técnicas, ideas e ideales anticipados. Y, por cierto, el potencial ideológico de una sociedad es el que habla más claramente al adolescente ansioso de verse afirmado por sus pares, confirmado por sus maestros o inspirado por 'estilos de vida' que valgan la pena. Por otra parte, si el adolescente sintiera que el medio trata de privarlo de una manera demasiado radical de todas las formas de expresión que le permiten desarrollar e integrar, el próximo paso, puede llegar a resistirse con la fuerza salvaje de los animales que de pronto se ven obligados a defender sus vidas, porque en la jungla social de la existencia humana un individuo no puede sentir que está vivo si carece de un sentimiento de identidad" (*ídem*: 106).

Childhood and society de Erikson se publicó en 1950 y *Youth, identity and crisis*, en 1968. El tiempo comprendido entre las dos obras emblemáticas de Erikson abarca el período de consolidación de la subjetividad adolescente como signo de la época tal como queremos plantearlo aquí. La importancia de la psicología de Erikson en una historia del pensamiento sobre la adolescencia dentro y fuera de los Estados Unidos resulta clara si la evaluamos en relación con otros dos fenómenos. Por un lado, Erikson comienza a definir el *tiempo de la adolescencia como moratorium* un año antes de que se publique *The Catcher in the Rye* (1951), novela en la que la pregunta principal de Holden, el protagonista, será justamente, la de su identidad, y buscará la respuesta en el espejo que representan los otros adultos y los actores de la ciudad en los tres días que dure su peregrinar de regreso a casa después de haber sido expulsado del colegio. El vagabundeo de Holden y su búsqueda resulta prácticamente un ejemplo de la teoría desde una lectura retrospectiva. Un segundo hecho resulta decisivo. La obra de Erikson se traduce inmediatamente en la Argentina, y en una colección –la "Biblioteca de Psicología Social y Sociología"– dirigida por Gino Germani y Enrique Butelman para Paidós.[36]

1.3. La edad del siglo XX

En 1960, el escritor ítalo-argentino Juan Rodolfo Wilcock publica en Milán *Hechos inquietantes*. Se trata de una colección de "ficciones documentales", como las define la contratapa de la edición de Sudamericana en traducción de Guillermo Piro (1992), nacidas como glosa o reflexión a partir de una serie de noticias que Wilcock recortaba de los diarios y cuya "inquietancia" solo pasaba inadvertida para la escandalosa costumbre de la lectura informativa. Tres de estos textos tienen a la adolescencia como objeto de atención: "Música para adolescentes", "La nueva generación norteamericana" y "El culto de James Dean". Lo que vuelve singular a los adolescentes bajo la mirada del escritor puede resumirse en la conclusión del primero de estos. Sintetiza Wilcock: "(...) nunca como hoy los jóvenes han sido tan *distintos* de los adultos" (Wilcock, 1992: 214). Esta afirmación dista de ser cualquier tipo de celebración; de hecho, su constatación es el origen de la *inquietancia* que legitima su inclusión en la colección. El autor advierte una "psicopatía" (*ídem*: 206) caracterizada por la nostalgia de una prolongación indefinida de la "edad juvenil" (*ibídem*) que, en los Estados Unidos se caracteriza por una "hipertrofia del ego" (*ídem*: 208); un fenómeno que puede anunciar en forma pesimista, "el camino abierto a los peores cripto-fascismos" (*ídem*: 214). En la opinión de Wilcock se advierte una sorpresa ante una edad que pretende "desviarse" del curso "natural" a la madurez y que amenaza con incluir a la sociedad toda.

Eric Hobsbawm, quien en su *Historia del siglo XX* (1994) le otorga un amplio espacio al surgimiento de una "cultura juvenil" en este período,

---

36. Respecto de esta proyección en la Argentina del modelo norteamericano, dice Sergio Pujol: "Una vez más, la clave estuvo en la información. En la segunda mitad de los 50, las agencias periodísticas incrementaron el número de temas abordados. Fue entonces cuando de los Estados Unidos empezaron a llegar notas sobre el comportamiento de los jóvenes urbanos. Como en Norteamérica abundaban las investigaciones sobre la adolescencia como "problema" social, pronto los argentinos comenzaron a leer informes sobre jóvenes rebeldes, estudiantes díscolos y delincuentes que escuchaban rock and roll (...)" (Pujol, 2002: 43-44).

caracteriza esta significatividad de la adolescencia y de la juventud en función
de una autonomía creciente de la edad, definida hasta ese momento por su
dependencia. Esto es, para Hobsbawm la centralidad de la adolescencia en
el siglo XX –lo que el historiador llama "El surgimiento del adolescente
como agente social" (Hobsbawm, 1998: 326)– está dada por una nueva
representación de la edad como fase "culminante" antes que "preparatoria"
para la vida adulta y por su posición dominante en el interés del mercado
y de los medios de comunicación masiva. Como Wilcock, Hobsbawm no
ve en esta transformación sino una manifestación del absurdo[37] proclive a
distintos tipos de manipulaciones: principalmente políticas y del marketing.
La consecuencia última de la hegemonía cultural de los adolescentes implicaba una revolución de las costumbres y del comportamiento en el que
las relaciones intergeneracionales se trastornarían para siempre:

> "La revolución cultural de fines del siglo XX debe, pues, entenderse
> como el triunfo del individuo sobre la sociedad, o mejor, como la rup-
> tura de los hilos que hasta entonces habían imbricado a los individuos
> en el tejido social. Y es que este tejido no sólo está compuesto por las
> relaciones reales entre los seres humanos y sus formas de organización,
> sino también por los modelos generales de esas relaciones y por las
> pautas de conducta que era de prever que siguiesen en su trato mutuo
> los individuos, cuyos papeles estaban predeterminados, aunque no
> siempre escritos. De ahí la inseguridad traumática que se producía en
> cuanto las antiguas normas de conducta se abolían o perdían su razón
> de ser, o la incomprensión entre quienes sentían esa desaparición y
> quienes eran demasiado jóvenes para haber conocido otra cosa que
> una sociedad sin reglas" (ídem: 336).

De hecho, la síntesis de Wilcock era mucho más que una metáfora.
Los jóvenes nunca fueron tan distintos de los adultos en principio porque
la mayoría de la población mundial era más joven que nunca (ídem: 331)[38]
pero también porque las edades no solo son "inventadas" en y por un
momento determinado de la Historia sino que se constituyen en sus signos
en tanto que explican o predican al contexto que le dio origen. En este

---

37. Sin vueltas y sin romanticismo, Hobsbawm sostiene, por ejemplo, que "Nadie con
un mínimo de experiencia en las limitaciones de la vida real, *o sea, nadie verdaderamente adulto*, podría haber ideado las confiadas pero manifiestamente absurdas
consignas del mayo parisino de 1968 (...)" (Hobsbwam, 1998: 326; la cursiva es
nuestra).

38. Hobsbawm explica que en los países del tercer mundo era probable que entre las
dos quintas partes y la mitad de los habitantes tuviera menos de catorce años.

sentido, puede reconstruirse un uso de las edades de la vida humana por los discursos hegemónicos en una época determinada. Esos usos atraviesan el discurso social y asumen diversas manifestaciones según se trate de un campo u otro del saber o del conocimiento. Si en un caso, por ejemplo en el discurso de la ciencia, funcionan como discurso de legitimación, en otro caso, el de la literatura, para citar algún otro del complejo entramado del discurso social, puede constituirse en figura dentro de un discurso conjetural (Rosa, 2003). Es la tesis de Philippe Ariès en *Centuries of Childhood* (1962) cuando sostiene:

> "Parecería que, a cada período de la Historia, le correspondería una edad privilegiada y una particular visión de la vida humana: la juventud es la edad privilegiada del siglo diecisiete; la infancia del diecinueve; la adolescencia del veinte" (Ariès, 1962: 32; la traducción del inglés es nuestra).

El punto de vista de Philippe Ariès entra en contradicción, sin embargo, con la tendencia dominante de la bibliografía sobre *los sesenta* que caracteriza a la época como una década *joven*. Procuraremos explicar este fenómeno a partir del análisis de las transformaciones que se operan después de 1968 en el capítulo "Imberbes", de la III[ra] Parte.

1.4. La edad difícil

El carácter simbólico de la adolescencia –por oposición a su contraparte "material", la pubertad– la vuelve una edad eminentemente "discursiva" y, por lo mismo, se ha tendido a ver a la adolescencia como una etapa típicamente literaria dada la recurrente apelación al personaje y a la edad adolescente por la literatura de todos los tiempos. En cualquier caso, lo que sí es posible demostrar es la continua permeación de los discursos en torno a la adolescencia lo que es, al mismo tiempo, causa y consecuencia, de su carácter resueltamente ideológico. Para ello, analizaremos dos casos de esta hibridación –préstamos y migraciones de argumentos y lógicas discursivas en torno a la adolescencia– en dos textos de distintos campos: el prólogo que Rafael Cansinos Asséns escribe, en 1935, a su traducción de *El Adolescente* de Fedor Dostoievsky (en ocasión de la traducción y publicación de las obras completas del autor) y una analogía a la que, en 1988, la psicoanalista francesa Francoise Doltó apela para describir lo que considera la "inopia" de los adolescentes en un texto "científico" sobre esta edad –*La causa de los adolescentes*– y que se volviera, en buena medida, una obra de divulgación a partir de su circulación en el mercado. Lo que nos interesa considerar es el quiasmo según el cual, la argumentación literaria recurre a la explicación biológica y la investigación psicoanalítica se apropia de una figuración de origen literario.

El escritor español, Rafael Cansino Asséns traduce, en 1935, para la editorial Aguilar, las obras completas de Fedor Dostoievsky. Cada una de las obras está precedida por un extenso texto introductorio y acompañado por notas explicativas. En el prólogo a *El adolescente* (1876), Cansino Asséns opta por continuar la perspectiva elegida por el autor y concentra su comentario y crítica en la psicología del personaje principal. El prólogo incluye un breve resumen de la trama argumental de la novela; una ubicación de los asuntos y personajes en el marco general de la obra de Dostoievsky y la comparación del protagonista adolescente de la obra traducida con el protagonista "viejo" de *El eterno marido* (1870). El contrapunto entre la adolescencia "matinal" de Arkadii Makárovich y la "edad crítica" o "vespertina" de Velchánimov le permitirá al prologuista ensayar, además, una hipótesis psicoanalítica y hasta "biologicista" de la novela.

Para Cansinos Asséns, la novela de Dostoievsky se resuelve en relación con dos variables: una, social y la otra, psicológica o psicoanalítica; para ser más precisos. Ambas variables, de todos modos, se presentan relacionadamente en la trama. La decisión inicial del protagonista de hacerse rico como el millonario Roschild y el abandono posterior de este plan primero respondería, por un lado, a su condición de "bastardo" y, en segundo lugar, a la resolución del "complejo de Edipo" del adolescente enfrentado a su padre. Para el español, la "bastardía" de Makárovich es índice de la descomposición de la familia propia de los tiempos de Dostoievsky que remite, además, a una crisis de la nación rusa: "Todo el tejido histórico se deshace por esos puntos sueltos. La crisis de la familia es la crisis de la nación", sentencia Cansinos Asséns (Cansinos Asséns, 1957 [1935]: 1518). Así planteado, se explica por qué el prologuista comienza diciendo que "Constituye *El adolescente* un problema social visto y tratado en un caso particular" (*ídem*: 1917). La "crisis" de adolescencia de Makárovich y sus "peligros" no es sino otro modo de designar el hecho de que "Arkadii Makárovich, miembro de una familia casual, ha podido ser un *demonio*" (*ídem*: 1418). Finalmente, lo que ha salvado al personaje de su "caída" –o, lo que es lo mismo en función de la asociación planteada entre condición social y edad– lo que lo ha hecho madurar es:

> "(...) en primer término, porque es al mismo tiempo un sentimental y la crisis de su adolescencia se ha resuelto en un sentido afectivo, mediante la comprensión del enigma del padre y la revelación del ideal

amoroso, encarnado en Katerina Nicoláyevna, con lo que el joven ha vencido las dos más peligrosas gorgonas, quedándole ya expedito el camino hacia una hombría normal y venturosa" (*ídem*: 1518).

La "normalidad" y "ventura" de la vida adulta del adolescente recibe, entonces, una explicación ambigua a caballo entre el idealismo romántico y la materialidad psicoanalítica. Sin embargo, no estará completa sino hasta que, como conclusión del cotejo con la vejez del personaje de *El eterno marido*, termine por afirmar que,

"Naturalmente, el drama termina cuando el joven ha vivido bastante para tener ya una experiencia, que, generalmente, es de carácter erótico, pues el trauma pasional suele ser el que abre siempre la puerta del conocimiento. (Tanto en la pubertad como en la edad crítica, el proceso psíquico va unido a la actuación de las glándulas consabidas, y es, en último término, una cuestión de secreciones[39])" (*ídem*: 1525).

La explicación última, entonces, desciende de las alturas del ideal a la elementariedad de las gónadas. Una ambivalencia constante en el discurso acerca de la adolescencia.

La originalidad del Prólogo en todo caso radica en la caracterización de la edad en comparación con la vejez antes que con la infancia o adultez. Para Cansinos Asséns,

"Ambos, el inmaturo y el maduro son tipos de transición, crepusculares, que van a fundirse en otros, y tienen todo el encanto patético de las cosas incompletas y efímeras; pero en el joven, ese patetismo es el del capullo, mientras que en el viejo es el de la hoja seca, que tiene en su oro acrisolada toda la experiencia de mayo y agosto" (*ídem*: 1524).

Este carácter transicional es, en el adolescente y en el viejo, una forma de vulnerabilidad; de desnudez. Dice más adelante:

"El joven es dramático por completo; el viejo, por demasiado completo y acabado, como un imperio que se derrumba. Pero resultará siempre más interesante y conmovedor el drama del joven, porque éste se mueve en la ignorancia, incluso de sí mismo, y la oscuridad de su alborada está impregnada de aromas turbadores y le coge en desnudez, como a los pajarillos nuevos. El joven siente el apremio de afirmarse, pues presiente que aún no es; en tanto, el viejo querría más bien negarse, pues su ser excesivo le pesa y experimenta en el declive

---

39. Nótese cómo Cansinos Asséns se ve en la "obligación" de decir "pubertad" antes que "adolescencia" ante la apelación al recurso biológico en la argumentación.

el alivio de quien se despoja de un manto pesado y queda desnudo en la intimidad" (*ídem*: 1524-25).

Volvemos a encontrar esta misma idea de vulnerabilidad asociada a un "mudar", treinta años después, en la analogía que la psicoanalista Françoise Doltó utiliza cuando trata de comunicar la *causa de los adolescentes*. Los "pajarillos nuevos" se han convertido en "bogavantes y langostas". Doltó dice que para comprender adecuadamente en qué consiste la vulnerabilidad del adolescente puede pensarse en los bogavantes y las langostas que, cuando pierden la protección del caparazón que los recubre, se ocultan bajo las rocas hasta que segreguen una nueva concha que les provea de defensas. Pero, advierte, "si mientras son vulnerables reciben golpes quedan heridos para siempre; su caparazón recubrirá las heridas y cicatrices pero no las borrará (...)" (Doltó, 1990 [1988] : 13).[40]

Me interesa reparar en el recurso explicativo de Doltó e ir más allá de la relación de semejanza o, si se quiere, más acá: a la propia elección del término analógico. Doltó elige establecer una semejanza entre una edad de la vida humana —y entre los sujetos actores de esa edad— y un orden absolutamente diverso: no humano (el de los crustáceos). La "vulnerabilidad" es el predicado que resuelve la extrañeza de los dominios reunidos por la analogía y legitima la conclusión según la cual adolescentes y crustáceos, en realidad, tendrían menos en común el hecho de su indefensión que el de atravesar un período de mutación que los vuelve débiles y cuyas consecuencias son definitivas.

Lo que está en juego en la elección de Doltó, entonces, es una naturaleza extraña: la del adolescente respecto de lo "humano" concebido como sinónimo de lo "*adultonormal*"; su condición perentoria; la edad "adolescente" como lugar de tránsito hacia la madurez y una temporalidad definida por su sustracción respecto del orden de la vida pública, productiva (la llamada "moratoria social" de la adolescencia o el "esconderse" de los crustáceos). En esta caracterización, se manifiesta una tradición discursiva sobre la adolescencia de origen eminentemente literario que se consolida a principios del siglo: la del adolescente como personaje trágico. Esto es, en contradicción

---

40. Curiosamente, encontramos en el psicoanalista Octave Mannoni una imagen de adolescencia que resulta condensación de las elegidas por Cansinos Asséns y Françoise Doltó. Dice Mannoni, refiriéndose a los procesos de identificación en los adolescentes: "Los *pájaros* que mudan de plumaje son desdichados. Los seres humanos también *mudan,* en el momento de la adolescencia y sus plumas son plumas prestadas" (Mannoni, 1986: 26; la cursiva es nuestra).

con el mundo (aclararíamos el "mundo adulto" si no fuera una redundancia) y, al mismo tiempo, como reserva ética; una forma secular de utopía.

La "edad adolescente" comienza a representarse como un "estado" (Doltó, 1990) (y no como una edad o período de tránsito de la vida inmediatamente después de finalizada la Segunda Guerra y como parte de un proceso más generalizado de "adolescentización" de la sociedad. Digamos que la adolescencia impera no sólo como figuración sino como aspiración en el *discurso social*, lo que llevó a Paul Yonnet a decir, a finales de los ochenta, que la sociedad "ha acabado por volverse adolescente" (Yonnet, 1986, citado por Finkielkraut, 1987: 138). Esta extensividad de la ahora *condición o estilo adolescente* implicó la pérdida de su carácter "distintivo" y, consecuentemente, de su funcionalidad como figura, es decir, como metáfora o como imagen.

Retomando la analogía de Doltó, podríamos decir que, si el adolescente se "esconde", es temporalmente, porque para "ser" necesita manifestar su rechazo o proferir su amenaza. Las heridas están a la vista y se han convertido en espectáculo.

2. La subjetividad adolescente

2.1. Lo joven como valor

La emergencia de la idea de *lo joven como valor* en el discurso social de la Argentina para los años sesenta representó una de las múltiples formas que adoptó la centralidad del cambio para los proyectos políticos, económicos y educativos de este tiempo.

Lo joven, aunque ineludiblemente central, no constituía, no obstante, una consigna homogénea en tanto, desde la segunda mitad de la década del cincuenta, era el objetivo de la crítica de los *jóvenes intelectuales de izquierda* (el rechazo al valor de la juventud había sido la carta de presentación en el primer número de Contorno, en 1953). Por otra parte, en otros sectores, próximos al incipiente desarrollo de la cultura de masas, estaba meramente asociado a uno de los nuevos segmentos del mercado de consumo, en otras palabras, los jóvenes constituían un *target* del mercado. De hecho, buena parte de la crítica de los primeros reposaba en la sospecha de lo que, para los otros, era una "natural" certeza producto del desarrollo económico.

Asimismo, la mirada sobre los jóvenes estaba presa de sentimientos contradictorios acerca de su posición en el espacio social lo que decidirá, como veremos, momentos diferenciados en el desenvolvimiento del relato de formación de la época. Finalmente, la propia idea de "lo joven" mostrará su complejidad porque designará en ocasiones a los adultos jóvenes (estudiantes universitarios, trabajadores, sujetos activos de la vida económica y social) y, en otras, a los adolescentes (estudiantes secundarios, sujetos en *moratoria social*).

En el año 2004, en el "Nuevo prólogo" a *Buenos Aires, vida cotidiana y alienación,* el ensayista Juan José Sebreli escribe:

> "Asimismo, contra otra moda de los sesenta- faltaban cuatro años para el Mayo parisino cuando salió *Buenos Aires* (...) criticaba prematuramente el culto a la juventud y su correlativa reverencia ante todo lo novedoso; reincidía así en un tema ya encarado en un artículo publicado en el primer número de *Contorno* (1953) donde citaba a Paul Nizan: 'Tengo veinte años, no permito que nadie diga que es la edad más bella de la vida' (*Aden Arabie*). Yo tenía entonces veintidós años. Esta manera de pensar era contraria a la de los jóvenes sesentistas y sería inconcebible en los jóvenes de hoy (...)
>
> Aunque fui uno de los personajes de la cultura del sesenta porteño, me sentía ajeno –y aun hostil– a esa sensibilidad y más identificado con el clima del existencialismo hegelianizante de los años cincuenta" (Sebreli, 2004: 14).

La crítica retrospectiva de su libro –que se convertiría en un best seller en 1964– en primer lugar nos interesa porque reposa en dos de los principales narremas del relato de formación de los años sesenta que aquí hemos procurado descomponer: el culto a lo joven y a lo nuevo pero, además, porque el análisis revela –simultáneamente– la centralidad de estos narremas tanto como su complejidad. En principio, es un testimonio de la "moda" pero, al mismo tiempo, da cuenta de la resistencia de un sector que, contra este imperativo, recusaba sus valores; lo que, aunque negativamente, representa con todo, un argumento a favor del reconocimiento de la centralidad de la presencia ineludible de esa nueva subjetividad.

En el capítulo "Clase Media" de *Buenos Aires, vida cotidiana y alienación*, Sebreli denuncia con escándalo la inversión generacional por la cual los adultos tienen a los adolescentes o jóvenes (aquí como referencia conjunta) como modelo y que hace de la juventud "un valor en sí":

> "En la década del 60 (...) Los adultos, por su parte, se adaptan a estas modas tornadizas establecidas por los adolescentes, lo mismo que a su corte de pelo y a sus modales, contrariamente a lo que ocurría en otros tiempos en que el adolescente trataba de parecerse al adulto.

Correlativamente en la cultura de masas –radio y televisión– predominan los elementos juveniles, adolescentes, que en otras épocas no hubieran podido jugar sino un papel secundario: los ídolos de la década del 60 son los bailarines y cantantes de rock y twist: Palito Ortega o Johny Tedesco, versiones porteñas de Elvis Presley o Paul Anka.

Esta irrupción, antes desconocida, del mundo juvenil, trae como consecuencia un cambio en las relaciones familiares. La juventud se vuelve un valor en sí y la experiencia de los adultos ya no sirve en un mundo que evoluciona rápidamente.

Son los jóvenes quienes, por estar más en contacto con las 'últimas ondas', como lo muestra Riesman (*The lonely crowd*), enseñan a sus padres, resquebrajando de ese modo la autoridad familiar y abriendo el cerrado círculo del hogar pequeñoburgués" (Sebreli, 2004 [1964]: 82).

Un año antes (1963), los lectores de *Vea y Lea* encontraban una crítica semejante en un texto de Jean Paul Sartre en el que el objetivo de largo alcance de la invectiva era la sociedad de consumo de la que estos se convierten en mejores representantes: "Los jóvenes de hoy se hallan en el centro de una sociedad que no sólo quiere reglamentar la producción, sino también el consumo. Una sociedad que quiere convertirnos en consumidores perfectos, clientes siempre dispuestos a comprar" (en Pujol, 2002: 44).

En el contexto de emergencia internacional del nuevo colectivo que conforman los "jóvenes" y de una verdadera cultura juvenil de la que estos son tanto productores como destinatarios de los bienes y sentidos en juego, queremos distinguir la atención dispensada en la Argentina por los discursos hegemónicos del período a la edad adolescente y a los adolescentes como subjetividad emblemática del tiempo de formación en el que la sociedad estaba comprometida; como hemos analizado previamente. En principio, esta discusión acerca de la primacía de una edad u otra durante los sesenta en la Argentina parece resolverse, si establecemos una distinción entre quiénes son los actores o motores del cambio en este período y quiénes son los que se constituyen en su metáfora: lo que Ariès llamaba *a particular vision of human life*. Los actores son los jóvenes; la metáfora, los adolescentes.

La idea de "juventud" incluye tanto al adolescente, definido en su estado de inacabamiento como al *adulto joven* como primera forma *terminada* de la madurez detentada como instancia final del proceso de aprendizaje y desarrollo. En este sentido, la idea de "juventud" corresponde, entonces, a lo que, desde una perspectiva sociológica, podríamos definir como un sujeto *activo* asociado a la educación universitaria o al mundo del trabajo, mientras que la adolescencia es una edad eminentemente escolar, asociada al universo de la escuela media y al ámbito tutelado de la vida doméstica, familiar.

Jóvenes y adolescentes, sin embargo, aparecerán bajo una única denominación cuando se trate de reconocer a este sector como una nueva "clase social" (Link, 2005: 37) o "colectivo ciudadano" (Link, 2005: 38) desde una perspectiva sociológica (como dato demográfico), como mercado o como parte del imaginario del desarrollo:

> "Es un colectivo que organiza el pensamiento radical y que constituye, a la vez, un nuevo mercado. Los jóvenes –entre 14 y 25 años– compran por aquellos años entre el 75 y el 80% de la producción discográfica total. La juventud deja de ser una fase preparatoria para la vida adulta, responsable, madura y reflexiva para convertirse, imaginariamente, en la fase culminante del pleno desarrollo" (*ídem*: 38).

Se distinguirán, en cambio, en el interior del discurso psicológico, educacional y etnográfico. En el caso de la Argentina y de las principales capitales latinoamericanas, la subjetividad adolescente caracterizada en términos de transición, desarrollo, aprendizaje y dependencia de un adulto alcanzará mayor relevancia como metáfora del momento histórico por relación de semejanza con los ideologemas del relato de formación propio de la situación de países *en vías de desarrollo o subdesarrollados* especialmente en el período comprendido entre los años 1960/1968. Dice Sergio Pujol:

> "Aquí y allá se impuso la imagen de la adolescencia como síntoma de época, como metáfora de la civilización: "La difficile adolescense des jeunes nations", escribía a fines de la década el observador político Jacques Chastenet al referirse a los problemas del tercer mundo" (Pujol, 2002: 22).

En la Argentina, la segunda mitad de los años cincuenta aparece como una fase preparatoria que establece en buena medida las condiciones de posibilidad para la emergencia de esta nueva subjetividad en tanto la *democratización de la moratoria social* de que gozan los adolescentes (Gagliano, 1997: 322)[41] es heredera de las políticas sociales del peronismo y de la ideología del desarrollo que ya hemos revisado. A partir de 1968, la experiencia internacional de revueltas juveniles en Francia, en Praga y

---

41. Diana Paladino, en un análisis de las representaciones de la autoridad escolar en la relación adulto-adolescente en el cine argentino, sostiene que, siguiendo la línea de Gagliano (1992), se podría afirmar que los adolescentes de comienzos de los años sesenta son los mismos que cuando niños fueron "los únicos privilegiados" de la Argentina de Perón (cfr. Paladino, 2010).

en México, la represión de *la noche de los bastones largos* en 1966 en la Argentina y la radicalización de la violencia juvenil, traspasado el umbral de la década del setenta, terminará no solo con el "juvenilismo" de la época sino con ella misma. Al respecto, analiza Daniel Link:

> "Lo que llamamos década del 60 será, entonces, el período que comienza hacia mediados de la década del 50 (con la canonización definitiva del alto modernismo y la hegemonía, ya entonces, de la cultura industrial) y que terminaría hacia 1968, siguiendo las indicaciones de Oscar Masotta, quien declara por esos años que "algunos cambios históricos recientes han terminado por desbaratar la fiesta, por hacer evidente el absurdo" (en el prólogo a *Conciencia y Estructura*).

> "Si los sesenta fueron una época festiva, esa época termina con el Mayo Francés, el "asesinato" de Andy Warhol (al que sobrevive, pero que deja una huella profunda en la historia del pop), la matanza de Tlatelolco, la radicalización de la política en todos los países occidentales, etcétera" (Link, 2005: 34).

Luz Rodríguez Carranza, en un análisis acerca del discurso sobre la juventud (que incluye a los adolescentes) de las revistas *Primera Plana y Los Libros*, distingue etapas similares a las que hemos diferenciado. En relación con el semanario *Primera Plana* reconoce una primera época, inicial, en 1962 en la que la juventud es el "valor fundamental porque representa el paradigma del dinamismo y de la fuerza física e intelectual" (Rodríguez Carranza, 1996: 90) y en la que la única reserva es contra la energía mal empleada que se traduce en términos de "iracundia". Esa inadaptación al mundo adulto, incomunicación e huída es vista con preocupación porque la sociedad necesita de esa fuerza de cambio. En este sentido, el sentimiento no es de rechazo sino de integración a través de la educación. En el número 10 de la revista puede leerse:

> "El psicólogo alemán E. Spranger cree que estas explosiones de los adolescentes casi nunca están dirigidas contra el orden jurídico (...) Pero este verano nadie había leído a Spranger en Mar del Plata (...) La policía de la provincia responderá con la represión y los perros amaestrados, pero es evidente que el problema subsistirá y que, en definitiva, una solución global no podrá dejar de envolver también a maestros, sociólogos y médicos" (citado por *ibídem*).[42]

---

42. Es interesante recordar, para poder comprender la complejidad de la trama que escriben los discursos en circulación, que La *Psicología de la edad juvenil* de Spranger forma parte de la bibliografía de referencia de Mantovani en sus textos sobre la adolescencia.

Una segunda etapa, posterior a 1966, coincide con la caída de Illía y el inicio del onganiato. La juventud sigue teniendo un valor central pero adquiere mayor fuerza su asociación con la idea de eficacia de ahí que lo opuesto pase a ser la idea de inutilidad y frustración. De hecho, la mejor prueba de esta concepción es la campaña que la revista organiza contra la figura del presidente Arturo Illía sostenida justamente sobre la convicción de su incapacidad para desempeñar su cargo por inacción, pérdida de tiempo e indecisión.[43] La inacción entre los adolescentes, ligada al aburrimiento y al "apartamiento sicótico" (Rodríguez Carranza, 1996: 93) toma un carácter criminal por apropiación de las hipótesis contemporáneas de la psicología norteamericana:

> "En el número 172 del 12 de abril de 1966, un largo artículo adapta para los lectores de *Primera Plana* el libro *Criminología de la juventud* de Wolf Middendorf, traducido al castellano por Ariel (Barcelona) en 1964. El tema central es analizar 'la creciente dificultad que la juventud actual encuentra en adaptarse a su medio social (...) y sus derivaciones en el terreno de la delincuencia juvenil' (p. 38). Los chicos que se aburren, en Europa y los Estados Unidos, son los que tienen entre 14 y 19 años que no tienen prontuario y son, por lo tanto, incontrolables. Las causas de su desorientación son la ausencia de los padres, la falta de autoridad, el cine y la televisión que difunden la violencia. 'La rebelión de los jóvenes contra el mundo de los adultos llega a adoptar la forma de una gran enfermedad mental colectiva (...) Los solitarios adolescentes, los introvertidos de antaño, andan reunidos hoy en manadas de lobos agresivos y sádicos' (p. 40)" (*ídem*: 92).

Finalmente, la tercera y última etapa, después del '68 está caracterizada por una intensificación de las contradicciones de la revista que promovía experiencias de vanguardia radicales en el terreno estético pero veía con incomodidad esa misma irreverencia en el plano de las prácticas públicas y privadas concretas de los jóvenes:

> "*Primera Plana*, preocupada por la continuidad del movimiento estudiantil, consulta a los sociólogos más destacados: 'La oposición estudiantil es, como tal, intrínsecamente contradictoria –opina Eliseo Verón– mientras se sigan llamando alumnos (...) no podrán, sino en

---

43. Contemporáneamente, la CGT llevó a cabo el "operativo tortuga" y sembró el centro de Buenos Aires con imágenes de estos animales que llevaban pintadas en su caparazón la consigna "Illia o gobierno". La revista *Tía Vicenta* también caricaturizó al presidente como una tortuga acusándolo de "lentitud".

contadas circunstancias, dar la tónica a la sociedad global' (*Primera Plana*, 336: 17). José Nun es más tajante: 'para ser eficaz y sortear las prácticas esta oposición debe trascender por medio de nuevas formas organizativas y por la fijación de objetivos intermedios, que eviten su esterilización' (*Ibid.*) El gran temor es la recuperación de los movimientos (Cordobazo, Rosariazo) por parte de los militares liberales: urge, por lo tanto, darles otra orientación política para que sean *eficaces*, vale decir, recuperarlos para otra cosa" (*ídem*: 95-6).

En la vereda ideológica contraria, la revista literaria *Los libros* también desconfía de la "inutilidad" de los jóvenes, aunque la discusión asuma otros sentidos. La "eficacia" que reclama *Los libros* no está asociada a las ideas de modernización o desarrollo sino al poder revolucionario de esas nuevas prácticas. La preocupación de los redactores de la revista *Los libros* es la búsqueda de "formas mayores" (Nicolás Rosa citado por *ídem*: 96) que den significación verdaderamente revolucionaria a manifestaciones que pueden quedar atrapadas en una mera "neurosis" o resentimiento. Como en la cita de Sartre en *Vea y Lea*, J. Carlos Torres en el primer número de la revista (1969) señala, en un artículo denominado "Estudiantes, nueva oposición", que las rebeliones juveniles son parte de la misma sociedad de consumo que se supone rechazan.

La conclusión de Rodríguez Carranza, en el mismo sentido que la de Alejandro Latinez (2006), es que:

> "El elemento constante en los discursos sobre la juventud fue, en las revistas que he analizado, el de la 'negación de la negación', para decirlo con las palabras del vilipendiado Marcuse. Había que negar la Imperfección que negaba insolentemente el valor absoluto de la época: la eficiencia. Los referentes de la eficiencia, desde luego, diferían: los redactores del semanario liberal veían al país como una empresa nacional que había que modernizar, estimulando la creatividad, la comunicación, la acción y la producción, mientras que los intelectuales de *Los Libros* se cuestionaban sobre su propia (in) utilidad como vanguardia artística dentro de la revolución. Pero tanto los unos como los otros coincidían en la necesidad de educar a los jóvenes, de guiarlos hasta la madurez lo antes posible, para evitar que tomara cuerpo en ellos el fantasma principal: el de la desaparición misma de la noción de valor. Lo que era considerado como 'fracaso estéril' no era más, probablemente, que la inexistencia pura y simple de todo aquello por lo que los adultos creían que era indispensable luchar" (*ídem*: 98-9).

2.2. Los nuevos saberes acerca de la adolescencia

La psicología y el psicoanálisis constituyeron, junto con la sociología, las disciplinas que organizarían los nuevos saberes que, por su parte, darían a luz nuevos objetos entre los que se encontraba la adolescencia. La apropiación de la psicología de la adolescencia norteamericana por las incipientes ciencias sociales en la Argentina fue prácticamente inmediata en la mayoría de los casos o bien en otros las fechas de la traducción en español y edición en Buenos Aires se corresponden con las décadas que aquí nos ocupan. De hecho, la publicación y la traducción en el país significó, además, la difusión original de las obras en el mundo de habla hispana. Así, por ejemplo, *Youth: the years from 10 to 16,* traducido al español como *El adolescente de 10 a 16 años,* de Arnold Gessel, publicado en 1956, fue traducido por Paidós en Buenos Aires ese mismo año. Este libro fue pionero en una descripción taxonómica de las edades que tiene vigencia hoy en día. Un caso similar es el de *Childhood and adolescence: a psychology of the growing person,* de Stone y Church de 1957, que apareció en español en 1973 editado por Horné. En otro campo, *Coming of age in Samoa,* de Margaret Mead, si bien fue publicado en inglés en 1926, la primera edición en la Argentina es de 1960 y en la misma colección dirigida por Germani en la que encontrábamos los libros de Erikson.

Asimismo, un rasgo ineludible para caracterizar el lugar que estos nuevos saberes tuvieron en la conformación del discurso social es su destacada penetración entre un público no especializado de clase media a través de la participación de los autores en las principales revistas de actualidad y femeninas (con la invención del género periodístico de la *columna* de especialista o el recurso a la *opinión especializada* en notas de color o investigación); la creación de espacios de sociabilización del conocimiento inéditos (el caso prototípico son las *Escuelas para padres*) y el desarrollo de la industria editorial nacional durante los sesenta con la propuesta de colecciones de bajo costo y dispositivos para facilitar la comunicación de la información especializada al lector común (prólogos, reseñas, separatas, antologías).

En este contexto, los "adolescentes" aparecerán junto con los "niños" como parte del proceso de importación de las psicologías de Anna Freud y Melanie Klein que llegarán de la mano de Arminda Aberastury, pedagoga por formación y psicoanalista por elección. Aberastury construirá su teoría en relación con la de la hija de Freud y los libros de Klein y traducirá al español y mantendrá una correspondencia fluida con esta última. La psicología del adolescente no *nace* en la Argentina con Aberastury pero con ella hará por primera vez "escuela" en tanto estará en la base de todas las investigaciones que le sucederán. *La adolescencia normal*, de 1971, se reeditará hasta el presente y será leído más allá del ámbito específico del psicoanálisis (especialmente en el campo de la formación docente). Por primera vez, también, la adolescencia dejará de ser meramente un avatar de la historia individual para convertirse en clave de interpretación social.

La adolescencia normal (1971) de los argentinos Arminda Aberastury y Mauricio Knobel fue el primer libro en castellano sobre el tema visto con un enfoque psicoanalítico. En el *Prefacio*, los autores relatan que la labor específica sobre adolescencia había comenzado con los grupos de estudios preparatorios para colaborar y aportar ideas y experiencias al "1° Congreso Interno y IX Simposio de la Asociación Psicoanalítica Argentina," celebrado en Buenos Aires a fines de 1964. De todos modos, la atención de Aberastury sobre la adolescencia databa de tiempo atrás como parte de sus investigaciones en torno a la infancia: en 1962 había publicado *El psicoanálisis de niños* y en 1963 estaba al frente de la cátedra de "Psicología de la niñez y de la adolescencia" de la carrera de *Ciencias de la Educación*.

El libro de Aberastury parte de la definición de *normalidad* de Anna Freud para quien sería *anormal* "la presencia de un equilibrio estable durante el proceso adolescente (...) la adolescencia más que una etapa estabilizada es proceso y desarrollo." (Knobel, 2004 [1971]: 9-10). En consecuencia, se apropia de esta paradoja —*la normal anormalidad de la adolescencia*— y, a partir de allí, desarrolla su tesis sobre los *duelos* de la adolescencia: por el cuerpo, el rol y la identidad infantiles y por los padres de la infancia. La argumentación se estructura sobre la base de las distintas pérdidas que conlleva la crisis intensa —a la que Aberastury no duda en llamar "dolor"— que representa la experiencia adolescente. El tratamiento de la "crisis", contra el subjetivismo esperable en un texto psicoanalítico *canónico*, y más allá de las expectativas de cierto hermetismo propio del discurso técnico-específico, tiene un significativo carácter social e históricamente comprometido. En un primer momento, esta característica podría atribuirse al hecho de que la edad adolescente parece exigir este modo interpretativo a caballo entre lo subjetivo y lo social, sin embargo, sin perjuicio de la verosimilitud de este argumento, parece responder, antes bien, a la condición del pensamiento sobre la adolescencia en ese momento del discurso social en la Argentina y en el mundo. El primer argumento no explicaría las referencias insistentes a la "sociedad en que vivimos" (Aberastury, 2004: 32) o al "mundo actual" (*ídem*: 158) que son eje de la discusión del libro.

A este respecto, el psicoanalista y escritor Germán García, en su ensayo acerca del lugar del psicoanálisis en los debates culturales en la Argentina (García, 2005), plantea una relación entre la obra de Aberastury y la de Aníbal Ponce, uno de los pioneros en el pensamiento acerca de la adolescencia en el país, y ofrece una lectura clave en tanto recupera la historia pero repara en las diferencias además de las continuidades y refiriéndolas al marco más general de una interpretación epocal.

García reúne las obras de Aníbal Ponce y Aberastury en torno al problema del *Sturm und Drang* adolescente. El libro de Aníbal Ponce, *Problemas de psicología infantil. Ambición y angustia de los adolescentes*, se publica en 1936 y es producto de dos cursos dictados en los años 1930 y 1931 en el Colegio Libre de Estudios Superiores de Buenos Aires y se reedita en 1955 (J. H. Matera editor) como parte de sus obras completas. "Esta edición de unas conferencias que tenían ya quince años muestra su vigencia: la psicología responde al *Sturm und Drang*, excluyendo el deseo para proponer la reforma de los valores sociales", concluye García (2005: 151).

Cita García a Aníbal Ponce: "Yo no conozco una acusación más terrible contra la hipocresía de la sociedad que el grito de Wendla agonizante en *El despertar de la primavera* de Wedekind: 'Madre, madre, por qué no me explicaste todo'" (*ibídem*). En la cita de Aníbal Ponce de las palabras del personaje adolescente de catorce años, Germán García reconoce la "actualidad del *Sturm und Drang*" "en tanto designan momentos de la vida que inquietan los hábitos y crean problemas a las instituciones creadas para organizar esos hábitos" (*ídem*: 152). Con la misma orientación, a Aberastury le interesa la "función social" que "va más allá de los límites que puede ofrecernos el psicoanálisis individual" (Aberastury citado por *ídem*: 167).

Para Aberastury lo que está en juego en la definición de adolescencia es la identidad. De ahí, su interés por las pérdidas que el adolescente experimenta (es decir, la definición *negativa* de esa identidad: lo que pierde para ser) y la relación con la sociedad (definición positiva: qué toma para ser de lo que está ya dado). La procura de una identidad autónoma promueve múltiples identificaciones y por eso, para Aberastury, "el adolescente se presenta como varios personajes" (Aberastury, 2004: 19): "No puede todavía renunciar a aspectos de sí mismo y no puede utilizar y sintetizar los que va adquiriendo y en esa dificultad de adquirir una identidad coherente reside el principal obstáculo para resolver su identidad sexual" (*ibídem*). En función de esta definición paradójica de la identidad adolescente, comprendida entre la pérdida y la resistencia a lo que el mundo adulto le ofrece, toma distancia de la definición eriksoniana de *moratoria social*. En la interpretación de Aberastury, se trata de una definición falsa en tanto superficial: "no es más que el contenido manifiesto de una situación mucho más profunda. Sucede que el niño necesita tomarse su tiempo para hacer las pases con su cuerpo, para terminar de conformarse a él, para terminar de conformarse a él, para sentirse conforme con él. Pero solo llega a esta conformidad mediante un largo proceso de duelo" (*ídem*: 27). Entonces, no hay moratoria social sino un replegarse por parte del adolescente, una forma de resistencia que es también "desprecio" (*ídem*: 21). Fundamentalmente, lo que media entre Erikson y Aberastury son dos imaginarios antagónicos acerca de la relación entre la sociedad capitalista y el sujeto adolescente: mientras en el primero, ese período de vacancia no solo es una consecuencia del mundo industrializado sino su condición necesaria; para la argentina, el desprecio del adolescente, que lo lleva a retirarse y resistir su incorporación al mundo adulto, es producto de que el "adulto se aferra a su mundo de valores que con triste frecuencia es el producto de un fracaso interno y de un refugio en logros típicos de nuestra sociedad alienada" (*ídem*: 22). Y, además, pregunta: "¿es así sólo por una necesidad del adolescente o también es una resultante de un mundo que le prohíbe la acción y lo obliga a refugiarse en la fantasía y en la intelectualización?" (*ídem*: 23).

2.3. Los teenagers argentinos

De acuerdo con Italmar Even-Zohar (1999), el sistema literario puede concebirse como un *polisistema,* es decir, un sistema múltiple o compuesto de varios sistemas con intersecciones y superposiciones. Así definido, el concepto de *polisistema* enfatiza la multiplicidad y está pensado como un modo de resolver la atención sobre los sistemas semióticos que concurren en la heterogeneidad planteada. En este contexto, para Even-Zohar la literatura traducida "no se desconectará de la literatura original" y formará parte de la literatura importadora.

En el sistema literario de la literatura argentina de los años sesenta, la literatura traducida ocupa un lugar central como parte del fenómeno más general del desarrollo de la llamada *primavera editorial* y se destaca la traducción de textos de personaje adolescente y de producción teórica sobre adolescencia: psicología, teorías del desarrollo evolutivo, el lugar del adolescente en la sociedad (textos antropológicos y sociológicos). La tesis de Zohar acerca del papel de la literatura traducida en la literatura receptora dependerá de la ordenación específica del polisistema en cuestión. Cuando ocupa una posición central, forma parte de las fuerzas innovadoras: contribuye a la elaboración de nuevos repertorios, incluye "nuevos modelos de realidad" (*ibídem*); introduce nuevos modelos y técnicas compositivas. En el marco más amplio del discurso social de la época, la tesis de Zohar nos interesa porque podemos inferir que esos procesos de "importación" son compatibles con los que se producen entre los distintos discursos puestos en relación e imaginar de qué modo generan correspondencias que consolidan los tópicos, narremas y tactemas.

Dos novelas resultan paradigmáticas del funcionamiento recién descrito: *Lolita*, de Vladimir Nabokov y *The catcher in the rye*, de J. D. Salinger. En el centro de las dos historias estará la adolescencia: el personaje adolescente y su *salir al mundo*. Desde la perspectiva de Zohar podríamos decir que la traducción de ambas obras tiene consecuencias ineludibles para la configuración de la subjetividad adolescente en la Argentina durante los sesenta. Su principal aporte es el de ofrecer "nuevos modelos de realidad". La novela de Salinger nos permite también ensayar una hipótesis en torno al funcionamiento del sistema literario de la literatura importadora en relación con la traducida (qué representa la novela en función de la producción literaria del momento) y la de Nabokov, sus proyecciones en relación con otros discursos no específicamente reconocidos como literarios (esto es qué significa *Lolita* en el encuentro con otros discursos coalescentes).

El caso Lolita

En 1959, la editorial *Sur* traduce *Lolita* de Vladimir Nabokov con la firma del traductor Enrique Tejedor, seudónimo del crítico Enrique Pezzoni. Es la primera traducción en español y la que se ha continuado reeditando incluso por editoriales españolas (cfr. Willson, 2004: 258). En el mismo año un decreto de la Municipalidad de Buenos Aires califica a la novela de "inmoral", ordenando además su secuestro.

La novela cargaba con una historia polémica desde su origen mismo. Vladimir Nabokov terminó el manuscrito de *Lolita* en 1953 pero no fue publicado sino hasta septiembre de 1955 en París porque Nabokov no encontró quién quisiera hacerlo en los Estados Unidos (durante 1954 cuatro editoras rechazaron el manuscrito).

La tirada inicial –de 5.000 ejemplares– se vendió de inmediato pero no hubo críticas notables y pasó desapercibida para el público masivo hasta que Graham Greene, en una entrevista publicada en el *London Times* lo llamó uno de los libros más importantes del año. Inmediatamente, John Gordon, editor del *Sunday Express* lo calificó de "pornográfico" y esto motivó que el *British Home Office* secuestrara todas las copias que ingresaran al Reino Unido y presionó al ministro del interior francés para que prohibiera el libro. Así fue cómo en diciembre de 1956 la novela fue considerada un libro peligroso y *Lolita* permaneció prohibida hasta 1958. El mismo destino tuvo en Inglaterra (entre 1955 y 1959), Nueva Zelanda (1960), Bélgica y Austria. En septiembre de 1958, la *Cincinnaty Public Library* lo prohibió y esto motivó que la novela trepara al primer puesto de ventas de las librerías del país.

Nabokov había escrito la novela durante seis de los diez años de estancia en la Universidad de Cornell en Ithaca, entre julio de 1948 y febrero de 1959, y *Lolita* estuvo en la lista de best sellers del *New York Times* por un año y medio después de su publicación en los Estados Unidos (Boyd, 1991: 387, citado en Johnson, 2002). Con la versión cinematográfica de Stanley Kubrick, con guion del propio Nabokov, en 1962 una verdadera "Lolita-manía" arrasó el país (cfr. Johnson, 2002). El rostro de Nabokov con la imagen de la actriz de Lolita a sus espaldas apareció en la tapa de *Newsweek* el 25 de junio de 1962. En una entrevista en enero de 1964, Nabokov respondía, en una entrevista en *Playboy* que aunque *Lolita* había eclipsado buena parte de su obra no se arrepentía del éxito que había tenido al convertirse en un best seller y la fama que había ganado como autor para el gran público más allá del reconocimiento que ya tenía en el interior del ámbito literario.

El caso *Lolita* tiene, para nosotros, distintas connotaciones. Podríamos empezar por reconocer un libro, publicado en 1955 y que para la crítica literaria de la literatura norteamericana, forma parte de la *literatura norteamericana de los sesenta*.[44] Es decir, una novela que cuenta la historia de una pasión amorosa torturada de un adulto por una niña púber de 12 años que se convierte en un best seller a pesar de la censura y da lugar a un filme que tiene tanta o más trascendencia que el libro. Esto, en principio, no solo da cuenta de la expansión del consumo cultural y de la industria cultural para esa hora (las repercusiones en *Newsweek y Playboy* son índices insoslayables a este respecto) sino también del interés que el tópico tenía por entonces. Un dato relevante, a este respecto, es que la estrategia de Kubrick y Nabokov para una mayor aceptación del filme es convertir a la protagonista en una *adolescente de 14* años: dos años más que el personaje

---

44. Para J.Barton Johnson los sesenta son la década Nabokov pero aclara que "los sesenta", en la literatura norteamericana, comienzan en los tardíos cincuenta con una corriente que tiene a Nabokov en un sitio central pero también incluye la literatura de J.D. Salinger, John Updike, Saul Bellow, Joshep Heller, Philip Roth, Joyce Carol Oates y Norman Mailer (Barton Johnson, 2002).

literario hacían la diferencia en relación con la evaluación moral pública del conflicto principal de la trama. Esto es: una diferencia mínima en relación con la edad, desde un punto de vista cuantitativo, era el criterio diacrítico para distinguir las representaciones asociadas a la infancia de las de la adolescencia, lo que es indicador de la solidez de la identidad consolidada de la edad adolescente y de las habilitaciones con las que cargaba para el momento. De hecho, y más allá de las interpretaciones "simbólicas" que la historia generó y Nabokov rechazó de plano, puede pensarse que la pasión del profesor Humbert pone en escena un estado de cambio de la vida familiar, las costumbres sexuales y las relaciones intergeneracionales que se afianza a medida que transcurre la década del sesenta y que el escándalo del caso *Lolita* encarna en tanto transición entre los conservadores años cincuenta y los revolucionarios sesenta. Mario Vargas Llosa lo resumió en los siguientes términos:

> "En poco tiempo, había universalizado un nuevo término, la «lolita», para un nuevo concepto: la niña-mujer, emancipada sin saberlo y símbolo inconsciente de la revolución de las costumbres contemporáneas. En cierto modo, *Lolita* es uno de los hitos inaugurales, y, también, sin duda, una de sus causas, de la era de la tolerancia sexual, la evaporación de los tabúes entre los adolescentes de Estados Unidos y de Europa occidental que alcanzaría su apogeo en los sesenta" (Vargas Llosa, 2005).

Lolita, la controversia acerca de su historia y la masiva aceptación por parte de los lectores, anunciaban de algún modo la mentada revolución sexual de los sesenta que implicaba un nuevo estatuto de la sexualidad desligada de la unión conyugal y las expectativas reproductivas que conllevó un nuevo modelo de vida doméstica y familiar que contrastaba contra el impulso conservador que sucedió a la Segunda Guerra Mundial. Estos cambios tuvieron una dimensión transnacional a la que la Argentina no quedó ajena. Antes bien, formó parte activa en tanto se inscribía en

> "(...) una conceptualización general del proceso de cambio social, fuertemente influida por la sociología y la psicología (...) Desde el esquema de la teoría de la modernización se pensaba que la familia y las relaciones de pareja estaban en el centro de un conjunto de transformaciones que afectaban la economía, la cultura y los valores del tránsito de las sociedades tradicionales a las modernas" (Cosse, 2007).

Un dato interesante en relación con esto es que, en la Argentina, en el mismo año que la editorial *Sur* traducía *Lolita,* la psicóloga Eva Giberti

PARTE I: Relato de formación y subjetividad adolescente 99

iniciaba su columna de "Escuela para padres" en el diario *La Razón,* que luego se trasladará a revistas semanales y femeninas de actualidad (*Mamina, Vosotras, Para Ti, Nuestros Hijos*). Los textos de estas columnas se reunirán más tarde en dos libros uno de los cuales llevará el nombre de la sección periodística y, el otro, publicado en 1968, la significativa conjunción *Adolescencia y Educación Sexual.*

Los otros adolescentes de Salinger

The catcher in the rye (1951) es una novela eminentemente norteamericana. Podemos fundamentar esta definición en un análisis formal (de las características lingüísticas del discurso del personaje-protagonista; de los espacios en los que se desarrolla la trama; de las referencias interdiscursivas) pero, también, en una lectura semántica o ideológica en relación con las representaciones acerca de la adolescencia que actualiza; la ineludible evocación de otras novelas de iniciación de la literatura norteamericana e inglesa que permite y exige su lectura; la remitencia a las condiciones socioculturales de los Estados Unidos de la posguerra.

La historia de Holden Caulfield se escribe desde la particularidad de la adolescencia de los cincuenta en los Estados Unidos (neoyorquina; de la *costa este*) y el marco más inclusivo de un personaje adolescente propio de la literatura norteamericana a caballo entre la inocencia roussoniana y la picaresca (Huckleberry Finn; Tom Sawyer, entre los más representativos). Parece legítimo afirmar tanto su valor como "testimonio" –por las referencias culturales eminentemente coyunturales a las que apela; el *slang* adolescente de la época, las películas, los libros del momento– que como "actualización" de una serie literaria y de un personaje típico: en 1957, un crítico norteamericano decía que "(...) la pintura que Salinger nos ofrece de un hombre contaminado por la sociedad refleja la idea defendida por Rousseau y los discípulos del naturalismo según la cual el individuo nacido inocente es corrompido por las instituciones sociales" (Fowler, 1957: 193-197). En 1968, el español Juan José Coy por su parte afirmaba que la novela era "(...) el más perfecto testimonio nunca escrito sobre la juventud norteamericana de los años cincuenta" (Coy, 1968: 147).

Sin embargo, creemos que puede ensayarse un *capítulo hispanoamericano* en la historia de la crítica de la novela de Salinger, desde la perspectiva de su recepción, en el que resulta decisiva la consideración de su traducción al español en la Argentina en 1961, es decir, diez años después de su publicación original. Nos interesa, en primer lugar, la reconstrucción "arqueológica" de las condiciones que la volvieron "elegible" para la traducción, es decir, qué implicó esa decisión editorial. En segundo lugar, la consideración de la escritura que generó en la literatura importadora (la literatura argentina) y, finalmente, sus proyecciones en la literatura de habla hispana no solo a través de la presencia en el sistema del texto traducido sino del debate acerca de las características de esa traducción y de las que le sucedieron.

La novela de Salinger se traduce por primera vez al español en la Argentina. Manuel Méndez de Andés traduce *The Catcher in the Rye* para la colección "Anaquel" de la Compañía Fabril Editora con el título de *El cazador oculto* en 1961. Fernando Sorrentino sostiene, en un artículo de la revista "El trujamán" (Sorrentino, 2003), que todo indica que la firma del traductor es un seudónimo: no hay otras traducciones firmadas por Méndez de Andés y sus datos filiatorios son inaccesibles. Lo que sí es comprobable es que Manuel Méndez de Andés es el nombre de una calle de Buenos Aires que rememora las contribuciones de un industrial español con reconocidas acciones filantrópicas en nuestro país. Este dato le permite a Sorrentino especular la posibilidad de que el traductor "oculto" de *El cazador oculto* fuera su profesor más respetado en el Profesorado Mariano Acosta cuando él estudiaba Letras, entre 1963 y 1968, que era traductor y vivía en esa calle. Declina dar el nombre de este profesor en la nota a la que nos referimos pero, en una entrevista de carácter biográfico (Pravinsani, s/f) nombra a quien fuera su maestro: de ser cierta la hipótesis de Sorrentino, el traductor "real" se llamaría Julio Balderrama.

A esta primera edición de la editorial Fabril sucederán tres en un lapso de diez años pero, en 1978, Alianza traducirá también la obra en España y en esta traducción, de Carmen Criado, la novela se llamará *El guardián entre el centeno*.

Hay una tercera versión en español con el título de *El cazador oculto* y realizada también en la Argentina que firma Pedro B. Rey para la colección Novela Joven de la Editorial Sudamericana. Este tercer caso rara vez es mencionado no solo por haberse elegido el mismo título que el del supuesto Méndez Andés sino acaso porque Salinger le retiró los derechos a la editorial al saber de la misma. Fernando Fagnani, editor de Edhasa, que es quien tiene actualmente los derechos de la obra de Salinger y que en el 2004 reeditara la obra completa del autor, explicó que Edhasa obtuvo la licencia porque Sudamericana realizó esta nueva traducción y no contó con la anuencia del reticente Salinger, quien había aceptado previamente –sin leerla; por recomendación de un tercero– la de la española Carmen Criado; de lo que inferimos su total desconocimiento de la de Méndez de Andés en la que la de Sudamericana obviamente se basa. Otro dato que fundamenta esta última hipótesis –el desconocimiento de Salinger de la edición argentina de 1961– es que el autor prohibe las ediciones con datos biográficos o fotos suyas y/o ilustraciones en la tapa y la de Fabril no solo presenta una cita en primera persona en la contratapa sino que está ilustrada con la imagen de un adolescente con la ciudad de fondo cuyas características constituyen en sí mismas una traducción "semiótica", como le gustaba decir a Nicolás Rosa: la pintura del adolescente enjuto y cetrino está más próximo al Milo de *Alrededor de la jaula*, el adolescente-niño de Haroldo Conti que también por esos años vagabundea por la ciudad (de Buenos Aires) pero con un destino "latinoamericano" de indigencia material; muy lejos de la otra intemperie, digamos "moral", del neoyorquino Holden Caulfield.

La traducción de la novela de Salinger se publica en la Compañía Fabril Editora de Buenos Aires, que perteneció al grupo empresarial Fabril Financiera constituido en 1888, ligado a empresas italianas y fue liquidado en 1995. La editorial Fabril, dirigida por Jacobo Muchnik, está estrechamente ligada a la historia de la traducción literaria en la Argentina probablemente como consecuencia de su origen extranjero pero también al hecho de que además funcionaba como imprenta (con el nombre Compañía General Fabril Financiera) y en este sentido imprime, durante los años '50 para ACME (hasta 1955, Acme Agency SRL, y después Ed. ACME S.A.C.I.), entre otras colecciones, la colección "Rastros", así como la "Centauro", esta última con numerosos títulos de H.R. Haggard y H.G. Wells. En los años '60, Fabril será la editorial que, para citar solo algunos ejemplos, hará el primer rescate del policial negro norteamericano en la colección "El club del misterio"; publicará con la dirección de Aldo Pellegrini la memorable *Antología de la Poesía Surrealista* y será también la responsable de la colección "Los poetas" que introducirá, por primera vez en lengua española, la poesía de Fernando Pessoa en traducción de Rodolfo Alonso (1961) o a Henri Michaux en traducción de Lysandro Z. D. Galtier (1961). Ángel Rama le otorga a esta editorial un papel central en la renovación de la narrativa que representara el llamado "boom" de la literatura latinoamericana por su lugar intersticial entre la introducción de la literatura extranjera traducida y la promoción de autores nacionales y de la América Latina. Dice Rama:

> "Compañía Fabril Editora (Jacobo Muchnik) en Buenos Aires y Seix Barral (Carlos Barral) en Barcelona, siguiendo, ambas, líneas estrictamente homólogas: por ejemplo, a ellas se debió la incorporación del nouveau roman francés que tantos debates habría de producir entre los escritores. Ambas trabajaron para la minoría de hoy y la mayoría

de mañana, traduciendo mucho material nuevo en ediciones limitadas, pero procurando avanzar al pocket book en cuanto las condiciones del público lo permitieran. El cuidado de las ediciones, el rigor del trabajo de traducción, la pesquisa de la novedad, no impide que reconozcamos el carácter artesanal que las distinguía" (Rama, 1985: 279).

Es decir, entre los factores a considerar en relación a la historia de esta traducción y su recepción habría que contemplar, en primer lugar, su inclusión en el catálogo de una editorial que, si bien tenía una propuesta muy heterogénea, disponía de un gran reconocimiento en el campo de primeras traducciones (de obras en lengua inglesa también cabe destacar el caso de las primeras traducciones al español de *El guardián de mi hermano,* de Stanislaus Joyce o *Hiroshima*, de John Hersey). Además, en el caso de *El cazador oculto* se trataba de una novela que ya se había convertido en un best seller en los Estados Unidos y, por entonces, en 1961, en un verdadero ícono de época. En este sentido, Carlos Gamerro sintetizó claramente el fenómeno en las siguientes palabras:

"Los jóvenes –los adolescentes, los teenagers– no existieron desde siempre y en todas partes: su invención es reciente... Hace 50 años, los jóvenes tomaron la cultura por asalto. Lo hicieron en distintos frentes y con distintos liderazgos: en el cine con James Dean, en la música con Elvis Presley y en la literatura con J.D.Salinger" (Gamerro, 2006).

En general, la discusión respecto de la traducción al español de *The catcher in the rye* se concentra en dos aspectos diferentes aunque parcialmente relacionados: por un lado, la polémica gira en torno al título y sus dos versiones: "el cazador oculto" y "el guardián entre en el centeno"; por el otro, en relación con las características estilísticas de la lengua del original cuyas peculiaridades sociolectales (el slang adolescente) o idiolectales (la expresividad de Holden) o bien se han perdido en el traslado o se han sustituido de manera no pertinente. A este respecto, resulta interesante el cotejo de las primeras líneas de las distintas traducciones que aquí nos ocupan no solo por las diferencias que evidencian sino porque esa introducción de la historia es uno de los aspectos que ha vuelto singular la novela de Salinger. *The catcher in the rye* no es la primera novela protagonizada por un adolescente y mucho menos narrada en primera persona en el marco de un discurso autobiográfico pero sí sorprendió por su desenfado y por la violencia de su apelación al lector al que prácticamente interpela en una conversación.

The catcher in the rye comienza así:

"If you really want to hear about it, the first thing you'll probably want to know is where I was born, and what my lousy childhood was like, and how my parents were occupied and all before they had me, and all that David Copperfield kind of crap, but I don't feel like going into it, if you want to know the truth" (Salinger, 1994 [1951]: 1).

En su traducción en *El cazador oculto,* leeemos:

"Si de veras desean oírlo contar, lo que probablemente querrán saber primero es dónde nací, cómo fue mi infancia miserable, de qué se ocupaban mis padres antes de que yo naciera, en fin, toda esa cháchara estilo David Copperfield; pero, para serles franco, no me siento con ganas de hablar de esas cosas" (Salinger, 1998: 7).

La traducción de Manuel Méndez de Andés implica ciertas elecciones que permitirían abonar la hipótesis de Sorrentino acerca de que el traductor es un sujeto con formación disciplinar en literatura. Solo dos marcas: el primer sintagma «oírlo contar» parece una paráfrasis innecesaria de "escuchar" o de "saberlo" (to hear about it); sin embargo en la frase "oír contar" se restablece una escena de narración oral que es apropiada a las intenciones de un personaje que está internado en una institución psiquiátrica y va a referirnos su experiencia; la que por otra parte lo llevó ahí. A continuación, podrá apreciarse que, de acuerdo con nuestra lectura, esta dimensión "oral" será decisiva en el orden de su recepción. Por otro lado, el "miserabilismo" de la infancia del protagonista que se lee en la frase "mi infancia miserable" por el inglés "lousy childhood" es una elección afortunadamente exacta en relación con la novelística de Dickens (a la que el protagonista alude al citar a *David Copperfield* para diferenciarse) que participa de la corriente inaugurada por *Los miserables* de Dumas.

En contraste, en la traducción de Carmen Criado estos dos aspectos están ausentes. El comienzo de *El guardián entre el centeno* dice:

"Si de verdad les interesa lo que voy a contarles, lo primero que querrán saber es dónde nací, cómo fue todo ese rollo de mi infancia, qué hacían mis padres antes de tenerme a mí, y demás puñetas estilo David Copperfield, pero no tengo ganas de contarles nada de eso" (Salinger, 2001 [1951]: 7).

Si bien las "puñetas" restablecen el carácter de insulto de la palabra "crap", en las tres versiones omitida o traducida en forma no literal, y, contra las expectativas de equivalencia del título, la traducción de Criado es mucho menos fiel aunque se corresponda en mayor medida al original que la de Méndez de Andés por lo que, como anunciábamos, se pierde el carácter de interlocución que distingue a este texto de cualquier otro de su tipo para su tiempo. La *miseria* de la infancia es aquí meramente un "rollo". Una omisión grave en la traducción, desde la perspectiva del sentido de la obra, es la verdad a la que alude Caulfield en el original "if you want to know the truth", que Manuel Méndez de Andés traduce por "franqueza", "ser franco" porque lo que está en juego en todo el texto es la "verdad" del adolescente frente a la "falsedad" de los adultos.

Finalmente, la traducción de Pedro B. Rey, por un lado, es solidaria de las exigencias escolares de una edición destinada a ese público y, por eso, por ejemplo, "the crap" se convierte en "idioteces" y la referencia inicial a los padres, que en el original dice "They're *nice* and all —I'm not saying that— but they're also touchy as hell" en esta versión se traduce por: "Son muy buenas personas y todo —no digo que no, pero también son más quisquillosos que el diablo". Además, esta edición en buena medida sintetiza las opciones de las dos traducciones que la precedieron. La novela comienza así:

> "Si de verdad quieren que se los cuente, lo primero que probablemente querrán saber es dónde nací, cómo fue mi infancia de porquería, qué hacían mis padres antes de tenerme y todas esas idioteces a lo David Copperfield, pero, para serles sinceros, no tengo ganas de ponerme a contar esa clase de cosas" (Salinger, 1998 [1951]: 7).

En cuanto al título, nos interesa revisar las posiciones de los argentinos Fernando Sorrentino y Rodolfo Rabanal porque sus lecturas remiten —al mismo tiempo— a su triple condición de escritores, traductores y jóvenes lectores de la traducción argentina en el momento de su publicación. Este último aspecto no es de ningún modo un aspecto menor en tanto la lectura de la novela de Salinger —en su texto original o en su traducción— es un recuerdo reiterado en la memoria de formación de muchos escritores de la literatura argentina y latinoamericana (cfr. Costa, 2004); algunos de los cuales son los que participan del debate en la crítica acerca de su traducción. La prueba más acabada es el largo párrafo que Ana María Shua (nacida en 1951) le dedica en *Libros prohibidos,* en el que pretende dar cuenta de cómo se leía en los sesenta a partir de desandar su propia experiencia de lectura adolescente. Rememora Shua:

> "En el mundo de habla hispana, las traducciones se hacían aquí. Se optaba por una especie de español deliberadamente neutro, que ignorábamos colmado de involuntarios y secretos giros rioplatenses ... ¿Qué hacía, dónde estaba cuando leí por primera vez ese libro que será siempre para mí *El cazador oculto,* y nunca *El guardián entre el*

centeno, como le dicen en España a *The catcher in the rye*, esa catedral de J.D. Salinger? ¿Qué nombres ocultan las iniciales J.D.? Si alguna vez lo supe, lo he olvidado. En cambio sé que he vuelto a leer una y otra vez cada palabra de cada uno de sus libros para tratar de ver cómo estaban hechos, como quien desmonta un motor (sólo que, en realidad, nunca logré desarmarlos), para encontrarme en ellos, y sobre todo, por puro, inexplicable goce" (Shua, 2004: 173).

Sorrentino le dedica a la novela de Salinger dos artículos en su colaboración permanente en la revista "El trujamán" del Centro Virtual Cervantes. Un artículo acerca de la identidad del traductor, al que ya hicimos referencia, y otro al problema del título. Enfrentado a la opción de elegir entre las dos posibilidades existentes para el título de la obra, elige la opción argentina. En la edición de la revista del martes 26 de noviembre de 2002, Sorrentino, nacido en 1942, cuenta haber leído la novela hacia 1970 en una nueva edición de Fabril esta vez en la Colección *Los Libros del Mirasol* y comenta un artículo de Rodolfo Rabanal aparecido en el diario *La Nación* el 30 de agosto de 2001. Como Rabanal, opina que la traducción argentina es mejor por no literal aunque la española tenga el beneficio de la transparencia: cinco palabras en español para un sintagma idéntico en inglés. Explica Rabanal que:

"El guardián es el arquero —como lo llamamos nosotros en el fútbol— o, para ser más claro, el jugador que en el béisbol corre para atrapar la pelota; si ese jugador se encuentra, de manera figurada, en un campo casi idéntico a un trigal, estará evidentemente oculto y fuera del alcance del bateador. En suma 'cazaría' la pelota desde una guarida y se comportaría como un cazador oculto. Ésa es la idea que inspiró el título de Salinger, sólo que en inglés, y en los Estados Unidos, bastaba con la literalidad para establecer la metáfora. Pero en la versión en español era preciso imaginar el propósito de Salinger y dar exactamente la idea que el autor buscaba. En efecto, eso se hizo, y de manera brillante en la traducción argentina. Luego se impuso esta nueva versión y el guardián en el centeno ya no suena a nada" (Rabanal, 2001).

Quisiera detenerme en la conclusión de Rabanal "el guardián en el centeno ya no suena a nada". También así concluye el texto de Sorrentino, "Es muy posible que Rabanal tenga razón". Lo que está en juego, en el carácter indirecto de la traducción argentina de la novela de Salinger como consecuencia inmediata de la falta de correspondencia exacta en el título, es lo que vuelve "local" a la traducción y la "salva" de cualquier efecto artificioso de aclimatamiento en el que incurre la traducción realizada en España. Una especie de "resonancia", para seguir la imagen acústica de Rabanal, en la que pueden escucharse otras voces. Del mismo modo que el imaginable rostro caucásico de Holden Caufield se debilita y oscurece en la tapa de Fabril, la traducción del texto gana en adecuación al lector argentino —en principio— en la medida que se produce un desvío por apropiación de las representaciones de la adolescencia como edad de la vida en los sesenta y, además, por estas tierras. Este desvío es lo que permite a Luis Gusmán —otro de sus jóvenes lectores de por entonces: Gusmán es de 1947, cronológicamente pertenece a la misma generación de Sorrentino y Rabanal (nacido en 1940)— afirmar que en *The Catcher in the Rye* encontramos, además del personaje adolescente en procura de su identidad, la adolescencia como signo de época; «una visión del mundo», según la expresión de Gusmán (2004). Ahí donde había, según las palabras de Gamerro, un "teenager", hay, ahora, un "muchacho".

La opción entre ambos títulos ha implicado, entonces, una suerte de distribución geográfica de la traducción en lengua española: "cazador oculto" para la circulación latinoamericana y "guardián entre el centeno" para la circulación en España o entre lectores de español fuera de la América de habla hispana. Ahora bien, resulta curioso que ni la discusión de Sorrentino o Rabanal ni los múltiples testimonios actuales en foros de discusión de traducción o blogs de literatura atienden al hecho de que los dos títulos representan ideas prácticamente contradictorias en relación con el "catcher" original. Resumidamente, podríamos decir que la idea de "cazador" en español conlleva un matiz de amenaza o violencia (antes que la idea de protección de un "agarrador", que sería la equivalencia literal de "catcher"). Esta asociación además está corroborada por la adjetivación "oculto" que caracteriza al cazador. En otras palabras, la suma del cazador y su ocultamiento induce en el lector la idea de "acecho" que, como parte del título, constituye una anticipación equivocada respecto de la intención claramente explicada por Holden a su hermana Phoebe en el capítulo XXI cuando le dice que se imagina a muchos niños jugando en un gran campo de centeno y él está al borde de un precipicio lindero y su misión es agarrar a todo niño que fuera a caer. Eso es lo único que Holden Caulfield quisiera ser. Sirva como ejemplo del malentendido posible que hoy podemos encontrar en la web, en un sitio de habla inglesa que oferta primeras ediciones, a *El cazador oculto* de Fabril presentado al público en una traducción "inversa" del español al inglés. Este sitio vende una obra cuyo título se aclara entre paréntesis en inglés en los siguientes términos: "The hidden hunter". Este sitio *web* "inventa" una nueva obra al buscar una manera de presentarla al público de habla inglesa lo que constituye una inesperada "materialización" de las hipótesis borgeanas acerca de la traducción; la de su independencia respecto del texto fuente. En cuanto a la traducción española, se ha puesto el énfasis en la "guarda" del hermano mayor. Esta interpretación, en la base de la elección de la traductora, es coherente con la hipótesis de Cristina Gómez Castro, quien, en una investigación acerca de la narrativa traducida del inglés durante la dictadura de Franco, alude a la autocensura como principal mecanismo represivo de la producción editorial por los años de la publicación del libro en España. Esta "protección" de la infancia por el adolescente Caulfield neutraliza potencialmente la inquietud del censor en relación a otros aspectos de la obra; la visión que el adolescente tiene de sus padres, sus reflexiones sobre la escuela, la educación y sobre los adultos en general. En una palabra: su exceso de sinceridad. La investigación de Cristina Gómez Castro atiende a las omisiones y atenuaciones que la traductora Carmen Criado produce en relación con el texto fuente y atribuye estas elecciones estilísticas a la autocensura de la traductora frente a las restricciones ideológicas imperantes; que aunque debilitadas para el año 1978, incluían, por ejemplo, el depósito de seis ejemplares obligatorios de la obra en el Archivo General de la Administración (Gómez Castro, 2005: 472-474). Por su parte, Francisco Yus Ramos, en un análisis traductológico del texto, si bien destaca la dificultad de traducir un idiolecto cuya función no es meramente identificatoria del personaje sino que, además, constituye un recurso para la representación de un "tipo" –el adolescente– releva las omisiones y las modulaciones en las que Criado incurre faltando, así, a esta doble función de la variedad lingüística en el texto fuente. Con la eliminación o suavización de repeticiones innecesarias, falsos comienzos y expresiones intensificadoras se pierde lo que Yus Ramos (1996: 212) llama "idiosincracia de la obra y (de) sus personajes".

En consecuencia, la opción de Carmen Criado por la equivalencia "guardián" es, en el sentido recién señalado, precisa; sin embargo no puede decirse lo mismo sobre la referencia al "centeno". En buena medida puede decirse que es verdaderamente ociosa porque no tiene ninguna implicancia para un lector de la América hispana entre otras cosas porque los campos de centeno no forman parte del paisaje latinoamericano de un modo característico y tampoco lo es el cereal como parte reconocible de la dieta (por oposición a la popularidad del consumo de pan de centeno en los Estados Unidos y Europa; a su uso en el forraje o a la presencia de campos de centeno en zonas frías). En conclusión, parece que, desde un punto de vista lingüístico discursivo, la mejor opción hubiera sido la síntesis de las dos mejores elecciones de ambas traducciones, por qué no "el guardián oculto". Sin embargo, otra es la conclusión que depara un análisis cultural o literario en sentido extenso como el que quisiéramos plantear a continuación.

Para la misma época en que se traduce la novela en la Argentina, el mexicano José Agustín escribe *De perfil* (1966), novela de personaje adolescente (de la que nos ocuparemos más adelante). La crítica ha señalado en más de un lugar el carácter decisivo de la lectura de la novela de Salinger para los miembros de los escritores «de la onda». Recientemente, en una entrevista, José Agustín se refería jocosamente a esta influencia diciendo:

> "Se me pidió que madurara, que embelleciera mi prosa, que no escribiera sobre jóvenes que dejara de refritear a J. D. Salinger, que me nacionalizara, que no pusiera epígrafes de rock ni del I Ching y, sobre todas las cosas, que no escribiera con un 'lenguaje de la onda'" (Castillejos, 2006).

Ahora bien, en otra entrevista, en la que se rememora los sesenta años de la publicación de *La tumba,* su primera novela de 1964, José Agustín, quien ha traducido entre otros textos *El viejo y el mar* de Hemingway y *Cabot Wright comienza*, de James Purdy, cita a *The catcher in the rye* justamente como ejemplo en relación con las políticas de traducción en español y el inveterado conflicto entre las versiones hispánicas y dialectales hispanoamericanas. En el marco de una charla acerca de la dificultad de la traducción de la lengua de sus propias novelas, Agustín se queja de la escasa traducción realizada en México y del predominio de la Argentina y España en ese sentido. Dice Agustín en referencia a España: «Allá sí traducen muchísimo, nos mandan sus traducciones para acá y nos tenemos que soplar *The catcher in the rye* (*El cazador oculto* de J.D. Salinger) diciendo jolines y cosas así. ¿no?». La cita de Agustín "mezcla" la referencia al título en la versión argentina con la mención del texto en la versión española. En su intervención inmediatamente posterior en la entrevista rememora su lectura adolescente de traducciones argentinas:

> "Los argentinos traducían mucho, yo me acuerdo que leíamos a Cladwell, a Faulkner y a Tenesee Williams con puro lenguaje porteño y cuando decía It's dammed true leíamos 'está condenadamente en lo cierto' o 'está malditamente en lo cierto', ¿no? Eso en México sonaba desfasado..." (Castillejos, 2006).

Es decir, de las palabras de Agustín podemos corroborar su lectura de las traducciones realizadas en la Argentina de literatura norteamericana y de la novela de Salinger pero, también, que al mexicano le *sonaba* tan ajena una traducción española como una realizada en la Argentina (incluso más adelante vuelve a citar a la novela de Salinger en una traducción realizada en Xalapa cuyo autor no recuerda pero sí que está escrita "en mexicano" –de acuerdo con las palabras de Agustín– y que le parece, por ese motivo, adecuada). En un artículo periodístico sobre la obra de Salinger de Agustín, en el que el mexicano no se refiere únicamente a *The catcher in the rye*, sino al otro texto de culto entre los escritores latinoamericanos "A Perfect Day for Bananafish"; el primero de los cuentos de *Nine stories* (1948) de Salinger, el autor de *De Perfil* se ocupa explícitamente del título de la traducción en una interpretación realmente singular. Agustín comienza informando acerca de las dos posibles versiones y sostiene:

> "El segundo (El guardián entre el centeno) es más acertado, pero tampoco manifiesta las complejidades del título en inglés, 'juego de palabras imposible de traducir', dijera la N del T. Viene de una canción tradicional, u old song: 'When a body meets a body comin'thru the rye' ... Holden sería un 'catcher in the rye', variación a fin de cuentas de un don Quijote que salva niños en vez de rescatar doncellas, damsels in distress; un protector de la inocencia y la pureza, del paraíso terrenal, como su contemporáneo Charlie Schultz, el monero de Peanuts ... Pero 'in the rye' también son los sándwiches con pan de centeno, así es que este atrapador está listo para ser comido" (Agustín, 2006).

Resulta interesante la oposición que se gesta en estas declaraciones entre el "acierto" de una traducción –su pertinencia– y lo que "suena" –como otra forma de adecuación. Dicho en otras palabras, se produce un quiasmo interesante según el cual, Agustín reconoce la pertinencia de una traducción (la opción por "el guardián entre el centeno") en un artículo en el que la novela de Salinger se cita en todas las oportunidades por su título en inglés pero cuando *recuerda* la referencia al mismo en español lo hace en los términos de la "otra" opción –la menos pertinente: la del cazador oculto–. En conclusión, digamos, para recuperar las palabras de Rabanal, que a Agustín el título "el cazador oculto" fue lo único que le "sonó" y por eso conservó la referencia; no así la traducción del texto de la novela. Acaso por eso las novelas de Agustín y, particularmente, *De Perfil* "refritan" los avatares de la adolescencia de Caulfield (las verdades de la lectura, la hipocresía de los adultos, el hermano menor, la extrañeza respecto de los otros ya sea el primer amor, los amigos o los padres) pero se escriben militantemente en "mexicano". Sirva como ejemplo, nada más que en el artículo sobre Salinger, que recién citábamos, José Agustín se refiere al autor norteamericano como "don Jerónimo David".

En *Proust y los signos* (1964) Gilles Deleuze explica que los signos del arte no son materiales en la medida que no están "engarzados" en el objeto que los produce. Los signos que nos permiten reconocer una obra de arte y apreciarla no son sensibles. Para explicar esta inmaterialidad dice

> "Sin duda la corta frase de Venteuil escapa del piano y del violín. Sin duda puede ser descompuesta materialmente: cinco notas muy juntas de las que dos se repiten constantemente. Pero esto es como en Platón, en el que 3 + 2 no explica nada. El piano permanece ahí como la imagen espacial de un teclado de distinta naturaleza; las notas, como 'la apariencia sonora' de una entidad completamente espiritual" (Deleuze, 1970 [1964]: 50).

El relevo de las distintas recepciones de la traducción de la novela de Salinger nos enfrenta a la distinción establecida por Proust en tanto lo que genera escritura o, dicho de una manera eminentemente transitiva, lo que hace de esos lectores escritores; lo que hace de estas traducciones causa de influencia, es una resonancia: suena, no suena, suena a nada antes que la materialidad del texto y sus sentidos previstos. El desplazamiento en la lectura de Agustín de la referencia al campo de centeno al "sándwiche" de centeno es, más acá y más allá de la humorada, el mismo desplazamiento que escribe el traductor Manuel Méndez de Andés en su "invención" del carácter "oculto" del cazador en el título que elige. Si Agustín decía que el "agarrador" estaba pronto a ser "comido", es decir, que el adolescente era él mismo vulnerable, no otra cosa está diciendo el hecho de que el "cazador" se "oculte"; la ambigüedad de un estado de adolescencia siempre a punto de morir que, para los sesenta —una década después de su escritura por Salinger— era una evidencia. El propio Agustín dice del autor de *The catcher in the rye* que fue un pionero en una forma de vida que en los años 1950 era casi imposible, "(pudo) ver la meta pero no (halló) el camino". De todos modos, esa fue la tarea de las otras vidas de su obra.

3. La experiencia latinoamericana contemporánea: Cuba, México, y Perú

En otros países de la América Latina se vivía, en los sesenta, una experiencia de cambio semejante a la que atravesaba la Argentina tanto en las políticas de estado como en el plano educativo y cultural. Esta era el resultado de un proceso de modernización *obligado* por los tiempos en curso, más allá de peculiaridades nacionales que se derivaban de la relación con el pasado singular contra el que cada presente nacional se inscribía en cada caso.

De hecho, Octavio Paz en *El laberinto de la soledad* elige a la adolescencia como imagen para retratar el estado de México como pueblo "en trance de crecimiento". El símil cumple un papel argumentativo en el marco de un planteo mayor acerca de la identidad nacional. Dice Paz:

> "A todos, en algún momento, se nos ha revelado nuestra existencia como algo particular, intransferible y precioso. Casi siempre esta revelación se sitúa en la adolescencia. El descubrimiento de nosotros mismos se manifiesta como un saber impalpable, transparente muralla: la de nuestra conciencia. Es cierto que apenas nacemos nos sentimos solos; pero niños y adultos pueden trascender su soledad y olvidarse de sí mismos a través del juego o trabajo. En cambio, el adolescente, vacilante entre la infancia y la juventud, queda suspenso un instante ante la infinita riqueza del mundo. El adolescente se asombra de ser. Y al paso sucede la reflexión: inclinado sobre el río de su conciencia se pregunta si ese rostro que aflora lentamente del fondo, deformado por el agua, es el suyo. La singularidad de ser –pura sensación en el niño– se transforma en problema y pregunta, en conciencia interrogante.
>
> A los pueblos en trance de crecimiento les ocurre algo parecido. Su ser se manifiesta como interrogación: ¿qué somos y cómo realizaremos eso que somos?" (Paz, 1994 [1950]: 11).

Como lo ha entendido Marc Angenot,

> "(...) las figuras y los rasgos del discurso son síntomas que convergen en el conjunto discursivo de un proyecto ideológico general (...) Todo discurso tiene marcas ideológicas que se apoyan en una base tópica: una metáfora puede ser tan plenamente 'política' como un postulado explícito" (Angenot, 1982: 11).

Así planteado, la elección de la "adolescencia" –entre otras figuras posibles asociadas al desarrollo o crecimiento– resulta significativa y, en este caso, parece indispensable considerar la relación con la soledad de ese descubrimiento y su carácter ilusorio. En esa relación, la figura de la adolescencia se revela casi como una advertencia a los mexicanos de que "aún no es tiempo" aunque las imágenes de bienestar y progreso se ofrezcan como evidencia de lo contrario. La idea es que ese presente, que Paz –amigo de las metáforas– describe como propio de "gente satisfecha y aletargada por el mucho comer", es ilusorio porque todavía está pendiente el momento de reflexión que será el de la identidad madura.

La metáfora funciona como estrategia argumentativa en un parágrafo de *El laberinto de la soledad* cuyo título es "El pachuco y otros extremos". Lo que está en discusión es el problema de la identidad: "La historia de México" dice Paz "es la del hombre que busca su filiación, su origen, sucesivamente afrancesado, hispanista, indigenista, 'pocho', cruza la historia como un coe meta de jade, que de vez en cuando relampaguea" (Paz, 1994 [1950]: 23). La pregunta por la identidad cultural y su respuesta vacilante y provisional encuentra su análogo en la adolescencia. No obstante, la productividad de la comparación descubre sus contradicciones al ser leída en relación con la *Vuelta al laberinto de la soledad,* escrito en 1979, es decir, después de los sucesos del '68. Si bien es cierto que en este otro caso quienes están en el centro de la discusión son los jóvenes como una subjetividad diferenciada de la del adolescente, en función de su condición de "ciudadanía" la metáfora adolescente está implícita esta vez como esquema interpretativo. Paz apela a la representación de un tiempo de maduración para explicar las diferencias que mediaron entre las revueltas estudiantiles de los países "desarrollados" y su versión contemporánea en México.

Paz sitúa la crisis en un esquema evolutivo en el que este período resulta fatalmente necesario para la creación de una toma de conciencia final —estado de madurez *colectiva*— en el que tomará forma la identidad detentada. Por eso "(...) así como el adolescente no puede olvidarse de sí mismo —pues apenas lo consigue deja de serlo— nosotros no podemos sustraernos a la necesidad de interrogarnos y contemplarnos". De este modo, la metáfora adolescente asume también un carácter imperativo: es una etapa que debe atravesarse pero también superarse. Ahora bien, la pertinencia de este razonamiento resulta no obstante dudosa si lo "probamos" en relación con la hipótesis del propio Paz en otras páginas del mismo ensayo. Enfrentado a sintetizar las diferencias entre el '68 mexicano y el de los países "desarrollados" (París, Praga) sostiene que "Algo termina en los países desarrollados: eso mismo que apenas se inicia entre nosotros". Queda pendiente explicar la concurrencia de una revuelta con características similares en estados de sociedad que, sin embargo, se postulan como excluyentes. En principio, si seguimos la argumentación de Paz, no habría espacio para la insurrección después de que se ha dado con la imagen de sí que devuelve la madurez (algo "que termina" lo llamaba Paz) excepto en el marco de la proposición de un tiempo circular; que no es este el caso.

En cuanto al presente entonces, para México, Perú y Cuba fue ineludible el eco europeo de los nuevos protagonismos juveniles en las iniciativas de acción política así como la condición homogénea de *países en vía de desarrollo* que los países "adultos" habían decidido en su reparto de los bienes familiares del planeta. En cuanto al pasado, las divergencias empiezan allí donde la tradición colonial y de los pueblos originarios tenga mayor o menor peso; donde las estructuras familiares sean más o menos patriarcales.

La narrativa mexicana, cubana y peruana vio emerger, como en la Argentina, al personaje adolescente y al tiempo de la adolescencia como instancias privilegiadas para su tratamiento por la literatura y como parte de una búsqueda de una subjetividad que representara el proceso de crecimiento que estaba teniendo lugar en otros órdenes de la cultura nacional. Al respecto, la crítica y escritora mexicana, Margo Glantz, en un ensayo esencial para la comprensión del fenómeno aquí tratado, sostiene que la literatura es solo uno de los escenarios en los que se reconoce un "nuevo paisaje humano" en el que el mundo hasta ayer "cercenado" por clases sociales mostraba, para los sesenta, una nueva forma de segregación "en edades". Dice Glantz:

> "(...) lo grave, lo notable es que ahora ya no se trata de un grupo cercenado de la colectividad, de una minoría que se defiende enarbolando su singularidad, ahora se trata de una gran porción de la humanidad, de los jóvenes que constituyen más de la mitad de la raza humana que habita sobre el mundo. No son grupos aislados (...) Ahora se trata de los jóvenes, una nueva clase social, nueva raza humana que se liquida en oleada progresivas cada vez que una de sus generaciones alcanza la terrible edad de los treinta años, cada vez que alguien sobrepasa 'la inferioridad y la belleza', símbolos de la juventud, que dice Gombrowicz" (Glantz, 1971).

La alarma de Glantz era una constante en el discurso de los "adultos" respecto de la presencia adolescente por esa época, como ya hemos visto detalladamente en el Capítulo I. Lo que aquí nos interesa de las declaraciones de la mexicana es tanto advertir la extensión digamos "territorial" del fenómeno como reparar en su trascendencia "literaria" que en el caso de Glantz la habilitará para ensayar una hipótesis sobre la literatura nacional de ese momento; como veremos a continuación.

Si bien los procesos en México, Perú y Cuba tienen condiciones similares a los de la Argentina desde el punto de vista del presente que los compele, como decíamos, también aquí las diferencias asoman si consideramos el pasado contra el que operan. Por un lado, en la Argentina la marca espiritualista de la idea de *formación,* que viene construyéndose desde fines de los '40 y que define las prácticas culturales estatales y fuera del poder, tiene mayor gravitancia que el modelo de *desarrollo* que señala a toda América Latina en los sesenta desde el discurso político y económico. Por el otro, y en el campo preciso de la historiografía literaria, estas literaturas fueron la principal geografía del llamado *boom latinoamericano*. Más allá de la controversia en torno a esta conceptualización, es innegable la transformación estética y la renovación de los procedimientos narrativos que puede reconocerse en la producción novelística y el cuento de este momento y, más acá: más "cerca" de nuestros intereses, el "parentesco" entre una denominación onomatopéyica que representa un estallido con una subjetividad disruptiva como la que nos ocupa.

3.1. Cuba: historia y experiencia

Dos novelas emblemáticas de la literatura latinoamericana, aunque ajenas entre sí, que se publican en Cuba durante los sesenta se escriben desde el interior de la percepción de un tiempo de cambio. *El siglo de las luces* (1962) de Alejo Carpentier y *Paradiso* (1968) de José Lezama Lima se sitúan en el cruce entre la historia mayor de la nación y las aventuras biográficas de sus personajes adolescentes y narran desde allí la vivencia de la mudanza y la transformación de los acontecimientos históricos como parte de una experiencia de aprendizaje. El espacio de la estrenada Revolución Cubana (1959) no parece, desde ya, un contexto poco significante para estas opciones narrativas sino el lugar indicado desde donde dar cuenta de esta temporalidad en toda su complejidad y contradicción. La subjetividad adolescente, por su parte, parece, también, la posición de sujeto más cercana al relato en cuestión no solo por conformarse como una edad de tránsito sino también por su estar aparte de la vida pública que lo convierte en observador privilegiado y por eso crítico y de ahí una de las formas de reserva moral del cuerpo social.

La novela de Carpentier desde el título mismo elige el tiempo del siglo XVIII, la Revolución Francesa y sus ecos en las colonias americanas, particularmente del Caribe. En este sentido, ha sido definida con claridad como una novela histórica y, en la crítica, el debate gira en torno a su conceptualización del progreso, las utopías revolucionarias y las esperanzas del cambio disruptivo a la luz del pensamiento del siglo XVIII y en relación con los ensayos del autor, el resto de la obra literaria y el papel de Carpentier como intelectual comprometido con la Revolución cubana. Sin embargo, se ha prestado menos atención al punto en el que la *novela histórica (o de ensayo)* cede espacio a la *novela de aprendizaje*, es decir, a una lectura de los modos en que los sucesos pueden leerse como parte de las pruebas de la aventura del conocimiento y *autoconocimiento* de los tres adolescentes protagonistas: Carlos, Esteban y Sofía. Así leída, *El siglo de las luces* tiene numerosos puntos de encuentro con *Paradiso*, aunque las diferencias ideológicas de sus autores hagan presuponer lo contrario para muchos.

El siglo de las luces, si bien representa una conjetura acerca de los protoprocesos emancipatorios hispanoamericanos cuenta, también, el paso de la "oscuridad" inicial de la casa paterna enlutada que está al inicio de la adolescencia de los protagonistas que se encuentran a punto de abandonar los últimos días de su infancia en manos de la muerte del padre, las lecturas y la llegada de un maestro-iniciador, Victor Hughes. Si se prefiere, la madurez de los adolescentes tendrá lugar en forma simultánea a la madurez de las colonias que también se hallan en la búsqueda de una identidad propia. Este aprendizaje, colectivo e individual, a la vez, describe una continuidad no lineal al estar atravesado por el fracaso, las vueltas y la decepción. Pero, además, y fundamentalmente, por la interrupción de la sorpresa absoluta del acontecimiento en la que los protagonistas –de la novela histórica y de la Historia en la novela– atraviesan un conocimiento epifánico. Como en un pliegue barroco, la dimensión más o menos progresiva y lineal de los sucesos encuentra en ciertos momentos el plano de otro orden con su propia temporalidad: la imagen de la guillotina revela la sangre que mancha el "imperio de la razón"; la discreción matrimonial de Sofía esconde una pasión furtiva; los libros y las traducciones de Esteban, sus intenciones independentistas; las ideas liberales de Víctor Hugues, su despotismo y narcisismo. Las alianzas estatales se quiebran y redefinen; los ideales se negocian (el caso ejemplar: la abolición y restauración sucesivas de la esclavitud); los libros admiten distintas interpretaciones. El tiempo de adolescencia *presta* su experiencia de desorientación (tiempo perdido de la adolescencia; alienado de la producción, de la consecución) para desbaratar los planes de la razón expresados en las empresas revolucionarias, los reglamentos de las logias, los manifiestos políticos, los intercambios mercantiles, los derroteros marítimos de los barcos y los proyectos matrimoniales que caracterizan al universo adulto en la novela.

El narrador declara conocer "La afición de la adolescencia por el disfraz, el santo y seña, los buzones ignorados, las criptografías particulares, los cuadernos íntimos guarnecidos de cerrojos..." (Carpentier, 2004 [1962]: 76) y esta definición explica el carácter del aprendizaje adolescente y su temporalidad que se convierten en alegoría de los tiempos de cambio históricos. Precisamente, así como las "luces" del siglo se vuelven más nítidas en el contrapunto con las revoluciones que se preparan en la oscura clandestinidad de los sótanos y logias, la noche en que Víctor Hugues sorprende a

Sofía en su cama, ella es consciente de que "los juegos de la adolescencia" (Carpentier, 2004: 67) habían terminado y el peso de lo "no ocurrido" (*ibídem*) adquiere una dimensión mayor que lo que efectivamente pasara. El futuro participa del presente de los acontecimientos en términos de un conocimiento entrevisto pero, no por ello menos "real". El narrador evalúa, finalmente que, en la oscuridad de su habitación, a Sofía se le abrían las puertas "de un mundo ignorado" (*ibídem*).

En el plano de la experiencia íntima de los adolescentes protagonistas no es casual que esta suerte de "inminencia" que caracteriza al conocimiento revelado esté en estrecha relación con la iniciación sexual de los mismos. El *logos* sexual aparece como la experiencia de aprendizaje fundamental del tiempo de adolescencia solo comparable en su centralidad con el mundo que los iniciados descubren en los libros. Los actos sexuales maduros de la vida de Esteban y Sofía (y hasta la revelación del amor del muchacho por su prima) están caracterizados por la reminiscencia de los primeros descubrimientos adolescentes. Del mismo modo, su actuar político estará signado por el recuerdo de las lecturas que los introdujeron en las ideas republicanas.

Situados al comienzo de una nueva era, los adolescentes dan testimonio de la inminencia de "algo" que se reconoce secretamente actual en el presente aunque no se alcance a definir: Sofía se siente en "el umbral de una época de transformaciones" (*ídem*: 55); Esteban, en su recorrido por los barrios prostibularios, anticipa su iniciación sexual en la percepción del "comienzo de Algo" (*ídem*: 58). Carpentier introduce una analogía entre el tiempo de la Historia y el de la experiencia individual semejante a la que proponía la metáfora de Octavio Paz con que abríamos nuestra discusión sobre el personaje adolescente en la literatura latinoamericana de los sesenta y que, por cierto, estaba en el centro del discurso político para la época de la escritura de la novela: la educación del "hombre nuevo" es uno de los ejes fundamentales del discurso revolucionario de Fidel Castro y Ernesto Guevara.[45]

---

45. Alejandro Latinez (2006), como hemos mencionado, analiza en su disertación doctoral el tratamiento analógico de la nación y del sujeto en proceso de aprendizaje en el marco del discurso del desarrollo en Latinoamérica durante la década del sesenta. En el caso de Cuba, contrasta la figura de autor que representa Carpentier por oposición a la de Lezama Lima y lee a *Paradiso* como un cuestionamiento por el sujeto ligado a la palabra de toda tarea histórica que apele a la progresión lineal. El carácter "orgánico" de la figura intelectual de Carpentier en relación con el régimen cubano no le permite leer ese mismo cuestionamiento en *El siglo de las luces,* novela a la que solo alude como parte de la obra ya consagrada del autor para la época de publicación de *Paradiso*.

El carácter incoativo de la edad adolescente designa, entonces, distintos comienzos y, lo que es más importante, la misma idea de inicio. Este concepto es indispensable para poder pensar la última línea de *Paradiso*: "Volvía a oír de nuevo: ritmo hesicástico, podemos empezar" (Lezama Lima, 1982 [1968]: 617) que cierra casi quinientas páginas de aprendizaje del joven José Cemí.

Paradiso, un "Wilheim Meister habanero", en palabras de Lezama Lima, constituye una novela de aprendizaje "clásica" si se piensa en que el aprendizaje del adolescente es eminentemente estético: como el personaje de Goethe (también el del Joyce de *Retrato del artista adolescente*) Cemí "encuentra" en la poesía una forma de conocimiento alternativa a la que le ofrecen las formas canónicas de los saberes escolarizados. A propósito, César Augusto Salgado (2001) dice que la "adolescencia" funciona en *Paradiso* como una palabra "paraguas" (*umbrella term*) bajo la cual Lezama cobija enteramente su proyecto estético en la novela que podríamos resumir en la intención de demostrar la resistencia del lenguaje poético al avatar del suceso narrativo y la poesía *encarnada* en el poeta como *eros cognoscente*. La adolescencia, como alegoría, funciona como imagen del "segundo nacimiento" del poeta a la poesía, esto es, a un mundo más "real" por auténtico que, paradójicamente (alguien podría objetar) es el de la imagen.

En el mismo sentido, *Paradiso* es un *Bildungsroman* si se considera que el género es una elaboración literaria del proyecto educativo de la nación alemana durante la Ilustración. Paralelamente al aprendizaje de Cemí, *Paradiso* también ofrece una respuesta a la pregunta contemporánea en el discurso social cubano y latinoamericano acerca del futuro de la joven *expresión americana*. La novela elige la imagen al acto transitivo y el tiempo de la poesía al de la Historia. Así como Rialta, la madre de Cemí, aconseja a su hijo que elija la dificultad como ética;[46] en el primer ensayo de *La expresión americana* Lezama reconfigura el tiempo de la historia americana a partir de la sentencia "Solo lo difícil es estimulante" (Lezama Lima, 1969: 9). Si, en la novela y en el relato de aprendizaje de Cemí, en la dificultad está la cifra de la experiencia;[47] para la historia de América, lo difícil "Es la forma de devenir en que un paisaje va hacia un sentido (...) Sentido o

---

46. Aconseja Rialta: "cuando el hombre, a través de sus días ha intentado lo más difícil, sabe que ha vivido en peligro, aunque su existencia haya sido silenciosa, aunque la sucesión de su oleaje haya sido manso, sabe que ese día que le ha sido asignado para su transfigurarse, verá, no los peces dentro del fluir, lunanejos en la movilidad, sino los peces en la canasta estelar de la eternidad".

47. Es necesario recordar que la palabra "experiencia" significa, etimológicamente, "estar en peligro".

el encuentro de una causalidad relegada por las valoraciones historicistas. Visión histórica, que es ese contrapunto o tejido entregado por la imago, por la imagen participando en la historia" (*ibídem*).

3.2. México: Babel

En enero de 1971, Margo Glantz escribe "Onda y escritura: jóvenes de 20 a 33". El texto es prólogo a una antología homónima publicada por la editorial Siglo XXI y pretende dibujar un panorama de la literatura mexicana contemporánea a la publicación en la que el campo está delimitado por la oposición del título: por un lado, los autores y las obras de la Onda y, por el otro, los de la "escritura". La oposición implica una valoración: el primer grupo lo conforman una serie de obras escritas por autores muy jóvenes —adolescentes en su mayoría— cuya literatura tiene, también, personajes y una lengua adolescentes y, por lo tanto, es un fenómeno provisional y consecuencia de una hipostación de los jóvenes; la segunda es la que vale: la "escritura" *escribe* la literatura mexicana destinada a perdurar como patrimonio de la historia literaria nacional.

De acuerdo con Glantz, la literatura "de la Onda" "edifica la última terraza de la torre de Babel" que representaba la relación entre padres e hijos por esa hora.

La "incomunicación" era un tópico del momento (cfr. Pujol, 2002) para dar cuenta de las diferencias generacionales, lo que constituye en sí mismo un signo si pensamos que en los sesenta fue la última vez en que se confió en el lenguaje como expresividad a pesar del golpe que ya le habían asestado las vanguardias de principio de siglo. Es la manifestación en y por el lenguaje de una segregación perniciosa porque lo que está en juego —tratándose de distintas generaciones— es la continuidad de la cultura. El aislamiento y "ensimismamiento" implica para Glantz no solo el desarrollo de un argot sino de una "subcultura" adolescente con sus propios bienes y formas de circulación y, de este modo, pone en peligro la transmisión que es la base de cualquier esperanza de conservación cultural.

La actitud "narcisista" del adolescente había creado por proyección una literatura que también se separaba de "la literatura propiamente dicha"; así explica Glantz que el adolescente es, en esta etapa de su vida, "un Narciso detenido en el acto de contemplarse, un Narciso incapaz de reconocer su rostro, porque el espejo que lo refleja se fragmenta antes de que su imagen se clarifique, antes de que logre perfilar sus facciones." En este sentido, es sabido que la creación de un argot es uno de los mecanismos de individuación propios de la adolescencia. Además de una característica socialmente reconocible en las historias de las lenguas particulares es una condición necesaria del proceso de maduración que podría resumirse en la idea de "encontrar" o procurarse "una voz propia". Lo que a los ojos de Glantz aparece como nuevo –e inquieta– es que esta realidad tendía a instituirse como parte de la cultura antes que diluirse con el paso del tiempo.

En principio, puede afirmarse que la sorpresa que representa la lengua en la que está escrita la novela de José Agustín es indiscutible. Desde la primera página, el argot adolescente y la lengua oral mexicana obligan al lector a una remisión tan localizada que se vuelve excluyente de inmediato para aquellos que no participan de los códigos puestos en juego. La dimensión de esta sorpresa se vuelve mayor si se evalúa en el contexto de una tradición literaria como la mexicana en la que la lengua española (y lo hispánico) ha tenido un señoreo solo limitado por las lenguas de sustrato pero en el marco de un proceso de transculturación. Este hispanismo de la lengua es una realidad de menor presencia en otras literaturas hispanoamericanas en las que los procesos inmigratorios o las lenguas de sustrato han ganado mayor terreno o están prácticamente ausente (como en el caso de la Argentina y su tradición intelectual contraria a la herencia lingüística y cultural española tan arraigada desde el propio momento emancipatorio).

Treinta años después, en el 2004, José Agustín, acaso el escritor más emblemático de "la Onda", contesta públicamente a Margo Glantz en un texto que titula "La Onda que nunca existió (o de cómo el tiempo pone a cada uno en su sitio)". El "sitio" desde donde Agustín contesta a Glantz es el del ahora *maduro-escritor-maduro*, esto es, del escritor que ya no es más joven o adolescente y cuya vigencia (la de su obra) recusa la sentencia de caducidad y la acusación de alienación en las que Glantz fundaba su planteo.

Es decir, si bien el texto de Agustín polemiza con el de Glantz, la discusión sigue planteándose en relación con la edad o, en términos más generales, en función de valoraciones sociales asociadas al tiempo (también respecto de la "duración", que aparece como garantía de la calidad de una obra). De hecho, Agustín comienza destacando el carácter "significativo e inédito" de una "literatura sobre la juventud escrita desde la juventud misma" durante los sesenta mexicanos y reseña las "grandes obras" escritas en condiciones semejantes en la historia de la literatura de Occidente para objetar el argumento de Glantz de que ello supusiera una restricción en cualquier sentido. Antes bien, el autor de *De Perfil* ve en esta característica un valor. Afirma Agustín que "Era distinto a que escritores maduros recreasen sus años adolescentes, pues por muy talentosamente que lo hicieran para ellos esa etapa de la vida era lejana y había un filtro que distanciaba o incluso degradaba la autenticidad al evocarla".

Tanto en la "defensa" de Agustín como en la descripción del estado de la literatura mexicana que emprende Glantz, subyace la tesis de una "edad del estilo" o, dicho de otro modo, la afirmación de un "estilo adolescente" que –para ambos autores– procede o se deriva de la edad biológica de los escritores. Ninguno termina de reconocer su necesidad histórica o, en otras palabras, la "impropiedad" de este estilo. Por el contrario, como hemos visto, para Glantz esta escritura es la consecuencia –nefasta– de una entronización social de la juventud y, para Agustín, si bien evalúa el fenómeno como la " (manifestación) de un cambio de piel; una revolución cultural y el inicio de una desmitificación y revitalización de la cultura en México", concluye diciendo que "(...) escribí sobre jóvenes mientras fui uno de ellos, pero conforme pasó el tiempo obviamente mis temas y en cierta medida mi estilo fue cambiando". En consecuencia, si bien en principio se remite al marco transindividual de la cultura termina decidiéndose por una hipótesis personalista según la cual los temas adolescentes y la escritura adolescente son enfermedades que se curan con la edad.

Sin embargo, aunque la edad de los escritores de "la Onda" es un dato ineludible, parece posible afirmar que la dicotomía introducida por Glantz desconoce el hecho de que los cambios lingüísticos, retóricos y compositivos de la literatura del momento atravesaban las fronteras que la autora acababa de delimitar. El "albur"; la sintaxis discontinua; el collage; el ritmo del rock y hasta la obscenidad son *las variaciones adolescentes* respectivamente de la polifonía; la hibridez genérica; la materialidad de los cuerpos y de la letra; todos procedimientos "adultos" (o legitimados por la crítica literaria) que imperaban *del otro lado de la barra*: del lado de la "escritura" según la denominación elegida por Margo Glantz.

En este sentido, nos proponemos leer la novela *De Perfil* (1966) de José Agustín en relación con otra novela escrita en las puertas de los sesenta cuyo protagonista es también un adolescente pero de un autor que estaba siendo canonizado por entonces: *Las buenas conciencias* de Carlos Fuentes (1959).

La novela de José Agustín nos introduce, desde el título, en un espacio al margen de los socialmente legitimados. La pose "de perfil" implica un lugar de enunciación corrido de la "frontalidad" que representaría cualquier tipo de interlocución. El "perfil" es lo que Glantz, llama una "fingida indiferencia al adulto" por parte del adolescente que se manifiesta en un mirar "desde el rabillo del ojo". De hecho, la historia es la de un adolescente sin nombre que contará su vida familiar, su iniciación sexual, sus relaciones con el grupo de pares y su ingreso a la universidad para llegar al punto de origen: la escena de su propio nacimiento. La novela es una novela de iniciación no solo desde el punto de vista semántico, es decir, por las "iniciaciones" que atraviesa el protagonista, sino desde su misma composición, en tanto la trama conduce a ese momento primero en el que el parto de su madre se resignifica en una nueva instancia que lo repite aunque sin coincidir. No solo se trata de un "nuevo" nacimiento porque está al final de una gestación de nuevos eventos sino porque le permite al protagonista narrador alejarse de sí hasta el punto de la tercera persona: "(...) vendrán los parientes listos para manosear al niño, para descubrir lunares, para decir mira cómo llora no es prietito pesa tres kilos uy qué bien felicidad felicidades (...)" y con ello extremar una distancia que, a lo largo del relato, lo ha puesto en condición de testigo de sí mismo. Podría decirse que el adolescente prácticamente "asiste" a sus nuevos nacimientos en la medida en que la mirada "al sesgo" incluye a sus propias conductas. Algunas veces se trata de alguna forma de la experiencia onírica —un sueño diurno o alucinación— otras veces de una ruptura temporal en el relato que lo vuelve testigo, por ejemplo, del noviazgo de sus padres previo al momento de su concepción y nacimiento; predomina en general una forma enunciativa cercana al monólogo indirecto libre en el que el personaje adolescente —su conciencia— habla las voces de quienes lo rodean. Por esto, puede decirse que efectivamente la indiferencia por el adulto es fingida: los adolescentes de *De Perfil* están atentos a los adultos lo que no implica, no obstante, una forma de comunicación. Antes bien, se mantienen diálogos imaginarios antes que efectivos; se prefieren las propias hipótesis a las respuestas o evidencias ofrecidas por los adultos. Lo que falta en esta primera definición es considerar que lo mismo puede decirse del adolescente respecto de sí mismo y del adolescente respecto de sus pares. Lo que es innegable en la novela es que la posición crítica del adolescente alcanza a la totalidad de la experiencia y no únicamente a la relación con los adultos. Parece que es esto lo que está en la base de la explosión de la lengua en la novela antes que una posición "narcisista": el adolescente escritor y el adolescente narrador acuden al único código en el que pueden confiar para informar la realidad y nombrar a los otros. La "disponibilidad" de la lengua de los otros conlleva su descomposición. El adolescente es un "huésped" en la doble acepción de la palabra: su lengua "aloja" (informa) la experiencia y a la vez corroe (parasita) la de los otros. Para decirlo de un modo reconocible: es una novela polifónica en la que la lengua adolescente es menos argot que carnaval.

En un artículo que se ocupa del problema de la lengua en los escritores de la Onda y, en particular, en la literatura de José Agustín, Rubén Pelayo (2004) llama "ideografía" a la apropiación de la realidad por la escritura que realiza el mexicano. El crítico explica el concepto en los siguientes términos: "ideográfico/a como término derivado del de idiolecto pero al nivel de la escritura". Pelayo, si bien realiza un verdadero catálogo de los coloquialismos e invenciones de Agustín, procura evitar una argumentación que produzca una equiparación sin mediaciones de la lengua de las novelas y el registro oral contemporáneo. Parece necesario en tanto, en última instancia, lo que está puesto en juego son las complejas relaciones entre la lengua y el estilo o entre oralidad y escritura. Dos pares críticos frecuentes en cualquier discusión literaria a partir del siglo XX pero particularmente propia de Latinoamérica por la condición subalterna de la lengua local o regional en relación con la dominancia peninsular y, consecuentemente, sus pretensiones normativistas y universalistas. Por lo mismo, y como parte de una enumeración despareja conformada por aquellos que renovaron las formas y los sentidos de la lengua literaria en la literatura en América latina, inscribe las innovaciones del autor mexicano en dos sistemas de filiaciones: uno que lo remonta al pasado en el que se reconocen los nombres y las literaturas de Quiroga y Felisberto Hernández, Macedonio Fernández y Roberto Arlt, Cortázar, Asturias, Borges y Cabrera Infante. En segundo lugar, con referencia al sistema literario contemporáneo de los sesenta; la llamada "novela de lenguaje" que, para Carlos Fuentes, es la naturaleza de la nueva novela hispanoamericana y que procede de la tradición recién señalada.

Esta "ideografía" está hecha de transgresiones ortográficas y tipográficas, derivaciones irregulares, aglutinamientos, pastiche, el uso de signos auxiliares para reponer en la escritura marcas prosódicas de la oralidad, mezcla de registros y lenguas. Pelayo sostiene que "(...) es más que la representación del modo de hablar de ciertas formas de expresión de algunas esferas de las clases medias y las clases bajas mexicanas. Es una sátira, en general, de la sociedad mexicana urbana de los sesenta en adelante".

En principio, podría suscribirse a la idea según la cual las intervenciones en y por el lenguaje de Agustín participan de las mismas transformaciones que se atribuyen a los procedimientos de la literatura del llamado "boom" latinoamericano (en la que podríamos incluir, además, a las orientaciones contemporáneas de la poesía oral). Sin embargo, no puede dejar de señalarse diferencias decisivas y que atienden al uso y a la recepción de estos cambios. En cuanto al uso, en el caso de los escritores "de la onda", se advierte

PARTE I: Relato de formación y subjetividad adolescente

una intención destructiva más intensa que en el de los escritores del boom asociada a lo que Glantz define como "incomunicación". Esto se desprende naturalmente si lo evaluamos en relación con las dificultades que el estilo de estos autores suponía para su interpretación más allá del ámbito local y de los lectores adolescentes a los que estaba preferentemente destinado, y el obstáculo que interponía para su difusión a través de la traducción. No fue este el caso de la literatura del boom que, si bien se apropió de ciertos procedimientos discursivos de las vanguardias europeas y norteamericanas, debió su consagración en buena medida a su llegada a un público creciente fundada, parcialmente, en una apelación a una colectividad "latinoamericana" basada en ciertos supuestos acerca de la realidad y sus posibilidades y en el hecho de haber sido objeto de una masiva traducción y distribución en mercados de otras lenguas. El fenómeno de la Onda fue prioritariamente local (mexicano) mientras que el boom fue "latinoamericanista" más allá de la ficción que esta reunión significara y que Ángel Rama considerara una imposición exterior que tuvo, sin embargo, consecuencias positivas para la constitución de una nueva identidad entre naciones y literaturas tradicionalmente incomunicadas (cfr. Rama, 1985).

Por cierto, los deslindes son lábiles y resisten de todos modos. Por ejemplo, podemos citar por lo menos dos casos en los que los escritores de la Onda aparecen incluidos como parte de la lista incierta y siempre mudable de los escritores del *boom*. Un primer caso es el del prólogo de Jorge Lafforgue a su *Nueva Novela Latinoamericana* (1969). El texto de Lafforgue cumple un rol ineludible en el proceso de canonización de la narrativa latinoamericana de los sesenta y desde esta perspectiva es significativo el hecho de que, en el prólogo, el crítico argentino incluya a Gustavo Sáinz, Raúl Navarrete y José Agustín entre los escritores que están renovando la novela latinoamericana y que la única diferenciación que introduzca es, nuevamente, relativa a la edad que se convierte, aquí, en criterio para un esbozo de periodización. Dice Lafforgue:

"A esta generación literaria que además, y entre otros, integran Asturias, Manuel Rojas, Marechal, Felisberto Hernández e, incluso, un escritor como Arguedas, 'sustancialmente un quechua' (cuando en 1935 publicaba los relatos de *Agua*) se irán sumando las promociones posteriores (la de aquellos narradores nacidos alrededor de 1915, como Fuentes y García Márquez) hasta llegar a los novelistas más jóvenes, como Vargas Llosa, que apenas ha sobrepasado los treinta años, o, *como los mexicanos Gustavo Sáinz (Gazapo), Raúl Nava-*

rrete (Aquí allá, en esos lugares) y José Agustín (De Perfil), que aún están lejos de haberlos alcanzado" (1969: 26; destacado nuestro).

El otro caso es el de Emir Rodríguez Monegal. En *El boom de la novela latinoamericana* (1972), la remitencia a los escritores de la Onda llega de la mano del intento de Rodríguez Monegal de describir el fenómeno del boom en relación con los campos de la cultura. Para el crítico uruguayo, la narrativa de Gustavo Sáinz y José Agustín es comparable a la de Severo Sarduy y Cabrera Infante en su apropiación de los objetos y estilos de la cultura pop. Las "zonas" de lo pop para el autor surgen de su exploración del universo adolescente urbano de la ciudad de México y del humor como "contraculturas" (Rodríguez Monegal, 1972: 100).

Las propuestas de Lafforgue y de Rodríguez Monegal representan un intento de explicar y comentar las distintas manifestaciones literarias del continente durante la segunda mitad de la década del sesenta más allá de las representaciones comerciales que pudiera suponer la etiqueta del boom. Con diferencias, ambos planteos comparten sin embargo un criterio inclusivo, mientras que las intenciones de Glantz son exactamente las opuestas en su ensayo sugestivamente contemporáneo de los anteriores. Le interesa establecer una diferencia aunque en este caso el campo se reduzca al de la literatura mexicana. De todos modos, lo que está en juego en los tres casos es la lengua y la pregunta por la identidad sea esta la identidad de una literatura nacional, continental o sociopolítica porque la época está signada justamente por esta productiva confusión de dominios.

Si nos restringimos a los casos de las dos novelas que nos ocupan, observamos que si bien los procedimientos son similares, el efecto de sentido difiere. Por ejemplo, tanto una como otra historia rompen con la estructura diegética realista y su aspiración de unidad de estilo. Antes bien, son novelas hechas de restos: de la cultura, de discursos de campos y tonos incompatibles, de otros textos. Sin embargo, mientras en *De Perfil* esos restos permanecen como tales sin posibilidad de recomposición alegórica o temática y son los bordes del collage los que construyen alguna forma de sentido en una totalidad caleidoscópica que reniega de cualquier lógica, en *Las buenas conciencias* los restos "suman". En el texto de Fuentes, hay una totalidad imaginada sea esta la hipocresía religiosa, la atmósfera ridícula y mojigata de Guanajato o simplemente la historia de familia. "El mundo en que habito" dice el protagonista de la novela de Agustín está "Detrás de la gran piedra y del pasto". La frase es parte de un relato alucinado por el humo del cigarrillo fumado bajo el sol del verano a la hora de la siesta. La referencia espacial no permite ningún tipo de localización, por el contrario, aparece como un borde cuyo carácter abismal recuerda el campo de centeno de Holden Caulfield en *El cazador oculto*. La identidad de Jaime Ceballos se define necesariamente en función del territorio de Guanajato y del espacio circular que describe la composición de la novela: el relato comienza y concluye con la misma frase alterada solo por las frases precedentes que marcan el final de la rememoración de los años de adolescencia que son los años de la esperanza de un mundo "justo" que ahora carece de sentido. Dice la novela al comenzar:

> "Jaime Ceballos no olvidaría esa noche de junio. Recargado contra el muro azul del callejón, veía alejarse a su amigo Juan Manuel. Con él se iban las imágenes de un hombre delatado, de una mujer solitaria, del pobre comerciante gordo que había muerto ayer. Se iban, sobre todo, las palabras que ahora resonaban sin sentido. 'Porque no he venido yo a llamar a los justos, sino a los pecadores' (...) A los trece años, jugaba todavía en la vieja carroza sin ruedas que la familia conservaba en la caballeriza empolvada. Pero no... primero debía recordarlos tal como se reflejaban desde las paredes de su padre, en los daguerrotipos desteñidos. (...) Caminó de regreso a la casa de los antepasados. Había salido la luna, y Guanajuato le devolvía un reflejo violento desde las cúpulas y las rejas y los empedrados. La mansión de cantera de la familia Ceballos abría su gran zaguán verde para recibir a Jaime" (Fuentes, 1992: 9-10).

Y culmina:

> "Tenía que hacerse hombre, tenía que olvidar sus niñerías de ayer. Así estaba ordenado el mundo en el que vivía. Cristo quería a los justos, habitaba las buenas conciencias, pertenecía a los hombres de bien, a la gente decente, a las buenas reputaciones. ¡Que cargara el diablo con los humildes, con los pecadores, con los abandonados, con los rebeldes, con los miserables, con todos los que quedaban al margen del orden aceptado! Caminó de regreso a la casa de los antepasados. Había salido la luna, y Guanajuato le devolvía un reflejo violento desde las cúpulas y las rejas y los empedrados. La mansión de cantera de la familia Ceballos abría su gran zaguán verde para recibir a Jaime" (*ídem*: 190).

El único camino posible para Jaime Ceballos es el de regreso a casa de sus antepasados. De hecho, podría decirse que nunca "sale" de la mansión en tanto el mundo aparece meramente como su necesario contrapunto. Los de "afuera" (la heterogénea serie de los otros que componen los humildes, los pecadores, los abandonados, rebeldes y miserables) no cumplen otro papel mientras dure el tiempo de formación que el de corroborarlo en el rol que la historia familiar ya le había asignado. La novela de Fuentes tributa el lugar común según el cual la madurez supone el necesario fracaso de las promesas de adolescencia y, de este modo, la historia pierde cualquier pretensión crítica del cinismo de las "buenas conciencias". Paradójicamente, a pesar de que Fuentes elija la ironía como modo discursivo y Agustín la literalidad, es la novela de Agustín la que realmente logra mostrar las miserias de la vida y moral burguesas al sustraerse a la tentación didáctica.

Tal vez el mejor ejemplo de esta diferencia entre ambos textos sea el tratamiento de la figura de los padres en la memoria de adolescencia de los protagonistas. El distanciamiento respecto de los padres es un lugar obligado de la representación de la adolescencia como consecuencia esperable de la "muerte" de los padres de la infancia en el acto mismo de autorreconocimiento que implican las transformaciones de la edad. No obstante, esta separación puede resolverse de distintos modos y es el caso de las novelas que nos ocupan. "Siempre me ha costado trabajo hacerme a la idea de que son mis padres" dice el protagonista de *De Perfil*. Contra los dictados de "la naturaleza", el reconocimiento de los padres es un *trabajo*. Esto es lo que permite, por ejemplo, que pueda "contarlos": habitar sus pensamientos presentes o fabular su pasado para finalmente "adoptarlos" desde una construcción ficcional que no casualmente principia con la designación de los mismos por su nombre propio (Violeta y Humberto) antes que por su definición parental. Se convierten prácticamente en personajes de una singular novela familiar.

En cuanto a Jaime Ceballos, su problema es justamente el nombre de familia que constituye una verdadera fatalidad de la que no puede escapar a pesar del corrimiento que representa la autoridad paterna trasladada a manos de su tío (Balcarcel) o de las amistades que le permiten nuevos "agenciamientos" mientras dure su rebeldía adolescente.

Finalmente, el "efecto" de la adolescencia del protagonista de *De Perfil* tiene mayor presencia que en el texto de Fuentes porque es un lugar de enunciación mientras que en *Las buenas conciencias* funciona como un recurso explicativo. En *De Perfil,* más allá de la edad del escritor, la adolescencia es la posición desde la que se elige contar y que, en consecuencia, delimita un cierto campo o alcance en cambio Fuentes apela a los supuestos más corrientes acerca de la adolescencia como sobreentendido sobre el cual volver inteligibles las acciones del protagonista y las reacciones de quienes lo rodean.

3.3. *Perú: en la collera*

En la breve historia de la representación por la literatura del sujeto adolescente que resume José Agustín en la entrevista a la que nos referíamos, el escritor mexicano incluye a la producción latinoamericana contemporánea de sus novelas. Así dice Agustín que, "por razones semejantes" a las que tenían lugar por entonces en Francia,

"(...) apareció poco después en Latinoamérica, especialmente en Cuba (Reynaldo Arenas; Jesús Díaz), Chile (Antonimo Skármeta), Argentina (Néstor Sánchez, Héctor Libertella) y Colombia (Andrés Caicedo). En Perú está, naturalmente, Mario Vargas Llosa con La ciudad y los perros (1963), una novela con personajes jóvenes pero cuyo tema no es la juventud y el rito de iniciación a la madurez, pues la épica subyacente y la experimentación formal la hacen obra típica del boom latinoamericano. Los cachorros, en cambio, sí es una novela sobre la iniciación a la madurez, pues enfantiza lo individual sobre lo social" (Agustín, 2006).

Nos interesa detenernos en la lectura de Agustín de estas dos obras emblemáticas de Vargas Llosa por la discusión que actualiza. Lo que está en juego es el problema de la representación de la adolescencia —como tema, como asunto— y el de la adolescencia como *sistema de representación o estilo*.

La negativa a reconocer a *La ciudad y los perros* como literatura "adolescente" está en relación con la hipótesis de Agustín según la cual esta literatura sería ajena a un planteo "épico" que aquí —en relación con su opinión sobre *Los cachorros*— debe entenderse como "colectivo" o, si se quiere, de dimensiones "sociales". No habría una "épica" en la literatura sobre jóvenes porque su "alcance" (en el sentido de "dominio") sería el de la aventura individual. Dicho de otro modo, lo épico tendría una dimensión macropolítica que esta literatura rechaza. En todo caso, lo que le es propio es una cierta eticidad que responde a las acciones individuales —e individualizantes— que pueden o no corresponderse con lo que el colectivo social —identificado con el mundo adulto— imagina como adecuadas en relación con las expectativas del proceso de maduración.

En ese interregno —el de las acciones individuales de los jóvenes y las expectativas de los adultos— se escribe no solo la aventura personal de aprendizaje sino la dimensión *micropolítica* del sujeto adolescente en formación.

De aquí, entonces, también el no reconocimiento de las experimentaciones formales del *boom* porque estas pertenecen también al orden de la impersonalidad de un "movimiento" o de una "tendencia" de la historia literaria de la que una escritura adolescente pretende desujetarse.

De todos modos, y a pesar de José Agustín, la novela de Vargas Llosa es prácticamente un emblema de la forma "locativa" que eligió la literatura de personaje adolescente durante los sesenta en el Perú: por un lado está el "entre" de la conjunción que vincula a la "ciudad" con los "perros" y, por el otro, la "esquina" de la "literatura de collera". Si, en México, el registro de la presencia adolescente en la literatura toma un carácter "fonético": la literatura "de la onda" se *escucha* entre el decir adulto (normativo), en el Perú la literatura adolescente inventa un espacio equidistante del universo propio (adolescente) representado ya sea por el ámbito familiar o escolar y el universo ajeno (adulto) de la ciudad aunque el registro del cronolecto adolescente también sea uno de los recursos a los que se apela. La "collera" —la esquina donde se reúnen los jóvenes— engendra un discurso autónomo y a la vez distintivo si bien no enajenado del contexto en la medida que solo se reconoce en función de este.

Como en México, y como en Buenos Aires, esta literatura es una de las consecuencias del crecimiento urbano de la ciudad capital, en este caso la ciudad de Lima, y como parte de un proceso de modernización del Perú "obligado" por los imperativos del desarrollo. La llamada "generación del 50" por la historiografía de la literatura peruana es, también, la de la novela de la "urbe". Esta literatura configura un personaje adolescente inédito para la tradición de la literatura nacional cuya experiencia revela los nuevos términos que definen a la formación en un ambiente caracterizado por la exclusión de los márgenes y la sustitución de los códigos rurales del mundo andino. Acaso una buena síntesis de este proceso pudiera trazarse entre los dos polos que representan *Los ríos profundos* de José María Arguedas y *Los inocentes* de Oswaldo Reynoso mediados por la heterogénea y representativa muestra del adolescente peruano de los sesenta que constituyen los "perros" de *La ciudad y los perros,* de Vargas Llosa.

En 1958, José María Arguedas escribe *Los ríos profundos,* una novela de aprendizaje cuyo asunto es el paso de la infancia a la adolescencia. La importancia de *Los ríos profundos* en relación con una lectura de la narrativa de personaje adolescente en el Perú de los años sesenta está dada, en primer lugar, por su centralidad en el imaginario de los escritores de la época. La novela y toda la obra de Arguedas son objeto de admiración y análisis por parte de Vargas Llosa y es, por su parte, Arguedas quien reconoce por primera vez los valores de la narrativa de Reynoso. Estas redes de lectura son ineludibles a la hora de pensar cómo se configura un mapa de relaciones interdiscursivas en el seno de las culturas y en el proyecto de una lectura comparativa de distintas tradiciones literarias.

De igual importancia es el hecho de que, situada en relación con *La ciudad y los perros* y *Los inocentes*, la novela representa una primera entrada a la relación adolescencia/ciudad que alcanzará su culminación en los cuentos de Reynoso cuando el universo urbano sea el espacio que defina ya no los distintos ámbitos de la trama o los significados connotados sino la propia traza de los personajes y sus destinos.

La llegada de Ernesto al internado supone su ingreso a la institucionalidad del mundo urbano cuya violencia y extrañeza se destaca sobre el fondo de su memoria de infancia rural. Es en este sentido que la crítica ha insistido en reconocer como niño al personaje de Ernesto, a pesar de que el personaje tiene ya catorce años al momento de llegar al colegio religioso de Abancay. Esto obedece especialmente al gesto nostálgico que caracteriza al personaje que busca, en el duro presente de su vida escolar, la armonía perdida de su mundo infantil quechua. De todos modos, probablemente la experiencia adolescente de Ernesto esté justamente en este "estar entre": la búsqueda de su identidad entre la tensión que introduce la resistencia ante el retroceso del mundo mágico de su infancia que se desdibuja a medida de que gana terreno la incorporación al orden de la ciudad que viene de la mano de la escuela. Este es otro de los significados del *zumbayllu* —el juguete de su niñez—. El trompo representa, con las vueltas de su trayectoria, al sujeto en formación entre las reglas de juego de la infancia y las de la madurez. El mejor argumento en este sentido es el personaje de Antero, quien es quien trae el juguete al colegio, y quien —*con las vueltas de la vida*— perderá, hacia el final del capítulo VII, su condición de "colegial" a los ojos de un Ernesto, que, en la misma escena, estrena su escepticismo adolescente:

> "Ya no parecía un colegial; a medida que hablaba, su rostro se endurecía, maduraba: 'No le conocía, no le conocía bien' pensaba yo, mientras tanto. Podía haberse vestido de montar, con esos pantalones que tienen refuerzos de cuero; llevar en las manos un fuete y cubrirse la cabeza con un sombrero alón de paja. Tendría el aspecto de un hacendado pequeño, generoso, lleno de ambición, temido por sus indios. ¿Dónde estaba el alegre, el diestro colegial campeón del zumbayllu? Sus ojos que contemplaban el baile del zumbayllu confundiendo su alma con el juguete bailador, ahora miraban como los de un raptor, de un cachorro crecido, impaciente por empezar su vida libre" (Arguedas, 1998 [1958]: 156).

Seis años más tarde (1964), Oswaldo Reynoso escandaliza la literatura peruana con la colección de cuentos *Los inocentes* en los que el personaje adolescente está abandonado a su suerte en un entorno hostil.

Entre uno y otro, Vargas Llosa publica *La ciudad y los perros*, *Los cachorros* y los cuentos de *Los Jefes*.

I. Príncipes

José María Arguedas celebra la aparición de la obra de Oswaldo Reynoso en términos que nos son familiares. Recibe a *Los inocentes* como el "nuevo estilo" que requiere "un mundo nuevo". Dice Arguedas:

> "Sentíamos angustia ante la demora de la aparición de un hombre que interpretara en las artes este momento de transformación, de ebullición que es el Perú. Quienes tuvimos la oportunidad de describir el Perú seccionado de hace veinticinco años, el Perú que despertaba al mundo moderno, comprendíamos que nuestra obra iba convirtiéndose en algo histórico"[48] (Arguedas, 1997: 12).

Arguedas traza, en pocas líneas, una suerte de historia de la representación de la realidad peruana que media entre su propia obra y la de Reynoso que, a la vez de configurar una tradición, delinea un linaje. Deposita, en el joven escritor, la responsabilidad que una vez le cupiera.

"Un mundo nuevo requiere de un estilo nuevo", afirma el autor de *Los ríos profundos* pero, lejos de exigir alguna forma de realismo mimético, se apura a explicar que ese estilo no es una copia sino una invención que opera un desvelamiento de esa novedad que "se ha descubierto en uno mismo o en los demás" (Arguedas, 1998 [1958]: 13). En este sentido, la invención se define, entonces, como una "interpretación". La diferencia entre la mera copia y la "creación" de un estilo es, para Arguedas, una "diferencia clamorosa que salta ante los ojos".[49]

---

48. El texto de Arguedas apareció originariamente en el Suplemento Dominical del diario *El comercio* de Lima, el 1º de octubre de 1961. Actualmente es el prólogo a la edición de Peisa con que trabajamos aquí.

49. El énfasis de Arguedas en relación con la novedad de la representación en la obra de Reynoso puede leerse, en primer lugar, en el horizonte de la oposición materia/medios de expresión o contenido/forma que señalábamos como recurrente en la crítica sobre la "nueva narrativa" del siglo XX latinoamericano pero, también, en función del interés personal de Arguedas por una "novela sobre la barriada" que diera cuenta de las transformaciones de Lima que venían dándose desde los años cuarenta.

PARTE I: Relato de formación y subjetividad adolescente   131

Los cinco cuentos de *Los inocentes* llevan por título el apodo de alguno de los principales miembros de la collera[50]: "Cara de ángel", "El príncipe", "Carambola", "Colorete", "El Rosquita". A estos los acompañan Corsario, Natkinkón, Yoni, Chino, Chow, Choro Plantado. Como en la mayoría de los cuentos con adolescentes, el apodo –surgido en el interior de las relaciones sociales– sustituye a la identidad del nombre propio. Esta sustitución implica un desplazamiento que interesa no solo desde la perspectiva del individuo en juego sino también por lo que cada nueva nominación connota en relación con su referido. En oposición a la arbitrariedad (semántica) del nombre propio, el apodo condensa una serie de juicios de valor sobre la persona del designado que remiten menos al destinatario que al sistema en el que esos nombres se engendran: de esta manera, el "Príncipe" declara su incomodidad relativa a su apodo en una forma que constituye, al mismo tiempo, un reproche: "...eres un Príncipe, eres un Príncipe", dice que lo llaman y se pregunta: "¿Y cómo, en la ciudad de los Reyes, un Príncipe sin auto y sin plata?: la hueva, compadre" (Reynoso, 1997: 63).

En los apodos se puede reconocer una trama de discursos que componen el universo en el que la vida de los personajes busca su explicación o,

---

En dos artículos periodísticos, publicados en el diario La Prensa de Lima tres años antes, en 1958 (¿Una novela sobre las barriadas? I y II del 4 y 23 de diciembre, respectivamente), Arguedas había criticado el desacierto de Luis Felipe Angell en la novela *La tierra prometida* al estigmatizar la barriada en una división tajante del espacio de Lima (el cerro vs. la ciudad misma) que "desfigura" a sus gentes y cultura. Faltan, en la novela, "Los infinitos matices de cada alma humana". La crítica lo lleva a recuperar en estos artículos otros intentos anteriores en retratar a la barriada y destaca los cuentos de Enrique Congráins Martín (*No una sino muchas muertes*) por el carácter genuino de su estampa aunque adolecieran de "defectos de forma" y *Gallinazos sin plumas* de Julio Ramón Ribeyro que, aunque fallara en el tratamiento de la "materia" ("la verdad del mundo que pretendía describir") había dado con los modos de expresión adecuados. En este contexto, Reynoso logra superar las limitaciones de uno y otro. (Arguedas, José María citado en *Katatay. Revista crítica de literatura latinoamericana,* Rosario, año 1, nro.1/2, junio 2005, págs. 162-167).

Es necesario señalar que la bienvenida de Arguedas es excepcional en el contexto de la crítica literaria peruana. Por ejemplo, en 1968, José Miguel Oviedo prepara una antología de narrradores peruanos contemporáneos en la que incluye a Reynoso y, en el prólogo, atribuye la popularidad de *Los inocentes* a "El fácil regodeo en lo abyecto, el simplismo de ficha policial y sobre todo, el exhibicionismo dialectal (el libro trae un glosario y hay que recurrir a él)" (cfr. Oviedo, 1976 [1968]).

50. "Collera" es un peruanismo que significa "grupo de amigos". La "collera" se reúne generalmente en una determinada esquina de un barrio (consulta en línea a la página web de la Academia Peruana de la lengua realizada el 10 de marzo de 2009 http://academiaperuanadelalengua.org).

al menos, se justifica. Su "inocencia", que no encuentra lugar en la ciudad, halla cauce en la collera y ese es el sentido profundo por el que estos cuentos son "relatos de collera" y no *de la collera*. La "collera" no es meramente un escenario en el que reconocer las figuras y sus acciones, tampoco un *millieu*. Son relatos *de collera* en la medida en que no pueden concebirse fuera de ella. Como el cambio que experimenta el valiente "Colorete", que pierde toda seguridad arrojado fuera de su grupo de amigos cuando dice "Mi campo es la calle. La Collera ... Ahí soy atrevido. En la calle soy el capazote Colorete. Pero en los tonos me achico. Soy un cobarde" (*ídem*: 144), los relatos también introducen un desvío que exige aceptar lógicas de sentido propias para evitar el malentendido. En el seno de este espacio real y metafórico a la vez, el candor presumible del rostro de "cara de ángel" significa prácticamente lo contrario: lo masculino interdicto por la sospecha de homosexualidad y de prostitución. La collera de la esquina les ofrece amparo frente a la ciudad que los ha expulsado desde el mismo inicio de sus vidas y en ella encuentran por fin un destino posible. El apodo opera el pasaje de un espacio al otro: el "Príncipe", sentado en una silla del Departamento de Delitos contra el Patrimonio, es "Roberto Montenegro del Carpio".[51]

En una entrevista, Oswaldo Reynoso (Palacios, 2006) señalaba que la "marginalidad" no es solo una característica de los jóvenes de sus cuentos sino una nota esencial de los mismos: "marginalidad" y "juventud" tendrían en común su vulnerabilidad. Dice Reynoso que, si bien el "joven de cualquier condición" puede llegar "al borde del abismo" en este período, "esto se hace más doloroso en el joven marginal, que ingresa a la vida sin ningún horizonte".

Así planteado, el abismo es la metáfora espacial que Reynoso elige para advertir sobre la falta de continuidad que caracteriza al relato biográfico de estas vidas al margen. Desde el "principio", no hay "horizonte" en el

---

51. Lo que la collera significa para los personajes de Reynoso puede resumirse perfectamente en los términos del título de las crónicas del chileno Pedro Lemebel: *La esquina es mi corazón* (2004). Los cuentos de Reynoso aparecen como antecedentes ineludibles de las crónicas urbanas de Lemebel en lo que respecta a una tradición de la representación del adolescente en la literatura latinoamericana. Los "New Kids del bloque", "benjamines poblacionales", "péndex" de Lemebel pueden leerse como una variación radical de los *inocentes* de Reynoso a las puertas del siglo XXI: la lengua de la calle ha alcanzado su última expresión hasta volverse sobre sí misma en el espiral barroco; el margen está en el centro del parque ("Anacondas en el parque") y la "esquina de la pobla" sigue siendo el "epicentro" de estas vidas "apenas asoleadas, medio asomándose al mundo ... para no deprimirse con la risa del teclado presidencial hablando de los jóvenes y su futuro" (Lemebel, Pedro, 2004).

joven marginal y, por lo mismo, el relato burgués de la adolescencia como edad de tránsito, caracterizada por un aprendizaje progresivo, enfrenta la revelación de su premisa de clase.[52] Por eso, en última instancia es que el escritor encuentra, en este tema "una gran veta para poder penetrar en la condición humana".

Lo interesante es que, contra lo que pudiera preverse desde una hipótesis realista o naturalista, Reynoso no hace de *Los inocentes* un tratado sociológico ni mucho menos "moral" sino que inventa personajes que, si bien podrían ser fácilmente reconocibles en la "realidad" urbana, guardan la distancia necesaria para salvaguardar su condición poética. Buena parte de esta reserva está dada por el lenguaje —"la forma poética como se trabajaba la jerga" (dice Reynoso parafraseando a Arguedas en el prólogo que presenta en sociedad estos cuentos) pero también por la complejidad ética de los personajes.

La clave para la comprensión de estas vidas la da el propio Reynoso cuando elige como epígrafe las palabras de Jean Genet: "Yo tenía dieciséis años ... en el corazón, pero no tenía ni un solo lugar donde colocar el sentimiento de mi inocencia". La inocencia de los jóvenes de Reynoso no está exceptuada de culpa ni de delito. Antes bien, se trata de un estado de abyección por interiorización de la sentencia que la sociedad ha pronunciado contra ellos al marginarlos y estigmatizarlos desde la infancia: estos adolescentes *conquistan* los territorios, se *apropian* de los bienes y *adoptan* las modas y los modos que la sociedad "central" ha desechado y relegado a un costado.

Dice Genet "decidí ser lo que el destino hizo de mí". Dice Sartre —a propósito de Genet—: "Puesto que no puede eludir la fatalidad, será su propia fatalidad; puesto que le hacen la vida invivible, vivirá esa imposibilidad de vivir como si él la hubiera creado expresamente para él mismo, prueba particular reservada para él solo. Quiere su destino; tratará de amarlo". (Sartre, 2003: 85). Dicen *los inocentes* de Reynoso: "Si uno quiere tener amigos y gilas hay que ser valiente, pendejo. Hay que saber fumar, chupar, jugar, robar, faltar al colegio, sacar plata a maricones y acostarse con putas" (Reynoso, 1997: 22).

---

52. En la ficha de autor del Sistema de Biblioteca online de la Universidad Nacional Mayor de San Marcos (http://sisbib.unmsm.edu.pe/) Luis Alberto Sánchez anota sobre la obra de Reynoso: "Reynoso, siguiendo los pasos de Congrais y coincidiendo con Vargas Llosa, traza una historia de adolescentes *pero no son joycianos, los Stephen Dedalus,* sino los hijos de la gleba suburbana, muchachos provincianos arracimados en las barriadas, de infancia triste, de adolescencia amarga, de juventud herida y protestadora" (el destacado es nuestro).

Como es habitual en las historias del tiempo de adolescencia, los personajes de Reynoso viven en la contradicción entre un discurso interiorizado y otros que los circulan y atraviesan y que pueden ser las voces de los padres, la prensa, los vecinos. En esa tensión se juega la construcción de una identidad: la pregunta por quién se es. De este modo, "Cara de ángel" acepta con reservas su apodo "Nunca: María Bonita. Ni mucho menos: María Félix", aclara (*ídem*: 18), pero reclama a su madre por tratarlo como a un niño: "Mi vieja, también, tiene la culpa. Me trata como si aún continuara siendo niño de teta". El "Príncipe" será un "mocoso é mierda" (*ídem*: 57) para López, el oficial sumariante de la policía, cuando caiga preso por robo, y, por el contrario, un verdadero "roc" (*rocanrolero*) para la collera (*ídem*: 38). La polifonía característica de la conciencia adolescente alcanza su mayor nivel de desarrollo en "El Rosquita", el último de los cuentos de la serie *Los Inocentes*.

En "El Rosquita" la narración se desliza de una primera persona extradiegética que se confunde fácilmente con la voz autorial no solo por la sugerencia pronominal sino por el modo enunciativo que revela cierta autoridad acerca del personaje: "... el Rosquita es todo un muchacho. Y no es porque yo lo diga. Pero, de verdad, no puede disimular su edad" (*ídem*: 85) a una narración en segunda persona que también se arroga para sí un conocimiento inapelable: "Rosquita, aunque no lo creas, te conozco demasiado" (*ibídem*). Predomina, por parte del narrador, la afirmación de un saber que trasciende las apariencias ("te conozco", "sé que", "te he visto también", "Pero tú quieres ser bueno: lo sé") en las que el Rosquita se pierde irremediablemente en su urgencia por ser adulto. El contraste entre esencia y apariencia o entre las intenciones del adolescente y la certeza en la percepción del adulto/narrador se da en el medio de las hipótesis del Rosquita acerca de qué es ser adulto que dan lugar a una crítica acerca del mundo adulto mismo. En este sentido es significativo que este personaje sea el único de la pandilla que se describa como "niño"; mientras los otros parecen quedarse "a mitad de camino" (en otras palabras; son "mitad hombres"), el Rosquita exhibe con su fracaso la posición de sujeto adolescente en tanto desgarrado en y por la tensión entre la infancia y la madurez como edades polares. El Rosquita, "pone cara" de maldito y de hombre "corrido"; camina a lo James Dean pero no lo logra: "hay algo que lo denuncia como menor de edad" (*ídem*: 87). En la denuncia que traiciona las procuras del Rosquita está su porción de inocencia: el narrador repasa las vidas perdidas de todos los demás (el Príncipe, Colorete, Cara de Ángel, Natkinkón, Chino, Corsario) y lo distingue en su intención de "ser bueno":

"... tú quieres ser bueno: lo sé. Si en algo has fallado ha sido por tu familia, pobre y destruida; por tu Quinta, bulliciosa y perdida; por tu barrio, que es todo un infierno, y por tu Lima. Porque en todo Lima está la tentación que te destruye ... Pero sé que eres bueno y que algún día encontrarás un corazón a la altura de tu inocencia" (*ídem*: 90).

El narrador desea para el Rosquita un futuro a la altura de su inocencia. Como en el relato de formación burgués, aquí también se parte del presupuesto de una naturaleza previa que se conquista como prueba final de un tiempo de aprendizaje. Como indica Sartre, la paradoja de la formación consiste en "Querer ser lo que se es" (Sartre, 2003: 96). Nadie es cobarde o valiente como una pared es blanca sino que es siempre algo *posible* que puede aceptarse o de lo cual rehuirse. "En consecuencia ... Querer ser lo que se es puede tener un sentido: se relaciona con los esfuerzos que hacemos para coincidir con nuestro ser" (Sartre) y ese ser, para Sartre –*para los personajes de Reynoso*– viene de afuera: de los adultos. La diferencia significativa que representan los *inocentes* de estos cuentos, respecto del adolescente burgués, es que ese "ser" con el que se aspira a coincidir, degrada, vacía, enajena. Los adultos no están allí en su consabido papel de guías o maestros u ofreciéndoles alternativas de integración a la sociedad, sino que reniegan de ellos a través del insulto, la burla, el cinismo o el directo rechazo. Estos adolescentes marginales responden a la segregación (etaria y de clase) radicalizando la diferencia. Cuando "El Príncipe" roba y sale en los diarios, "Colorete" admira en silencio su "hazaña" y lo envidia porque "todos tenían una historia que contar, menos él" (Reynoso: 1997: 48). El delito aparece, de este modo, como un *agenciamiento* posible para la identidad que no encuentra "sitio" en otra parte.

II. Perros

En *La ciudad y los perros* (1962) no era la primera vez que Mario Vargas Llosa apelaba al espacio escolar como alegoría del orden. No era, tampoco, la primera vez en que recurría a una escuela de referencia del universo limeño para situar la historia: los personajes del cuento "Los jefes" (1959) también se definían en relación con la escuela. En todo caso, desde nuestra perspectiva, en *La ciudad y los perros* se vuelve significativo el hecho de que, en el término de cinco años, ciertas intuiciones acerca de un nuevo estado de sociedad (de la que el protagonismo adolescente da cuenta) se vuelven más evidentes. La conjunción que reúne los dominios de la ciudad y de la adolescencia (los "perros" cadetes ingresantes al colegio militar) no deja lugar a dudas acerca de la presencia ineludible de un par que, a la vez que conflictivo, se vuelve productivo como matriz narrativa.

Los cuentos de *Los jefes* contaban la aventura de una clase; la de los "blanquiñosos" costeros del barrio Miraflores y también será la protagonista de *Los cachorros* (1967) pero en *La ciudad y los perros* los personajes se diversifican y se definen en el seno de las oposiciones de un verdadero muestrario de los modos de ser adolescente en el Perú a fines de los años cincuenta. *La ciudad y los perros* (1962) recibe, en 1963, el premio Biblioteca Breve de la crítica de España. La novela es deudora de un pasado inmediato que constituyen los cuentos de *Los jefes* (1959) y prepara el terreno de *Los cachorros* (1967).

Entre el miraflorino Alberto Fernández –"el poeta"– y el serrano Cava se reconoce un repertorio de rostros que encarnan los múltiples modos de inscripción de los jóvenes en los distintos relatos de aprendizaje que se cuentan entre la ciudad y el colegio militar. En cada uno de los miembros del "círculo" que protagoniza la novela –el Esclavo, Rulos, Boa, el Negro Vallano, el Jaguar y Arróspide– la consigna de "volverse hombre" se resuelve de una manera particular al tiempo que su naturalidad y univocidad se revelan impostura.

Buena parte de la materia de la novela consiste en intervenir en la continuidad instalada entre los prejuicios de género y las hipótesis acerca de la nacionalidad y madurez que sustentan el discurso del colegio y de las familias de los cadetes en formación. Las contradicciones, los acontecimientos públicos y los devenires de las biografías personales complotan contra la evidencia de la correlación prácticamente causal entre hombría, nacionalismo y adultez que organiza el relato. "Se han hecho hombres, Gamboa", dice el Capitán al teniente Gamboa durante la investigación que sigue a la muerte del Esclavo y aclara: "Entraron aquí adolescentes, afeminados. Y ahora, mírelos" (Vargas Llosa, 1995 [1962]: 229). Adolescencia y condición femenina aparecen equiparados por una coma en el discurso del militar y, de este modo, se introduce la idea de que el aprendizaje del adolescente varón incluye la conquista de su propia masculinidad. Esta meta aparece, significativamente, menos como el destino final de un recorrido del cuerpo que del carácter. Lo masculino se presenta en el seno de un sistema de valores que se confunden con los de la madurez al constituirse no solo por oposición a la vulnerabilidad de la infancia sino por denigración de una supuesta debilidad –moral– femenina. El mandato de fortaleza, resistencia y capacidad físicas tiene una relación de redundancia con la exigencia de dureza y autosuficiencia emocional; la procura de riesgo y la exploración del ambiente físico y social así como la dominancia sobre el sexo opuesto que se suponen –en una lógica circular– condiciones "naturales" del varón. Quienes no cumplen con estas condiciones son objeto de sospecha y de impugnación en cualquiera de los planos confundidos en la correlación que describíamos: aptitud física, equilibrio emocional, habilidad social, conducta sexual. Esos son los que no tendrán cabida ni entre sus pares ni ante la mirada de sus mayores. Mario Benedetti ha señalado la paradójica vergüenza de los cadetes de la novela "...de ser manso, de ser bueno, de caer alguna vez en la execrable debilidad de conmoverse" (Benedetti, 1970: 185).

Así planteado, la tesis última de la novela acerca del aprendizaje en el Colegio es que la vida adulta exige una "impostura" que se convierte en una "segunda naturaleza"[53] que nadie consiente en reconocer como un artificio sino que, antes bien, se presenta como un estado deseable y como el cumplimiento de un destino "natural" aunque se asuma, cínicamente, como un fracaso. El tiempo de adolescencia se define, en este contexto, como un tiempo de examen durante el cual se ponen a prueba las condiciones necesarias para "arribar" a la madurez. De ahí, la pertinencia de la alegoría escolar y la productividad del robo del examen que constituye la anécdota narrativa central. También el hecho de que el que roba sea el serrano Porfirio Cava, quien es expulsado al ser denunciado por el cadete Ricardo Arana. La salida de la trama de ambos, la expulsión de Cava y la muerte de Arana, se comprende fácilmente –a partir del episodio del examen– como previa a todo lo sucedido. El serrano –apodado "Alpacas"– y Ricardo Arana –apodado "el esclavo"– no tenían las condiciones necesarias para superar la prueba del Colegio desde el inicio. La extracción social de Cava y el sometimiento de Arana (golpeado por su padre) ya eran, desde el comienzo, testimonio suficiente de su ineptitud. El robo del examen no es más que una circunstancia que permite que sus "naturalezas" –también la de los otros personajes involucrados: la hipocresía de Alberto; la crueldad del Jaguar– queden expuestas.

Si el planteo de esta continuidad entre naturaleza masculina, condición ética y aptitud para la vida tiene todavía cierto carácter alegórico, en *Los cachorros* (1967) queda poco lugar para la semejanza metafórica. La cas-

---

53. José Miguel Oviedo en *Mario Vargas Llosa: la invención de una realidad* (Seix Barral, Barcelona: 1982) sostiene que los "signos de impostura" forman una "segunda naturaleza" cuya consistencia parece ser imposible de desenmascarar. Oviedo recuerda, también, que "Los impostores" fue uno de los títulos previos que Vargas Llosa pensó para la novela.

tración de Cuéllar, el protagonista, en el punto de partida de la historia, vuelve ineludiblemente literal la proposición.

Nuevamente, desde el título,[54] el imaginario animal hace su aparición como marco explicativo de la trama: como en *La ciudad y los perros*, el aprendizaje consiste en dejar de ser "animal" para ser "hombre". En la primera novela de Vargas Llosa, el punto de partida era la condición de "perro" y el mote implicaba una degradación jerárquica propia de un novato o iniciado. En *Los cachorros* la animalidad vuelve a estar en el origen. En este caso, está, por un lado, la intención de reunir la vida de Cuéllar con la de Judas, el perro responsable de la emasculación e impotencia (sexual y social) del personaje pero, por el otro, se advierte el propósito de designar explícitamente el recorrido de un relato de formación "completo" en el sentido de un destino que se cumple fatalmente. Si, en *La ciudad y los perros,* el abanico de posibilidades de la condición adolescente implicaba el planteo de diversos agenciamientos en relación con el discurso institucional (familiar, escolar, de la nacionalidad), en *Los cachorros* el retrato de una clase conlleva el planteo de una homogeneidad que se traduce en la afirmación de un determinismo: en tanto que definidos como *cachorros,* los personajes tienen, desde el origen mismo —expresado por sus años de infancia— las características de su *especie.* La castración, en este sentido, es la expresión cabal de la única forma de sustracción al destino común (de la especie) y, por lo mismo, los años de adolescencia son el escenario necesario para retratar tanto el fracaso de Cuéllar como el *volverse hombres* del grupo de amigos. Los cambios físicos de la pubertad y la vida sexual adolescente dejarán afuera a Cuéllar mientras se convierten en los desafíos de iniciación del resto. El final de la *nouvelle* encontrará a los varones adolescentes no solo con empleos adecuados y profesionales prominentes sino, también, *felizmente casados* con las mujeres con las que han crecido.

El espacio de *Los cachorros* es el barrio. En el prólogo (de 1979) a la edición definitiva del libro por Seix Barral en 1980 Vargas Llosa explica: "...el 'barrio' es el tema de *Los cachorros* (...) le daba vueltas a una novela corta sobre un 'barrio': su personalidad, sus mitos, su liturgia" (Vargas Llosa, 1979).

En el mismo prólogo, y en referencia a los cuentos de *Los jefes* (también incluidos en esa edición final) Vargas Llosa decía en relación con el cuento "Día domingo":

---

54. Cabe recordar que "Los cachorros" es el título sugerido por la editorial a Vargas Llosa en reemplazo de "Pichula Cuéllar", que había sido propuesto por el autor.

"La institución del 'barrio' –fraternidad de muchachas y muchachos con territorio propio, espacio mágico para el juego humano que describió Huizinga– es ya obsoleta en Miraflores. La razón es simple: los jóvenes de la clase media limeña tienen ahora, desde que dejan de gatear, bicicletas, motocicletas o automóviles que los traen y llevan a gran distancia de sus casas. Así, cada cual arma una geografía de amigos cuyas curvas se ramifican por la ciudad. Pero hace treinta años sólo teníamos patines que apenas nos permitían dar vueltas a la manzana y ni siquiera los que llegaban a la bicicleta iban mucho más lejos pues las familias se lo prohibían (y en esa época se las obedecía). Así, los muchachos y muchachas estábamos condenados a nuestro 'barrio', prolongación del hogar, reino de la amistad. No hay que confundir el 'barrio' con el *gang* norteamericano –masculino, matonesco y gangsteril. El 'barrio' miraflorino era inofensivo, una familia paralela, tribu mixta donde se aprendía a fumar, a bailar, a hacer deportes y a declararse a las chicas. Las inquietudes no eran demasiado elevadas: se reducían a divertirse al máximo cada día feriado y cada verano. Los grandes placeres se llamaban correr olas y jugar fulbito, bailar con gracia el mambo y cambiar de pareja cada cierto tiempo. Acepto que éramos bastante estúpidos, más incultos que nuestros mayores –que ya es decir– y ciegos para lo que ocurría en el inmenso país de hambrientos que era el nuestro. Eso lo descubríamos después y también la fortuna que significaba haber vivido en Miraflores y tenido un 'barrio'" (*ibídem*).

La geografía de la narrativa de Vargas Llosa es complementaria de la de los cuentos de Reynoso. Con las ficciones de uno y otro escritor se completa el mapa de una Lima diversa y desigual. El espacio del barrio revela la ilusión de una ciudad única como espacio de definición de identidad y, por lo mismo, de los programas homogéneos de ciudadanía que tienen a los más jóvenes como destinatarios naturales. El verdadero territorio de identificación individual del adolescente es el inmediato del barrio: ya sea para los roncanroleros de Reynoso o para los *cachorros* de Vargas Llosa. En *La ciudad y los perros* ya hemos visto cómo el supuesto espacio común del Colegio (el sueño democrático de la escolaridad moderna) para jóvenes de distinta procedencia no disuelve las diferencias sino, antes bien, las realza y profundiza.

La crítica ha destacado que durante la década del sesenta (que coincide con la llamada "generación del '50" de la periodización más aceptada de la literatura peruana) se reconoce no solo una predilección de la literatura del Perú por el escenario urbano sino también por el personaje y el "tema" adolescente (cfr. Cornejo Polar, 1981; Luchting, 1966). Más aún: el escritor peruano Jorge Eslava es autor de una tesis doctoral acerca de la representación del adolescente por la literatura peruana del siglo XX cuyo título es *Adolescentes en la ciudad* y, si bien el estudio tiene un carácter panorámico del siglo XX, enfatiza el papel que le cupo, a los autores que producen en el momento histórico que nos ocupa, en la emergencia de esta relación ciudad/adolescencia. Afirma Eslava,

> "La marcada lealtad al universo adolescente, por ejemplo en escritores como Ribeyro o Vargas Llosa, provocó un movimiento en cascada cuyo resultado conocemos hoy. Buena parte de lo publicado en narrativa en las últimas décadas, obedece a una terca mirada sobre la adolescencia y su entorno. Al par que se abordan las tensiones psicológicas —propias de una fase de desórdenes—, se insinúan o manifiestan rasgos de descalabro en la ciudad de Lima. Nos atrevemos a una imagen de efecto cenestésico: los personajes adolescentes son un estruendo y las condiciones urbanas una caja de resonancia" (Eslava, 2008: 8-9).

La adolescencia es, como hemos analizado, una construcción propia del mundo urbano y ha debido su expansión —como identidad cultural— al desarrollo de las ciudades. Podemos agregar ahora, también, que el concepto de "barrio" es fundamental en relación con su análisis en virtud de que es el primer espacio público de prolongación y a la vez de sustitución del hogar. El adolescente se apropia y define en relación con el barrio, sea cual fuere su condición histórica y social, cuando abre la puerta de su casa por primera vez para salir a la calle por sí mismo: en él encuentra un territorio en donde definirse por semejanza o diferencia: "(actúa) de cerca a la masificación urbanística y como muro excluyente del adulto".[55]

---

55. Higa, Augusto en entrevista de Hildebrando Pérez y Carlos Garayar. "Esplendor y ocaso de la collera". Revista suplemento cultural de *El Peruano*. Lima, miércoles 23 de junio de 1993, págs. 6 y 7. En Eslava, 2008: 57.

SEGUNDA PARTE:

Literatura y experiencia adolescente

Capítulo III

El personaje adolescente

1. Literatura y adolescencia: dos conceptos modernos

El personaje adolescente es la expresión concreta de relaciones más amplias entre adolescencia y literatura que se remontan al siglo XIX. El siglo XIX es el siglo que "inventará" la adolescencia pero es también el que "inventará" la literatura como campo diferenciado del saber. Como explica Terry Eagleton (1998), hasta el siglo XVIII, el concepto de "Literatura" no se reducía, como a veces sucede hoy, a los escritos de carácter "creativo" o "imaginativo". Abarcaba todo el conjunto de los escritos apreciados en la sociedad: filosofía, historia, ensayos y cartas, junto con los poemas, llamado las "Bellas Letras". Se consideraba que un texto era *literario* no porque perteneciese a un género particular sino porque se adaptaba a ciertas normas de las "letras cultas". Hubo que esperar a lo que hoy llamamos *Romanticismo* para que comenzaran a tomar cuerpo nuestras definiciones actuales de "literatura". El sentido moderno de la palabra "literatura" surgió en el siglo XIX cuando se fue estrechando la categoría hasta llegar a reducirse a las obras reconocidas como "ficciones".

Como la adolescencia, la literatura aparece como uno de los pocos casos en los que los valores creativos olvidados en la sociedad del capitalismo industrial pueden celebrarse y reafirmarse. Así como se imagina al adolescente "incontaminado" en su aislamiento (una forma de "integridad" que, en un sentido moral, lo caracterizará frente a la corrupción de la adultez),

> "La obra literaria llega a ser considerada como una misteriosa unidad orgánica, en contraste con el individualismo fragmentado del mercado capitalista" (Eagleton, 1988:29).

La literatura deja de tener una función transitiva para volverse "inútil" en tanto la "utilidad" y la "transparencia" serán propias de la palabra científica y periodística. Por lo tanto, definidas ambas instituciones, la literaria y la de la adolescencia "al margen" de los valores de productividad propios del desarrollo industrial de la época, era esperable que los personajes adolescentes dominaran las páginas literarias desde ese momento, en la medida que la adolescencia se representará, a partir del siglo XIX, como una etapa "literaria" de la vida asociada a la fabulación, la aventura y el romance.

De todos modos y, con el mismo criterio con que encontrábamos en la realidad adolescentes antes de que se reconociera una *subjetividad adolescente*, en la historia literaria hallamos ciertos personajes emblemáticos cuyas vidas adolescentes fueron ocasión para la narración de historias antes que los adolescentes y la literatura tomaran un cuerpo diferenciado constituyéndose en matrices narrativas que generaron otros relatos después del siglo XIX ahora sí atravesados por una experiencia adolescente y en el contexto de un discurso ficcional autónomo. En palabras de John Neubauer:

> "La adolescencia moderna emerge de los cambios institucionales y sociales del siglo diecinueve, pero las crisis de identidad de juventud, los conflictos generacionales, los procesos de maduración, y los ritos de iniciación fueron temas tradicionales de la literatura mucho antes que emergiera la adolescencia tal como la conocemos hoy en día" (1992: 75).

En la Antigüedad clásica, el personaje adolescente privilegiado es *el efebo* en cuya representación por la filosofía y la mitología puede reconocerse las dos grandes tendencias que venimos señalando en una historia del pensamiento sobre la edad: por un lado, el efebo es el objeto de la pederastia como máxima expresión de la educación griega. El efebo (erómeno), de entre doce y dieciocho años, transita su camino a la madurez bajo la tutela y protección de un maestro (el erastés) cuyo amor le descubre los secretos del conocimiento y de la vida pública. La adolescencia "griega" es de esta manera una etapa de aprendizaje y si bien la educación del ciudadano es, desde ya, la formación del varón; hay quienes ven en las jóvenes iniciadas por Safo en la isla de Lesbos la otra cara de la *paideia* por la cual la adolescente femenina era conducida de la autoridad materna a la edad del matrimonio (cfr. Marrou, 1985).

Pero, también, la figura del *efebo* aparece asociada a la prevención que los adultos deben guardar ante los peligros del vigor y exuberancia adolescente. En este sentido, el vínculo amatorio y didáctico entre el adulto y el adolescente estaba amenazado entre otros *demonios* por la pérdida de la cordura por parte del mayor y por la prostitución, por parte del joven.

En Homero no hay registro de este tipo de relación (con excepción de la que se intuye entre Aquiles y Patroclo), sin embargo, la búsqueda de Telémaco, hijo de Ulises, perdería buena parte de su naturaleza si Telémaco no fuera un adolescente que, al salir a buscar a su padre, termina encontrándose a sí mismo. La *telemaquia* es una expresión más de la singular lógica de los años de aprendizaje adolescente que parece atravesar las distintas culturas y épocas: lejos de casa y de la patria/de los padres pero, por lo mismo, cerca de sí.

El otro personaje fundacional de la literatura occidental es el protagonista de las novelas picarescas españolas. Las novelas picarescas se escriben en el siglo XVI y XVII antes de que el término formara parte del vocabulario acerca de las edades de la vida. *El Lazarillo de Tormes*, por ejemplo, es del año 1554; El *Guzmán de Alfarache* se escribe entre 1599 y 1604; *Simplicius Simplicissimus* en 1669. En estas novelas, el pícaro, el protagonista, es un adolescente –que en algunos casos se le llama "niño" y en otros "mozuelo"– que procede de los bajos fondos, del mundo marginal y el relato narra sus esfuerzos –siempre infructuosos– para escalar socialmente. Se define por oposición a los ideales caballerescos y se vale de la mentira (el engaño, la astucia) para sobrevivir. Su principal propósito es superar el hambre y la paradoja de que su única herencia sea la falta de ascendencia familiar en un mundo sustentado en el linaje y la fama. Si bien puede leerse un dejo amargo detrás de las humorísticas aventuras de los pícaros arrojados a su destino, estos "adolescentes" no sufren en el sentido de que sus urgencias son objetivas y contundentes: quieren dinero y poder para salir del hambre y no están constituidos como "expresividades". Si bien la narración es en primera persona, el pícaro solo nos cuenta los avatares de sus días, nada sabemos de sus conflictos "interiores" (éticos, sentimentales) y poco indica que esta "interioridad" tenga algún espesor en estos personajes. No obstante, hay una experiencia de aprendizaje en estas narrativas y que llevan al niño a un nuevo estado de conocimiento que se inscribe en la adolescencia de las aventuras narradas y el punto de vista adulto del relato. De algún modo, se trata, nuevamente, de la imagen de un *segundo nacimiento*. Así el Lazarillo de Tormes dice de su tutor ciego que "Y fue así, que, después de Dios, este me dio la vida, siendo ciego me alumbró y me adestró en la carrera de vivir" (p. 29).

A pesar de sus profundas distancias, los personajes del efebo y del pícaro tienen en común representar una forma de aprendizaje. El efebo aprende en y por el amor; el pícaro en y por la violencia del mundo. La asociación adolescencia/aprendizaje es una constante ineludible en el imaginario acerca de la edad en todos los discursos que lo incluyen como uno de sus objetos o temas. Pero es en el siglo XVIII cuando esta asociación se consolidará constituyéndose prácticamente en un arquetipo y en una *formación discursiva* en la medida en que generará nuevos discursos por continuación o disrupción. Desde un punto de vista estrictamente ideológico, podemos afirmar que en la base de esta productividad estará el *Emilio* de Rousseau y, más exactamente, su apropiación por el Iluminismo y prerromanticismo alemán; para ser aun más precisos: por la literatura de Goethe. Desde un punto de vista histórico, el individualismo y la expresividad propia de este "siglo pedagógico", como lo ha llamado Arnold Hauser (Hauser, 1994: 281) encontró su mejor encarnación en la figura del adolescente. Esta subjetividad se construirá en la contradicción que caracterizó a este momento histórico: el personaje adolescente dieciochista será, contemporáneamente, símbolo de la dependencia de las pasiones (de una suerte de irracionalismo) y de la confianza en la educación como política estatal (con apelación al concepto de *Bildung* o formación). Las vidas de Werther y Wilhelm, los protagonistas adolescentes de dos de las principales novelas de Goethe –*Los sufrimientos del joven Werther y Los años de aprendizaje de Wilhelm Meister*– son el mejor ejemplo de esta configuración.

En principio, ambos han sido posibles por la emergencia del individualismo moderno que le dio al personaje una psicología. No obstante, mientras Werther *sufre,* Whilhelm *aprende.* En la diferencia hay más que dos actitudes distintas; se trata de posiciones de sujeto divergentes. Mientras Werther alcanza su singularidad por el sufrimiento, la subjetividad de Wilhelm Meister es producto de una ecuación que "(...) había llevado a la cultura alemana a igualar paulatinamente "lo civil" (o ciudadano) con "lo civilizado" primero, y esto último, luego, con "lo educado" (Bobbio, 1985 citado por Amícola, 2004: 130). Así planteado, podríamos pensar que por exceso (un emocionalismo que aniquila –literalmente– al sujeto) o por detrimento (el adolescente objeto de una política educativa) la adolescencia de los personajes es un lugar de paso para el ensayo de ideas o convicciones que van más allá de él. Efectivamente, la adolescencia de estos adolescentes todavía no es propiamente una "edad" en la medida que el interés está puesto en el mundo adulto que se refleja o refracta en sus historias. Recién a fines del siglo XIX y principios del siglo XX la adolescencia se convertirá en una *modalidad literaria* (cfr. Amícola, 2003; Guillén, 1985: 165). Desde este punto de vista, los casos de Werther y Wilhelm concitan interés menos en sí mismos que en lo que se construyó a partir de ellos. En la novela del siglo XVIII los años de adolescencia, paradójicamente, son marginales o están ausentes (Meyer Spacks, 1981; Neubauer, 1999). La razón es que estos personajes adolescentes, sin embargo, no viven una experiencia adolescente en tanto el modo en que se los presenta "neutraliza" los llamados "peligros de la edad". En el caso de Werther el *Sturm und Drang* glorifica la juventud pero como una manera de poner en discusión los presupuestos filosóficos de la Ilustración. No se trata de una reivindicación de la juventud en sí misma sino de cara a una crítica a la burguesía que estaba traicionando su propio ideario. Acaso el suicidio del protagonista no sea sino la máxima sanción imaginable a una conducta que quiere perpetuarse en su mocedad. En cuanto a Wilhelm Meister, los principios filosóficos y didácticos del *Bildungsroman* entronizan la madurez y habrá que esperar un siglo para que esta valorización se invierta. En estas *novelas de formación*, se trata de jóvenes de las clases prominentes que atraviesan el tránsito a la adultez bajo la turbación de un amor no correspondido o una vocación artística que entra en conflicto con sus deberes de clase.

En el caso de *Los sufrimientos del joven Werther* lo que se pone en escena, como adelantábamos, es la imposibilidad de adecuación al mundo del joven Werther a través de la narración en primer plano de un amor no correspondido que lo llevará al suicidio. El fracaso amoroso se vuelve de esta manera un signo de la falta de armonía entre el mundo interior y el mundo exterior del personaje y, en este sentido, la experiencia de Werther sigue siendo la de un aprendizaje; pero en los términos en que lo comprenderá el próximo Romanticismo o, si se quiere, como lo entendía Rousseau. Werther debe "vivir" este fracaso —sufrirlo— para poder comprenderlo. María Cóndor Orduña, una de las traductoras de la novela al español,[56] repara en el uso, en el original en alemán, de las palabras "corazón" (*Herz*) y "sentimiento" (*Gefühl*) y del verbo *fühlen* del que esta última deriva el cual no es usado en la obra de Goethe en su sentido principal de "sentir" o "experimentar" sino en el de "comprender", aunque siempre partiendo de algo observado. (Orduña, 1999: 20). En consecuencia, los sufrimientos (o "desventuras", según otras versiones) del joven son las lecciones de una *educación sentimental* que preparará en Francia, en el XIX, la novela de Flaubert.

Werther es una obra de "juventud" de Goethe; en una analogía sugerente, el escritor, más maduro, imaginará, en 1795/6, *Los años de aprendizaje de Wilhelm Meister* que se convertirá, más tarde, en 1813, en ejemplo de un subgénero de la novela: la novela de formación o *Bildungsroman*. Será en 1813 cuando, en unas conferencias, el profesor Karl Morgenstern se refiera

---

56. María Cóndor Orduña traduce, anota y prologa la edición de *Los sufrimientos del joven Werther* realizada para la editorial española Libsa en 1999.

a un tipo de novela que encuentra su modelo más acabado en el texto de Goethe y que narra el proceso por el cual un personaje madura hasta dar con una imagen de sí que le confiere su identidad adulta. Este subgénero –por mediación de su traducción al francés– recibirá, en español, también, los nombres de "novela de educación" o "novela de aprendizaje".

Como decíamos al comenzar, la novela de formación es el resultado ejemplar del proyecto educativo neohumanista alemán según el cual "La literatura debía ser un vehículo privilegiado de la educación estética del hombre" (de Diego, 1998: 18).

Encontramos aquí uno de los usos privilegiados de esta edad y derivado del Bildungsroman: el denominado *Künstlerroman* o la novela de formación de un artista. En estos casos, la adolescencia refuerza la idea de la no transitividad del arte, su singularidad y su asociación con el tiempo libre sobre la base de las estéticas que creen en las ideas de genialidad e inspiración como orígenes de la producción artística. De acuerdo con estas teorías y escrituras, el artista se revelaría tempranamente como tal. Durante su infancia o adolescencia emitiría signos que anunciarían la que es su inclinación presente y permitirían comprenderla. El principal modelo de este tipo de narración es, sin lugar a dudas, la novela de Joyce; pero podemos pensar en sus reescrituras durante los sesenta, como es el caso de la historia de *Retrato del artista cachorro*, de Dylan Thomas (1953) o de *Paradiso* (1968) como también del punto de vista de la narración de *El gato y el ratón* (1961) de Günter Grass.

Durante las primeras décadas del siglo XX, surge, en Europa, una *novela adolescente* (Moretti, 2000; Neubauer, 1999) que, aunque heredera de la confianza en el conocimiento y en la razón de la novela de formación o *Bildungsroman*; se escribe en el cruce paradójico entre esa fe en la modernización y en los procesos de industrialización y urbanización crecientes y el quiebre de esas mismas expectativas de progreso a partir de la experiencia de la Primera Guerra Mundial y del llamado "fin de siglo". Esta novela adolescente finisecular es la de las heridas y cicatrices de los adolescentes en el mundo y por el mundo y, además, de las heridas del mismísimo mundo; revelada la fragilidad de la caparazón que lo *en*cubre. Esta tendencia de la novela europea devendrá *discurso*, además de matriz genérica, cuando esos personajes sean modelo para el desarrollo de un fenómeno de características semejantes que puede descubrirse comparativamente en la literatura escrita en las Américas a partir de la segunda mitad de la década del '50.[57]

---

57. Cfr. "La experiencia latinoamericana contemporánea: México, Cuba y Perú" en I[ra] Parte, Capítulo II.

La diferencia temporal (más o menos unos treinta años) entre uno y otro continente obedece al momento de desarrollo del capitalismo y de una de sus principales instituciones: la escuela secundaria nacida de la necesidad de especialización del conocimiento y de la producción en las distintas sociedades. La adolescencia es un fenómeno eminentemente urbano, escolar y burgués y por ello es una subjetividad que se consolida como tal a partir de la década del '50 en los Estados Unidos y durante los '60 en Latinoamérica; por lo mismo, especialmente en los países y capitales de mayor desarrollo económico.

2. El personaje adolescente en la literatura argentina

En la historia de la literatura argentina, la adolescencia y el personaje adolescente no son lugares privilegiados de la narrativa y la poesía sino hasta los años sesenta. En general, durante el siglo XIX y principio del XX, ha predominado una atención sobre la infancia por sobre otras edades de la vida. Federico Peltzer (2003), en uno de los escasísimos estudios integrales acerca de la representación de adolescencia en la literatura argentina, ensaya a este respecto la hipótesis de que "El país era bastante más joven, años atrás, cuando no abundaban tantos los adolescentes en la novela" (Peltzer, 2003: 95). Es decir, en otras palabras, la idea de Peltzer podría resumirse en términos de una hipótesis vitalista de la "vida nacional" según la cual la representación literaria de infancia ha estado asociada a *la infancia del país* (que se identifica con sus textos fundacionales) y hubo que esperar al *desarrollo* o la *evolución* del país para que el personaje adolescente se hiciera presente en la ficción literaria nacional *madura*. Más allá de la legitimidad de este planteo es comprobable que la primera metáfora etaria del futuro nacional es la de un niño asesinado, en *El Matadero* (1837) de Esteban Echeverría. No obstante, el ejemplo se complica si se repara en la centralidad del personaje del *joven unitario* violado que finalmente muere en manos de los bárbaros.

Lo cierto es que pueden reconocerse tres momentos de mayor producción en relación con la adolescencia en la historia literaria argentina, anteriores al momento hegemónico que constituyen los años sesenta.

Un primer momento significativo es el de la llamada "generación del '80" en el que el tiempo de la adolescencia aparece de la mano de dos grandes tendencias. Por un lado, como parte de una tendencia "memorialista" (Jitrik, 1992) y, por el otro como escenario de los "cuentos autobiográficos de educación" (Ludmer, 1999) que, si bien son una zona específica de las formas generales que asume el recuerdo, merecen una atención separada en la medida en que en ellos el ámbito de la escuela vuelve explícita las intenciones "fundacionales" de estas narrativas. Entre los textos más representativos de este período podemos citar los *Juvenilia* de Miguel Cané (1882/1884); *La gran aldea* de Lucio V. López (1884) y, unos años después, las *Memorias (infancia y adolescencia)* de Lucio V. Mansilla (1904).

Los textos de Mansilla, Cané y Lucio V. López tienen en común narrar la experiencia de una vida privada cuya definición es eminentemente pública. Es decir, sus destinos personales se presentan de modo tal que representan o explican el destino común de la nación. Josefina Ludmer lo explica diciendo que

> "En la escritura autobiográfica de 1880 se pueden leer dos fábulas de identidad a la vez: la de la nación y la personal. La historia nacional, hasta la frontera del Estado, coincide totalmente con la historia personal. Los dos tiempos han llega a una detención y a una fusión para poder escribirse. (...) Yo diría que 'el cuento de educación' de los dos libros canónicos de los patricios de 1880 cuenta una fábula de identidad de la nación anterior al Estado, dividida (cultural y políticamente) en dos posiciones y en dos versiones opuestas, una mitrista y porteña, y otra urquicista y del interior. Por eso el colegio secundario de López está en el interior (y divide las dos épocas) y el de Cané es el Nacional de Buenos Aires (y une las dos épocas)" (Ludmer, 1999: 28, 44).

Cané define en dos oportunidades el tiempo de la adolescencia; en los capítulos finales del libro. Leemos en el capítulo XXX,

> "Es tiempo ya de dar fin a esta charla, que me ha hecho pasar dulcemente algunas horas de esta vida triste y monótona que llevo. Pero al concluir me vienen al espíritu los últimos tiempos pasados en la prisión enclaustral, cuando ya la adolescencia comenzaba a cantar en el alma, y se abría para nosotros de una manera instintiva un mundo vago, desconocido, del que no nos dábamos cuenta exacta, pero que nos atraía exactamente. No nos lo confesábamos al principio unos a otros; la vida de reclusión, las lecturas disparatadas y sin orden, el alejamiento de la familia, de la sociedad y, sobre todo, cierto prurito de estudiantes, nos inclinaba a un escepticismo amargo y sarcástico, ante el cual no había nada sagrado" (Cané, 1996 [1884]: 158).

En esta primera mención, la adolescencia resulta entonces "inconfesable" entre los pupilos del Colegio Nacional. Las promesas de la adolescencia parecen confesables sólo ahora que ya han demostrado su quimera, si tomamos al pie de la letra la tristeza y la monotonía de los años de escritura del texto autobiográfico (Cané tenía 31 años por entonces).[58] El otro momento es una descripción completamente roussoniana. La adolescencia aparece definida por el vigor ("Por primera vez en estas páginas, nombro a César Paz, mi amigo querido, aquel que me confiaba sus esperanzas y oía las mías, aquel hombre leal, fuerte y generoso, bravo como el acero, elegante y distinguido, aquel que más tarde debía morir en el *vigor de la adolescencia*" –Cané, 1996: 162–); la amistad ("Las amistades se habían estrechado y circunscrito"); el descubrimiento del amor ("Sentíamos también necesidad de cariño; las mujeres entrevistas el domingo en la iglesia... nos hacían soñar..."); la vacancia del tiempo ("Éramos, con todo, felices y despreocupados"); la edad intermedia ("Usábamos el pelo largo y descuidado, teníamos en fin, esa figura desgraciada del muchachón de quince años, que empieza a salir de la infancia, sin llegar a la virilidad").

En cuanto al relato de adolescencia de Lucio V. López, este está acotado al Capítulo IX, que narra el ingreso al colegio del huérfano a los quince años y el descubrimiento del amor por Valentina a los diecisiete. Ya en el próximo capítulo, el personaje abandona el colegio y le espera otro tipo de formación, más apropiada al "joven" que al adolescente: la del Club del Progreso como metonimia de la sociabilidad de su tiempo. La adolescencia romántica es también, explícitamente, el intertexto desde el cual el autor construye la imagen de su protagonista. El narrador afirma, en el contexto del relato de la llegada del primer amor y de las lecturas *furtivas*[59] que

---

58. En el Capítulo XXXI, también hay una referencia a la adolescencia en continuación con el planteo del XXX, pero Cané elige referirse a esa etapa en términos de "juventud": "Pero la juventud venía y con ella todas las aspiraciones indefinibles". (Cané, 1996: 160).

59. A continuación, en el capítulo "Cancha rayada" atenderemos al problema de la lectura adolescente. Por el momento, quisiéramos señalar solamente la insistencia que estos relatos autobiográficos escolares del '80 asignan a la "otra formación" que deparan las lecturas robadas al tiempo de las tareas de escuela y opuestas a las "obligatorias". En general, la "biblioteca" es compartida: los grandes folletines; los escritores románticos; los clásicos griegos. Confiesa el narrador protagonista de *La Gran Aldea:* "En mi cuarto, por la noche, leía *furtivamente* las novelas de *Dumas, ese gran amigo de la adolescencia*, ese encantador de los primeros años, y me adormecía entreviendo la poética figura de Ascanio u oyendo el ruido de las espuelas de D'Artagnan" (López, 1980: 64; la cursiva es nuestra).

"El romanticismo es la adolescencia del arte; la malicia, esa diosa madura que observa el mundo con una mueca perpetua, se ríe de los poetas gemebundos y enamorados; pero la juventud sueña y delira, y creo que no hay hombre, por áspero y frío que sea su carácter, que no tenga en la memoria, así como un lejano paisaje, la escena en que han despertado sus primeros sentimientos" (López, 1980[1884]: 64).

Memorias de Mansilla, cuyo subtítulo es *(infancia y adolescencia)*, es el primer volumen de una serie de tres prevista por el autor pero que no alcanzó a redactar. De acuerdo con Juan Carlos Ghiano (1954) este tomo era:

"(...) algo así como el prólogo no demasiado íntimo de su vida; el segundo, con la narración de sucesos diversos, en varias épocas, cuya publicación se haría en seguida de su muerte; el tercero, todavía más íntimo (...) para publicarse si lo decidía el legatario".

Mansilla planeaba, entonces, seguir *contándose a sí mismo* aún después de su muerte sin embargo solo alcanzó a dar cuenta de sus primeros años y cuidar de esa edición. La adolescencia de Mansilla, a diferencia de su infancia, se caracteriza menos por su "tratamiento", esto es, la forma en que se presenta el recuerdo, que por los temas que atañe. Particularmente, en las *Memorias* se hacen tres referencias a su adolescencia y estas están ligadas a la memoria de su madre; a la lectura y al recuerdo de una aventura: una trilogía de lo más recurrente en las memorias de adolescencia de los patricios argentinos y cuyas fuentes parecen ser, además de la experiencia común y una suerte de "espíritu de época", la lectura de Dickens y de los románticos. De hecho, Cané y Mansilla citan a ambos.[60] Cuenta Mansilla que, una vez, en su infancia, se había desmayado de miedo al cruzar el zaguán oscuro de su casa porque había visto "como Goethe, no con los ojos de la cara, sino con los de la inteligencia" al diablo que lo agarraba de las nalgas. Más tarde "pero yo no era niño, tenía dieciocho años" había revivido

---

60. La obra de Charles Dickens abunda en personajes niños y adolescentes y en el ámbito del orfanato como escenario de sus vidas. Baste citar a *Oliver Twist* (1837-1839); *Nicholas Nickleby* (1838-1839) y *David Copperfield* (1849-1850). Cané se refiere a su lectura de Goethe en la "Introducción" a *Juvenilia* al mencionar a Broth, uno de sus condiscípulos y en el Capítulo XXVII al citar las que dicen fueron las últimas palabras del escritor: "Luz, más luz". Dice Cané: "los otros cuatro procuramos arreglarnos sobre el caballo del viejo, que a todo trance pedía luz, como Goethe moribundo" (Cané, 1996: 149). En el capítulo X, se compara con David Copperfield: "¿Qué hacer? Me parecía aquélla una aventura enorme, y encontraba que David Copperfield era un pigmeo a mi lado; me creía perdido para siempre en el concepto social" (Cané, 1996: 89). En el capítulo XXVI, agrega el nombre de "Dickens" en una nota al adjetivo "ñata".

ese miedo en los lagos de Cumberland cuando ya no lo amenazaban, como cuando niño, con el diablo y con Lavalle sino con duendes que si no se sentían "se hablaba de ellos". El miedo era el mismo pero él "Había estado en Escocia. Iba de Glasgow a Londres". No solo habían pasado los años sino que había viajado: había madurado. La referencia al escritor inglés viene de la mano del recuerdo de un sirviente que sabía leer y escribir aunque con mala ortografía "como diría Dickens". La conclusión de Mansilla es que la diferencia entre el mucamo y él es que "sólo se diferencia de mí en que él es el mucamo y yo soy el amo": una reescritura vernácula del núcleo narrativo de *Príncipe y Mendigo*.[61] Si la aventura adolescente le permite encontrar su lugar en el mundo, tan lejos de casa como de lo sobrenatural, la referencia a la lectura divide nuevamente las aguas entre el mundo de la infancia y el de la adolescencia. La descripción de su casa natal lo lleva a recordar su biblioteca, dice Mansilla:

"En otro mueble, como biblioteca, había libros, no muchos, en español y en francés. El armario ése, es lo único de mis padres que yo poseo y un escapulario que hace años me dio mi madre. Lo llevo siempre conmigo, y con él han de enterrarme. Reclamará ulteriormente uno de estos dos muebles su página; porque si en el uno estaban las fábulas de Iriarte, las de La Fontaine, las de Florián y las poesías del padre Iglesias; en el otro, arriba, en sitio vedado, inaccesible por otra parte cuando yo era chico, hice un día, ya grandecito, curioseando, cierto descubrimiento".

La disposición de los estantes introduce una distinción que se proyecta en la índole de las lecturas; morales las de un estante (fábulas y catecismos) y las que trajo la curiosidad de la adolescencia; las otras. El carácter del "descubrimiento" se da por sobreentendido en la economía que opera la distribución de los libros, los estantes y la edad del lector.

De todos modos, el terreno de su descubrimiento no estaba exento de las ambigüedades que puede solucionar la racionalidad de un mueble. Mansilla confiesa que:

"En la adolescencia tanto me parecía a mi madre, que en la tertulia de Manuelita Rozas –Bernardo de Irigoyen debe acordarse , solían ponerme un pañuelo en la cabeza a guisa de cofia, exclamando todos y todas: ¡Agustinita!, lo cual me daba mucha rabia, aunque las mujeres me comieran a besos, golosina a la que en esa edad no se le toma todo el sabor posterior".

---

61. La novela de Mark Twain es de 1882.

La ignominia de la anécdota se distrae en la apelación al círculo del *entre nos* que, por entonces, constituía el ámbito de la vida pública: Bernardo de Irigoyen y Manuelita Rozas son referencia suficiente para disimular el embarazo de la escena relatada. De hecho, probablemente sea esas referencias las que hayan habilitado el ingreso de este recuerdo a la memoria publicada de Mansilla y no lo contrario.

La *memoria del tiempo de adolescencia* es un lugar obligado de las *escrituras del yo* (Rosa, 1990) y especialmente del relato biográfico y autobiográfico, por su carácter "explicativo" respecto de las decisiones que hicieron al adulto que escribe en el presente de la autobiografía o que es el sujeto-objeto de la narración biográfica. Este ha sido el uso privilegiado de la adolescencia por la literatura argentina no solo en los textos declaradamente biográficos sino en los que se reconocen como ficcionales.

Durante el siglo XX, un segundo momento está definido por un año en particular: 1926. En 1926, aparecen *El juguete rabioso* de Roberto Arlt y *Don Segundo Sombra* de Ricardo Güiraldes.[62] Lo que está en juego en ambos textos, aunque con variantes tan importantes que han hecho pensar a un texto como antítesis del otro, es un aprendizaje. La significatividad de Astier radica en lo que representa en relación con las narrativas autobiográficas (y de aprendizaje) que acabamos de reseñar. La novela, publicada el mismo año que *Don Segundo Sombra* (1926) (y dedicada a Güiraldes) es su reverso: si el ámbito del reserito es el del campo; el de Astier es el de la ciudad; si el personaje de Güiraldes codifica las expectativas nacionales acerca de las jóvenes generaciones; el de Arlt, las desalienta: su moral es la traición y su representación dista de inscribirse en los cánones de una *novela de formación,* en su sentido original –como lo planteábamos en relación con *Wilhelm Meister*–.[63]

Un tercer momento es el de los años cuarenta, en los que la adolescencia aparece en relación con cierto lirismo propio de un desarrollo contemporáneo de la prosa poética. En el mismo sentido, Federico Peltzer (2003), en su historia de los adolescentes en la novela argentina, si bien realiza un mero catálogo de las obras que responden a estas características (sin analizar el tipo de representación en cuestión), también señala que, después de los años veinte, se abre "un paréntesis. Durante años (y salvo omisión involuntaria)

---

62. Acerca de la relación entre las dos obras publicadas en el mismo año, Cfr. Pezzoni, Enrique (1986): "Memoria, actuación y habla en un texto de Roberto Arlt".
63. Volveremos más adelante (en este capítulo III. 4 "Crecer de golpe") sobre *El juguete rabioso* para trabajar sus proyecciones en la literatura de izquierdas de los años sesenta.

ninguna novela importante tiene por protagonista a un adolescente" (Peltzer, 2003: 79). La historia trazada por Peltzer comienza con *Juvenilia*, se detiene en *Raucho* (1917), de Güiraldes, en *Don Segundo Sombra* (1926), del mismo autor y en la Balbina de *El inglés de los güesos*, de Benito Lynch (1924). Después, del paréntesis mencionado, la historia prosigue con *Álamos talados*, de Abelardo Arias, publicada en 1942.

En esta tercera serie de los años cuarenta, entonces, el gesto es nuevamente memorialista pero la adolescencia es menos un tiempo o un recuerdo que una emoción. El carácter elegíaco de la recuperación del pasado por Mansilla, Cané o López reaparece pero desprovisto del carácter fundacional. Lo que está en juego es una intimidad. Es el caso de algunos de los cuadros de *Cuadernos de infancia*, de Norah Lange (1937), de la mencionada *Álamos talados*, de Abelardo Arias (1942) o de *Shunko*, de Jorge Ábalos (1949).

3. Final de juego. Cortázar y el adolescente romántico

3.1. Una literatura efébica

La adolescencia romántica es la primera que puede ser históricamente designada como tal. El hecho de estar en el origen de la propia edad de la vida hizo que terminara por confundirse con un estado de naturaleza. De este modo, en los años sesenta, este personaje adolescente encontrará, dentro del sistema de la literatura argentina, su expresión y, literalmente, encarnadura en la literatura de Julio Cortázar (y en lo que llamaremos a continuación *el caso Cortázar*).

Por un lado, la literatura de Cortázar elegirá en sus cuentos y novelas, personajes adolescentes y hará del tiempo de adolescencia la experiencia privilegiada de una literatura que se definirá en términos de pasaje. Por el otro, el propio Cortázar se constituirá en una imagen emblemática de la adolescencia de los años sesenta en un circuito de correspondencias entre las estrategias de autofiguración del escritor y las condiciones de recepción contemporáneas. La *eterna efebicia* cortazariana será funcional a un estado del discurso social dominado por la metáfora adolescente o, en todo caso, los principales narremas del relato de formación de los sesenta hallarán inscripción en el *caso Cortázar* (la resultante de los lugares de convergencia entre su literatura y estilo personal).

En la edición homenaje a Julio Cortázar de la Casa de las Américas, Manuel Pereira comenta que José Lezama Lima decía sobre Cortázar que padecía de una "envidiable enfermedad llamada *efebicia*" que lo mantenía joven "al precio de que sus huesos crecen desmesuradamente" (Pereira, 1984: 214).[64] Las palabras de Lezama Lima son solo un ejemplo entre otros de un verdadero lugar común en la ponderación de la obra y la biografía de Cortázar que, además, transitivamente, se aplicó sobre su literatura al considerársela, también, una lectura adecuada *para adolescentes*. En la biografía lectora de muy buena parte de los que fueron adolescentes en la Argentina en los sesenta encontramos a Cortázar como literatura de iniciación y, especialmente, en aquellos que eligieron, también, a la literatura como profesión.

Por ejemplo, en el año 2004, el suplemento literario del diario Página/12, *Radar Libros,* convocó a escritores y periodistas a escribir bajo la consigna "Cortázar y yo". La lectura de las respuestas a la solicitud transitan justamente sobre la adhesión o rechazo de las prerrogativas de una literatura efébica cortazariana lo que, además, actualiza buena parte de los argumentos contradictorios acerca de las representaciones de lo joven en los años sesenta que veíamos en la I[ra] Parte.

En este sentido, la escritora Mariana Enriquez (nacida en 1973) y el escritor, periodista y ex preso político Daniel Molina (nacido veinte años antes, en 1953) coinciden en definir a la literatura cortazariana como "lectura de pasaje o iniciación". Dice Enriquez que Cortázar llegó a su vida "cuando abandoné la colección juvenil ilustrada "Mis Libros" de Hyspamérica y me aventuré hacia la biblioteca adulta". En cuanto a Molina, recuerda que:

---

64. Este carácter adolescente de Cortázar es una referencia constante en los otros textos que componen el volumen homenaje editado por Casa de las Américas (1984). Lisandro Otero se refiere a "su aire de eterno adolescente" (p. 141); Fina García Marrúz a "un maduro juvenil como eras vos" (p. 67); Ugné Karvelis (su segunda mujer) recuerda haberlo conocido "Aturdida por su tamaño, intimidada por ese aire de absoluto adolescente" (p. 176). Rumen Stoyanov lo define como "el escritor más joven de esta América" y fundamenta el "humanismo"de Cortázar en el hecho de que haya escrito sobre niños y adolescentes: "Una de las más convincentes pruebas de ello (de su humanismo) es el hecho de que ningún otro de los numerosos cuentistas latinoamericanos haya llegado a escribir con más cariño y prodigiosa penetración sobre niños y adolescentes" (p. 223).

En gran medida, la imagen adolescente de Cortázar es deudora de la iconografía del escritor que inventara Sara Facio. En una entrevista reciente (16 de mayo de 2004) en ocasión de la edición de un libro de fotografías en homenaje a Julio Cortázar, la fotógrafa Sara Facio, quien también era amiga personal del escritor desde 1967, recuerda cuando tomó la imagen en la que mira a cámara con los ojos fruncidos, el rostro ladeado y fuma y que Cortázar decidió que "tenía que ser su foto oficial" (cfr. Guerrero, 2004).

"El 28 de noviembre de 1967 era un martes anodino. Yo estaba a punto de terminar el primer año de secundaria en el Colegio Nacional Nicolás Avellaneda. A media mañana, durante el recreo más largo, uno de mis compañeros se me acercó con un paquetito en la mano. Se descubriría fácilmente que era un libro. Varios más se le sumaron y entre todos me cantaron el Happy Birthday: inauguraba mis 14 un día que no tuvo casi nada de memorable salvo por el contenido del paquetito. Estaba allí el primer libro de Cortázar que leí, Todos los fuegos el fuego, que había sido publicado por Sudamericana un año antes. Estábamos condenados al cine (íbamos casi todos los días) y a los libros y revistas. Ya habíamos leído Cien años de soledad (la moda fue instantánea y éramos jóvenes muy enterados) y a Borges (maravillas de la escuela pública de entonces). Pero el colombiano era demasiado folklórico, aunque simpático, y Borges estaba demasiado distante. Exigía un Virgilio que nos guiara a él. Y Cortázar fue mi Virgilio".

Claudio Zeiger, también escritor y periodista cultural, nacido en 1964 atribuye a Cortázar su "primera experiencia estética" y resume diciendo que Cortázar fue nuestro "Punk":

"A pesar de mi educación sentimental psicobolche y a una marca iniciática nada desdeñable (fui al Mariano Acosta, el colegio de Cortázar, el del cuento de la escuela de noche), nunca me engancharon especialmente los derroteros militantes pro Cuba y Nicaragua de Cortázar y los debates de allí derivados. Desde que empecé a leerlo (antes de cualquier forma de militancia) fue más bien una experiencia literaria intensa, casi me animaría a decir que en mi vida leer a Cortázar fue mi primera experiencia estética.

Cortázar, en gran medida, fue un capítulo de nuestro punk: la mezcla de la eterna juventud (Cortázar como el hombre que no envejecía) y la tragicidad de ser jóvenes románticos en tiempos decididamente no románticos. Como en 'Las babas del diablo', como en 'la señorita Cora', como en 'El otro cielo', y como en los entretelones de ciertas revoluciones políticas y estéticas".

A diferencia del escritor, periodista y traductor Guillermo Piro (nacido en 1960) que se confiesa "enamorado" de la literatura cortazariana y se rehúsa *barthesianamente* a escribir sobre aquello que ama, la escritora María Moreno (nacida en 1947) confiesa su "antipatía" por Cortázar y el también escritor Alan Pauls (1959) su perplejidad ante el fenómeno de la eterna juventud del autor:

"Nunca entendí muy bien cuál era la enfermedad de Cortázar. ¿No podía envejecer? ¿Había envejecido demasiado rápido? ¿Ya de joven era viejo? A veces se me daba por poner en orden cronológico las fotos que tenía de él para desentrañar el misterio, y la sensación era siempre la misma: cuando se parecía a Malraux, cuando se fidelcastrizaba (dejándose crecer la barba y usando esas chaquetas horribles), cuando se esforzaba por impostar el aplomo de un viejo sabio o la magnánima agresividad de un sacerdote tercermundista, Cortázar era siempre el mismo... una especie de cara básica, primordial, un Cortázar grado 0 que, liberado de sus sucesivos afeites históricos, no cambiaba jamás... ¿qué edad tenía? ¿Era la cara de un joven prematuramente avejentado? ¿Era la cara de un viejo con hormonas juveniles infatigables? No lo voy a saber nunca...".

En general, la adolescencia cortazariana es un valor cuando se trata de recordar la propia experiencia de lectura (la adolescencia propia) pero se rechaza en nombre de una forma de impostación. Una proyección del modo de operar propio del *star system* en el terreno literario que atravesó el fenómeno de la cultura durante los sesenta fomentado por el desarrollo de los medios masivos de comunicación y la industria cultural. En función de esto no sorprende la actitud reactiva de la mayoría de sus lectores adolescentes ante el "último" Cortázar militante. Cuenta Molina, en el mismo orden que Zeiger, que:

"De a poco, con el correr de los años, con la acumulación de lecturas que el mismo Cortázar habilitaba, fui comenzando a desencantarme. ... Y descubría de paso cuán borgeano era el mejor Cortázar, el que me gustaba, y cuán poco interesante el militante en el que los setenta lo habían transformado".

Más allá de las aventuras biográficas personales, la literatura de Cortázar se convirtió en una lectura generacional de aquellos que fueron adolescentes en los años sesenta primero porque su obra y sus temas encajaban perfectamente en el discurso social de la época —como desarrollaremos a continuación— pero, además, porque la lectura misma —como práctica y consumo— formaba parte del *habitus* de los adolescentes sesentistas y en un momento recordado como la *primavera editorial* del libro nacional (entre 1962 y 1968) y *boom* de la literatura latinoamericana. Es decir, los adolescentes argentinos —y latinoamericanos— se volvieron lectores de Cortázar, porque sus cuentos y novelas participaban de "esa realidad inédita que la juventud pretendía alcanzar de un solo tirón" (Muñoz, 1994) y en un momento en el que leer y consumir cultura *estaba de moda*. Jorge Rivera, en un estudio de la industria editorial argentina durante este período explica que:

> *"Bestiario* (...) publicado inicialmente en 1951, tardó más de diez años en agotar los 3.000 ejemplares de su primera edición, pero en 1964 logró vender en menos de un año igual cantidad de su segunda edición, alcanzó la tercera y cuarta en 1965 y un año más tarde agotó en pocos meses los 5.000 ejemplares de su quinta edición, para obtener todavía una sexta y una séptima en 1967 y 1968, respectivamente.
> Similar al caso de *Bestiario* es el de *Final de juego* (1956), *Las armas secretas* (1959) y *Los premios* (1960), que entre 1964 y 1968 alcanzan seis y cinco reediciones respectivamente, tras un arranque que en cierta forma cumplió la parsimoniosa rotación del primero de los nombrados" (Rivera, 1998: 139).

"Todos leían a Cortázar" titula, por su parte, el crítico cultural Sergio Pujol a uno de los parágrafos del capítulo acerca del boom de la lectura en los años sesenta y reseña:

> "En julio de 1963, *Rayuela* saltó al tope de las listas de libros más vendidos. Superó a *La isla* de Aldous Huxley y *El aburrimiento* de Alberto Moravia. Tuvo buenas reseñas en casi todo el arco crítico: Ana María Barrenechea la analizó y elogió en *Sur* y Liliana Heker destacó en las páginas de *El escarabajo de Oro* la calidad literaria de la primera parte de la novela ('Del lado de acá'). *Primera Plana*, ya por entonces el medio gráfico más influyente del país, resaltó su 'prepotente voluntad de forma' (...) el semanario (...) caería pronto rendido ante el encanto cortazariano, dedicándole la nota de tapa del 27 de octubre de 1964, bajo el título 'El escritor y sus armas secretas'" (Pujol, 2002: 119).

De acuerdo con el crítico y escritor mexicano Mario Muñoz, la literatura efébica de Cortázar caracterizó el tiempo "Cuando creíamos que el mundo sería de los cronopios" (Muñoz, 1994). Muñoz, que confiesa que Cortázar había sido el escritor que más influyó "durante mis siniestros años de adolescencia" (*ídem*), sostiene que "Para una parte de mi generación, la lectura de Cortázar fue obligada y decisiva. Lo descubrimos en el apogeo de los años '60, cuando el mundo parecía entrar en los albores de otro Renacimiento" (*ídem*). En palabras de Pujol, "Encarnación de la sensibilidad de los '60 en un cuerpo de cierta experiencia, Cortázar era uno de los pocos hombres de más de treinta años en los que los jóvenes iracundos podían confiar" (Pujol, 2002: 120).

3.2. La adolescencia como figura

"Entiendo ya algunas figuras
pero no sé qué es la baraja
qué anverso tiene esa medalla
cuyo reverso me dibuja".
Cortázar, Julio: "El gran juego"

En Cortázar, la adolescencia se constituye en un modo de representación y más precisamente en *una figura* –que remite a su teoría acerca de las relaciones entre literatura y realidad– y que, por lo mismo, se puede leer en otros textos en los que la adolescencia no se halla presente en términos de "edad de la vida" de los personajes o inscripción temporal de los sucesos narrados.

Postular la constitución de la adolescencia como modo de representación significa superar la oposición forma/contenido o, si se quiere, estilo/tema, que coloca, a ambos lados de la raya, dos campos inconciliables o necesariamente, complementarios. Antes bien, nos interesa ubicarnos en el interregno que la misma barra posibilita contra sus pretensiones distributivas. La *paradoja de la representación* (para parafasear el título de Enaudeau: 1999) consiste en constituirse como afirmación y simultánea negación de la presencia. El representante se ofrece al análisis y/o a la observación en el mismo momento en que niega la disponibilidad de lo representado. Pero, en la literatura –como en otros discursos–, la emergencia de la representación está motivada. No hay arbitrariedad posible de la representación por la literatura. En el discurso, a la arbitrariedad –semiótica– del signo lingüístico, se le sobreimprime la motivación semántica –ideológica, histórica, fónico-fonológica– de la palabra en el contexto de la sintaxis y del *estilo* entendido, también como un modo de representación: una *máquina de expresión* (Deleuze, Guattari: 1990: 32). Es en este sentido que Wittgenstein dice que "La proposición es una figura de la realidad" (citado por Colodro, 2000: 54) o que Enaudeau afirma:

"La palabra, es decir, el concepto, por abstracto que sea tiene necesariamente una *figurabilidad* (...) no relacionada con su aptitud para convertirse en una imagen vidual, en un dibujo, sino con el hecho de que siempre se ofrece en un espacio semántico del que es el centro" (Enaudeau, 1999: 150).

En los cuentos "Circe" de *Bestiario* (1951), "Final de juego" y "Los venenos" de *Final de juego* (1956), "Las babas del diablo" de *Las armas secretas* (1959), "Las señorita Cora" de *Todos los fuegos el fuego* (1966); "Silvia", "Ciclismo en Grignan" y "Siestas" de Último Round (1969) y "La escuela de noche", de *Deshoras* (1982) los personajes adolescentes están claramente definidos por la edad que aparece "declarada" por ellos mismos o por los narradores; en un espectro que va de los doce a los diecinueve años. Es el caso, también, de los dieciséis años de Felipe Trejo en la novela *Los premios* (1960). Además, los personajes participan de circunstancias espacio-temporales tradicionalmente asociadas al universo adolescente como el de la iniciación amorosa-sexual; la escuela; la amistad; las relaciones familiares (con niños, con padres, con tíos) y el tiempo libre (las salidas, las vacaciones, los pasatiempos y los juegos). Pero, además de estos cuentos, hay otros en los que la inscripción de la adolescencia asume otras características, que, aunque menos evidentes, no por ello menos decisivas. Son los casos de la perturbadora presencia de un busto de Antinoo en "Carta a una señorita en París" en *Bestiario;* el epíteto "muchachos" que presenta a los singulares pasajeros de "Ómnibus", también de *Bestiario*; el tenor de la relación que se plantea en "Después del almuerzo" –de *Final de juego*– entre el "hermano mayor" y el que es presumiblemente su incómodo "hermano menor"; el "espejo" que ofrece, al protagonista de "Una flor amarilla" –de *Final de juego*–, el encuentro con "su adolescencia" en un autobús de la línea 95. Finalmente, en gran parte de estas narraciones, la adolescencia es el punto de vista del relato, esto es: el narrador es un adolescente, protagonista o no de la historia; o bien la secuencia narrativa toma la forma de un aprendizaje en el que se pone en juego los saberes acerca de la realidad y la propia posibilidad de conocer.

En el primer grupo de cuentos, aquellos en los que la adolescencia de los personajes es una "edad de la vida", lo que está en juego es la representación de la extrañeza en lo familiar o cotidiano: ese modo de concebir la realidad que Cortázar mismo designó como fantástico "por falta de mejor nombre" (Cortázar, 2004: 508); según su propia definición. Los adolescentes aparecen justo ahí cuando la causalidad de los adultos y la inocencia de los niños no son suficientes para nombrar lo que está pasando. En este sentido, resulta emblemático "Ciclismo en Grignan", un texto menor –desde el punto de vista de la narrativa "canónica" de Cortázar– que forma parte de *Último Round*. El narrador, después, de declarar su desconfianza respecto de la causalidad –"Insisto en desconfiar de la causalidad, esa fachada de un *establishment* ontológico que se obstina en mantener cerradas las puertas de las más vertiginosas aventuras humanas" ("Ciclismo en Grignan", Cortázar, 1995 [1969]: 205)– convierte la contemplación de tres amigas que conversan distraídamente en una plazoleta abandonada en un relato erótico. En el relato, el sentido surge de la confluencia del pasado (de las cartas de Mme de Sevigné a su hija); el presente del juego de una chica con el asiento de la bicicleta a la "sombra" de la estatua de de Sevigné y el futuro, de la lectura de la escena de Simone desnuda en la bicicleta de la *Histoire de l'oeil*, de George Bataille. "Ciclismo en Grignan" celebra el espacio del "entre" que Barthes, en *El placer del texto*, reconoció como propio del erotismo.[65] Esto es: a la literalidad de la joven desnuda en el texto de Bataille; Cortázar opone el triángulo fortuito que construye la metonimia de la "bella de Grignan" que "subía y bajaba livianamente en la silla de la bicicleta" ("Ciclismo en Grignan", Cortázar, 1995: 205). Y esto al mediodía: ese diálogo "saltaba en el aire de mediodía"; dice Cortázar. La adolescencia como "mediodía"; a igual distancia de la lucidez de la mañana y de las certezas de la noche; al final de la jornada. El tiempo de la adolescencia –como "mediodía" de la vida– es el indicado para disolver la causalidad. Dice Cortázar:

> "Si **después** de leer un cierto libro de George Bataille yo hubiera bebido una copa de vino en un café de Grignan, la chica de la bicicleta no se habría situado **antes**, con ese aura que cierne los instantes privilegiados; al establecer un enlace entre el libro y la escena, la memoria hubiera tejido la malla causal, la explicación simplificadora de toda cadena eslabonada por un condicionamiento favorable a la tranquilidad del espíritu y al rápido olvido" ("Ciclismo en Grignan", Cortázar, 1995: 204; en negritas en el original).

La figura funciona, entonces, como un mecanismo que exime de explicaciones. Las explicaciones pertenecen al registro del lenguaje informacional por el que las palabras están, digámoslo parafraseando a Blanchot, "unidas al saber" (Blanchot, 1977: 102) pero, por lo mismo, los sucesos resultan olvidables; sumidos o resumidos en la lógica de la causa y el efecto; de las razones y sus consecuencias, pierden su singularidad. La figura opera en un espacio que escapa al de la "malla causal" y en un tiempo de excepción en el que, paradójicamente, lo representado fuera de la memoria, se vuelve memorable. La memoria pertenece a la infancia. La infancia está en el origen

---

65. "¿El lugar más erótico de un cuerpo no está acaso *allí donde la vestimenta se abre?* En la perversión (que es el régimen del placer textual) no hay 'zonas erógenas' (expresión por otra bastante inoportuna); es la intermitencia, como bien lo ha dicho el psicoanálisis, la que es erótica (…) la puesta en escena de una aparición – desaparición" (Barthes, 1986: 19).

y, por lo mismo, se vuelve fatalmente causa; fundamento de la experiencia. En la infancia se cifra el por-venir adulto mientras que la adolescencia es, por definición histórica, un tiempo de vacancia. Por eso, esta representación temporal de la adolescencia aparece en otros cuentos, bajo otros nombres: por ejemplo, el de la "siesta" o el que espera "después del almuerzo".

En este sentido, la adolescencia remite a un concepto central en la poética cortazariana que es el de "pasaje"; una relación que, por cierto, y más allá de cualquier interpretación, fue revelada por el propio autor. En uno de los textos de *La vuelta al día en ochenta mundos*, "Del sentimiento de no estar del todo", publicado en 1967 sostiene[66]:

> "Siempre seré como un niño para tantas cosas, pero uno de esos niños que desde el comienzo llevan consigo al adulto, de manera que cuando el monstruito llega verdaderamente a adulto ocurre que a su vez éste lleva consigo al niño, y **nel mezzo del camin** se da una coexistencia pocas veces pacífica de por lo menos dos aperturas al mundo (...)" (Cortázar, 2004 [1967]: 32; en negritas en el original).

La adolescencia, entonces, es la visión del mundo que corresponde al *nel mezzo del camin* y que en 1962 asumirá la forma de la metáfora con la invención del "cronopio":

> "(...) ahora pasa que hombre-niño no es un caballero sino un cronopio que no entiende bien el sistema de líneas de fuga gracias a los cuales se crea una perspectiva satisfactoria de esa circunstancia, o bien, como sucede en los collages mal resueltos, se siente en una escala diferente con respecto a la circunstancia (...)" (Cortázar, 2004: 34).

La incomodidad es el rasgo que define a la mayoría de los personajes adolescentes de Cortázar –como remedo ficcional de aquella desproporción física del autor a la que nos referíamos al comenzar–. Probablemente, "Después del almuerzo" sea el cuento que mejor da cuenta de esta sensación porque la "incomodidad" es acaso la única certeza de la monstruosidad de aquel que el protagonista "saca a pasear". Digamos que conocemos al "acompañante" solo por sus efectos. El cuento es el relato en primera persona de la angustia de un "pibe" que es arrancado de su tiempo libre ("yo hubiera querido quedarme en mi cuarto leyendo") por el pedido paterno

---

66. Debo esta referencia a la Dra. Miriam di Gerónimo y, particularmente, a su artículo "'El hombre-niño' en los relatos de Julio Cortázar" (AAVV: *El lector infantil y juvenil, proceso y formación*, Tomo II, Actas de las I Jornadas Nacionales de Literatura Infantil y Juvenil, Mendoza 16 al 18 de mayo de 1991, Universidad Nacional de Cuyo. Facultad de Filosofía y Letras, págs. 11-22).

de "sacar a pasear" a alguien innominado y que, a partir de allí, se volverá objeto de miradas y comentarios indiscretos "el del puesto de revista de la esquina ya estaba mirando cada vez más y le decía algo a un pibe de mi edad" ("Después del almuerzo": 378) que contrastarán con su costumbre de andar por las calles prácticamente desapercibido: "(...) con las manos en los bolsillos del pantalón, silbando o mascando chicle o leyendo las historietas (...)" (*ídem*: 375). En la historia, el temor al ridículo propio de la definición psicológica del adolescente y su carácter monstruoso; característico de los cambios fisiológicos de la edad; se vuelven el marco necesario para connotar el silencio respecto del otro; del objeto de paseo.

Es que *nel mezzo del camin* aparece el peligro del desvío. El protagonista de "Después del almuerzo" abandona a ¿su hermano? en el paseo y es el pasear, también, el que lleva a Wanda, en "Siestas", por los caminos "equivocados" en los que la esperan aprendizajes prohibidos de la mano de su amiga Teresita. Fue ella la que la inició en el conocimiento del placer solitario. Teresita le había enseñado "eso" y también a la hora de la siesta sus tías la habían descubierto para su humillación y castigo. Su "formación" se había completado con las láminas de un libro de anatomía en francés; también encontrado como al azar en el tiempo robado a las tareas escolares y a los juegos infantiles. El tiempo de la siesta está lleno de todos los peligros que pueden imaginarse al margen del único tiempo legítimo en el orden burgués: el de las ocupaciones, los negocios, el trabajo. La adolescencia, como la siesta, representa un tiempo de peligros porque el sujeto en formación es todavía vulnerable. No ha tomado la forma definitiva del adulto que, siguiendo la metáfora de los momentos del día, estaría asociado a la hora crepuscular.

La única definición posible del adolescente es una definición relativa: por contraste u oposición; en términos de complemento o suplemento, el adolescente es aquello que ya no es un niño y todavía no es un adulto. Este carácter relativo parece ser una de las condiciones básicas de su carácter figural porque, esencialmente, elude toda posibilidad de nominación. Históricamente, la psicología y la medicina han tenido dificultades para delimitar el período y, en el mejor de los casos, han optado por atender a los cambios y a las transformaciones antes que a las constancias. La falta de entidad que está en la base de la adolescencia pone en crisis cualquier taxonomía que tiene al principio de identidad como condición de existencia. En consecuencia, a la adolescencia parece convenirle una representación figural antes que literal. "Silvia", otro de los cuentos de *Último Round* es la expresión más acabada de este modo de articulación del sentido.

"Silvia" es uno de esos cuentos de una serie mayor, en la que podríamos incluir, entre otros, a "Las babas del diablo", "Ómnibus", "Carta a una señorita en París" o "Después del almuerzo" en la que el silencio es la condición esencial del régimen del sentido. Nada se sabe acerca de quién es "Silvia" y tampoco se revelará en ningún momento. En este secreto estarán cifradas, sin embargo, las posibilidades interpretativas de la historia.

El cuento narra un asado que comparten parejas amigas con sus familias durante las vacaciones. De la reunión participan, entonces, dos matrimonios con sus hijos, el narrador (soltero) y Silvia. De Silvia solo se dice que "(...) junto con los padres vienen los chicos y eso es también Silvia" (Cortázar, 1995: 122). Pero Silvia no es una niña y, además, nadie puede verla excepto los chicos y, Fernando; el narrador. Este último no comprende por qué no se la han presentado y especula que,

> "Que no me hubieran presentado a Silvia parecía extraño, pero era tan joven y quizá deseosa de mantenerse al margen, comprendí el silencio de Raúl o de Nora, evidentemente Silvia estaba en la edad difícil, se negaba a entrar en el juego de los grandes, prefería imponer autoridad o prestigio entre los chicos agrupados junto a la tienda verde" (*ídem*: 124).

La juventud y la "dificultad" de su edad mantienen a Silvia al margen del grupo. Su marginalidad es tan extrema que los "grandes" creen que Silvia es un invento de los chicos; una "amiga invisible" y esta hipótesis e inaccesibilidad de los adultos contrasta con la curiosidad y seducción que la joven causa en Fernando.

"Silvia era cuando estaban los cuatro" (*ídem*: 134), se afirma en un paréntesis final en el cuento. La adolescente Silvia está ahí cuando los cuatro niños se reúnen; en sus juegos, en sus búsquedas. Silvia custodia a los niños en su reino infantil mientras que sus padres los ignoran ocupados en sus conversaciones. "No les hagas caso", sugiere el padre de uno de los chicos a Fernando: "Se ve que no tenés práctica, tomás demasiado en serio a los pibes. Hay que oírlos como quien oye llover, viejo, o es la locura" (*ídem*: 129).

La excepcionalidad de Fernando —el único soltero del grupo; el único que presta atención a los niños; el que llega solo a la reunión— lo sitúa en condiciones de comprender a Silvia. No solo de verla sino incluso de ser seducido por ella. "Silvia era cuando estaban los cuatro" citábamos más arriba. Silvia se define *entre los otros* y en el conjunto ya no hay cuatro sino cinco: el quinto hombre-niño que representa Fernando en su peculiaridad.

La figura trabaja sobre el borde de lo expresable y, por ello, traba relación con el silencio que se revela —en este contexto— como una materialidad significante no mensurable y que, en su autonomía, introduce la connotación. Parece ser en este sentido que Erich Auerbach define a la figura[67] como una "(...) realprofecía, profecía en acto, en las cosas y hechos concretos" (Auerbach, 1998). El orden del sentido figural es el del futuro actuando en el presente: una forma de anuncio de aquello que queda más allá del código; pero un anuncio frustrado como "mensaje" y solo posible como "epifanía". El sentido puede descubrirse en la intermitencia que media *entre* la superficie de lo dicho y la profundidad del implícito; *entre* la presencia de la palabra y el silencio, que es su reverso; su ausencia. Nuevamente: el régimen de lo erótico. Por eso la seducción es un veneno que penetra los jardines irremediablemente en el cuento homónimo: "Los venenos", y una enfermedad fatal, en *La señorita Cora*. En ambos cuentos, el lenguaje se enferma de silencio y escribe una historia de amor. Dos historias triviales: la de una máquina para matar hormigas y la de una cirugía menor (apendicitis) llenan la superficie de lo explícito y ocupan el tiempo de los sucesos narrados. Dos historias de amor "falsas" —porque se revelan aparentes— la de Hugo y la hermana del narrador protagonista en "Los venenos" y, la de la señorita Cora y el enfermo, enseñan que las evidencias distraen de lo que importa: Hugo y Lila, en el primer caso; la señorita Cora y Pablo; en el segundo. En el medio —pasaje de un universo de sentido a otro— un adolescente y su silencio. El narrador de "Los venenos" adopta, en primera persona, un registro confesional: habla de sus juegos predilectos; de la lucha contra las hormigas; de su hermana; de Hugo —el primo que está de visita— de sus lecturas; de Lila y "las de Negri" pero no de su amor por Lila. Solo podrá mentir ("por casualidad yo acababa de escribir mi nombre (...) y el de Lila que por una casualidad había escrito al lado mío", "Los venenos": 309) y callar. Cuando constate que ese amor no es correspondido, se pondrá a trabajar, es decir, volverá a aquello sobre lo que puede o *se puede* hablar y reservará lo importante para el silencio. "La señorita Cora" cuenta la historia del encuentro "desencontrado" de la joven enfermera (que no tendría más de diecinueve años) y Pablo, el paciente de catorce. Los silencios de Pablo: sus palabras fallidas, su rubor, sus inhibiciones, el dolor, el llanto, los desfallecimientos significan las palabras de Cora y construyen la escena de la seducción. La angustiosa atracción de Cora por Pablo crece a medida de que la salud de este se agrava. Mientras que las circunstancias llevan a Pablo a callar momento a momento, la verborragia de Cora, contrariamente, crece. No para de hablar: ridiculiza y se apiada al mismo tiempo de

---

67. El concepto de "figura" de Erich Auerbach es de 1938.

las actitudes del adolescente; renuncia a su cuidado y se arrepiente; pide consejos "expertos" y los desestima de inmediato. Pero tanta palabra no puede callar aquello que la lleva al pie de la cama del enfermo más allá de sus *sanas intenciones*.

Las posibilidades "expresivas" del silencio, sin embargo, encuentran su mejor ejemplo en la novela *Los premios* –de 1960– porque hacen a la propia anécdota de la historia narrada: la de un viaje como premio de una lotería cuyo destino se desconoce y en un barco en el que la popa es inexplicablemente inaccesible. Ni siquiera se trata de una novela de enigma porque, si bien se relata la incomprensión que reina entre el pasaje durante los tres días que dura el viaje y sus intentos por resolver el misterio; el secreto permanece a salvo al final de la historia silenciado por "decreto" por las autoridades organizadoras de la travesía pero también por los efectos del homicidio de Medrano (uno de los profesores de secundaria embarcado) y de una especie de prudencia que se instala entre los pasajeros a partir de otras muertes, esta vez, simbólicas, que se ha cobrado el frustrado derrotero. Respecto de estas últimas, el viaje alcanzará su punto de mayor tensión en el segundo día con dos episodios que se cuentan en forma paralela: la iniciación sexual (homosexual) del adolescente Felipe Trejo y la enfermedad de Jorge; el único niño a bordo.

"Tanta inocencia lastimada" (Cortázar, 1994: 219), reflexiona el complejo narrador de "Las babas del diablo" frente al adolescente que es motivo de su atención. La frase se aplica a los casos de Felipe y de Jorge, pasajeros del Malcom de la Magenta Star, que funcionan como emblemas del silencio que está en el origen del viaje y que impera en las relaciones humanas que se dan entre el pasaje. El silencio como imposibilidad (de nombrar la homosexualidad de Raúl; su amor por Felipe); como diferencia (social o cultural: la serie incomposible que representan el doctor Restelli, el Pelusa, el binomio Paula - Nora); como reverso de la palabra (los silencios de Paula frente a la verborragia chismosa de la señora de Trejo); el silencio como falta (las mentiras de Lucio); como rumor (sobre Raúl y Paula; sobre Claudia y López; sobre Nora y Lucio).

En la "Nota final" con que Cortázar cierra la novela se preocupa por declarar que no lo "movieron intenciones alegóricas y mucho menos éticas" (Cortázar, 2004 [1960]: 379). Sin embargo, esta afirmación se contradice en buena parte con otra en la que también Cortázar define a *Los Premios* como un "espejo sin pretensiones, pero bien *azogado*":[68]

---

68. La cursiva me pertenece.

"Se me ocurre que *Los Premios* es un espejo sin pretensiones, pero bien azogado. La gente se puede mirar, afeitar y peinar con confianza delante de él, porque a cada uno le sale su propia cara, que es lo que en el fondo necesitamos algunos argentinos, hartos de tanta cara prestada" (Cortázar citado en Goloboff, 2004: 290).[69]

Prácticamente, resulta ineludible la dimensión alegórica de la novela empezando desde la formulación misma de la historia en términos de un "viaje" y en una "nave" con la carga simbólica que estas dos imágenes tienen en el pensamiento occidental desde la Antigüedad. Aquí la alegoría si no es *alegoresis (modo de escritura)* es, por lo menos, *modo de lectura* (Zumthor, 1978: 29):

"(...) aunque el sentido está en las cosas, la verdad no está allí (...) La comprensión de las palabras que dicen las cosas permite aprehender el 'sentido literal', por el camino de la analogía, la comprensión del sentido literal permite acceder al sentido alegórico (...) relativo a un verdadero concebido como trascendente o esencial".

En el caso de *Los Premios*, su definición como espejo *azogado* introduce la distancia entre el "estar ahí" de las cosas y su representación y el "estar allí" del sentido. Esta refracción, antes que reflexión, alcanza al adolescente Felipe Trejo y al niño Jorge. El narrador dice que Felipe era "(...) un espejo turbio" (donde Paula se retroveía en sus tiempos de liceo) (Cortázar, 2004 [1960]: 142). Por su parte, Raúl confiesa que, cuando *se mira en Felipe*, "Yo no sé lo que veo cuando lo miro. Un horror, un vacío, algo lleno de miel, etcétera" (*ídem*: 294). En cuanto a Jorge, su madre, Claudia, lo compara con el viaje en el Malcolm. A ambos los define el misterio. Para Claudia, su hijo es la mismísima expresión del misterio: "Qué más misterio que un presente sin nada de presente, futuro absoluto. Algo perdido de antemano y que yo conduzco, ayudo y aliento como si fuera a ser mío para siempre" (*ídem*: 147). Hay algo de errático y de vacío esencial en la imagen que devuelven el niño y el adolescente a los demás pasajeros del barco de la Magenta Star. En esta falta se instala el misterio pero también su resolución. Es el silencio necesario para que las especulaciones, los planteos y las conversaciones de los adultos signifiquen en el seno del viaje.

En el segundo discurso de Persio –intercalado entre los sucesos del viaje– se advierte que "ser así puede apenas valer así o anunciar así o engañar

---

69. Luis Harss cita las palabras de Cortázar en una entrevista en la que declara que "Los críticos tendieron a ver en *Los Premios* una novela alegórica o una novela satírica. No es ni una cosa ni la otra" (cfr. Harss, 1971 [1966]: 276).

así" (*ídem*: 46). En otros términos, Persio resume los tres modos posibles de la representación: denotativa (y verosímil), figural, denotativa (quizás verosímil; pero falsa). Y, a continuación, revela que la segunda es la que conviene a la historia:

> "(...) un conjunto de gentes que han de embarcarse no ofrece garantía ni de embarque en cuanto cabe suponer que las circunstancias pueden variar y no habrá embarque o pueden no variar y habrá embarque, en cuyo caso (...) ya no podrá pensarse (...) que es un conjunto de gentes que han de embarcarse. En todos los casos la tentativa tan retórica y tan triste de querer que algo por fin sea y se aquiete, verá correr por las mesas del *London* las gotas inapresables del mercurio, maravilla de infancia" (*ibídem*).

El barco que no va a ninguna parte –el viaje "quieto"– es mera ilusión "retórica". Algo siempre se agita en lo quieto; está "siendo" aunque pueda resultar "inapresable". Por eso, la adolescencia de Felipe resulta la figura adecuada para escribir/inscribir esta contradicción. "A caballo entre dos tiempos, dos estados", dice Raúl de Felipe; "Dionisos adolescente", dice Paula: "No tiene la menor firmeza (...) es un hombre y una mujer, y los dos juntos, y mucho más que eso. No hay la menor fijación en él, sabe que ha llegado la hora pero no sabe de qué (...)" (*ídem*: 295).

En la adolescencia de Felipe está cifrada la metáfora que da origen a la alegoría del viaje como experiencia de pasaje. Su inmadurez introduce la temporalidad necesaria para representar aquello que la forma "acabada" del adulto no contiene. Es adulto quien ha aceptado que la verdad es insoportable y encuentra recursos para seguir viviendo –de todos modos– en la mentira de las cosas "quietas": el lugar común (los Trejo); el engaño (Lucio); la represión (Raúl); la literatura de aventuras (Paula); los convencionalismos (Nora).

Felipe será el primero en alcanzar la popa en su "descenso" al camarote del marinero Bob perfumado de fino tabaco inglés: "No se puede bajar al Hades sin un alma bien templada; así lo enseñan las buenas mitologías"; reflexiona Raúl a propósito de una borrachera de Felipe. Felipe Trejo encuentra su forma adulta en un descenso efectivo y material que remite irónicamente a la *catábasis* alegórica que le revelará una verdad que no está en condiciones de aprehender. Por eso, después de atravesada la experiencia, reposará en la tranquila mansedumbre de las palabras y las *cosas dichas*:

> "(...) le preguntarían cómo le había ido en el viaje. Eso era más fácil [*que contar las condiciones de la travesía frustada*] la pileta, una peli-

rroja en bikini, el lance a fondo, la piba que se hacía la estrecha, mirá que si se enteran, yo tengo vergüenza, pero no, nena, aquí nadie se va a enterar, vení, dejame un poco (...) Qué hembra, pibe, no te puedo contar..." (*ídem*: 370).[70]

En *Metalepsis* (2004), Genette piensa a la ficción como un "modo extendido de la figura". Genette argumenta esta "extensión" del término en el origen etimológico de ambos conceptos ("fictio" y "figura" derivan del verbo "fingere" que tiene el significado de "modelar" al mismo tiempo que "representar", "fingir" e "inventar") y en una evidencia, digamos "funcional": "(...) una figura (ya) es una pequeña ficción" (Genette, 2004: 19) por la correspondencia imaginaria que necesariamente plantea. Por lo mismo "(...) una ficción no es más que una figura tomada al pie de la letra y tratada como un acontecimiento efectivamente sucedido" (Genette, 2004: 23).

Es en este marco que quisiera poner en discusión el segundo grupo de cuentos que planteáramos al comenzar: el de los cuentos en los que la adolescencia es el punto de vista de la narración. Delia, de veintidós años, es la joven "Circe" porteña que envenena a sus novios con bombones. La historia está contada por un narrador que, con las características de un narrador "extradiegético" (excepto dos intervenciones en primera persona), presenta los sucesos como parte de sus recuerdos de adolescencia y desde el "interior" de Mario; el tercero y último de los novios de Delia. El lector no sabe si se trata de un pariente o de un vecino de los protagonistas y siquiera en qué términos los conoció, sin embargo, sabemos que tiene doce años y que "entonces" (cuando ocurrieron los hechos y él tenía doce años): "(...) el tiempo y las cosas son lentas (...)". La referencia a la edad del narrador y a las características de esos "tiempos" resulta significativa porque es absolutamente irrelevante desde el punto de vista de la economía del relato y porque contrasta, en todo caso, con la ausencia de datos "necesarios", es decir, los que se necesitan para reconstruir los sucesos que reclaman su presencia: cómo o por qué el narrador conoció a Delia y a sus novios: Rolo y Héctor (los muertos) y Mario (el que descubre el envenenamiento a tiempo).

---

70. Respecto de la relación silencio-representación en torno al personaje de Felipe de *Los premios* Gabriel Giorgi sostiene que "Raúl es un 'homosexual' más allá de cualquier ejercicio sexual concreto; Bob, en cambio, aquel cuya sexualidad, por así decirlo 'no tiene nombre'. El engaño de ese tramposo culmina con la violación de Felipe; y si bien la escritura cortazariana no podía escribir esa violación, dejará ver la trampa y la herida, y entre ambos un silencio que coincide con lo *irrepresentable*" (Giorgi, 1998: 98; en cursiva en el original).

Los datos acerca de la edad del narrador no son, sin embargo, los únicos "inútiles" en torno del mismo. También, el narrador confiesa, en estructuras paralelas, que recuerda mal a los personajes de la historia: "Yo me acuerdo mal de Delia, pero era fina y rubia, demasiado lenta en sus gestos" ("Circe", 144) dice casi al comenzar el cuento y, más adelante, insiste: "Yo me acuerdo mal de Mario, pero dicen que hacía linda pareja con Delia" (*ídem*: 145). En la memoria del narrador lo acontecido se distingue con dificultad del recuerdo adolescente y de los decires del barrio escandalizado. El rumor de las vecinas y las fantasías de aquellos años "lentos" son las "(...) falsedades mínimas que tejen y tejen por detrás de los recuerdos" (*ídem*: 147).

El narrador diferencia dos tiempos: uno en el que los sucesos se revelaron como hechos (el del relato) y un "ahora" en que los mismos sucesos no se dejan reconocer tan fácilmente como "reales": "Ahora ya es más difícil hablar de esto, está mezclado con otras historias que uno agrega a base de olvidos, rumores, de falsedades mínimas que tejen y tejen por detrás de los recuerdos" (*ibídem*). La distinción, no obstante, se revela compleja porque nada impide imaginar un quiasmo por el que los olvidos y los rumores tuvieron estatuto de realidad entonces y *ahora* ganan estatuto de recuerdos, por cierto, *recordados con imprecisión*.

El punto de vista adolescente introduce la ficción en un vulgar noviazgo de barrio observado por la vigilancia del chisme. Los doce años del narrador de "Circe" permiten el *pasaje* entre la vigilia y el sueño como lo hace la alusión mitológica del título. El "adentro" (de la imaginación y de la fantasía) y el "afuera" (del rumor y de los aconteceres) están enmarañados (el apellido de Delia –"Mañara"– parece ser anagrama de "Maraña") en una narración que confunde las instancias de la 1° y la 3° persona; de la memoria y el sueño. El psicoanalista Jean-Jacques Rassial dice respecto de la psicología del adolescente que este "(...) está capturado entre dos series de órdenes superyoicas, las enunciadas por el discurso del padre –en el sentido en que los padres lo sostienen– y las enunciadas por el discurso del amo, en el sentido en que él funda el lazo social" (1999: 105) y la huella de esta puesta en juego se advierte en la "atracción por la utopía, por un modo regido por otras leyes, ya sea de ciencia-ficción o de novela histórica, un mundo de los No-A, diría Van Gogt, que aquí debe traducirse no por no-aristotélico, sino por no-adulto" (*ídem*: 105). Como en otros cuentos de Cortázar, el mundo de los adultos es el de la mentira en cualquiera de sus formas; en "Circe" lo falso toma la forma del rumor, la infamia y los esquemas preconcebidos. En una palabra, la *doxa*. El punto es que la convicción puede más que los hechos en estos casos y el prejuicio adquiere un carácter sorpresivamente explicativo: "La gente pone tanta inteligencia en esas cosas, y cómo de tantos nudos agregándose nace al final el trozo de tapiz —Mario vería a veces el tapiz, con asco, con terror— (...)" ("Circe", Cortázar, 1994: 146). Ahí donde Mario teje un "tapiz" y teme, el adolescente narrador cuenta un cuento como alternativa al miedo y a la realidad; a la realidad del miedo y el miedo a la realidad. Opone la literatura al lugar común.[71]

Como adelantábamos, no es el único cuento en el que la perspectiva adolescente introduce la ficción. Es el caso, también, del cuento emblemático de la poética cortazariana: "Las babas del diablo".

"Las babas del diablo" es un cuento vuelto sobre sí mismo. Su carácter "metaficcional" (De Jerónimo, 2004: 221) se instala a partir del juego reflexivo de la narración que se cuestiona a medida que progresa. Si, desde el comienzo se dice que no se sabe cómo se hará para "contarse" esa historia, en el mismo gesto, se "deja contar" en la indecisión del narrador. Si bien hay distintas teorías acerca del estatuto del narrador —si uno, si dos que son el mismo, si uno desdoblado— (cfr. *ídem*) lo que importa es la indeterminación y el conflicto que genera para su comprensión y en el seno de una gran ironía acerca de la representación que pone en cuestión el arte mimético por excelencia: la fotografía.

En cuanto a la fábula, se trata de la historia de una fotografía tomada por el traductor y fotógrafo aficionado Roberto Michel "franco-chileno" de una pareja conformada por un adolescente "Al filo de los catorce, quizá de los quince" ("Las babas del diablo", Cortázar, 1994: 217) y una prostituta. La escritura del cuento se regocija en la contradicción hasta la exasperación: entre las personas del narrador; entre narrar y describir; entre la linealidad del significante y la simultaneidad de la imagen; entre *las babas del diablo* y el *hilo de la virgen*. La ambigüedad define una ética del relato que se resiste a aceptar las exigencias lógicas de "(...) la vida que el movimiento acompasa (...)" y, por eso, el cuento, como la fotografía elige una imagen rígida que destruye la ilusión de totalidad "(...) al seccionar el tiempo (...)" en una "(...) fracción esencial (....)" (*ídem*: 219). En este marco, es en el que se afirma que el chico y la mujer eran "únicos" y habían sido "(...) puestos ahí para alterar la isla, para mostrármela de otra manera (...)" (*ibídem*). Como en el último caso, el de "Circe", el personaje adolescente aparece allí donde es necesario "cambiar el foco" para iluminar una nueva superficie; un nuevo

---

71. Una marca discursiva de estos dos "campos" es el uso de la conjunción "pero" en "Yo me acuerdo mal de Delia *pero* era fina y rubia (...)" y en su frase paralela: "Yo me acuerdo mal de Mario *pero* dicen que hacían linda pareja con Delia (la cursiva es nuestra).

campo. El narrador dice que la escena tiene un "aura"[72] y es esta percepción la que la recorta en su excepcionalidad. El fotógrafo/narrador lee los signos de la ropa, de los gestos y del cuerpo del adolescente y elabora, a partir de ellos, una biografía "universal" que podría ser la de cualquier chico de su edad (usa la ropa de su hermano mayor; hace deportes; vive y es mantenido por sus padres y por eso tiene poco dinero para gastos personales; es "la esperanza de mamá" y se "parece a papá"; come papas fritas al paso y lee revistas pornográficas) pero ese "aura" hace que lo vea "aislado" y que su separación redefina el paisaje de la isla a esa hora. Cautamente, se advierte al lector que Michel "(...) es culpable de literatura, de fabricaciones irreales. Nada le gusta más que imaginar excepciones, individuos fuera de la especie, monstruos no siempre repugnantes" (*ídem*: 220).

Las "fabricaciones irreales" de Michel nos llevan al último punto que nos interesará discutir: la adolescencia como figura en la literatura de Cortázar pero con independencia de los cuentos protagonizados o narrados desde el punto de vista de un adolescente. Para ello es necesario recordar que, para el autor, las "figuras" constituyen una noción que ocupa un lugar dentro de su poética. Así, en la entrevista mantenida con Luis Harss, Cortázar dice lo siguiente, en alusión a su novela *Los premios*:

> "Es la noción de lo que yo llamo las figuras. Es como el sentimiento –que muchos tenemos, sin duda, pero que yo sufro de una manera muy tensa– de que aparte de nuestros destinos individuales somos parte de figuras que desconocemos. Pienso que todos nosotros componemos figuras. Por ejemplo, en este momento podemos estar formando parte de una estructura que se continúa quizás a doscientos metros de aquí, donde a lo mejor hay otras tantas personas que no nos conocen como nosotros no las conocemos. Siento continuamente la posibilidad de ligazones, de circuitos que se cierran y que nos interrelacionan al margen de toda explicación racional y de toda relación humana" (Harss, 1971: 286).

Es decir, aquí el argumento se nos revela circular: en la definición de su noción de "figura" para Cortázar lo que está en juego es la definición de una realidad alternativa por desconocida para el sujeto *de conocimiento*. Aquí el término "figura" parecería sugerir la idea de un "dibujo" incompleto porque parte de él permanece en sombras hasta que se da con el *pasaje*

---

72. Paula, en *Los Premios*, también dice de Felipe que tiene "como un aura": "(...) el pequeño Trejo está lleno de dudas, que tiembla y titubea y que en el fondo, muy en el fondo ... ¿No te das cuenta de que tiene como un aura?" (*Los premios*: 294).

que permite que "cierren los circuitos" y esto fuera de toda explicación racional y de lo que se entiende por "humano". Por lo tanto, la "figura" para el autor no es meramente una "forma" sino una lógica definida por la contradicción (que representa la idea de "pasaje"). Como hemos visto, el "pasaje" es lo que caracteriza a la adolescencia como temporalidad y al adolescente, como psicología. También, creemos haber demostrado, a través del corpus seleccionado, que la adolescencia se constituye como "figura" en tanto señala los márgenes de la economía de la representación: el silencio, lo prohibido, lo innombrable, lo alucinatorio; lo extraordinario. Desde esta perspectiva, no parece casual que los personajes adolescentes cortazarianos y el punto de vista adolescente de su narrativa sean propios de la producción de los años sesenta y no encontremos personajes adolescentes sino hasta un único y último cuento, "La escuela de noche", en *Deshoras* publicado en 1982. "La escuela de noche" es el relato de un asalto nocturno a la escuela normal que perpetran dos compañeros de clase, después de haber imaginado esa aventura durante seis años y medio (se encuentran al final del cursado). La adolescencia de los personajes es menos una indicación temporal que circunstancial en este caso: el ámbito escolar, las fantasías acerca de los profesores, el fastidio contra la escuela, la "travesura" de condiscípulos hacen a esta representación. El resultado de la aventura es siniestro; descubren una verdadera orgía sexual en la que los conocidos profesores de la mañana se revelan completamente otros. El relato es eminentemente alegórico y la alegoría se ofrece mansamente a su interpretación desde el título. La "escuela de noche" no podría sino ser otra cosa que el revés de la "escuela diurna". El hallazgo está anticipado desde el principio: el narrador en primera persona dice que para él "(...) la escuela (normalista) no era tan normal como pretendía su nombre" ("La escuela de noche", Cortázar, 1994: 454); duda de acompañar al líder porque imagina que "(...) la escuela sería la misma escuela de la mañana, un poco frankenstein en la oscuridad si querés, pero nada más, qué podría haber ahí de noche aparte de bancos y pizarrones (...)" (*idem*: 455). Aquí la adolescencia no es otra cosa que un tema o, si se quiere, un término más de la metáfora continuada de la alegoría (la que se desprende del campo semántico que constituye la escuela). Por otra parte, el *pasaje* que había definido al fantástico en Cortázar o a su propia literatura —para decirlo de una vez— está ausente. La "nocturnidad"[73] y las "rejas" del frente de la escuela que tienen que franquear para entrar distinguen espacios y tiempos incomunicables.

---

73. Cabe recordar las características del tiempo de la siesta que definía a los cuentos antes analizados.

PARTE II: Literatura y experiencia adolescente

Este cuento pertenece a la etapa de la producción cortazariana marcada por la literalidad de la propaganda político-ideológica en donde la "figura" ha cedido su lugar a la consigna y a la visibilidad.

3.3. Las verdades del tiempo perdido

En el cuento "Una flor amarilla" incluido en *Final de Juego* (1956) Cortázar cuenta la historia del único mortal o, mejor, dicho de otro modo, el personaje protagonista descubre que "somos inmortales" por la negativa, cuando descubre que él es el único mortal, después de haber interrumpido la larga cadena de sucesores que, según el cuento, ocupará nuestro lugar en el mundo cuando hayamos muerto, al matar a uno de ellos.

En el comienzo de esta revelación hay un adolescente o, para mayor precisión, su propia adolescencia. Dice el narrador: "Contó que en un autobús de la línea 95 había visto a un chico de unos trece años, que al rato de mirarlo descubrió que el chico se parecía mucho a él, por lo menos se parecía al recuerdo que guardaba de sí mismo a esa edad" ("Una flor amarilla", Cortázar, 1994: 336). Es decir, el personaje accederá a un conocimiento que trastocará definitivamente su "estúpida vida" (*ídem*: 340) cuando se encuentre "cara a cara" con el rostro de sus primeros tiempos de adolescencia.[74] El encuentro con Luc, con el chico, lo sacará literalmente de curso: se baja del autobús; deja plantado a un amigo que lo estaba esperando; sus intervenciones para alterar su pasado, desde el presente de su vida adulta que es el futuro del chico, lo sacarán de la "rueda" que repite las vidas incansablemente.

La experiencia del protagonista de "Una flor amarilla" resume lo que significan los adolescentes en la narrativa cortazariana: un ex-curso. La adolescencia es la "edad de la vida" que Cortázar elige para representar un orden de la experiencia que no se corresponde con las características témporo-espaciales de la realidad usual. Los personajes adolescentes introducen, en las historias que los tienen como personajes, narradores o ambas cosas, la

---

74. En el cuento, Cortázar dice que Luc cree haber reconocido su voz "de la infancia". No obstante, la caracterización del personaje (el movimiento del cabello y la lectura de historietas; como Pablo, de "La Señorita Cora" y los personajes de "Las babas del diablo" y "Después del almuerzo") así como la referencia a un regalo que el protagonista le hace al chico asociándolo con un "mecano" que el protagonista había recibido cuando tenía 14 años y, finalmente, la idea de que se haya próximo a entrar en una escuela de oficios para que "se abriera lo que ella [la madre] llamaba un camino en la vida" nos autoriza a pensarlo como un púber (en las puertas de la adolescencia).

posibilidad de una realidad de excepción. Es la idea del "pasaje", que está en la base de su definición de lo fantástico, y que no es privativa por cierto de la adolescencia: también el amor, los niños o los animales cumplen, según el caso, un papel semejante en la narrativa de Cortázar. Lo que vuelve singular a la adolescencia, en esta serie que podría constituirse en los términos de una "poética del pasaje" en Cortázar, es que, como categoría de edad, tiene un fuerte contenido "social" –en el sentido de "prescriptivo" de las representaciones de la vida en sociedad– porque se define como un tiempo de "moratoria" previo a las obligaciones de la vida adulta; de la madurez. Por lo tanto, se convierte en una idea privilegiada para representar este orden de la sustracción al tiempo reglado de las convenciones y expectativas de la "gran costumbre". De este modo, se pone en escena un inicio fallado, en tanto este "pasaje" no conduce a donde debiera.

Digamos entonces, que a la *gran norma* de la realidad usual, se contrapone la "inteligencia" de otra temporalidad "adolescente" cuyas verdades se revelan "al perder el tiempo": los juegos, los *pasatiempos*, la hora de la siesta y la lectura son las ocasiones privilegiadas de este revelarse que se constituye en aprendizaje. Dice Deleuze (a propósito de *En busca del tiempo perdido*): "(...) cuando creemos perder el tiempo sea por snobismo, sea por disipación amorosa, efectuamos a menudo un aprendizaje oscuro, hasta la revelación final de una verdad del tiempo que se pierde" (1971: 31).

Las dos "líneas" de la formación –la de los aprendizajes de la voluntad y del tiempo "responsable" y la del tiempo perdido– se ven con claridad en el homenaje reiterado que Cortázar tributa a la que fuera la propia lectura de infancia y de adolescencia del autor: *El tesoro de la juventud*. En *Último Round*, el texto que lleva el título de la famosa enciclopedia y parodia el tono narrativo, la forma moral de apelar a la atención del lector y las ilustraciones originales de la obra, narra una paradójica evolución de la tecnología según la cual los peatones y nadadores se convierten en "el coronamiento de la pirámide científica" dejando atrás al jet y al ferrocarril como alternativas riesgosas por primitivas. En la ironía acerca del progreso de la ciencia que, además, empieza y termina en el marco de una referencia a la indiferencia de los niños "desagradecidos" ante tamaña proeza de la inteligencia del hombre, se deja leer que el verdadero interés de estas lecturas radica menos en lo que "enseñan" que en lo que posibilitan a través de una suerte de documentada banalidad. Lo que se pone en juego es una diferenciación entre conocimiento y experiencia que es la que está en la base de la oposición adulto/adolescente y, en otro sentido, entre los saberes del conocimiento positivo y lo que la literatura enseña. A propósito Saúl Yurkievich comenta que Cortázar:

"(...) nunca abandonó aquel veneno de lecturas de adolescente, su "Tesoro de la Juventud", que lo modeló como lector enciclopédico. Guardaba fresco el recuerdo de toda esa entretenida miscelánea que reconstituyó en su propia literatura: silva de varia lección, revista de variedades, patchwork, bazar de ramos generales, parque de diversiones. También ella a su manera es popurrí. Lo sedujo del *Tesoro* la alternancia amena de las lecciones, historias, instrucciones, juegos, historietas, mitos, descripciones, poemas y lo imitó" (Yurkievich, 1994: 275).

En los cuentos "Bestiario" y "Final del juego" los personajes leen la enciclopedia y la referencia es nuevamente irónica porque, contra lo esperable, tratándose de un texto de carácter didáctico, lo que se aprende es tangencial con respecto a los propósitos del texto. En "Final del Juego", la narradora alienta a su hermana paralítica a participar del juego con el muchacho del tren apelando a una idea enfática ("preciosa" dice el texto) que se contradice con sus reticencias reales a que su hermana lo haga: "yo insistí un poco en que viniera", dice la narradora, "poniéndole como ejemplo que el verdadero cariño no conoce barreras y otras ideas preciosas que habíamos aprendido en *El tesoro de la juventud*" ("Final del juego", Cortázar, 1994: 399). Los valores intrínsecos al apotegma repetido pierden su condición al ser parte de un esfuerzo que sabemos impostado. Y, si cabe alguna duda, pensemos, solamente, en la fragante contradicción entre un tigre que anda suelto por el jardín de la casa y la pretensión de atrapar hormigas en un formicario en "Bestiario": "La idea del formicario la había sacado del *Tesoro de la juventud*" ("Bestiario", Cortázar, 1994: 168) se aclara, gratuitamente, en el cuento.

No parece casual que en *Los Premios* (1960) sea el adolescente Felipe Trejo el que primero alcance la misteriosa popa del *Malcolm* de la *Magenta Star* frente a los infructuosos intentos de los adultos del pasaje; entre los que se incluyen sintomáticamente dos de sus profesores del colegio. Las estrategias de los mayores fracasan allí donde el adolescente tiene éxito sin planearlo y, prácticamente, sin darse cuenta. El acceso de Felipe es, en primer lugar, casual porque es una consecuencia imprevista de su visita al camarote del marinero Bob. En segundo lugar, este carácter indirecto se potencia en la oscura –por no confesada– atracción que se deja leer más allá del comentado interés por el tabaco inglés y aventuras en el mar del marinero que terminará en la brutal iniciación (homosexual) de Trejo. El "descenso" del adolescente al camarote de Bob se plantea como una *catábasis* cuyo resultado no será, no obstante, "edificante" en tanto, atravesada la experiencia, encontrará su forma adulta en la mentira. En principio, la escena se hunde en el silencio sin continuidad y sin glosa en la inmediatez del relato de la novela —sumida en la frustración final de la travesía con la muerte de Medrano— pero, además, Felipe fabula el relato de viaje que hará para sus compañeros, al regreso, en los términos de los estereotipos de las historias de conquistas masculinas: la mujer que se resiste pero desea; él que puede con esa resistencia, etc.

En la base de este aprendizaje *otro* está esa forma de distracción que, para Cortázar, establece lazos comunes entre "el papador de moscas" y el poeta. Los adolescentes, como los "papadores de moscas"[75] y los poetas acceden al secreto que está vedado a cualquiera de las formas de la inteligencia: la investigación, la atención, la erudición, las ocupaciones porque, insisto —por definición—, a los adolescentes les corresponde "hacer nada". Pocas verdades del sentido común resultan tan impertinentes como el reproche que condena a la adolescencia "malentretenida" cuando no "ocupa" su tiempo en algo útil lo que, en cierto modo, es una redundancia porque el único tiempo "útil" es el tiempo "ocupado", desde esta perspectiva. La intransitividad de la adolescencia no es una falta sino el lugar que la sociedad le ha asignado como franja etaria: son sujetos "pasivos", para la demografía, frente al "activo" que representa el adulto. Si la adolescencia es una edad *literaria* por excelencia, como lo demuestra la extensa imaginación de personajes adolescentes en toda la literatura al menos de Occidente, es porque la adolescencia como categoría de edad y la literatura como *campo* tienen el mismo origen. Si la literatura se escribe al margen de otros discursos útiles —el de la ciencia o el periodístico— es porque los adolescentes viven al margen de la productividad del mundo adulto: "encerrados" en los colegios, "confinados" en sus habitaciones, "enfrascados" en la lectura; tímidos o "ensimismados"; enamorados.

De acuerdo con Cortázar, entonces, lo que diferencia al poeta del "papador de moscas" es que el primero da con una "entrevisión de una realidad otra" (Cortázar, 1995: 272) voluntariamente mientras que el segundo la "padece", es decir, la "entrevisión" se da pasiva y fatalmente: "la puerta se golpea, alguien sonríe y el sujeto padece un extrañamiento instantáneo" (*ídem*: 273). En el caso de la adolescencia, los adolescentes *están ahí* para ofrecer *a otros* ese extrañamiento de la realidad usual. En "La señorita Cora", Pablo *está ahí* para que vacilen las certezas de la consumada profesionalidad

---

75. Cabe recordar que la adolescencia es la "edad del pavo" en el decir popular.

de la también joven enfermera; en "Circe" el narrador de doce años *está ahí* para que el "tiempo y las cosas [se vuelvan] lentas" ("Circe", Cortázar, 1994: 144) y una mínima historia de barrio encuentre un destino mítico; en "Después del almuerzo", el narrador adolescente *está ahí* para volver singularmente monstruosa una salida obligada. Los juegos, al final de la infancia y en el comienzo de la adolescencia, en los que se resuelve la trama de "Final de juego" y "Los venenos" y, por qué no, aunque de otra índole, el juego erótico de "Siestas" o "Ciclismo en Grignan" se volverán inolvidables a esa hora señalada en que el tiempo les pertenece porque es un tiempo de vacancia robado a las obligaciones escolares, familiares o, simplemente, a la economía del tiempo diligente de los adultos.

En este sentido, el cuento que mejor representa esta índole de descubrimiento es "Las babas del diablo". Por una parte, el narrador dice que el chico y la mujer "han sido puestos ahí" para mostrarle la isla de otra manera al fotógrafo. Nuevamente, el pretérito perfecto compuesto que hunde el conocimiento en el secreto: no sabemos qué o quién "ha puesto ahí" al adolescente y como única explicación se nos aclara que "Michel es culpable de literatura, de fabricaciones irreales. Nada le gusta más que imaginar excepciones, individuos fuera de la especie, monstruos no siempre repugnantes" ("Las babas del diablo", Cortázar, 1994: 220).[76] La presencia del chico que cautiva la lente del fotógrafo es anterior a su voluntad. Explícitamente, el fotógrafo dice que la imagen del chico aparece aunque no tenía ganas de sacar fotos. Ve al muchachito contra su voluntad, y porque le "sobraba el tiempo" (*ídem*: 216) y se deja ir "dejándome ir en el dejar ir de las cosas, corriendo inmóvil con el tiempo" (*ibídem*). En síntesis, *ahí cuando* (el tiempo hecho espacio) justamente no se le "ocurre" "pensar fotográficamente las escenas" es que encuentra una imagen definitiva.

Al comenzar nos referíamos al feliz encuentro del protagonista de "Una flor amarilla" con su mortalidad. El personaje celebraba el acontecimiento de la finitud de su vida frente a la impersonal inmortalidad del común de los *mortales*. El encuentro con la muerte lo volvía eterno en tanto único. Otro tanto ocurre con las verdades del tiempo perdido de la adolescencia en Cortázar: son verdades nacidas para morir porque están de paso en esta vida cuyo tiempo es el de la sucesión cronológica y cuya moral es la madurez.

---

76. El "reverso" de este "monstruo no repugnante" que es el adolescente captado por la cámara fotográfica podría ser los verdaderamente repugnantes conejitos de "Carta a una señorita en París" cuando "(...) ya feos y naciéndoles el pelo largo, ya *adolescentes* y llenos de urgencias y caprichos" ("Carta a una señorita en París", 47; la cursiva es nuestra).

4. Crecer de golpe. El relato de formación de izquierda

Decíamos que el tiempo vacante de la moratoria social define la condición del aprendizaje del adolescente romántico. El tiempo *perdido* de la adolescencia burguesa introduce la temporalidad del tránsito que es la nota esencial del pasaje adolescente que ha terminado por confundirse con un estado de naturaleza.

Sin embargo, aunque extendida, no es la única representación de adolescencia posible sino que podemos reconocer otro personaje adolescente cuyo relato de aprendizaje opone al concepto de desarrollo el de ruptura y, de este modo, revela el carácter histórico (político y económico) de la descripción de la edad.

De este modo, estamos frente a una paradójica *adolescencia sin adolescencia* o, si se quiere, a un personaje cuya edad y condición de sujeto en formación permiten reconocerlo como tal aunque falten las oportunidades del tiempo en espera de la moratoria social. En esta literatura, ante la inminencia del *desastre,* solo cabe *crecer de golpe.*[77]

En el Capítulo I revisábamos el editorial del primer número de noviembre de 1953 de la revista *Contorno* en el que Juan José Sebreli oponía la decadencia de la juventud *burguesa* al proletario sin juventud que pasaba de la adolescencia a la edad del compromiso sin mediaciones. En la conclusión de ese texto, afirmaba:

> "Muchas cosas acaban de terminarse, pero tal vez nos falta una prueba suprema porque no es posible pasar sin ruptura de la adolescencia a la edad viril. Hay un desastre de la juventud, igual que el desastre de la infancia del que habla Freud. Los primitivos tenían su ritual de transición con grandes danzas, circuncisiones y magos que revelaban secretos viriles. Después de eso se estaba iniciado, se era un hombre. Nosotros no tenemos magia que nos facilite la tarea, tenemos que arreglarnos solos.
>
> Pero aprendimos algo: la juventud no encuentra en sí misma su solución, hace falta que se destruya para que surja de ella el hombre" (Sebreli, 1953: 2).

---

[77]. "Crecer de golpe" es el título de la versión cinematográfica de *Alrededor de la jaula,* de Haroldo Conti. Fue filmada bajo la dirección de Sergio Renán, con guion de Aída Bortnik, Sergio Renán y el propio Conti. Fue estrenada el 30 de junio 1977 con la actuación de Ubaldo Martínez, Julio César Ludueña, Cecilia Roth, Olga Zubarry, Cármen Vallejo, Ulises Dumont y Miguel Ángel Solá, entre otros.

En la cita podemos leer que, en primer lugar, la imagen del "desastre" sitúa la experiencia del aprendizaje del lado de la pérdida y la dificultad aunque el hiato no implique necesariamente la catástrofe. Después del "desastre" se anuncia (todavía) la "solución" que es el "surgimiento del hombre"; el advenimiento de la "edad viril". Pero, también nos interesa que "el desastre de la juventud" al que alude Sebreli reúne en un mismo plano la dimensión subjetiva del problema —la instancia de maduración individual— con su alcance colectivo: ¿quiénes somos "nosotros" sino una nación joven que no tiene otra salida posible para crecer que no sea romper con lo anterior? En otros términos: la idea del "desastre" en términos de la evolución personal en pos de la maduración se equipara en el texto a la de la revolución política. Innegablemente, esta representación de la edad adolescente estará asociada en la Argentina a una literatura de izquierda que, por entonces, como hemos visto, sostenía "un ajuste de cuentas con la realidad", como lo define Guillermo Saccomanno (Saccomanno, 1992: 5).

Si aceptamos la hipótesis de Horst Nitschack (2005) que dice que el adolescente es el personaje predilecto de una literatura que "se distingue por una pretensión mimética, y en el sentido más amplio, por un compromiso ético" (Nitschack, 2005: 311) podemos afirmar que en estos textos el "compromiso ético" introduce la mediación necesaria para que el relato no tenga como objeto *lo inmediatamente real*. El nomadismo inherente a la subjetividad adolescente y su *minoridad* permitieron la experimentación con otras *zonas de lo real* lejos de las convenciones de cierto costumbrismo característico de los años cincuenta como de otras experiencias formales contemporáneas que, si bien en algunos casos apelan a procedimientos semejantes, remiten a otras intenciones estéticas, particularmente, a las fórmulas de ciertos títulos emblemáticos de la novela de los años sesenta (la obra de Vargas Llosa, Carlos Fuentes) cuya centralidad eclipsó la posibilidad de reconocimiento de lo que estas literaturas representarían para las historias literarias nacionales y la propia definición del estatuto de lo literario. Cercanos a la experiencia de la literatura *de la Onda* en México y la *literatura de collera* en Perú, estos textos supusieron el desarrollo de una narrativa de aprendizaje que introdujo una renovación de los medios de representación realista en la literatura latinoamericana que hasta el momento no ha sido debidamente ponderada por la visibilidad otorgada a la llamada *literatura del boom* que se dio en forma contemporánea.

De este modo, así como el uso *intensivo* del argot adolescente por parte del "movimiento de la onda" en México exigirá una revisión de las posibilidades representacionales de la oralidad por la escritura (que supera las expectativas de la llamada "novela de lenguaje" –Carlos Fuentes, 1969–) y la "literatura de collera" en el Perú puede pensarse como precursora de la crónica urbana de finales de siglo XX; la construcción de los personajes en los cuentos y novelas de los argentinos Arístides Gandolfi Herrera (Álvaro Yunque), Daniel Moyano, Haroldo Conti y Miguel Briante, durante los sesenta, da lugar a la inscripción de una subjetividad alternativa a la afirmación ensimismada de un yo que por entonces representa la literatura de Cortázar que ocupa el centro del sistema literario argentino de la época.

La *biblioteca* de estos escritores tendrá entre sus estantes más antiguos la literatura de los rusos Tolstoi, Dostoievsky y, entre los recientes, la influencia de la narrativa norteamericana contemporánea y, particularmente, los nombres de Hemingway y Faulkner.

Estos textos, escritos en la periferia del sistema literario de pertenencia, ensayaron mucho más que un procedimiento, una técnica o un género. Construyeron un modo propio de concebir la realidad a través del lenguaje y de la literatura y por eso, según los casos, ocuparon más tarde un lugar central en las literaturas nacionales de origen o en otras literaturas. Cuando pudieron ser leídas más allá de los estallidos del mercado.

En estas literaturas, la construcción de la figura del "muchacho", como lugar de transformación de lo real en su experiencia, es lo que permite que el anclaje social del relato no comprometa su naturaleza ficcional pero que la experiencia adolescente no quede reducida únicamente a la contingencia individual. Las aventuras barriales de los *muchachos del sur*, de Álvaro Yunque; el silencio de los personajes adolescentes de Moyano en *El fuego interrumpido* y *Una luz muy lejana*; el fracaso de los de Conti, y la "crispación" de los de Briante en *Las Hamacas voladoras* nombran la inadecuación necesaria entre las palabras y las cosas para que la ficción tenga lugar y, de esta manera, retoman la mejor tradición del realismo en la Argentina que viene de la mano de Arlt y no casualmente, de su *Juguete rabioso*. La novela de Arlt introduce una cierta figura de aprendizaje –caracterizada paradójicamente por el fracaso– y una cierta matriz narrativa –una actualización de la picaresca– que permite *comprender* la experiencia del protagonista en el seno de una peripecia ya conocida y que de algún modo se actualiza en la serie que aquí proponemos.

Rita Guntzmann ha definido a este tipo de *Bildungsroman* como novela de formación *fracasada o Bildungsroman fracasado* (Guntzmann, 2004[78])

---

78. El artículo de Rita Guntzmann, "El Bildungsroman en tiempos difíciles: *Una luz muy lejana* y *El oscuro* de Daniel Moyano" apareció publicado en la Revista *Río de la Plata*, n° 26-27, pp. 303-316, 2004.

término que toma de D. H. Miles (1974) y retomado por la crítica feminista con respecto al relato de aprendizaje con personaje femenino (Aizenberg, 1985; Lagos, 1996). La idea de *fracaso* alude al hecho de que "en ningún caso el protagonista se siente colmado al final ni se integra en la sociedad" (Guntzmann, 2004).

4.1. El adolescente Astier

José Amícola, aunque rechaza la posibilidad de "exportar" en el tiempo y en el espacio la categoría de *Bildungsroman,* plantea que *El juguete rabioso* no es una "anti novela de aprendizaje" (como lo sostuvieran Ludmer, Panesi y de Diego, entre otros) del modelo que representaría *Don Segundo Sombra* –la novela de personaje adolescente estrictamente contemporánea: también publicada en 1926– sino que podría pensarse, en todo caso, como "la contrapartida de un debate en torno a la educación en la Argentina" (Amícola, 2003: 158). Arlt, a través de *El juguete rabioso,* rechazaría el discurso homogeneizador de la Reforma Universitaria y el espíritu *schilleriano* de confianza en el papel de la enseñanza para el mejoramiento del individuo que estaba instalado en el país desde Sarmiento. Del mismo modo, la situación de aprendizaje puede pensarse en relación a la serie del relato autobiográfico de los años de colegio que instauran los relatos fundacionales de la nación. Si los textos de Cané y Lucio V. López se escriben en el momento de la "organización nacional" y las *Memorias* de Mansilla en el filo del siglo XX (a unos años del primer centenario); las novelas de Arlt y de Güiraldes son producto de otra etapa de definición de la identidad nacional ahora "amenazada" por las primeras generaciones de los hijos de la inmigración de principio de siglo. En este sentido, mientras que *Don Segundo* "resiste" ante la crisis de identidad por apelación a las verdades reveladas de la tierra; *El juguete rabioso* muestra la complejidad del momento y su límite. Noé Jitrik sostiene que el adolescente Silvio Astier muestra "(...) el revés de la trama de las 'ilusiones perdidas' de una clase media que se venía abajo implacablemente, que había soñado con grandes destinos cuando Irigoyen subió al poder" (Jitrik, 1967: 92), por eso, el personaje de Astier:

> "(...) quiere ser inventor para asombrar al mundo, tener fortuna y hermosas mujeres, pero también para destruirlo y dañarlo, porque el mundo no es sólo cruel sino también estúpido, no sabe quiénes lo componen, y destruye a sus mejores integrantes" (*ibídem*).

La perspectiva adolescente le permite, a Arlt, no solo retratar *la vida puerca* sino lo que ella implica para aquel que sale al mundo en busca de un sentido. Por lo mismo, cuando Jitrik evalúa el éxito inmediato de público y de ventas de *Don Segundo Sombra* sostiene que, para algunos críticos, el atractivo de la novela de Güiraldes radica en que es

"(...) una propuesta (heroica) a una juventud en esa época desorientada e inquieta: un maestro que desde alturas filosóficas advierte la pérdida de tensión de los más jóvenes, incapaces de sentir el llamado de la tierra, el violento corcoveo de los caballos y de los elementos" (*ídem*: 100).

Es decir, allí donde la novela de Silvio Astier aprende y *enseña* el escepticismo; la de Güiraldes ofrece un exceso de sentido –un mito (*ídem*: 101)– en el que el tiempo de la Historia cede espacio al de la naturaleza.

Por otra parte, desde un punto de vista genérico, la formulación del personaje y la novela se han asociado a la picaresca por tratarse, entre otras cosas, de un sujeto marginado que madura en la medida en que se inicia en el aprendizaje de las reglas del juego social. Esta iniciación implica la pérdida de la inocencia infantil y el desengaño se vuelve, incluso, ocasión para el delito, la mentira o la traición; tal es el caso de Astier. De todos modos, parafraseando a Borges, no parece del todo adecuado caracterizar sin más de "picarescas" a estas narraciones "por la connotación mezquina de la palabra" y por sus limitaciones locales y temporales[79]. En todo caso, *El juguete rabioso* y las obras que aquí nos ocupan –escritas más o menos treinta años después[80]– son picarescas en la medida en que participan de un cierto modo de ser de un realismo eminentemente político "menos por lo

---

79. Borges discute la pertinencia de catalogar como "picarescas" al "género nómada y azaroso" al que pertenecerían el "*Asno de oro* y los fragmentos del *Satiricón*; *Pickwick* y el *Don Quijote, Kim* de Lahore y *Segundo Sombra* de Areco" (Borges, JL: "Sobre The Purple Land" en *Otras Inquisiciones*, Bs. As., Emecé, 1986: 196).

80. Las novelas *Es difícil empezar a vivir* (1940) y *Vacaciones* (1953) de Bernardo Verbitsky constituyen el antecedente más inmediato de este tipo de narración realista de personaje adolescente en la literatura argentina durante los años sesenta (más allá de la referencia originaria de *El juguete rabioso*). En este sentido, Carmen Perilli reconoce la obra de Verbitsky en el seno de una "reformulación del realismo" que se da en los años cincuenta y en la que incluye, también, a Juan José Manauta, Andrés Rivera y Beatriz Guido y que se caracteriza por "La narración de la totalidad social... (que) se arma en torno a protagonistas en cierto sentido 'antihéroes' pero emanados de una observación de lo inmediato: el militante o el 'cabecita negra', la mujer o el adolescente. Detrás del intento, los relatos, que son ficciones de identidad, operan en la transformación de lo otro (el o los sujetos) en lo mismo (la realidad social)" (Perilli, 2004: 551; el subrayado es nuestro).

que dice(n) expresamente que por lo que revela(n)" (Masotta, 1982 [1965]: 11). Los avatares individuales de las vidas en cuestión en los distintos relatos y sus *picardías* se dejan ver como intentos tragicómicos –por su ingenuidad y esterilidad– frente al destino económico y social que ha decidido por los personajes desde el inicio.

Como lo ha señalado Horst Nitschack, en las biografías ficticias de los adolescentes se narra "la incompatibilidad entre la realización individual de la felicidad y el código moral o también la imposibilidad de conciliar la utopía con la realidad (...) Así el adolescente se convierte en un sujeto ficcional en el cual la sociedad reflexiona sobre sí misma (...)" (Nitschack, 2005: 311). La serie que aquí intentamos describir (y conformar) responde a esta hipótesis en tanto se trata de narrativas cuya provocación puede sencillamente atestiguarse en las biografías de sus autores y los destinos de sus obras. De todos modos, los estilos que cada una de las literaturas ensayan permiten evitar cualquier simplificación como la que pudiera representar la cristalización opuesta: la que reduce la experiencia adolescente a un mero conflicto subjetivo.

4.2. Los muchachos del sur

En principio, los textos de Yunque son los que más fácilmente podrían reconocerse en relación con la estética de Boedo a partir de la sola evidencia de la pertenencia del escritor al grupo literario junto a Roberto Arlt, Leónidas Barletta, Mariani, entre otros. Sin embargo, Yunque defendió los presupuestos de una literatura social más allá de los años boedistas. En 1941, en el capítulo "Boedo y Florida" de su libro *La literatura social en la Argentina* (Ed. Claridad) escribía:

> "Es lo que me propuse historiar en este libro para recordar a los que, desde los albores de la nacionalidad, desde antes de mayo, cultivaron el arte de la palabra escrita considerándola como una útil, fuerte, eficaz, imprescindible herramienta de perfeccionamiento humano.
> En mi concepto, este es el gran arte. A él, por instinto, le entregué mis bríos juveniles. En él persisto, aunque ahora por madura convicción reflexiva" (Yunque, 1941).

Yunque elige, preferentemente, a los niños y a la infancia –no a la adolescencia– como protagonistas de sus cuentos en los años veinte y treinta aunque esto no significa que entre sus objetivos estuvieran los lectores infantiles: "Yo no escribo para la infancia, aunque mis personajes sean niños", declaraba el autor en una entrevista en 1981.[81] De acuerdo con el autor, si sus libros fueron leídos por los niños y tuvieron aceptación en la escuela era porque "El niño se ve en ellos" (Yunque, 1981). La identificación es la base del contrato de lectura de una literatura social que, por otra parte, se escribe desde la hipótesis del reflejo. Estos libros de personaje-niño son el caso de su obra más comentada y reeditada: *Barcos de papel* (1925), *Bichofeo* (1929), *Jauja* (1929). Menos conocido, no obstante, es el período que abre los cuentos de *Muchachos del sur*, publicado en 1957, en el que el asunto son los adolescentes acaso porque la necesidad o intención de referir explícitamente a diversas circunstancias históricas que requieren que "los chicos crezcan". Los libros que componen la serie de personaje-adolescente son *Muchachos pobres* (1956), *Muchachos del sur* (1957), *La barra de siete ombúes* (1959), *Hombres de doce años* (1965), *Adolescentes y Juventud* (1973) y *Nuestros muchachos* (1975). En ellos la distancia temporal con el grupo de Boedo no será obstáculo para la pervivencia de las intenciones denuncialistas y críticas de los años de vanguardia porque lo que sigue en juego es una literatura que busque "transformar el mundo" (Yunque, 1941). Estos cuentos continúan la estética de Boedo en la medida que el descubrimiento del mundo por parte del adolescente expresa alegóricamente el desencanto ante la miseria del mundo. El libro *Adolescentes* tiene como epígrafe una cita en la que la adolescencia se define como la "edad estúpida" o "cuando el adolescente tiene vergüenza del niño que palpita todavía en él, aunque ya está por morir". De este modo, el personaje adolescente en la literatura de Yunque continúa la tradición dieciochista que hace de esta edad una ocasión para una elegía de la infancia perdida. Esta "atmósfera dickensiana" (Aira, 2001: 573) se enuncia explícitamente en los epígrafes que abren cada uno de los relatos en los libros de cuentos y capítulos en las novelas prácticamente sin excepción. Por ejemplo, dos citas de *Adolescentes* del escritor e historiador francés Louis Gillet dicen: "Casi todos los niños están dotados de genio, pero este genio, o casi todos, se les cae con los dientes de leche. Casi nunca sobrevive a la crisis de la pubertad" (Yunque, 1973: 77) y, la segunda, "El niño tiene una frescura que el hombre no hereda. Lo raro es que este don se transmita a la adolescencia" (*ídem*: 85).

En estos cuentos, tal vez lo más interesante –desde nuestra perspectiva– sea la construcción de la categoría "muchachos". En primer lugar, porque la

---

81. "Álvaro Yunque: Íbamos a reformar el mundo", suplemento "Cultura y Nación", diario "Clarín", 25 de junio de 1981.

palabra[82] busca nombrar ese momento intermedio inmediatamente posterior a la salida de la infancia pero que todavía no termina de instalarse en la adolescencia (lo que la psicología evolutiva ha tenido tanta dificultad para definir más allá de las evidencias biológicas de la pubertad) y que es uno de los más productivos desde una perspectiva narrativa en tanto facilita la organización indicial del relato de iniciación. En segundo lugar, porque los muchachos *del sur* será el modo que Yunque encontrará para designar una cierta particularidad del relato de formación "nacional" por un lado asociado a la literatura de arrabal (y, de este modo, de carácter "local") y, por el otro, como anticipábamos, heredero de las lógicas provenientes del realismo socialista.

En *Muchachos del sur* Yunque inventa la saga de un grupo de niños en el umbral de su adolescencia que conforman la *La barra de siete ombúes* que dará título al libro de cuentos homónimo de 1959. Las aventuras en el barrio de *la barra de siete ombúes* otorgan carácter épico a los "misterios de la iniciación en la vida" (Aulicino, 1988) de chicos "desventurados" (Yunque, 1935) en la medida que los sucesos encuentran en su tratamiento los tópicos fundamentales de la injusticia social. Yunque halla en la infancia y en la adolescencia la metáfora perfecta de la indefensión frente al autoritarismo y la exclusión. En *El amor sigue siendo niño* (1960) cita a John Lubbock y hace suya la afirmación de que "Es un error hablar de la felicidad de la infancia. Los niños están a merced de quienes lo rodean". La sujeción de los niños y adolescentes a los adultos (los "grandes", dicen los personajes) y a los padres, especialmente, se presenta por semejanza al sometimiento de los pueblos a gobiernos dictatoriales o naciones "más desarrolladas". *La barra de siete ombúes* comienza con un epígrafe de Tolstoi: "Es muy curioso el razonamiento de los padres: 'Sé por experiencia –se dicen– que nuestra vida es desventurada, por consiguiente... educo a mis hijos de manera que sean tan desventurados como yo'" (Yunque, 1935).[83] La única acción humana genuina –así como el único arte verdadero– es aquel que puede modificar la

---

82. Para el Diccionario de la Real Academia Española (Vigésima Segunda Edición, 2001: 1546), la palabra "muchacho" nombra a la "persona que se halla en la mocedad" y al "Niño que no ha llegado a la adolescencia". De acuerdo con el *Diccionario de uso del español*, de María Moliner (2007: 2006-7), la palabra "muchacho" deriva etimológicamente de "mocho", por la antigua costumbre de que los niños y jovencitos llevasen el pelo cortado.

83. Era previsible que este deslizamiento semántico entre el orden familiar y el orden colectivo le valiera la censura de sus libros desde 1977 y hasta 1985 por considerárseles lesivos de la "vida familiar".

realidad. Treinta años antes que Bourdieu y Passeron, Yunque cita a Tolstoi para advertir contra las limitaciones de la *reproducción*.[84]

Muchachos del sur se presenta como una serie de historias enmarcadas que se relatan mientras dura la suspensión de un partido de fútbol de un grupo de chicos del pueblo de "Siete ombúes". Al comienzo, se plantea la necesidad de darle un nombre al equipo y se elige el del libro. Uno de los chicos propone "Muchachos" e inmediatamente otro lo justifica en relación con las edades "Somos muchachos. Quien más edad tiene es Cuatroojos: 14 años y Tano que tiene 13. Los demás doce y once años. ¿No es así?" y agrega, en una argumentación típica de esta narrativa de Yunque, "Muchachos es un lindo nombre. Pero somos de la Argentina, de la América del Sur. ¿Qué les parece si le pusiéramos a nuestro club 'Muchachos del sur'?". El intercambio entre los personajes constituye una declaración de principios en relación con este libro y los que le siguen. Su materia será las historias de esta franja etaria cuyo "enfrentamiento con las más varias sorpresas de la vida" –como dice la presentación– le permitirá al autor escribir en un medio decir entre la narrativa costumbrista y la declaración política de carácter didáctico.

Las relaciones entre ficción literaria y educación en la narrativa de Yunque asumen distintas direcciones. Por un lado, está la evidente intención didáctica de las historias que se impone a cualquier otra, como desprendimiento de la militancia ideológico-política del autor y, en ese sentido, esta literatura tributa, más allá de sus intenciones explícitas, el principal lugar común de la razón de ser de la literatura *con* adolescentes que es la de convertirse en literatura *para* adolescentes.[85] Mientras los adolescentes aprenden, los relatos enseñan que con ellos se va la última esperanza de cambio porque, si bien en la mayoría de los casos sus acciones son nobles, no logran alterar las condiciones de exclusión que, fatalmente, terminan imponiéndose. En este sentido, el contenido didáctico es paradójico tratándose de una estética que exalta la virtud de la acción pero congruente

---

84. Cfr. Bourdieu, P. y Passeron, J.C. (1972): *La reproducción*. Elementos para una teoría del sistema de enseñanza, Ed. Laia, Barcelona. El original francés es de 1970.

85. El escritor Lubrano Zas, cercano al grupo de Boedo y amigo personal de Yunque, definía en una nota de *Hoy en la cultura* (Nº 24, Buenos Aires, octubre de 1965) a los cuentos de Yunque como aquellos "que pusieron fin a aquellos cuentos rosas de Vigil". Lubrano Zas, nacido en Rosario el 29 de mayo de 1913 con el nombre de Máximo José Lubrano, adoptó para la firma de sus obras un apodo constituido por los apellidos de sus padres (Fernando Lubrano y Mercedes Zas).

con la intención de transmitir un mensaje sin ambigüedades y, por ello, la más de las veces hiperbólico y excesivamente explicativo.

Yunque, en general, elige retratar a muchachos pobres y que se descubren presos de un destino social en el seno de un conflicto que la historia prepara con un ineludible carácter aleccionador. En *Adolescentes* se dice que estos chicos intentan "manotear" en "el contradictorio oleaje de la vida" y, como hijos de padres que se han "doctorado" "en la más sabia y difícil de las filosofías: la del fracaso", viven "como pueden". Aquí es donde aparece el aspecto más singular del tratamiento del empezar a vivir de estos muchachos y es que no se asombran frente a la ruindad del mundo adulto sino que la experiencia de su propia vida solo confirma una verdad ya conocida en la carne de sus padres o adultos de referencia e incluso a través de sus lecturas (leen a Tolstoi y Dostoievsky entre otros autores). En este contexto, el aprendizaje resulta corroborativo y hasta redundante y de ahí que el mensaje doctrinal —en boca de los personajes adolescentes o de adultos emblemáticos (maestros, madres, viejos)— se revele claramente dirigido a los lectores y en muchos casos esté de más en la medida que ya estaba contenido en los sucesos.

Por otro lado, los cuentos de *Muchachos del sur* se suceden a modo de "lecciones" o "clases" que *dictan* dos personajes adultos: "Había una vez" y "Don ABC". "Había una vez" es el apodo de Juvenal Morente, un andaluz que cuenta cuentos —verdaderos apólogos— a los chicos de la barra y que se lo presenta como amigo del padre de uno de ellos con el que, cuando jóvenes, escribían en un "periódico obrero" (Yunque, 1957: 77). Este personaje, en términos del padre de Aldo, "en política continúa siendo un *adolescente*, un soñador" (*ibídem*; la cursiva es nuestra). Los relatos de "Había una vez" aparecen de modo intercalado con las aventuras de los adolescentes y en concurrencia con las historias de un maestro jubilado, "Don ABC" que tiene una escuela "libre". Sorpresivamente, la primera enseñanza de "Don ABC" permite a Yunque introducir su admiración por la pedagogía *escolanovista*:

> "Solía decir ABC:
> - Aquí, en la Argentina, ha habido pocos maestros de verdad. Citaré a uno: Almafuerte, un poeta. Allá por no sé qué años, tal vez por los mismos en que Tolstoy abría una escuela en Yasnaia-Poliana y escribía un silabario con su misma pluma de gran artista, el poeta Almafuerte, un crioyo (sic) complicado con profeta bíblico, abría una escuela en un pueblucho llamado Chivilcoy, perdido entre los pajonales de la pampa y donde poco antes los indios maloneaban, feroces. Allí, Almafuerte, en medio de una libertad y amistad sin ejemplo, enseña-

ba, misionero del abecedario. Sin haber estudiado nunca pedagogía, Almafuerte, sólo por ser poeta, se adelantaba en su país, a todos los que habían estudiado. Descubría, por instinto de artista, y los ponía en práctica, los nuevos métodos pedagógicos de la 'escuela activa' que se comenzaba a ensayar en Europa y de los que él no conocía nada absolutamente" (*ídem*: 105).

La sorpresa a la que referíamos obedece al salto que produce el discurso literario del mundo de la ficción a la referencia pedagógica *contextual* aunque no extraña la índole de la relación planteada. La propuesta de la Escuela Nueva participó del mismo humanismo que reinvidicaba la literatura de Yunque que, además, se desempeñó como profesor de matemática. Las enseñanzas de ABC promueven los mismos valores de libre expresión, creación, observación de la naturaleza y de la realidad que la Escuela Activa. De hecho, el narrador informa que el único odio que tiene ABC es la gramática: "Un hombre que sabe la gramática perfectamente –dice– ha dejado de ser un hombre. Se ha transformado en un muñeco de ventrilocuo" (*ídem*: 107). El respeto a las reglas gramaticales aparece, arltianamente, como ejemplo de sometimiento a una legislación arbitraria que, además, limitaría la creatividad como expresión de lo que vuelve propiamente humano a la humanidad. Para que no haya ocasión de malinterpretación, unas páginas después de presentado ABC, el personaje del padre de Aldo les informa a los muchachos que ABC ha caído preso por ser anarquista y, como no es argentino, se le aplica la ley 4144 (la Ley de Residencia).

Finalmente, en el tratamiento de Yunque de las relaciones entre literatura y educación podemos incluir la semblanza que ABC hace de Almafuerte. El recuerdo de Almafuerte es una síntesis del modo en que Yunque piensa no solo esta relación sino el carácter mismo de la ficción. La experiencia del maestro Almafuerte enseña que el carácter moral de la literatura no se limita a la fábula sino que el arte verdadero es aquel que descubre la verdad en el mundo. El "instinto de artista" permite al poeta Almafuerte conocer lo que la pedagogía recién empezaba a descubrir y ensayar. La literatura (o el arte) es una forma de conocimiento y, por eso, ABC es un "pozo de anécdotas" (*ídem* 106). El *magisterio* del arte está ilustrado en la equivalencia que representa las alternativas que proponen los *muchachos del sur* para llamar a la biblioteca que fundan: o nombres de maestros (Juana Manso, Carlos Vergara y Pedro Franco) o nombre de escritores (Roberto Payró, José Ingenieros y Aníbal Ponce).

En última instancia el resumen de la teoría estética que estos cuentos y novelas breves ensayan sería que el arte verdadero es joven. Un buen

PARTE II: Literatura y experiencia adolescente   191

ejemplo de esta asociación entre juventud, verdad y literatura es la crónica que Yunque escribe por la muerte de Roberto Arlt en la revista *Nosotros* en agosto de 1942. La semblanza de Arlt comienza por el recuerdo de su llegada a Boedo. Reconstruye Yunque:

> "(...) se nos presentó un muchacho ríspido, extraño, movedizo, icosaédrico, singular. Traía los manuscritos de su primer libro, una novela: *El juguete rabioso*. Libro desigual, fruto con trozos verdes y otros excesivamente maduros: improvisación y decadencia" (Yunque, 1942).

y continúa con la reseña de la influencia del posterior "magisterio" de Roberto Güiraldes: "Hasta le enseñó ortografía". La docencia de Guiraldes le dio a Arlt, en opinión de Yunque, "la técnica o exterior del oficio" porque "Lo demás, el alma bravía, pintoresca, anárquica de sus libros, siguió encontrándola en la vida, dándose tropezones con la humanidad canalla y sufriente".

La virtud de la literatura de Arlt para Yunque radica en este anclarse *en la vida* –"Él mismo era un personaje de Arlt" sostiene– que se traduce en una energía incompatible con la madurez:

> "Se va con todas sus energías y promesas, apenas pasada la primera juventud. ¡Su ley! No concebimos un Arlt anciano, mesurado, bucólico y tranquilo, escribiendo libros correctos e inocuos. En él había algo del viento, del torrente, de lo que se agita, de lo que destruye y de lo que, en verdad, crea. Muere de haber vivido" (*idem*).

4.3. El enigma del crecimiento

Como en el caso de Yunque, la crítica ha reparado en los niños de los cuentos de Daniel Moyano y, por lo tanto, los personajes adolescentes han quedado sumidos en la indistinción del tiempo de la infancia. Sin embargo, en la narrativa de los años sesenta de Moyano, el sujeto adolescente tiene una condición propia y está estrechamente vinculada con dos de los temas más reconocidos de su obra: la ciudad y el exilio. El pasaje que caracteriza a esta edad es aprovechado en todas sus posibilidades por esta narrativa para construir su universo de seres en tránsito en un afuera irreductible. Es en este sentido que el tiempo de la adolescencia se vuelve necesario –no meramente un "tema"– a la poética de Moyano: la incomodidad del sujeto en formación dice la extrañeza del espacio y la soledad del que no encuentra su lugar en el mundo. Tiempo y espacio confluyen en la configuración del "crecimiento" como inscripción de la experiencia de formación en cuentos y novelas: "El enigma del crecimiento" –es para Juan, el protagonista del cuento "Etcétera" de *El fuego interrumpido*– "tan incierto como las regiones hacia las que el viento, que parecía nacer de la quietud que había en la casa, podría llevarse todo aquel día" (Moyano, 1967: 7).

La consideración de estos adolescentes como niños ha hecho que se redujera la representación de esta edad a la metáfora de un paraíso o inocencia perdida. Sin embargo, la adolescencia, en estas historias, designa un umbral cuya carácter actual invalida la evocación elegíaca que conlleva este tipo de pérdida. Las historias se desenvuelven en el presente desamparado de los personajes y el único registro del pasado es el que provee la focalización interna de la narración, generalmente situada en el punto de vista del protagonista: del ayer solo conocemos referencias a hipótesis descartadas, recuerdos, experiencias anteriores apenas señaladas a modo de marco de las presentes. No hay espacio (o tiempo) para la elegía sin un pasado que pueda servir de morada. Así, en uno de los primeros cuentos publicados, "La puerta", de 1960, como parte de la colección de *Artistas de variedades,* el personaje llega a casa de sus tíos con un cofre que "era lo único que conservaba de una edad más dichosa" pero, a continuación, se describe su infancia infernal ("El infierno descubierto en su infancia había crecido con él") y su condición de "maldito" (¿cómo atreverme a hablar con el ángel –se pregunta– siendo un condenado?").

Por otra parte, los aprendizajes de la adolescencia, si bien son deceptivos en la historia no están representados como tales porque, en última instancia, pobres de todo (de amparo, de recursos, de afecto) los personajes de Moyano no tienen nada que perder. Y, en última instancia, la madurez, que se le presenta al sujeto en formación en los términos de un secreto (que los mayores custodian) se descubre como una *apariencia de secreto*: no hay nada que esperar ni descubrir allí donde todo el tiempo se ha "sabido" de qué se trata. La paradoja está tematizada en el cuento "La puerta" –ya mencionado– en el que un adolescente enamorado de una vecina inalcanzable descubre, al final de la historia, que era él el culpable de no conocer el secreto que le hacía verla como una "mujer adulta, aunque tuviese su misma edad", "Ella jamás le había ocultado nada" –concluye el personaje– porque él nunca había querido saber (puntualmente: nunca había aceptado su invitación a atravesar la puerta que descubría que, ella también, vivía sumida en la miseria de la que él se avergonzaba).

En todo caso, el secreto del crecimiento se intuye como un espacio distante del aquí del tiempo de formación. ¿Adónde lleva crecer? se preguntan los personajes de Daniel Moyano y esperan que la madurez los lleve a otra parte: lejos del sufrimiento ("Etcétera"), adonde están las respuestas ("La columna"), al deseo de una ciudad que los reconozca (*Una luz muy lejana*), a la mayoría de edad como un territorio de libertad ("Otra vez Vañka"). El aprendizaje se dirime mientras dura ese compás de espera entre la inquietud acerca del secreto de volverse adulto y un enorme silencio que se abre allí cuando ocurre la revelación, deceptiva, de que no hay otro lugar. En "Etcétera" y "La columna" crecer lleva a la muerte y en *Una luz muy lejana* y "Otra vez Vañka" se trata de un regreso al origen. La "lección", no obstante, corre por cuenta del lector porque, en el relato, se da en el desenlace y está o bien implícita o innominada. En su forma implícita, el desenlace introduce un suceso final que guarda una relación irónica con las hipótesis del protagonista ("Otra vez Vañka"). En su forma innominada, se produce un enmudecimiento amargo, áspero que pone fin sin más a la historia ("Etcétera", "La columna"): una *interrupción*.

Los niños y adolescentes de Moyano hacen propia la correspondencia entre aprendizaje y crecimiento que se desprende *naturalmente* de la representación lineal, progresiva y, en consecuencia, evolutiva del tiempo. Esto es, aceptan que el tiempo les proveerá de las explicaciones y razones que, mientras maduran, permanecerán ajenas a su comprensión y conocimiento. Esta convicción, repetidamente enarbolada por los personajes en los cuentos y novelas, aparece ante los ojos del lector, como una profunda ironía no sólo acerca del destino de los personajes sino acerca de las ficciones del progreso del sentido común moderno. En estos cuentos, el tiempo no da sentido a los sucesos (no los explica, ordena o construye como acontecimientos); no avanza y es más: atrasa, como enseña la conclusión de "El perro y el tiempo". La pérdida del perro que es la única posesión del niño protagonista, Gregorio, se incluye, primero, en la larga lista de "las cosas que no comprendía" (Moyano, 1967: 162) pero, inmediatamente, reflexiona que "Por fuera el mundo había avanzado muy poco. A él, en cambio, le parecía haber retrocedido" (*ibídem*). Ante la incontestable crueldad de la verdad, los jóvenes personajes optan por una postergación indefinida de su revelación. Ese tiempo futuro (cuando crezcan), de todos modos, permanecerá, también, en el silencio de lo que los adultos callan: las escasas palabras con las que los padres y los tíos se dirigen a los niños y adolescentes; su gestualidad resignada; la mudez y cierta indiferencia del cansancio en el que se sumen al finalizar la jornada laboral. El cuento concluye con la aceptación de que Flecha, el perro, "(...) permanecería, con otros misterios, por lo menos hasta que él creciese. Pero crecer, lo sabía, pertenecía al tiempo. Y el tiempo siempre había sido para él una cosa improbable y lejana" (*ídem*: 163).

El *Bildungsroman fracasado* se manifiesta en la literatura de Moyano también a través de la ausencia de adultos o instituciones que enseñen. O, más precisamente, a diferencia de los cuentos y novelas, de una figura de excepción que se convierta en guía o esperanza de los muchachos y lectores. En estas historias, a los adultos se les vuelve igualmente *inexplicable* el crecer. En "Etcétera", la tía de Juan elige la muerte como salida para su vida dolorosa y su marido, el silencio. En "La columna", el talabartero vecino oculta el secreto de la madre del protagonista debajo de una sonrisa "siempre idéntica" (*ídem*: 32). En "Otra vez Vañka", de los bigotes del celador Comba solo brota "Ah" cuando sus botas caen pesadamente al final del día.

En este sentido, no hay un "enigma del crecimiento", como dice el protagonista de "Etcétera", en tanto no hay nada semejante a la revelación de alguna información oculta, sino que el "secreto", o su apariencia, emerge en el momento inapresable en que estos adolescentes están "a punto de" abandonar la infancia o de "entrar" en la mayoría de edad: "Juan –a punto de perder su niñez–, se despertó aquella mañana..." comienza "Etcétera".

La representación más perfecta de esta índole de aprendizaje es la composición de *Una luz muy lejana*. El capítulo inicial y final de la novela se llaman, respectivamente, "Entrada" y "Salida". En principio, la sola referencia semántica de los nombres remitiría al punto de partida y de llegada de un recorrido. De este modo, en un primer momento parece que la novela cumpliera con la condición más elemental del relato de formación que es su teleología. Sin embargo, el párrafo final de cada uno de los capítulos es idéntico: "Y de pronto una nube simuló ser un gigantesco perro que abarcaba con su cuatro patas no sólo esa ciudad sino, hacia los horizontes, otras ciudades lejanas. El perro ladraba en los cielos y sus gritos llenaban el día y la noche distante" (Moyano, 1998 [1966]: 10 y 198-9). Esta coincidencia revela la circularidad de la trayectoria: en el principio *ya* estaba contenida o anunciada la llegada. El círculo implica una clausura que impugna la existencia misma del desplazamiento y lo que él pudiera conllevar en relación con su experiencia. La imagen de la nube que, como un perro, cubre todo el espacio urbano termina por sellar los muros que dejan fuera al personaje definitivamente. Aquella presunción inicial de Ismael acerca de que "él había llegado tarde, había nacido a destiempo (...) y nada de lo que pudiera hacer allí modificaría las cosas" (*ídem*: 9 y 96) se cumple con la clara contundencia de la repetición idéntica de la frase, nuevamente, en el capítulo *de salida*.

De algún modo podría argumentarse que el futuro es la morada de alguna forma de esperanza. Es el caso de "Otra vez Vañka" que cuenta la historia de un huérfano de doce años que encuentra ánimo para sobrellevar su encierro en un reformatorio a través de la identificación con el personaje de un cuento que le lee su maestro: "y por lo tanto había una esperanza, algo probable que estaba hacia adelante y adonde tendría que llegar finalmente" (*ídem*: 112). El cuento se llama "Otra vez Vañka" en alusión al título y protagonista de Vañka, un relato de Chejov, que narra las vivencias de un niño de nueve años huérfano que está lejos de su casa —en la ciudad— y ha sido entregado en custodia por su abuelo (en el caso del ruso, como aprendiz de zapatero). Si en principio la lectura "salva" al personaje de Moyano así como la escritura (de una carta en Navidad) al Vañka de Chejov, lo cierto es que la sola repetición de la historia habla de la ausencia de cambios: denuncia el carácter ilusorio de las expectativas infantiles de quienes les toca crecer en el desamparo. Desde esta perspectiva, el realismo del cuento de Chejov no es menos quimérico que el cuento de hadas que constituye el contrapunto de las experiencias del adolescente en la ciudad hostil en *Una luz muy lejana*.

4.4. Saltar al camino

Decíamos al comenzar este capítulo que en la definición bajtiniana de la novela de educación o aprendizaje era esencial una determinada relación con el tiempo. A diferencia de los otros subgéneros novelísticos, la novela de educación presentaba al héroe en su proceso de desarrollo y en ella, "El tiempo penetra en el interior del hombre" (Bajtín, 1995 [1979]: 245).

De acuerdo, también, con lo que acabamos de leer acerca de la representación de la adolescencia en la narrativa de Daniel Moyano nadie dudaría en sostener que los cuentos y novelas de este autor cumplen con esta caracterización. Hemos visto cómo los personajes de Moyano asocian el tiempo a la idea de crecimiento y cómo se definen en la experiencia de esa relación.

Muchos son los puntos de contacto que pueden hallarse, desde la perspectiva aquí adoptada, entre la primera etapa de producción de Daniel Moyano y la narrativa de Haroldo Conti. Obras contemporáneas, el relato de formación en Conti también se define explícitamente en relación con un cierto interés por el tiempo y por sus transformaciones. Asimismo, esto se da en el marco de una narración austera y despojada que recuerda el estilo de Moyano tanto como sus personajes extranjeros en la ciudad.

Miguel Briante escribe en el diario *Página/12* el 2 de enero de 1994:

"Si uno quisiera situar –ahora, en este ventarrón de la posmodernidad o del final de la historia o más bien del olvido– a Conti, Haroldo, habría que recordar, con perdón, una vez más, aquel fragor de los años sesenta, cuando varios escritores de diversas edades –Ricardo Piglia, Antonio Dal Masetto, Jorge Di Paola, Abelardo Castillo, Germán García y quien escribe– bajaron desde diversos lugares de la provincia de Buenos Aires a la Capital, irrumpiendo en la literatura ...

Conti reunió dos tradiciones de la literatura argentina: por un lado, la que viene de los *Cuentos de pago Chico,* de Payró; por el otro, la que arranca en Arlt para mostrar una ciudad como un zoológico sin rejas, en la que deambulan raros personajes que la miden, la miran, la develan.

Claro que, a diferencia de Payró, Conti narró más que nada la pampa gringa, no la de los gringos que triunfaron, fundaron estancias, pueblos, generaciones, sino la de aquellos gringos que no llegaron a ser los dueños de la tierra, la de los marginados dos veces en la geografía y eternamente en el tiempo. Y a diferencia de Arlt, ya en la ciudad, Conti clavó una sola mirada, la de un solitario, la de un extranjero ambulante, la de un hombre siempre de ida y vuelta" (Briante, 2004: 222).

De la cita nos interesa la imagen de Conti "bajando" desde otro lugar a la ciudad capital y el concepto de "irrupción" porque las dos ideas describen la marginalidad en relación con la vida urbana que da cuenta de la extranjería de sus personajes pero, también, dicen mucho en función de la configuración de la subjetividad adolescente justamente concebido en tanto personaje urbano.

No obstante es igualmente importante el esfuerzo de Briante por situar esta literatura en relación con la tradición literaria argentina y en la convergencia de dos series: el costumbrismo de Payró y el expresionismo arltiano.

En relación con el realismo costumbrista de Payró, Briante señala el carácter "doblemente marginado" en el espacio y "eternamente" en el tiempo de los personajes no urbanos de Conti. Sin embargo, si pensamos en *Alrededor de la jaula,* la novela de 1966[86] pero también en el cuento "Como

---

86. Parece relevante señalar el hecho de que *Alrededor de la jaula* fue primer premio del Concurso de la Universidad Mexicana de Veracruz y *Sudeste* del concurso de novela de editorial Fabril porque los premios constituyen uno de los principales índices de los procesos de canonización de la obra y porque, en el primer caso, se trata de una editorial mexicana (es decir de un país al que vimos comprometido en el mismo proceso de desarrollo que la Argentina) y, en el segundo, de una compañía editora cuya responsabilidad en la renovación de repertorios temáticos

un león" (de *Con otra gente*, 1967) se advierte claramente ese carácter de síntesis que señala Briante acerca de la poética contiana cuando dice que Conti "reunió" las miradas de las tradiciones de Payró y Arlt. Posiblemente, la clave de esta "reunión" esté en el hecho de que los bordes de la ciudad son de hecho *no urbanos* en tanto que, definidos negativamente, reponen las hipótesis de la barbarie *rural* que es la "gran tradición" en la que, de algún modo, se ordenan los textos de la literatura argentina.

En este sentido, Milo, el niño protagonista de *Alrededor de la jaula* que está a punto de entrar en la adolescencia, como los personajes de la narrativa de Moyano, es producto de alguna forma de abandono inicial –aunque no explicitado–, que habita en una casilla montada en un rincón de una azotea de una vieja casa de inquilinato situada en el margen de la ciudad de Buenos Aires.[87] El abandono y la soledad toman un carácter recursivo en la historia que introducen un tiempo cíclico, eterno. A la orfandad del inicio sigue la muerte del viejo Silvestre que lo cría y el fracaso de la huida final con la mangosta amiga del zoológico.

En lo que respecta a Lito, el personaje principal de "Como un león", también vive en una casilla pero en una villa miseria, que representa la forma más extrema de la exclusión del territorio de la ciudad porque a la precariedad de la vivienda se suma la estigmatización de un espacio definido ya positivamente como *lo otro* del tejido urbano. Por lo tanto, cumple, también, de ese modo con la "doble marginación" a la que refería Briante. En el relato en primera persona de su vida, el chico sabe que su destino es repetir fatalmente las biografías de su padre, hermano, compañeros de pandilla: "Sé que tarde o temprano iré tras ellos. Tarde o temprano la vida se me pondrá por delante y saltaré al camino. Como un león" (Conti, 1994 [1967]: 168). La temporalidad "de río" de los personajes del delta incluye a los que viven en el margen de la ciudad. En "Como un león", Lito elabora una hipótesis animista de la villa según la cual "Las villas cambian y se renuevan continuamente. Son algo más que un montón de latas. Son algo

---

y retóricos ya hemos señalado (en relación con la traducción de *The Catcher in the rye*). De este modo, el dato acerca de los premios se resignifica como índice de las relaciones que se dan dentro de la totalidad del relato de formación que procuramos reconstruir para la época.

87. Cuando el niño y el viejo se desplazan de la costanera a la ciudad dicen que "vuelven" y el narrador aclara: "Esto de volver solamente tenía sentido para ellos, porque estaban en plena ciudad" (Conti, 1998 [1966]: 40/41).

vivo, quiero decir. Como un animal, como un árbol, como *el río*, es viejo y taciturno león" (*ídem*: 158-9; el destacado es nuestro).[88]

El paso del tiempo y una cierta ideología del cambio y la permanencia teje, en consecuencia, tanto las historias urbanas como las ribereñas pero de la misma forma que las vertebra (es decir, que funciona como "recurso" narrativo) construye los personajes y significa sus vidas. El personaje *en desarrollo* es la representación más adecuada al universo de una literatura que hace del tiempo su asunto principal. El niño que crece; que aprende a las puertas del descubrir el mundo del adolescente, ilustra la experiencia total del contemplar el mundo desde el margen. Por eso, el Boga, personaje de *Sudeste* (1962), si bien es adulto, comparte con Milo o con Lito la mirada adolescente porque ve el mundo desde el mismo espacio/tiempo.

Esta "mirada" es mucho más que una metáfora. Si bien esta narrativa está llena de referencias indiciales al tiempo crónico: el paso de las estaciones, los meses, los cambios en los follajes de las plantas importa mucho más el tiempo físico o, dicho de otro modo, su percepción[89]. Ese tiempo interiorizado *entra* por los ojos en todos los casos. Los personajes están caracterizados por una actitud contemplativa que designa su formar parte del contexto. Así, el narrador dice que Milo:

> "No hacía más que mover los ojos de un lado a otro y observar las cosas con atención. Estaba en ese momento de la vida. No le sucedía como a Silvestre, que se movía más bien ante el recuerdo de las cosas, sino que las veía tal cual eran y veía justamente el lado que tenía adelante" (Conti, 1998 [1966]: 26).

Este tiempo introspectivo es el que permite, paradójicamente, la articulación entre la experiencia subjetiva y la dimensión colectiva, crónica, histórica del mundo referencial. Leemos en *Alrededor de la jaula:*

> "La verdad que en unas pocas semanas no tenía por qué haber cambiado. No lo había hecho en los cien últimos años, por lo menos, ni lo haría tampoco en los próximos mil. Sin embargo, para Milo, acaso por eso mismo, si es que se entiende, parecía todo distinto. Es decir,

---

88. La casa de inquilinato en la que está la casilla que ocupan Silvestre y Milo también "cambiaba de forma continuamente" a medida de que pasaba el tiempo (Conti, 1998 [1966]: 32). La vida es un "espeso" fluir "de vino" según la reflexión del narrador que asiste a los encuentros del viejo Silvestre con el propietario del "Rey del vacío", Lino. (Conti, 1998 [1966]: 23).
89. Usamos las categorías de "tiempo crónico" y "tiempo físico" en el sentido que las define Emile Benveniste en "El lenguaje y la experiencia humana" (Benveniste, 1993 [1977]).

el que había cambiado era él, porque ahora se le antojaba que estaba viendo todo aquello desde cierta distancia, precisamente como una estaca clavada en el tiempo, inmóvil y fija en la corriente de las cosas, para decirlo en alguna forma" (*ídem*: 85).

La mirada del adolescente se diferencia de la del viejo por su inscripción en el presente y su prospección al futuro. Mientras el viejo solo ve lo que le dicta su memoria, el adolescente proyecta su mirada hacia el entorno y al porvenir. También, cuando el viejo se enferma y Milo queda solo en el manejo del parque de diversiones, el narrador dice que "La Tita", otra niña,

"(...) venía ahora más a menudo y se quedaba mirando cómo Milo se las arreglaba solo, igual que un hombre. Probablemente no era más que eso lo que le estaba pensando. Milo ya era un hombre, aunque mucho no se viese por afuera. Había alargado un poco de todas partes. La cara misma se le veía más larga, con un par de ojeras que le hundían los ojos" (*ídem*: 82).

Milo se vuelve hombre —crece— ante los ojos de Tita que el narrador "toma prestados" para dar cuenta de las transformaciones que sufre el personaje pero, además, si bien el cuerpo de Milo se "alarga" con el crecimiento la señal está en los ojos, cansados, con ojeras, de tanto crecer/mirar.

De hecho, no podría ser de otro modo que esta dialéctica del mirar y el ser visto por los otros esté en la base de la experiencia de formación del personaje de *Alrededor de la jaula* ya que es lo que define la amistad del protagonista con la mangosta del zoológico.

En un estudio sobre los bestiarios latinoamericanos contemporáneos, Julieta Yelin analiza el texto "Le zoo" de John Berger y sostiene:

"(...) para Berger existe una estrecha relación entre la paulatina desaparición de los animales de la vida cotidiana de los hombres y la emergencia de guetos humanos: si la diferenciación entre hombre y animal no es clara, ésta se traslada al interior de la humanidad, pues es necesario que *alguien/algo* ocupe el lugar del *otro*. La analogía entre esos espacios de marginación de determinados grupos sociales y los zoológicos da cuenta de esa posición" (Yelin, 2008).

Y traduce a Berger cuando este afirma que,

"Todos los lugares de marginación, guetos, villas miserias, manicomios, campos de concentración, tienen algo en común con el zoo. Pero es muy fácil y evasivo servirse del zoo como de un símbolo. El zoo pone de manifiesto las relaciones entre el hombre y el animal, y nada más.

La marginación de los animales es contemporánea de la marginación y liquidación de la única clase social que ha conservado a lo largo de la historia una relación de familiaridad con los animales, así como la sabiduría que acompaña esta familiaridad: el pequeño campesinado" (Berger, en *ídem*: 824).

En *Alrededor de la jaula*, no asistimos únicamente a la aparición del zoológico como metáfora del encierro y tampoco de la mangosta por mera semejanza con la indefensión y extrañeza de Milo. Antes bien, como señala Berger, es metáfora precisamente de la alteridad de los unos y los otros (y mucho más allá del dualismo hombre/animal).[90] Esta es la razón por la que la relación de Milo con Ajeno –la mangosta– está mediada por el viejo Silvestre. La serie se conforma en la oposición Milo/Silvestre; Milo-Silvestre/Ajeno para luego resumirse en Milo/Ajeno. La "aparición" de Milo (su emergencia es el único dato del inicio de su relación con el viejo) cambia la vida de Silvestre pero, como hemos visto, la mirada del niño se delimita en relación con la del viejo. Luego, cuando descubren a la mangosta en el zoológico, el "estilo oscuro y cariñoso que (Milo) jamás pudo entender" (Conti, 1998: 47) de Silvestre[91] es el que consigue la solicitud

---

90. Aquí encontramos una diferencia fundamental entre las literaturas de Conti y de Moyano porque en Conti los animales son metafóricos mientras que en Moyano la referencia al animal responde a la necesidad de inscribir a sus personajes e historias en una temporalidad ajena a la linealidad progresiva del tiempo crónico occidental.
    La relación adolescente-animal aparece reiteradamente en los textos que nos ocupan. Una virtual historia de las representaciones literarias de la adolescencia en el siglo XX se inscribiría en las variaciones, modulaciones y efectuaciones que pueden imaginarse a partir de los rasgos que reconocíamos en el análisis de la analogía que planteaba Doltó en "La edad difícil" (cfr. I[m] Parte). Como una forma de validación posible de esta tesis, podríamos incluso volver sobre nuestros pasos y reconstruir una isotopía ciertamente sorprendente: *pajarillos, bogavantes y langostas , perros y cachorros* (Mario Vargas Llosa, Dylan Thomas), *gatos y ratones* (Günter Grass), *moscas* (William Golding) pueblan los títulos de las ficciones adolescentes y a esta lista podríamos sumarle los emisarios animales de Dios en el texto de Lautremont; el inquietante *bestiario* de los cuentos con adolescentes de Cortázar: tigres (*Bestiario*), hormigas (*Bestiario*), cucarachas (*Circe*), conejitos (*Carta a una señorita en París*) En estas metáforas "animales" hay algo del orden de lo biológico puesto en juego (una evocación del argumento de la "especie") pero también algo de lo "monstruoso" (¿qué otra cosa son las "gorgonas" a las que refiere Rafael Cansinos Asséns?) y, por lo mismo, de lo insoportable que debe ser nombrado para "apaciguar su temible vitalidad" (Kaplan, 1986: 43).
    Volveremos sobre las relaciones entre adolescencia (o juventud) y metáfora animal en la III Parte con el tratamiento de *Diario de la guerra del cerdo*, de Adolfo Bioy Casares.
91. Un dato insoslayable es la evocación de la naturaleza que connota el nombre del

del animal. El narrador cuenta que en ese momento "no existían más que él y la mangosta" (*ídem*: 48). Finalmente, cuando el viejo se enferme y muera la comunicación entre Milo y Ajeno permitiría a uno reconocerse en el otro: "Milo estaba recostado contra la jaula y desde allí veía ahora el mundo como lo veía Ajeno" (*ídem*: 97).

El registro de visibilidad del otro está tematizado en la novela a partir de la visita al zoológico. En primer lugar, "como casi toda la gente" Milo se había dejado llevar por la atracción por "los animales más notables" (Conti, 1998 [1966]: 43) pero luego frecuentó "los senderos de las jaulas olvidadas" (*ibídem*). Ese decir, el camino va desde la pura contemplación de la diferencia del otro al encuentro con la semejanza: del exotismo a la incorporación del otro. De este modo, leemos unas líneas después:

> "En general, observándolos con atención, todos estos animales, por grotescos que sean, tienen algún parecido con la gente. Las manos, los ojos o simplemente la actitud. La gente no ve nada de eso. Es decir, ve tan sólo aquello que lo hace distintos y los aparta. Silvestre, cuando sacaba la cabeza de su jardín, veía las cosas como Milo" (*ídem*: 45).

El riesgo de la visibilidad del otro no radica en el reconocimiento de su diferencia (hipótesis del "exotismo") sino en su semejanza, su cercanía que se vuelve insoportable cuando nos revela nuestra propia condición.[92] Esa es la lección del zoológico y si se quiere, también, la dimensión pedagógica de esta novela de aprendizaje.

Por último, las metáforas del zoológico y de la jaula son, en su sentido más obvio, las del encierro. No obstante, la simpleza de la metaforización se complejiza y singulariza sobre el horizonte de la experiencia completa del aprendizaje. Si la imagen de alienación en Moyano es la de la intemperie de un afuera absoluto, en Conti la imagen es la contraria: la experiencia de aprendizaje estará vinculada a la libertad y a la huída de cualquier tipo de reclusión. Esto se hace extensivo también a Lito, en "Como un león" cuando compara a la escuela con una jaula (Conti, 1994 [1967]: 165) pero también al Boga, el protagonista de *Sudeste* (1962) aunque viva en el medio de la naturaleza.

---

viejo, "Silvestre" (del latín *silvestris*) que significa criado naturalmente, agreste, rústico (cfr. *Diccionario de la Lengua Española*. Real Academia Española, XXI edición, 2001: 2066) en relación con sus posibilidades únicas de comunicación con el animal.

92. Este tratamiento de la alteridad y en el seno del zoológico es semejante al propuesto por Julio Cortázar en su cuento "Axolotl".

Desde este punto de vista, también aquí la madurez está "en otra parte" aunque de ese espacio no se tenga otro indicio que una inquietud incierta: "Después de mirar un rato hacia el horizonte a uno le brotaba de adentro una especie de congoja, no algo triste exactamente sino un deseo incierto, como si debiera hacer otra cosa o estar en otra parte o echar a andar sin volver la cabeza..." confiesa Milo (Conti, 1998 [1966]: 31). En una referencia que recuerda a *La isla desierta* de Arlt, Milo y Silvestre están "metidos en este agujero" (dice Silvestre) mientras "ellos (los otros que representan los barcos en el río) recorren el mundo" (*ibídem*). En consecuencia, como los personajes de Moyano, los adolescentes de Conti salen a buscar su destino aunque fracasen. Es en este sentido que Marta Morello-Frosch (Morello Frosch, 1980) los ha definido como verdaderos "robinsones" porque se procuran su libertad aunque esta signifique la soledad del río en *Sudeste*, o sea meramente un recurso de la imaginación: dice Lito de su vida en la escuela "Trato de aprender lo que puedo pero la mayor parte del tiempo la cabeza se me vuela como un pájaro. Vuela y vuela, cada vez más alto, cada vez más lejos" (Conti, 1998 [1967]: 164), o tenga como precio justamente el encierro de la cárcel que se infiere en la captura policial con que culmina *Alrededor de la jaula*.[93] Así planteado puede decirse que, aunque sumido en un profundo lirismo, el relato de formación en Conti toma la forma de la aventura en un sentido estricto: por el carácter incierto de la empresa, su propensión al futuro.

4.5. Relatos crispados

El caso de los cuentos de *Las hamacas voladoras* de Miguel Briante, publicados en 1964, tiene un carácter singular en la serie con la que trabajamos porque adolescencia y relato de formación no son solo aspectos que atañen a las ficciones sino que están en el origen mismo de los textos. Es decir, en *Las hamacas voladoras* no solo encontramos cuentos que escriben el aprendizaje de personajes adolescentes sino que son el producto de un escritor adolescente. Estos cuentos fueron escritos entre los 15 y 21 años del autor.

En el prólogo que Briante prepara en 1987 para la tercera edición del libro, caracteriza a *Las hamacas voladoras* como la producción de sus años de aprendizaje adolescente. Dice allí que el libro es un "libro urgente" (Briante, 1987: 7) en el que "lo autobiográfico se entreveraba con

---

93. Morello-Frosch dice que estos personajes han trocado su historicidad por un ritmo de río.

todo aquello que aprendíamos" (*ibídem*). De ese registro autobiográfico no confesional –al modo borgeano–, según refiere el propio Briante, "quedan rastros, a lo mejor simplemente antropológicos" (*ibídem*). Esta suerte de "etnografía literaria de la ficción" se define más adelante como la triple relación: "aquellos años, aquellos textos, aquellos hombres". Es decir, en buena medida, el prólogo de Briante funciona prácticamente como una síntesis de nuestros intereses:

a) los cuentos se presentan a sí mismos como una memoria de escritos de adolescencia;
b) pero ese tiempo de aprendizaje artístico –*Künstlerroman*– no es solamente un tiempo personal sino un tiempo colectivo;
c) la autobiografía se escribe como un relato de formación (el género se interpone ante el registro confesional);
d) el autor se sitúa en relación con la centralidad de Cortázar en la literatura de la época cuando también confiesa que en el cuento "El triángulo" "subyace un Cortázar que yo no había leído", "pero algo andaba en el aire".

Ahora bien, además de apartarse de Cortázar, lo hace también de los "que en ese tiempo publicaban en los tranquilos suplementos dominicales de la tradición y la propiedad". Lejos del vanguardismo cortazariano y del conservadurismo bienpensante, en la literatura de Briante quedará el registro "De ese aprendizaje *furioso*"[94] de la *lonja* de sus años de adolescencia y, esa furia será la que necesariamente entronque con la tradición arltiana. En una nota escrita en el año 1985 en el diario *Tiempo Argentino*, Briante declaraba:

> "Para quienes nos acercamos a la literatura en los años que ahora se llaman 'los 60', es todavía menos posible que para otros escritores o críticos eludir, mentando a Arlt, el lugar común de mentarlo a Borges. Por aquellos tiempos no había manera de no llegar en cualquier momento a la encrucijada: Borges y la torre de marfil; Arlt, una especie de escritor de la vida" (Briante, 2004: 182).

En un primer momento, podría imaginarse que esta opción es semejante a la que leíamos en Yunque, sin embargo, lo que significa ser un escritor "vital" para Briante resulta prácticamente opuesto. Dice Briante, en el mismo artículo periodístico, que Raúl Larra en *Roberto Arlt, el torturado* canonizó una lectura biográfica de Arlt de la que resultó que "Es como si al final, Arlt diera lástima":

---

94. El destacado es nuestro.

"Sus orígenes escasos de linaje lo habrían marcado para siempre, y se leerá siempre su obra como la de aquel pobre chico al que el padre, cuando hacía macanas, le decía, por la noche, 'mañana te pego'.
Es Raúl Larra, en *Roberto Arlt, El Torturado*, quien narra esa escena, pero nosotros tenemos en la memoria esa misma escena narrada por Arlt en *El juguete rabioso*, y ahí el personaje ya se llama Silvio Astier. Tanta explicación a partir de su vida —eso de que Endorsain es el mismo Arlt, etcétera, etcétera— lo coloca en el puro ejercicio reinvidicatorio de la literatura, en un vengador social, en una especie de 'Tucho, de canillita a campeón', que se murió, encima, joven. Es como si al final, Arlt diera lástima" (*ídem*: 183-4).

De Arlt (y del grupo de Boedo), desecha "la protesta, la lucha romántica, y esa ternura que tenían para pintar la vida" y se queda con:

"(...) la anarquía individualista (que) se convertía en una furiosa desmitificación del mundo, de todos los hombres, cualquiera fuera su condición. Con una voz en que se cruzan todas las voces, todos los acentos, toda la chatarra —como suele decir Piglia— en una infernal máquina de lenguaje" (*ídem*: 184).

Estos son relatos "crispados" —para retomar la propia adjetivación de Briante— porque la experiencia de crecer y de aprender está corroída por la indignación. El ejemplo emblemático es el del protagonista de "Las hamacas voladoras" que pone fin a su historia de humillación cuando atenta contra la máquina de sillas voladoras y sus caras "felices, contra el cielo". El cuento es el revés casi perfecto de *Alrededor de la jaula*. Las mismas hamacas voladoras de la costanera de Buenos Aires que reúnen la experiencia del viejo Silvestre con las ilusiones de Milo son la ocasión del "rencor vindicativo" (Briante, sf) del protagonista del cuento de Briante. En ese rencor, la vindicación tiene un registro personal (el adolescente se venga del viejo propietario de las hamacas que, como el Silvestre de Conti, lo había recogido cuando niño, pero a diferencia del protector de Milo, castigado desde entonces) pero también un carácter colectivo que Briante califica como un "afán justiciero" que atribuye a toda la literatura de su época. Sin embargo, no hay ni lucha romántica ni ternura en esta "vindicación", la redención se limita a la mostración violenta de la injusticia. Como en Arlt, la marginalidad solo engendra odio y traición: el crimen salda la cuenta de la inequidad. "Vos, por ahora, tenés que limpiar" le había dicho el viejo la primera vez que lo llevó al parque "Y él, con el trapo en la mano, pensaba: poder estar allá arriba, poder subir (...) Las caras pasando constantemente, recortándose felices contra el cielo" (*ídem*: 38). El contraste prepara directamente el desenlace: el chico cuenta que "hasta después de cumplir los quince años (aunque nunca supo exactamente su edad) siguió pensando lo mismo que había pensado aquella vez" (*ídem*: 39). La única forma de terminar con la diferencia era borrar esas caras felices que le devolvían la imagen de su miseria. La mecánica del funcionamiento del juego, que en *Alrededor de la jaula* es parte de los saberes de formación de Milo, es también lo que habilita al personaje de Briante en su momento de decisión aunque, en este caso, la intención sea abyecta: el chico acelera la velocidad de giro de las hamacas hasta "ese jadeo de motor que estaba a punto de quebrarse, de reventar como van a reventar todos, como vas a reventar vos, viejo, y ya no vas a poder volver a pegarme, pensaba" (*ídem*: 42).

En "Otro héroe", "Uñas contra el acero del máuser" y el cuento que da nombre al libro los personajes atraviesan la última etapa de la adolescencia en ese período que bien designa la expresión inglesa *coming of age*. Está en juego "hacerse hombre" y también su parodia, si consideramos la ingenua heroicidad del protagonista de "Otro héroe" y la arbitrariedad de la rutina militar en "Uñas contra el acero del máuser".[95] Ambos cuentos narran la misma crispación del sujeto en formación "preso" de distintas formas de disciplinamiento cuyas consignas inhiben la emergencia del individuo que en esta literatura se define en la radicalidad del *individualismo anarquista* que el autor reconocía como herencia del estilo de Arlt.

El nihilismo de las historias no da lugar a ningún tipo de aprendizaje en tanto el relato de formación no solo fracasa en relación con su fin último (la integración final del individuo a la sociedad; la maduración) sino que está perdido desde el inicio porque la muerte es lo que está al final de la transformación. María Rosa Lojo opina a este respecto que, para los personajes de Briante,

> "(...) la vida se define como trasgresión a la 'ley burguesa' –a la comoadidad y a la conservación– para someterse, no al mero desorden, sino a otra ley: una ley bárbara que exige la apuesta al todo o a la nada, que lanza al hombre al riesgo, al cambio y por lo tanto a la vida (...)

---

95. Calabrese y Martínez (2001): *Miguel Briante. Genealogía de un olvido,* Rosario, Beatriz Viterbo) han leído: "Uñas contra el acero del máuser" en relación con la tradición de violencia de la dicotomía civilización/barbarie de *El matadero*. Visto desde la perspectiva de los personajes y del ámbito de formación, también podría pensarse como una versión militarizada de *Juvenilia* particularmente, por la oposición entre porteños y provincianos así como por la angustia del encierro puestas en escena.

pero que puede ofrecer al jugador (...) la muerte como coronación y como premio" (Lojo, 1987: 128-9).

Por esta razón, en "Las hamacas voladoras", es el acto criminal el que se define como el momento extremo de subjetivización: "Yo soy el que *puededecidir* ahora, viejo" (Briante, sf: 41; la cursiva es nuestra) leemos en el monólogo interiorizado del chico. El neologismo nombra la novedad en la conducta del personaje que será definitiva para que encuentre una forma propia. La misma contradicción entre sujeción y revelación de quién se es se da en los cuentos "Otro héroe" y "Uñas contra el acero del máuser" en los que los discursos religioso y militar, llevan a los protagonistas a reprimir la posibilidad de pensar por sí mismos y acarrean su consecuente alienación[96]. Más aún, ambos cuentos tienen como escenario una institución educativa cuya tarea *formativa* es parodiada. En "Otro héroe" se narra la historia de un joven soldado que custodia, durante el conflicto de Perón con la Iglesia Católica, el colegio religioso en el que había pasado su infancia pupilo. En "Uñas contra el acero del máuser", la vida castrense de los conscriptos en un regimiento durante el período del servicio militar. Volveremos sobre estos cuentos cuando trabajemos, en el capítulo V "Los oficios terrestres", los procesos subjetivantes de las instituciones de formación.

---

96. Es el caso, también, de la continuidad que representan la rabia contenida del niño narrador de "Capítulo primero", ante la imposibilidad de comunicar su angustia cuando la desaparición de su padre, y el posterior relato de la violencia de sus años como pupilo en un colegio religioso cuando ya tiene dieciséis, en el cuento "El último día", suprimido de la segunda edición de 1987 por la editorial Puntosur, pero incluido en la primera edición de 1964.

Capítulo IV

Memorias del tiempo de inmadurez

En el capítulo anterior hemos trazado un mapa según el cual la narrativa argentina de aprendizaje protagonizada por un personaje adolescente durante los años sesenta responde, en mayor o menor medida, a dos tipos de representaciones de esta edad: por un lado, reconocemos una adolescencia *romántica* (cuya expresión prototípica es la que ofrece la literatura de Cortázar) y, por el otro, una adolescencia *picaresca* asociada a un relato de formación de izquierdas. Aunque con profundas diferencias —como hemos puntualizado— estas narrativas, no obstante, no cuestionan la posibilidad de aprender y relatan un proceso de desarrollo o maduración. Sin embargo, esta descripción estaría incompleta si no consideráramos también, como parte de este estado del discurso social, su negativo, es decir, aquellas narrativas que discuten esta posibilidad. En este sentido, el escritor Luis Gusmán señala que:

> "En el estado de lengua de nuestra literatura de los años sesenta y comienzos de los setenta, Gombrowicz con su posición respecto a la literatura 'superior' implicaba la posibilidad de escribir y de leer de otra manera. Su perspectiva se oponía al cortazarismo imperante, al populismo y a un realismo, como diría Nabokov, degradado 'por el veneno del mensaje'" (Gusmán, 2006).

La obra de Witold Gombrowicz está en el centro de esta otra *zona* de la literatura de los sesenta en la que la impugnación de los valores de la madurez conlleva otra definición del tiempo y, por lo mismo, de la narración. Más exactamente, nos proponemos la lectura de dos novelas publicadas en el mismo año de 1968: *Nanina* de Germán Leopoldo García y *La traición de Rita Hayworth*, de Manuel Puig que participan de una escritura que se inscribe en esa "otra manera" a la que alude Gusmán y que podríamos llamar, con Alberto

Giordano "devenir inmaduro" (Giordano, 1996) de la literatura. De hecho, en un texto autobiográfico de Germán García encontramos una referencia que reúne los nombres de lo tres autores cuando García ensaya una posible filiación para su estilo:

> "José Agustín, Reinaldo Arenas (respondía en un reportaje de 1972), pero también Manuel Puig y Witold Gombrowicz. Queríamos separar lo nuestro del testimonio y de las grandes novelas. Ni la *Antropología de la pobreza* de Lewis, ni los *Cien años de soledad* de García Márquez. Nuestro proyecto estaba al margen de los compromisos inmediatos y del mandato de los pueblos. Witold Gombrowicz, citado por nosotros, decía: «Hay que colaborar en la acción clandestina sin revelar que nuestra acción clandestina apunta a otro objeto.» ¿De qué se trataba? De la certeza de que dicho objeto no existía, de que era necesario evitar el encuentro de la culpa de cada uno con los imperativos generales de la política. En 1973 nuestra revista *Literal* titulaba su presentación: *No matar la palabra, no dejarse matar por ella"* (García, 1993).

Con diferencias que nos ocuparemos de señalar cuidadosamente, las novelas de García y Puig pueden reconocerse como parte de estas escrituras[97] que caracterizan a una parte del sistema literario argentino durante los años sesenta. Más allá de la singularidad de las poéticas en cuestión, se distinguen en conjunto sobre el horizonte de una atención particular sobre el lenguaje (*y los* lenguajes) en las antípodas de los presupuestos de la "novela de lenguaje" latinoamericana[98] y, consecuentemente, una problematización

---

97. Llamo aquí "escrituras" a lo que Alberto Giordano, para referirse a Manuel Puig, caracteriza como "una literatura fuera de la literatura" (Giordano, 2001).
98. Cfr. Iª Parte, capítulo II, 2.3. "La experiencia latinoamericana contemporánea". Germán García en una reseña de la novela *Abolición de la propiedad* del mexicano José Agustín publicada en la revista Los Libros de julio de 1970 (N°9), vuelve a tomar distancia de la literatura del *boom* y a acercar su obra a la de Agustín y, en particular, sugiere la influencia de *De Perfil* en la escritura, inmediatamente posterior, de *Nanina*. Dice Germán García: "Hace tres años circularon en Buenos Aires algunos ejemplares de la novela *De Perfil* (...) *De Perfil* no fue advertida: los medios de información se ocupaban en ese momento de vender el *paquete* 'literatura latinoamericana', contribuyendo a trazar una geografía alucinada que estableció no sólo una manera de llegar a los textos sino también un mercado con exclusiones. Geografía realizada, entre otras cartografías, por la revista *Nuevo Mundo*. Desde Carlos Fuentes a Vargas Llosa pasando por una lista 'progresista' que ha aprendido a responder con la literatura a la política y con la política a la literatura. Apariencia de un compromiso sólo formal, declarado, cuya consecuencia no pasa de palabras aunque siempre se hable de otra cosa que de ellas. Frente a

de la referencialidad que compromete al género novelesco en su definición decimonónica. Puede advertirse la importancia que esto tiene para la perspectiva aquí adoptada en tanto están implicados los principales narremas del relato de formación, ya sea la naturaleza de la narración, la definición de la novela, el concepto de un tiempo progresivo y/o disruptivo del cambio pero también la adolescencia, si consideramos no solo a los personajes adolescentes de los textos abordados sino la tesis de Julia Kristeva acerca de la *adolescencia de la novela*.

Julia Kristeva sostiene, en un artículo de 1986 (Kristeva, 1993), que la novela comparte con la adolescencia el constituir una "estructura abierta". La autora designa, de este modo, una disposición compartida de apertura a lo reprimido en la que "como los sistemas abiertos de los que habla la biología" (*ídem*: 129) la identidad se renueva en la interacción con otro. Esta "fluidez" e "inconsistencia" (*ídem*: 130) de las formas (de la subjetividad adolescente) y de la novela surgen de una posición de crisis con respecto a una ley ideal estable.

Esta relación entre adolescencia y novela se corrobora, de acuerdo con Kristeva, desde los orígenes del género (por oposición a la épica) al final de la Edad Media, pero halla su mejor expresión en el siglo XX porque, en cuanto a la adolescencia,

"La evolución de la familia moderna, la ambigüedad progresiva de los roles sexuales y de los roles parentales, el debilitamiento de las prohibiciones religiosas y morales son algunos de los factores que ya no estructuran a los sujetos alrededor de una posición firme sobre lo prohibido o la ley. Las fronteras entre las diferencias de sexo o de identidad, de realidad o de fantasía, de acto y de discurso, etc., se cruzan con facilidad, sin que se pueda hablar de perversión o de *borderline* (...) El adolescente llega a representar *naturalmente* esta estructura" (*ídem*: 130).

De la misma manera, en lo que respecta al género novelesco,

"Cuando la novela moderna se cuestiona o cuestiona los valores, forzosamente paternos, de la sociedad forzosamente adulta, el escritor se declara explícitamente seducido por el adolescente o la adolescente. Como Nabokov y su *Lolita*[99] (1955) o Gombrowicz con su *Tran-*

---

este aparato la propuesta de Agustín llega a ser virtuosa por modesta: sus libros son hechos de palabras. ¿De qué hablan? – Hay que leerlos" (García, 1970: 32).

99. Hemos discutido la importancia de *Lolita* para el imaginario de la época en I[ra] Parte, capítulo II, 2.3: Los *teenagers* argentinos.

satlántico (1950) o su *Pornografía* (1953) (...) [los adolescentes] Se imponen a los novelistas como las metáforas de lo que todavía no está formado: espejismo del prelenguaje o del cuerpo indeciso" (*ídem*: 142).

La traición de Rita Hayworth y *Nanina* explotan esta metáfora adolescente de la que habla Kristeva –la indecisión del cuerpo y el prelenguaje– a través de la intervención de los discursos de su época, cada una con sus propios recursos.

1. *L'heure de promesse*

Witold Gombrowicz es la peor pesadilla que pudiera imaginar un historiador de la literatura: se trata de un escritor nacido en Polonia (en 1904) que vivió 24 años de su vida en la Argentina (entre 1939 y 1963) y murió en Francia, en 1969. Reconocido, hoy en día en su país natal como un escritor "nacional" (después de años de prohibición bajo el régimen comunista), en la Argentina hay, no obstante, quienes sostienen, como Ricardo Piglia, que "la novela argentina sería una novela polaca". Como anunciaban las palabras de Luis Gusmán, los años sesenta no fueron indiferentes a Gombrowicz o más precisamente al *ferdydurkismo*, como veremos a continuación, por la evidente afinidad de este "concepto" con la metáfora adolescente que gravita en el centro del discurso social de la época. La defensa de los valores de la *inmadurez* como ética individual y como *posibilidad*, en términos de las tradiciones estéticas y culturales nacionales, entroncará perfectamente con los narremas hegemónicos del relato de formación sesentista.

Ferdydurke, el texto más reconocido de Gombrowicz, publicado en Polonia en 1937 y por primera vez en la Argentina, en español, en 1947, en una mítica traducción, cuenta la historia de Pepe que, a los treinta años, vuelve súbitamente a su adolescencia y a la vida escolar:

> "¿Qué había soñado? Por un retroceso que debiera estar vedado a la naturaleza, me vi tal como era cuando tenía quince o dieciséis años –me trasladé a la mocedad–, y de pie, bajo el viento, sobre una piedra, a orillas del río, decía algo ... y me oía ... Oía mi hace mucho enterrada voz, voz chillona de pichón, y veía mi nariz aún no lograda sobre mi rostro blando, transitorio, y mis manos en exceso grandes ... Sentía el contenido ingrato de esta mi fase pasajera e intermedia. Me desperté en medio de la risa y el pavor porque me parecía que, tal como era mi persona ahora, ya en la treintena, remedaba al impúber que yo había sido y se burlaba de él, mientras éste también se burlaba

de mí... y ambos nos burlábamos uno de otro" (Gombrowicz, 2004 [1937]: 29-30).

Mientras que la novela de formación o aprendizaje tradicional cuenta cómo se llegó a ser quien se es, aquí se maldice a la "desgraciada memoria" que "obliga a saber por qué rutas hemos llegado a ser lo que somos" (*ídem*: 30). De este modo, *Ferdydurke* opta por empezar por el relato inverso o *cómo se dejó de ser el que se era* en un último gesto de resistencia a la madurez.

El "período de la inmadurez" provee a Gombrowicz de una imagen para ensayar una poética cuya principal proposición es el procurarse de una forma propia sin tener en cuenta otra cosa que no sea una realidad interna: "¡Expresarse!" "¡Que mi forma nazca de mí, que no sea hecha por nadie!", grita un eufórico Pepe al inicio de su metamorfosis. Esta afirmación de soberanía "contra todo y contra todos" encuentra su representación alegórica en el conflicto entre adolescencia y vida escolar. El adolescente Pepe luchará contra el implacable maestro Pimko que "como una vaca" se alimenta de su "verdor".

La crítica a los maduros no solo aparece a través del personaje del profesor Pimko o de la familia de los Juventones, cuya hija, la Moderna, vive la juventud como una edad definitiva. Gombrowicz, por un lado, hace que sus personajes "vivan" el absurdo que los anima: los discursos pedagógicos de Pimko o la seducción de la Moderna serían muestra de ello pero, también, ensaya sus tesis desde la voz del narrador con juegos tipográficos que distinguen los datos de la trama de las declaraciones de principios que le subyacen. De este modo, por ejemplo, afirma que "La juventud no era para ella (para la colegiala) una edad transitoria, para la moderna, la juventud constituía el único aceptable, cabal y debido período de la vida humana – *despreciaba la madurez o más bien la inmadurez era para ella madurez*" (*ídem*: 163).

La Forma es, en Gombrowicz, el nombre de toda y cualquier determinación que se quiera imponer a los sujetos: formas de la pertenencia social, nacional o familiar; formas del estilo literario, del comportamiento público, de la moda; formas de ser o de parecer. En este contexto, la indeterminación de la "mocedad" o "fase pasajera e intermedia" hace de esta la edad privilegiada para albergar ese rechazo de la forma acabada:

"Porque en la realidad era yo tan indefinido y estaba tan deshecho como en el sueño. Atravesé hace poco el Rubicón de la ineludible treintena, crucé la frontera, según mis documentos, y mi apariencia semejaba la de un hombre maduro y, sin embargo, no estaba maduro (...) mi situación era poco clara, y yo mismo no sabía qué era: hombre o adolescente; y así, al comenzar la segunda mitad de mi vida, no era ni esto ni aquello –era nada– y los de mi generación, que ya se habían casado y ocupaban puestos determinados, no tanto frente a la vida como en diversas oficinas, me trataban con una justificada desconfianza" (*ídem*: 30).

A poco de atravesar la "ineludible treintena" que traza la frontera entre la adolescencia y la adultez, Pepe no solo vuelve a tener quince años sino que se disuelve en la indeterminación de *no ser* (ni esto ni aquello; ni adolescente ni adulto) y, además, de *no ser alguien*: "Pepe –decían entre un balbuceo y otro–, el tiempo apremia, hijo mío, ¿qué pensará la gente? Si no quieres ser médico, sé por lo menos mujeriego o coleccionista, pero sé alguien.., sé alguien..." (*ídem*: 31). La novela atenta contra el corazón mismo de la idea de formación en tanto revela la continuidad que existe entre las representaciones de uno para sí (ser/no ser) y las expectativas de los otros (la cultura, el estado, las *semimadres tías*).

El tiempo de la inmadurez no reconoce la secuencialidad propia del proceso que caracteriza a la novela de formación y, de esta manera, introduce una temporalidad absurda de un crecimiento que no progresa. La madurez que espera al final del camino representa ahora una forma de involución o, más precisamente, de claudicación. La *madurez* de los *maduros* no es otra cosa que una impostación: "¿No comprendes, acaso, que la primera condición para lograr la madurez es declararse maduro a sí mismo?" (*ídem*: 32), se pregunta Pepe, "Las agujas del reloj de la naturaleza eran implacables y terminantes" (*ídem*: 31), reflexiona. El desarrollo, finalmente, no es otra cosa que un asesinato:

> "Cuando las últimas muelas, las del juicio, me hubieron crecido, fue necesario creer: el desarrollo se había cumplido, había llegado el momento del asesinato ineludible, el hombre debía matar al molzabete, elevarse en los aires como mariposa, dejando el cadáver de la crisálida. Debía, pues, entrar en círculos de adultos" (*ibídem*).

Ahora bien: decíamos que la novela fue escrita en 1937 y diez años después, traducida al español en la Argentina. Sin embargo, tiene un reconocimiento tardío en el país –recién en la década del sesenta– para el mismo momento en que Gombrowicz se radica en París a partir de una beca de la Fundación Ford.

Para evaluar la recepción de la obra de Gombrowicz por la literatura argentina de los sesenta, podemos comenzar por considerar la fuerte dependencia de los procesos de canonización en la literatura nacional en relación con las elecciones europeas (Ernesto Sábato, en el prólogo que escribirá para la primera edición dirá que "Es muy improbable que en la Argentina la gente se atreva a considerar genial a un escritor que no venga patentado desde París" (Sábato, 2004 [1964]: 14) auspiciada especialmente en estos años por el desarrollo de la industria editorial argentina y los circuitos de traducción y comercialización entre el país y el viejo continente.

En lo que respecta a los índices editoriales de este proceso de consagración de su obra podemos considerar, por ejemplo, que solo en un mismo año, en 1963, la revista *Eco Contemporáneo* le dedicará un dossier (en su edición n°5) y Julio Cortázar lo citará en *Rayuela*. Un año después, en 1964 la editorial Sudamericana reeditará *Ferdydurke* con el prólogo de Ernesto Sábato al que hacíamos referencia. Se trata de la reedición de la traducción argentina de 1947 por una de las editoriales faro del momento y prologada por un escritor que, además de declararse amigo de Gombrowicz, es el más popular entre el público masivo o no especializado, autor del best seller *Sobre héroes y tumbas*, editado también por Sudamericana en 1961. En 1966, la influyente revista literaria *El escarabajo de oro* (que se publicó entre 1961 y 1974) en el número celebratorio de su séptimo aniversario incluye un artículo de Gombrowicz "especial para el 'escarabajo de oro'" en el que este aclara su posición frente al nazismo después de declaraciones controvertidas a este respecto. En 1968, Sudamericana dará a conocer su *Diario Argentino*.

Sin embargo, como en todo fenómeno de recepción, acaso lo más importante de consignar sean los modos en los que su literatura y pensamiento pueden reconocerse en quienes fueron sus lectores. Desde esta perspectiva, encontramos a Gombrowicz entre las principales referencias intelectuales del grupo "Los mufados", los jóvenes que, con la conducción de Miguel Grinberg, hicieron la revista *Eco Contemporáneo* entre 1961 y 1969 y que, decíamos, le dedicará un completo dossier en el año 1963.

"Los mufados" llamaban "mufa" a "un estado del espíritu que condiciona a toda una generación argentina" y que consistía básicamente en un rechazo de la cultura oficial y también de la expresión alternativa que representaba, por entonces, la izquierda intelectual. En pocas palabras, su enemigo era el "Mundo Caduco" y mostraron su descontento y hartazgo[100]

---

100. Literalmente: "TODO lo que implique capitalismo-comunismo-fascismo-catolicismo-anarquismo con su conflictualidades guerra fría, NOS HARTA!", Revista *Eco Contemporáneo*, n°3, citado por Gradin, Carlos (2010): "Para una genealogía de la mufa. Miguel Grinberg y la revista Eco Contemporáneo 1961–1969", Disponible online en www.elinterpretador.net/36/cultura/gradin/gradin.html

a través de su adhesión a los movimientos contraculturales norteamericanos del momento –la poesía de la *Beat Generation,* el hippismo y la lucha de las panteras negras– y encontraron en Gombrowicz una buena síntesis de sus expectativas de una identidad fuera de las definiciones convencionales. A este respecto, Rita Gombrowicz señala (Grinberg, 2004: 12):

> "En su Diario, Gombrowicz cuenta cómo su partida produjo el estallido de toda clase de sentimientos indescriptibles. Uno de los fenómenos que más lo conmovieron venía justamente de estos jóvenes 'iracundos' llamados 'los Mufados'. Se dio cuenta de que este reconocimiento tardío de su obra en la Argentina le llegaba espontáneamente desde la juventud *underground*. Sin embargo, algo ya comenzaba a producirse a mi alrededor ... en esos días de incertidumbre. Algunos aspectos particulares de mi realidad argentina cobraron un súbito impulso, parecía como si aquella realidad, al presentir un final próximo, se hubiese empezado a acelerar e intensificar en todo lo que de específico contenía ... esto se apreciaba evidentemente en lo que se refiere a la juventud, la parte quizás más características de mi situación. Era justamente como si ellos se hubieran dado cuenta en esos días de que algo como *Gombro* no les sucedería todos los días: un escritor ya 'formado', con un nombre ya conocido, que no trataba con personas de más de 28 años de edad, un artista con una rara estética personal, con un orgullo especial, que con desdén y hastío rechazaba a la gente 'lograda' en la cultura para acercarse a los jóvenes, a aquellos que estaban a *l'heure de promesse,* los de la etapa inicial, los de la antesala literaria ... vaya, ¡pero qué caso excepcional, sin precedentes! ¡Qué espléndida oportunidad para atacar con este 'joven-viejo', como su fuera un ariete, al *beau monde* literario de la Argentina, derriba las puertas, provocar la explosión de las jerarquías, causar escándalos! Y he aquí que esos *blousons noirs* del arte, esos iracundos (una de sus agrupaciones se llamaba 'Mufados', otra 'Elefantes') se reunían conmigo, llenos de afán bélico y empezaron a elaborar apresuradamente las formas astutas para introducirme en la prensa más importante. Miguel Grinberg, dirigente de los 'Mufados', preparaba febrilmente un número de su revista combativa dedicado a mi (...)" (Journal 1961-1969: 315-16. Gallimard, Folio, París, 1996).

El caso de los *mufados* es, posiblemente, el ejemplo más directo que pueda citarse de la influencia a la que nos referimos en tanto el encuentro entre el autor, su literatura, y sus lectores se da prácticamente en términos de una identificación que, además, moviliza acciones materiales como la toma de posición y elaboración de un manifiesto del grupo y vínculo personal y social entre los sujetos comprometidos (de hecho se convierte en amigo de Jorge Di Paola, del propio Grinberg, y de Antonio Dal Masetto con quienes sostiene una larga relación epistolar después de su partida del país). No obstante, desde nuestra perspectiva, la influencia del *Ferdydurkismo* de Gombrowicz tiene consecuencias mucho más amplias que van más allá de la contingencia de las experiencias vitales y los encuentros personales, aunque hayan sido definitivos para asegurar su huella en la medida en que traman una de las alternativas que asume el relato de formación de la época[101]. Consideremos, por ejemplo, el prólogo de Ernesto Sábato. En este Sábato no solo se limita a presentar la teoría de la forma de Gombrowicz sino que ensaya una lectura argentina del autor que resume en la tesis según la cual "en su lenguaje" (el del polaco) "podríamos llamar Territorio de la Inmadurez" (Sábato, 1964: 12) a nuestro país. "Buena lección para nosotros", concluye Sábato, al comentar la recomendación de Gombrowicz para Polonia acerca de que:

> "(...) no traten de rivalizar con Occidente y sus formas, sino que traten de tomar conciencia de la fuerza que implica su propia y no acabada forma, su propia y no acaba inmadurez; con todo lo que ello supone de fresca y franca libertad en un mundo de formas fosilizadas" (*ídem*: 14).

Las semejanzas entre Polonia y la Argentina como alternativas a la "caducidad" que representa la tradición europea no es, por cierto, una inferencia de Sábato sino una tesis explícita que Gombrowicz sostiene en sus *Diarios* y en entrevistas dispersas. No obstante, la novedad, en todo caso, es que Sábato la haga propia e invente el mote "Territorio de la Inmadurez" en 1964 cuando, por entonces, como hemos visto, la Argentina compartía el territorio americano con un México adolescente (según Octavio Paz) y un Perú, también adolescente, según Luis Alberto Sánchez, en el ensayo titulado *Perú: retrato de un país adolescente* (1958).

---

101. De hecho, puede afirmarse que la "mufa" era un "modo de crecer". Carlos Gradin en su análisis de la *genealogía de la mufa* menciona que en 1967, en La Plata, el conjunto de rock nacional la Cofradía de la Flor Solar homenajearon al movimiento con dos temas de la banda: "La Mufa" y "Oda al abuelo mufado". Un fragmento de la primera canción decía:" Francamente nunca vi la punta del fato del que todos hablaban. Y contraji mufa, y contraji mufa, *la mufa fue mi modo de crecer*. Me revolqué en mufa, me doctoré en mufa, la mufa fue lo que me hizo ver" (la cursiva es nuestra).

2. La forma de lectores

Germán García es seguramente el escritor argentino en el que la huella de Witold Gombrowicz es más visible porque ha declarado que sus novelas de los años sesenta –*Nanina* (1968) y *Cancha Rayada* (1970)– son deudoras del escritor polaco y porque, como ensayista, ha leído a Gombrowicz en artículos de las revistas *Los libros* (1969-1976) y *Literal* (1973-1977) y en un libro monográfico: *Gombrowicz, el estilo y la heráldica* (1991).

En *Nanina*[102] (1968) se pueden reconocer las características propias de un texto autobiográfico. En primer lugar, en el Prólogo a la cuarta edición de 1985, Germán L. García dice que es *su novela de formación como escritor:* cuenta que el libro fue terminado en 1967, publicado en 1968 y prohibido en 1969 y que habiéndolo empezado a escribir cuando tenía veinte años "aprendí a escribirlo mientras lo escribía". (García, 1985: 9) Pero, por otra parte, pueden identificarse las marcas de un tiempo, un espacio y una serie de avatares predicables tanto de Leopoldo –el protagonista– como de Germán Leopoldo García, el autor. También, podría caracterizarse como una autobiografía novelada o novela crítica autobiográfica si ponemos más o menos énfasis en la distancia que representa, más allá de la ficción que supone la identidad *personal*, la creación de un personaje. Podemos, en este sentido, atender a la experiencia de ese personaje y reconocer, además, una estructura de pasaje que se define, por un lado, a nivel de la trama, por ciertos traslados geográficos (del Junín natal a la ciudad de Buenos Aires

---

102. Uno de los intereses de la lectura de *Nanina* es la red de relaciones que trama a su alrededor (desde su génesis, recepción y posterior censura) que incluye a los principales "actores" del relato de formación de los sesenta en la Argentina que aquí nos ocupan. Para mencionar solo algunos: Germán García conoce a Bernardo Kordon a través de su trabajo en la librería Fausto cuando tiene 22 años y es este quien lleva el manuscrito a la editorial Jorge Álvarez. Hasta aquí tenemos entonces un escritor prácticamente adolescente cuya *opera prima* es recibida por un escritor de la "generación anterior" que hemos mencionado como parte de los escritores que preparan el realismo de los sesenta. *Nanina* se publica finalmente a partir del informe favorable de Rodolfo Walsh quien también recibe a García como parte de una "nueva generación" de escritores en la revista *Primera Plana* y en un artículo del 19 de diciembre de 1967 caracteriza a la novela como un libro que hacía de la infancia/adolescencia "un campo de batalla" (Walsh, 1967 citado en Cosse, 2004). Es Pirí Lugones (la autora de la antología *Memorias de infancia,* de la Editorial Jorge Álvarez que incluye textos de Beatriz Guido, Rodolfo Walsh y Manuel Puig, entre otros), la que se encarga del lanzamiento del libro. La favorable recepción por parte de la prensa cultural "enoja" a Manuel Puig quien, según una carta citada por Suzanne Jull-Levine, considera a la novela de García "un tonto productito típico de nuestro subdesarrollo".

Capital) y otros vitales (de la niñez, a la adolescencia, a la primera juventud; de la vida familiar a la vida independiente) que caracterizan a las novelas de aprendizaje o formación. Finalmente, a otro nivel, la estructura de pasaje es observable en una serie de discontinuidades en la que los traslados no se naturalizan en un marco temporal o causal reparador.

Nanina remite a estas organizaciones, se inscribe en ellas y las recusa en un mismo acto. Si, por un lado, la sintaxis narrativa apela a todas las posibilidades de estructuración del tiempo (la secuencia cronológica, la estructura de flash back, la prospección), la morfología verbal introduce un narrador en tercera persona que alterna, sin anticipación para el lector, con la primera persona de la gramática. Dicho de otro modo, se trata de una novela de formación sin *relato* de formación y de una autobiografía sin certezas de identidad. El resultado es lo que aquí llamamos, siguiendo a Julia Kristeva (1993), *una novela adolescente*: formal y semánticamente *una obra pendiente*.

Si bien la historia se mueve indiferenciadamente entre las distintas edades del personaje, el tiempo que media entre su infancia –localizable en Junín– y primera juventud –reconocible por su ingreso al mundo del trabajo– ocupa la mayor parte de la narración. En este punto la convención autobiográfica ofrece el escenario necesario para imaginar una secuencia más allá de las interrupciones y digresiones y la novela de formación la estructura eventiva del pasaje de un estado inicial a otro. La adolescencia es, como anunciábamos, mucho más que la anécdota. Es el estilo, entendido no solo como una opción retórica sino como una política del sentido.[103] Es el nombre de la posibilidad de narrar en presente. La manera de salirse de las connotaciones morales de la diégesis que obligan a pensar al pasado como causa y al futuro como porvenir. En un procedimiento típico de la "Generación Literal" (puede leerse también en la obra de Luis Gusmán de esta época; por ejemplo, en *El Frasquito,* publicado en 1973) se plantea una inseparabilidad de la escritura y la trama. Aquí la subjetividad adolescente del personaje *informa* –da forma y predica sobre– la composición del texto. En otras palabras, y en el caso particular de *Nanina* es el modo de evitar la lógica de la *transformación* que caracteriza tanto a la autoconciencia propia

---

103. Entendemos por "estilo" lo que tendría como primera manifestación un trabajo lingüístico, una forma de artesanado, pero que se diferencia de una "producción" en tanto el sujeto no es causa sino antes bien efecto de su acontecimiento (cfr. Piacenza, 2002) Germán García (2000: 81) lo define como "lenguaje transformado en objeto".

del género autobiográfico como al héroe de la novela de *formación*, que hace de la "forma" un valor al cual aspirar. Dice Leopoldo:

> "La magnitud de la infancia, la fiesta de la derrota de los niñitos que fuimos, la imposibilidad de no ser hombre, de no ser niño, de no ser nada, sino algo indefinido: muerte única de Nanina" (García, 1985 [1968]: 134).

La doble negación –*la imposibilidad de no ser*– es la angustia que atraviesa la narración de una vida cuyo único índice positivo –la muerte de Nanina, una gata– es algo indefinido. Una mera mención en el texto. Falta, en la novela, el suceso que inicia al adolescente en la vida adulta y que constituye la clave para interpretar cómo se llegó a ser el que se es. Cuando parece llegar ese momento; cuando Leopoldo decide finalmente abandonar el hogar familiar en Junín a los diecisiete años, el suceso se resuelve en la más despiadada indiferencia: "Pensé irme silencioso, pero a último momento abría la puerta de la pieza y grité: ¡Me voy ahora me voy! Y oí la voz de mi padre, ronca de cigarrillo y vino: podés irte al carajo, pero cerrá la puerta porque se escapa el perro" (*ídem*: 180).

Sabemos que la adolescencia es la única edad de la vida que no puede ser caracterizada positivamente. Su definición es estrictamente relacional. Parece haber dos certezas –la de la infancia y la de la adultez– y un estado intermedio o *de tránsito* que es la adolescencia. Se discute su extensión o duración; los signos internos o materiales de su condición; pero siempre es un lugar de paso que –necesariamente– debe ser atravesado. Si la infancia pertenece al pasado –tiene la temporalidad del mito dice Pere Salabert (1995)– la adolescencia tiene el tiempo del arte. Está asociada a la experiencia estética del tiempo fragmentado. Vuelvo a citar a Salabert:

> "(...) el Arte es un principio de *indeterminación* para la Historia, así como el yo adolescente es una amenaza para el Otro (...) la Historia (...) es el factor temporal estructurador que otorga su desarrollo *narrativo* a las formas del Arte (...) Por su parte, la madurez supone el equilibrio y el sentido de continuidad para la adolescencia (es decir, la conciencia personal del tiempo)" (Salabert, 1995).

Entre *Nanina* y *Ferdydurke* median treinta años, que son suficientes para que Delia, la hermana de Leopoldo, sea lectora de Gombrowicz: salen a comprar milanesas y en el camino ella le dice que quiere leer *Ferdydurke* y a Sartre, Buzzati, Kafka, Breton, Miller, Proust, los cuentos de *El llano en llamas*: toda una biblioteca de los sesenta. En *Nanina* hay, como en *Ferdydurke*, un escepticismo de la forma individual (el personaje confiesa:

"(...) voy convirtiéndome en el personaje central de una comedia que se llama yo (...)" (García, 1985: 211) pero, a diferencia del texto de Gombrowicz, se experimenta con la posibilidad, si bien precaria, de una opción: tomar "la forma de lectores" (*ídem*: 164). Frente a la "imposibilidad de no ser", Leopoldo elegirá ser un lector. La "forma de lector"[104] introduce la distancia necesaria para no caer en la banalidad del escritor o en cualquiera de las formas del artificio. A la *chiquilinada* del autor opone la adolescencia del lector. A la madurez de la diégesis, la irresolución adolescente del procedimiento narrativo.

A través de la experiencia de la lectura, García refiere a la *impropiedad* de la forma; del estilo. A la irreductible libertad del yo que lee. A la singularidad que resiste frente a la impersonalidad de la firma de autor. "Ser alguien", decía Gombrowicz, "es estar continuamente informándose sobre quién se es y no saberlo de antemano" (Gombrowicz, 2001 [1967][105]: 126)

En 1900[106], el joven Rubén Darío escribía "Yo persigo una forma que no encuentra mi estilo/botón de pensamiento que busca ser la rosa". La afirmación de la búsqueda estaba en relación con un reclamo de originalidad que le hacía decir en las "Palabras Liminares" a *Prosas Profanas* que su literatura era "suya"[107] y que quien lo imitase estaba condenado al fracaso. Solo seis años después aquel "cuello de gran cisne" que lo "interroga(ba)" formará parte del ayer: "Yo soy aquel que ayer no más decía"[108] y cifrará la derrota en la "forma" que "(...) es lo que primeramente toca a la muchedumbre". Por eso, frente a la ingenuidad de la voluntad de estilo dariana —la consecución de una forma— *Nanina* despliega la dirección equívoca de una forma que se encuentra al costado del camino elegido; *a pesar* de la madurez: "Tomaremos (...) la forma de lectores: seremos aquello de lo

---

104. La importancia de lo que representa tomar la "forma de lector" en García queda demostrada dos años después con el nombre del personaje protagónico de *Cancha Rayada*, "Leo", en el que se juega con la homonimia de la primera persona del presente del modo indicativo del verbo leer y el apócope del nombre "Leopoldo"; que es, además, el segundo nombre de Germán Leopoldo García, el autor. Cfr. Cap. VI de la II[da] Parte: "Cancha Rayada".
105. La entrada en el Diario es del año 1958.
106. Darío suma el poema "Yo persigo una forma" a la segunda edición de *Prosas Profanas*. La primera edición es de 1896.
107. Dice Rubén Darío: "mi literatura es mía en mí", en "Palabras Liminares" a *Prosas Profanas, El modernismo Hispanoamericano. Antología,* Buenos Aires, Colihue/ Hachette, 1979, pág. 185.
108. En "Yo soy aquel que ayer", *Cantos de Vida y Esperanza* en *El modernismo Hispanoamericano. Antología,* op. cit., pág. 196.

cual escapábamos, o mejor aquello hacia lo que escapábamos sin darnos cuenta" (García, 1985: 164).

3. La montaña mágica

"Es cierto que la adolescencia es la edad del desequilibrio".
("Cuaderno de pensamientos de Herminia",
La traición de Rita Hayworth, Puig, 2000 [1968]: 271)

La traición de Rita Hayworth (1968) es uno de los pocos casos en la literatura argentina en el que el debate de la crítica ha girado en torno a su caracterización como novela de aprendizaje. Entre las principales lecturas y discusiones podemos destacar la de José Amícola (1997) quien, a pesar de que recusa la posibilidad de designar como "Bildungsroman" a una novela argentina del siglo XX, acepta como núcleo semántico principal de la obra "el punto de vista (...) de Toto, el niño que va llegando a la adolescencia en el devenir de la historia" y, así planteado, "podía decirse lo mismo de *El juguete rabioso".* Desde otra perspectiva, desde una definición "pragmática" acerca de los efectos de lectura previstos por el relato de aprendizaje (la formación como lector), Fabio Espósito (1998) sostiene que "Es razonable incluir *La traición* ... en la larga cadena de novelas de aprendizaje. Sin embargo, no hay nada que aprender de la vida de Toto. En ese sentido, la novela es antipedagógica (...) *La traición* ... reescribe *Juvenilia* y la desenmascara. Como vemos, la primera novela de Puig se aleja de la huella pedagógica de la literatura nacional". Finalmente, Alan Pauls (1986) desplaza el tópico de la "iniciación" del personaje al autor y, de ese modo, plantea que "Se ha leído *La traición* ... como una novela de iniciación, como un *Bildungsroman*: esa lectura es productiva en la medida en que designa una iniciación literaria, relato que tematizaría el proceso de producción de un escritor: el mismo Puig. Por lo demás, en la novela, ninguna iniciación, ningún crecimiento".

Desde nuestra perspectiva, nos interesa leer *La traición de Rita Hayworth* justamente en relación con los focos propuestos por la crítica: la iniciación en el arte, el crecimiento y la adolescencia de buena parte de los personajes pero con la atención puesta en el tratamiento del tiempo ya que nos permite explicar la *necesidad* de la adolescencia de Toto. Su importancia formal, estética antes que meramente temática. La novela, situada entre 1933 y 1948, recoge el *sentido común* de la sociabilidad de la época pero intervenido por el pensamiento crítico de los años sesenta. Por lo tanto, en la polifonía de la novela, se produce una hibridación de los elementos dóxicos que caracterizan el discurso de la época representada por las formas en crisis que provienen de la eclosión del canon estético de la alta cultura, las nuevas matrices del pensamiento sobre la sexualidad y las nuevas formas narrativas que caracterizan a los sesenta. En este contexto, la novela de Puig constituye, junto con *Nanina*, uno de los casos ejemplares de lo que aquí hemos llamado *memoria de la inmadurez:* la adolescencia de Toto, y de otros personajes con los que conforma una constelación virtual, será la circunstancia propicia para ensayar esas formas de la mezcla que darán a luz una nueva temporalidad.

En lo que respecta a la idea de "iniciación", *La traición de Rita Hayworth* es un texto marcado por esta idea en distintos niveles. Por un lado, es la primera novela del autor y la que define su "entrada en la literatura"[109] pero, además, es uno de los pocos núcleos semánticos que podrían reconocerse como "tema", si es que puede identificarse uno en el texto. En la discusión acerca de la definición de la novela como novela de aprendizaje, el interés de la crítica ha estado concentrado mayormente en el personaje de Toto dada su obvia centralidad, sin embargo, las relaciones entre aprendizaje y crecimiento atañen prácticamente a todos los personajes. En principio es claro —por explícito— el hecho de que Toto no crece: es petiso (no desarrolla altura), la ropa le va de una estación a otra (tampoco desarrolla volumen) no obstante su relación con el aprendizaje es más compleja. Si bien no aprende a andar en bicicleta ni tampoco a nadar y además "no entiende", ni quiere saber nada, de sexo (sus hipótesis sexuales son infantiles o simplemente equivocadas), es, sin embargo, el mejor alumno del colegio. Este contraste es importante porque introduce una diferencia entre los aprendizajes intelectuales de los que aluden a los saberes del cuerpo y en esta diferencia se instala un abismo que la novela no busca subsanar sino profundizar con el propósito no solo de definir al personaje sino de, a partir de él, caracterizar al conjunto de voces que cuentan sus historias. A este respecto, Graciela Speranza ha reparado en el hecho de que:

> "La elección de las escenas protagónicas de Toto —los capítulos en los que Toto habla en primera persona o escribe— no es casual. Si la novela se abre con su nacimiento en 1933, Toto tiene seis años en el primer monólogo, nueve en el segundo, catorce cuando presenta su composición en el Concurso anual de composiciones literarias (...)

---

109. Para una lectura de la "entrada a la literatura" de Manuel Puig, cfr. Giordano, 1996.

Los momentos elegidos pautan tres etapas de su aprendizaje, señalan un comienzo y un final" (Speranza, 2003: 81).

Sus aprendizajes, sin embargo, son inútiles desde la perspectiva de su maduración: su conocimiento de cine no logra sino enajenarlo de la realidad y, por lo mismo, solo funciona (es útil) cuando entra en relación con otro aprendizaje igualmente banal y enajenante: el conocimiento escolar; cuando gana el premio del concurso literario de tema libre.[110] Por el contrario, sabemos que el Héctor es un pésimo estudiante, aunque crece. La ropa le queda chica de un año para el otro y se fue siendo un niño al colegio, en Buenos Aires con su padre, pero volvió "hecho un hombre". De acuerdo con Mita:

> "(...) se fue en marzo que era un nene y en noviembre se apareció lleno de granos y con la nariz hinchada y vuelta a irse, que ya no me importaba nada la última vez y cuando se apareció la tercera vez nadie lo reconocía, un hombre, no creo que en Vallejos haya otro más lindo entre los muchachos" (Puig, 2000: 141).

En Héctor se cumple la ley "natural" de la correspondencia del paso del tiempo con el proceso de maduración que deja sus rastros visibles en el cuerpo. Su fracaso intelectual, en relación con el desempeño escolar, es directamente proporcional a su evolución física y la correspondencia entre uno y otro fenómeno parece sugerir, irónicamente, también una cierta causalidad "natural". Se niega a leer (los libros que le pasa la Ñata y los que le sugiere el profesor de Química); a permanecer encerrado (en el colegio de pupilos y también en el bar, a discutir *El Capital* con el mismo profesor) y *por eso, por esa razón,* es bueno jugando al fútbol y sueña con probarse en la reserva del club River Plate. *Por eso, por esa razón,* seduce a las chicas del pueblo.

Dice Alan Pauls (2010):

> "*La traición* no cuenta, pues, la iniciación de Toto, su protagonista. Más bien escenifica el enfrentamiento de dos lógicas, una lógica del crecimiento y una lógica de la detención, o entre dos modalidades de la transformación: transformación extensiva de Héctor, ligada a una cronología que la organiza en ciclos y estados previsibles; transformación intensiva de Toto, inmóvil, vinculada con el terreno del lenguaje y la acción. El cuerpo de Héctor es sintagmático, continuo,

---

110. En ese concurso, Toto elige escribir sobre la película que más le gustó. Volveremos sobre la condición de los aprendizajes escolares y el lugar de la escuela en esta novela y en el relato de formación literario de los sesenta en el capítulo V de la Parte II "Los oficios terrestres".

expansivo. El de Toto, en cambio, anula la continuidad: es un campo de acontecimientos y cortes".

Un caso semejante al de Héctor es el de Cobito en el que también se cumple la ley inversa de desarrollo biológico y madurez sexual contra las limitaciones escolares. En este caso, está más presente que en el de Héctor una tercera variable que es el conocimiento de las normas de conducta; una cierta *maduración social* que también "atrasa" en relación con sus aprendizajes o está directamente ausente en el comportamiento de Cobito. Es expulsado del colegio "por escupirle la ropa al celador y ponerle heces en los zapatos" (Puig, 2000: 233); se escuda en el anonimato en la nota sin firma dirigida al director del colegio que desacredita a Toto como candidato a mejor alumno del año, pero su carácter asocial se manifiesta de forma más evidente desde el inicio, cuando rompe con su filiación judía de origen (Cobito se apellida Umansky) a través de la expresión de un violento antisemitismo.

En cuanto a las adolescentes Esther y Ñata, son "buenas alumnas" (se eximen en todas las materias, Esther gana una beca, ambas leen) y de este modo cumplen con el lugar común según el cual las niñas son buenas estudiantes mientras los varones no lo son (por la energía que el desarrollo y las urgencias del cuerpo le roban a las posibilidades de concentración y contracción al estudio[111]). En ellas también se cumple la relación inversa entre la maduración biológica (crecimiento del cuerpo) y el desarrollo intelectual/escolar aunque con sentido opuesto al de los varones Héctor y Cobito. En este sentido, Esther imagina que, cuando crezca no será una mujer sino "bachiller". Escribe en su diario: "Una beca para primer año, que será renovada para segundo (y lo fue) si la alumna lo merece y para tercero, y así año tras año, hasta que la niña deje de ser tal, pues ese día será *bachiller*" (*ídem*: 218; el destacado es nuestro). Fracasa cuando quiere mostrar una apariencia física de adolescente: "Toda una grandote de catorce años vestida de nena, sí y con soltarme las trenzas creí que estaba hermosa, la pavota" (*ídem*: 222) y cuando quiere tener una vida social independiente, propia: formar parte de "la barrita pituca" (*ídem*: 230) (como llama su cuñado peronista a sus amigos del colegio privado). En cuanto a la Ñata, enamorada también de Héctor como Esther, es engañada por este pero no le guarda rencor en el momento de la despedida sino que le pide que le escriba y recomienda libros en una muestra de total desconocimiento/

---

111. La condición de buen alumno de Toto será, en función de esta lógica, un índice de su homosexualidad.

advertencia no solo de la circunstancia de abuso de que ha sido víctima sino de la propia identidad "real" del Héctor, más allá de la que construyera su imaginación de "comelibro" (*ídem*: 171).

Paquita y Teté ponen en escena la idea misma de iniciación. Si bien todos los personajes atraviesan –a través de sus monólogos, anotaciones personales, diálogos– la experiencia que media entre los últimos años de infancia y el ingreso en la adolescencia, Paquita y Teté son las que ponen en palabras la relación conocimiento-aprendizaje-sexo que se pone en juego en la novela. Paquita y Teté quieren "saber de sexo" porque intuyen que ahí es donde radica verdaderamente el conocimiento que las volverá adultas. La sexualidad aparece como un conocimiento auténtico, en tanto vital (en el doble sentido de ligado a la vida, y, también, ineludible), por contraste con lo que la literatura o la escuela enseña, y sus discursos estarán caracterizados por esta búsqueda y su inquietud. De esta forma, Paquita busca un encuentro sexual con el instructor de natación del club con un ejemplar de la novela *María* de Jorge Isaacs "en la mano" que dice que deja olvidado sobre el cubrecama revuelto después de la inesperada renuncia del instructor a su propuesta y posterior denuncia de las intenciones de la chica a su padre. Paquita confiere al profesor de natación el lugar de "instructor" en el aprendizaje de la sexualidad pero, como era esperable en la referencia al romanticismo virginal del libro de Isaacs (que Paquita dice también habérselo prestado al profesor con anterioridad), el "instructor" no quiere enseñarle nada y la entrega a su padre como guardián de su "pureza". A pesar de este fracaso, Paquita es la que "inicia" a Teté en los misterios del sexo cuando desacredita sus creencias infantiles en la existencia de la cigüeña y en la maternidad asociada al matrimonio.

José Luis de Diego (2007) afirma que Manuel Puig parece haber sido completamente consciente de estar escribiendo una "antinovela de aprendizaje" y señala como pruebas de ello que Puig comienza a escribir *La traición de Rita Hayworth* en el mismo año en que aparece *La ciudad y los perros* –1962– y uno antes de que se edite la traducción al español de la novela *El tambor de hojalata*, de Günter Grass, publicada en Alemania en 1959 y en la que el protagonista tampoco crece. A estos argumentos queremos sumarle el hecho de la referencia permanente a esta falta de correspondencia entre desarrollo biológico, madurez intelectual y socialización en los personajes porque representa un ataque directo a la ideología del tiempo productivo que caracterizó al primer *Bildungsroman* y que, como veíamos, es lo que los principales teóricos del género –Bajtín, Lukács– han consignado como rasgo fundante del mismo y de la propia novela moderna. En *La traición de Rita Hayworth* –como en las otras novelas que incluimos en lo que llamamos aquí "memorias de la inmadurez"– está ausente lo que Jeffrey L. Sammons llama "una teleología de la individualidad": "tiene que haber un sentido de cambio evolutivo en el interior del individuo, una teleología de la individualidad, aunque la novela, como muchas lo hacen, dude o niegue la posibilidad de procurarse un resultado satisfactorio" (Sammons, 1991: 41).[112] De este modo, no solo se escribe una antinovela de aprendizaje sino que se ensaya otra configuración de la identidad, fuera del cauce del devenir temporal, como había sido desarrollada, desde fines del siglo XVIII, por el discurso de la modernidad.

Los aprendizajes de Paquita y Teté ponen en juego "la pérdida de la inocencia" en el sentido estrictamente bíblico en el que el conocimiento es pecado. Por un lado, en el monólogo de Teté mientras está en la cola del confesionario, leemos un debate interno en el que se recrea el diálogo con un cura del internado acerca de la gravedad relativa de los pecados de matar y fornicar con un desenlace previsiblemente absurdo: "pregunté si el pecado más grande no era matar, dejar morir a alguien y me dijo que para una niña de doce años es más pecado dejarse 'fornicar' por los muchachos porque para matar se necesita un cuchillo o un revólver, mientras que para pecar con muchachos basta con pensar que ya es pecado" (Puig, 2000: 100). Por otra parte, en el reclamo del instructor de natación al padre de Paquita se actualizan, junto al imaginario religioso, las prescripciones sociales acerca de la conducta sexual femenina y su correspondiente condena de cualquier tipo de infracción. Paquita encuentra de este modo *el camino* y, a través de las notas del cuaderno de Herminia nos enteramos, finalmente, que "construye su vida" al comprometerse con un empleado bancario a los diecisiete años. Herminia manifiesta la incomodidad que representa para ella que la chica se comprometa en matrimonio –lo que en sus términos significa otorgarle un sentido (final) a la vida– cuando, ante sus ojos, Paquita no es más que "una criatura" (*ídem*: 266): en otras palabras, no está madura –no ha crecido lo suficiente– para completar el recorrido de su formación.

Mientras tanto, mientras Paquita cierra el círculo que abrió su iniciación, con el matrimonio, el personaje de Herminia, la profesora de música, espera. Fuera del conjunto de niños y adolescentes que se escuchan en la novela, Herminia, la solterona, puede asociárseles porque es una adulta que no ha madurado porque no se ha casado. Herminia está fuera de la constelación de niños y adolescentes en formación que construyen la trama pero también

---

112. En inglés en el original. La traducción es mía.

se define, como los otros, en función del tiempo y, de este modo, se explica que Toto la irrite: Toto le devuelve la imagen de su propio estancamiento.

Finalmente, Herminia es, además, quien introduce otro de los aspectos clave de la puesta en crisis del concepto tradicional de formación en *La traición de Rita Hayworth*: el que respecta al papel de la educación estética en la realización "total" del individuo. El *Bildungsroman* del siglo XIX:

> "(...) incorpora la crisis, la separación característica del mundo moderno entre naturaleza y cultura. El nuevo orden burgués acarrea una especialización y una fragmentación del saber que persigue la eficiencia mercantil y que acaba con la utopía de la existencia de un hombre integral (...) Ese fenómeno obliga al arte a reconsiderar su función y su utilidad dentro de una sociedad tecnificada en la que ya no puede gestionar un modelo de verdad unitario y privilegiado, justo en el momento en el que la emancipación de la experiencia estética (...) empieza a ser irreversible" (Escudero Prieto, 2007: 74/75).

La escritura de *La traición de Rita Hayworth* representa –desde la alusión cinematográfica del mismo título– la culminación de este ciclo que anuncia la cita para el inicio del XIX. Durante la segunda mitad del siglo XX y, especialmente, en los años sesenta, la ampliación del mundo cultural que representa el desarrollo de la cultura de masas y el arte pop, implicará el "fin del arte"[113] tal como este último se concibiera durante la época de "emancipación de la experiencia estética". En este sentido, es coherente que la pregunta por la formación de Toto, cimentada en el conocimiento que representan los filmes de Hollywood, incluya la referencia a una profesora de arte que pone en duda los "beneficios" de este aprendizaje a la luz de otras ocupaciones más prácticas. A través de sus anotaciones sabemos que Herminia reflexiona: "Si yo hubiese estudiado para maestra en vez de darme entera al piano, al menos tendría un empleo fijo" (Puig, 2000: 257) o bien, a la luz de la comparación de su vida con la de la "exitosa" Paquita calcula: "Pensar que cuando gané la Medalla de Oro Paquita sería recién nacida" (*ibídem*). De hecho, no se puede esperar prácticamente nada de lo que pueda deparar su enseñanza porque el asma que la llevó a Vallejos la hará vivir "noventa años" (*ídem*: 263) pero le ha "secado ... el cerebro".

Capítulo V

---

113. Tomo la idea de "fin del arte" y en particular su relación con la literatura de Puig de Graciela Speranza y su libro *Manuel Puig. Después del fin de la literatura* (Norma, Buenos Aires, 2003).

Los oficios terrestres

Cuando analizábamos los principales narremas del relato de formación en la Argentina durante los años sesenta, señalábamos que se asistía a un marcado "optimismo pedagógico" (Southwell, 1997) caracterizado por una renovada confianza iluminista en la educación como condición ineludible y necesaria para operar el pasaje que requería el desarrollo. En esta oportunidad, nos interesa interrogar las historias literarias que apelan a la vida escolar o a otras instancias de la educación formal como escenario o condición del relato. En particular queremos atender a la distancia que manifiestan en relación con las representaciones confiadas de los discursos pedagógicos contemporáneos y su proximidad con las imágenes que guarda la memoria del género de los "cuentos de escuela" o *school stories*. Llamamos "cuentos de escuela" (y no "historias escolares o de la escuela", como sería la traducción literal del sintagma *school stories* y aun tratándose en algunos casos de novelas) a estos textos con los cuales trabajaremos a continuación para indicar su filiación a este género manifiestamente inglés pero también para recuperar la tradición que traza Josefina Ludmer en su libro *El cuerpo del delito* (1999) de los "cuentos de educación" o "cuentos autobiográficos de educación" de la "generación del '80". Ludmer establece una vinculación entre los cuentos de educación de los patricios argentinos (*Juvenilia*, de Miguel Cané pero también *La gran Aldea*, de Lucio V López y los capítulos de los exámenes de *En la sangre*, de Cambaceres e *Irresponsable*, de Podestá) con los momentos esenciales de la constitución definitiva del Estado. Recuerda la autora que para el mismo momento en que se discute la Ley de Educación (1420) por medio de la cual el Estado se hace cargo de la educación primaria gratuita, obligatoria y laica, los escritores inventan escenas escolares en las que se confunde la fábula de identidad individual con la de la *comunidad imaginada*.

Ahora bien, como anunciábamos, en los años sesenta la situación es muy distinta en tanto la autonomización del campo literario de la esfera estatal tiene como consecuencia que la ficción, aunque participa de la trama del discurso social –sus principales tópicos, metáforas y lógicas como en los tiempos de la "educación republicana"– muestra, también, su distancia que, en este caso, consiste en una franca afirmación de las limitaciones de ese discurso iluminista. Las ficciones toman la forma del relato de formación pero ponen en interdicción la asociación semántica entre crecimiento y maduración, desarrollo y progreso o revolución y posibilidad de cambio (según corresponda) que impera en los discursos no solo educativo sino también sociológico, político y económico de la época. Estas historias eligen hacerlo desde el seno mismo de la crítica de las instituciones educativas ya que son estas las que se arrogan la responsabilidad (y posibilidad) de producir la transformación, es decir, de este modo se profundiza los alcances de la ironía planteada. Frente al optimismo de los discursos pedagógicos espiritualistas y tecnocráticos que definen la década del sesenta, lo que está en cuestión es el "ejercicio gratuito de la escuela" (Bourdieu, 2000: 177-78) que emana de su posición distante y neutralizante respecto del mundo social.

La escuela de los *cuentos de educación* que estudia Ludmer es contemporánea de la emergencia del fenómeno que Daniel Cano (1989) llamó "escuela mundo". Dice Pablo Pineau (1996):

> "De París a Timbuctú, de Filadelfia a Buenos Aires, la escuela se convirtió en un innegable símbolo de los tiempos, en una metáfora del progreso, en una de las mayores construcciones de la modernidad. A partir de entonces, una buena cantidad de hechos sociales fueron explicados como sus triunfos o fracasos: el desarrollo nacional, el progreso económico, las guerras, la aceptación de los sistemas o prácticas políticas se debieron fundamentalmente a lo que el sistema escolar había hecho con las poblaciones que le habían sido encomendadas".

Sin embargo, durante los sesenta esta institución escolar,[114] así definida, es el centro de una profunda crítica en el seno de cierto registro del discurso pedagógico que culminará, en los setenta con el nacimiento de los movimientos *desescolarizadores*. Por eso, en *Cancha Rayada*, de Germán García, cuando Leo, el protagonista, lamenta que no ha terminado la escuela primaria "como Todo el Mundo" (García, 1969: 104; las mayúsculas pertenecen al original), Elsa, la hermana, contesta a su atribulado hermano que "Lo de todo el mundo, (...) es una forma de hablar. Todo el mundo no va a

---

114. En "Tertulia en la casa abandonada", de *Muchachos del sur*, uno de los personajes describe la oferta educativa argentina en términos de un repertorio que veremos aparecer en los textos de la época: "la escuela gratis del Estado (...) los colegios de Jesuitas que cobran sus buenos pesotes o (...) los institutos ingleses, donde también cobran fuerte" (Yunque, 1957: 145).

la escuela y hay partes de Todo el Mundo que ni tienen escuela" (*ídem*). Es decir, lo que nos interesa plantear es que en estas narrativas de los sesenta confluyen tanto una suerte de poética escolar como la primera crisis del modelo de la escuela tradicional ("agotamiento del modelo fundacional", Pineau, 2010: 29) que formaba parte de los sentidos en juego en algunas zonas del discurso pedagógico de la época. En relación con ellos, podemos citar dos textos paradigmáticos que cierran la década del sesenta con su publicación en el significativo año de 1968: *La vida en las aulas*, de Philip W. Jackson y *La escuela, esa vieja y gorda vaca sagrada en América Latina abre un abismo de clases y prepara una élite y con ella el fascismo*, de Iván Illich. Es decir, en 1968, el año en que se produce la revolución estudiantil francesa del *Mayo Francés* y la movilización de los estudiantes mexicanos recordada como *La matanza de Tlatelolco* se publican dos libros cuyo interés antepone la vida en la escuela –la organización del tiempo, el espacio y sus consecuencias subjetivantes– a una preocupación restringida al funcionamiento escolar (metodologías, reglas, didácticas). El libro de Jackson no se traduce al español sino hasta la década del '90 por lo que su influencia en la Argentina es tardía y no corresponde a esta época pero aun así es significativo como índice de la redefinición de la escuela que empezaba a plantearse por entonces. De hecho, Ph. W. Jackson sostiene en la "Introducción" que, cerca de 1962, fecha en la que inicia la investigación cuyo resultado será el libro, se había hecho popular considerar a las escuelas como "entornos artificiales" (Jackson, 2001: 29) pero "Aún no había entrado en escena los llamados críticos románticos y los desescolarizadores pero algo flotaba ya en el ambiente" (*ibídem*). En cuanto a las ideas de Iván Illich, estas tuvieron rápida repercusión en Latinoamérica ya que el interés de Illich por la escuela y los procesos de escolarización surge a raíz de su trabajo educativo en Puerto Rico y, más específicamente, con educadores americanos preocupados por el rumbo que ven tomar a las escuelas públicas en su país. El propio Illich menciona esto cuando señala, en la introducción de *La sociedad desescolarizada*,[115] que debe a Everett Reimer el interés que tiene por la educación pública agregando que, "hasta el día de 1958 en que nos conocimos en Puerto Rico, jamás había puesto en duda el valor de hacer obligatoria la escuela para todos. Conjuntamente hemos llegado a percatarnos que, para la mayoría de los seres humanos, el derecho a aprender se ve restringido por la obligación de asistir a la escuela" (Illich, citado en Gajardo, 1999: 3).

---

115. *La sociedad desescolarizada* se publica originalmente en inglés en 1970 y por primera vez en español en 1973.

El *extrañamiento* propio del discurso literario en relación con las naturalizaciones que promueven los discursos dóxicos y científicos permite, en el caso de los cuentos de escuela, mostrar las características de la experiencia escolar que se desdibujan en la "monotonía" de la "rutina del aula" (Jackson, 2001: 44). Mientras la repetición del ritual escolar esconde la artificialidad propia de la situación volviéndola "natural", la literatura opera en el terreno que se abre entre la costumbre y la singularidad de la experiencia resignificándolo todo. Un caso emblemático a este respecto es el de la escena de examen que exhibe, metonímicamente, el entero funcionamiento de la cultura escolar. Allí es donde, literalmente, el adolescente está *puesto a prueba* por la cultura y, por ello, constituye una instancia privilegiada para el tratamiento de esta relación.

Josefina Ludmer se pregunta, a propósito de los "cuentos de examen de física" (que, en la literatura de la generación del '80, son habituales entre los cuentos de educación) qué necesita saber el estado en "una cultura moderna" (Ludmer, 1999: 77); "qué saber necesita, qué tipo de saber específico" "¿cómo se define una epistemología estatal?" (*ibídem*). Ludmer sostiene que el examen de física aparece por entonces como "examen liberal de la verdad social puesta en la ciencia abstracta de los cuerpos" (*ídem*: 134). Si volvemos a formular esta pregunta en relación con nuestro corpus, nos preguntaremos por los saberes que valen en los sesenta: qué estudian los alumnos secundarios, qué saben y en qué fracasan en los cuentos y novelas de la época. Así, por ejemplo, advertimos que la centralidad del problema del cuerpo en el crecimiento de los personajes de *La Traición de Rita Hayworth* exigirá que estos estén atravesados por el conocimiento/desconocimiento de la Biología.

En un repaso de las situaciones de examen recreadas y de las aludidas (a través de la referencia al fracaso o al éxito de los alumnos/personajes) vemos en todos los casos el imperio del funcionamiento del "método de bolillero" en el que el azar garantizaría la imparcialidad y, por lo tanto, la equidad del tribunal o del profesor ante las respuestas del examinado. La parodia del método llega de la mano del escritor Dalmiro Sáenz quien, en un texto del año 1969, "La bolilla seis", hace responder en un examen al alumno Felipe una descripción de la pequeña esfera de madera (y no el tema de referencia en el programa de estudios) ante la consigna ritual del examen, "Hábleme de la (bolilla) nueve". El absurdo desautomatiza el procedimiento que convierte al conocimiento en un mero "contenido" y, en última instancia, la rutina muestra cómo "la superposición de las relaciones de poder y de saber asumen en el examen su máximo esplendor" (Foucault, 1989 citado en: Vain, 2001). En este sentido, no sorprende ver a Jacinto Tolosa (h), el adolescente de familia conservadora del cuento "Fotos" de Rodolfo Walsh (1965), obtener un "sobresaliente" al conjugar el modo subjuntivo del francés, recitar en latín, conocer la tabla periódica de los elementos y resumir la biografía de Leopoldo Lugones. Tolosa sabe todo *lo que corresponde* a su clase: la lengua de la cultura clásica; la lengua moderna de la cultura de élite en la Argentina decimonónica; ciencia; la vida del poeta nacional y, por eso, aprueba. Por el contrario, solo un año más tarde, en 1966, en la primera novela de Juan José Saer, *La vuelta completa,* el anuncio de la bolilla siete, "Leopoldo Lugones", exaspera al profesor Expósito al punto de aprobar al sorprendido alumno Almirón sin siquiera escucharlo. Expósito cita la defensa de la reforma del código rural que Lugones "canta" en sus *Odas Seculares* (1910) e increpa al alumno diciéndole: "¿A usted le parece que se puede hablar aquí de un individuo que ha escrito eso? Pobre de usted si le parece." (Saer citado por Pineau, 2011 [2005]: 100) En otras palabras, en el examen no se dice qué está bien sino que es el examen el que dice qué es lo que es verdadero. En otro contexto pero con los mismos sentidos en juego, Gustavo, el adolescente de *El profesor de inglés* (1960), fracasa en inglés que es el idioma que ha reemplazado al francés en los sesenta como lengua de prestigio en la Argentina.

Adolescencia y escuela secundaria son instituciones prácticamente solidarias: como hemos visto, la adolescencia, como edad de la vida, no existió sino hasta que los procesos de industrialización exigieron mayor especialización y, por lo tanto, tiempo de "moratoria social" para que los más jóvenes se formaran fuera del curso de la vida activa, laboral. La emergencia histórica de la edad adolescente y la expansión de la escuela secundaria deben buena parte de su visibilidad a la aparición contemporánea de las *school stories* cuyo ejemplo canónico es *Tom Brown's Schooldays* de Thomas Hughes, aparecida en 1857, y la tantas veces citada por la literatura de personaje adolescente *David Copperfield*[116] de Charles Dickens, de 1850. Las *school*

---

116. En el ámbito de la literatura argentina, *David Copperfield* es la referencia sobre la que construye su autobiografía escolar Miguel Cané en *Juvenilia* pero, también, Rodolfo Walsh en la presentación de la llegada del Gato Bugnicourt al colegio en "Irlandeses detrás de un gato" recrea la llegada del personaje de Dickens al que le cuelgan un cartel que dice "the dog" (el perro) para señalar al recién llegado. "Perro" como los cadetes de primer año de Vargas Llosa en *La ciudad y los perros.* (Para un análisis de la relación entre Walsh y Dickens ver Caisso, Claudia: "Como perros y gatos: vías de la réplica en la saga de los irlandeses de Walsh", en *Revista de Letras N°12,* Volumen de Estudios Literarios, Facultad de Humanidades y Artes, Universidad Nacional de Rosario, Rosario, 2009).

stories codificaron una poética de la narrativa de aprendizaje escolar (cimentada sobre la experiencia de las *boarding schools*[117] y de la segregación por sexo de las escuelas públicas) que se reprodujo no solo en el contexto de la literatura inglesa sino que fue importada a otras literaturas y naturalizada como las condiciones propias de la experiencia escolar misma. Por ello, no es casual que en el origen del género que surge a principios del siglo XX y que Franco Moretti llama "novela adolescente" encontremos dos novelas emblemáticas con escenario escolar: *Las tribulaciones del estudiante Törless* (1904), de Robert Musil y *Retrato del artista adolescente* de James Joyce publicada en formato serial entre 1914 y 1915 y en forma de libro en 1916.

En el primer caso, resulta significativo que la identidad misma del protagonista esté dada por su inscripción escolar: el título original de la obra, *Die Verwirrungen des Zöglings Törleß*, alude a la condición de "estudiante" de Törless y así ha sido conservado en las principales traducciones. La novela narra la experiencia adolescente de la estancia como pupilo del protagonista en el "Instituto W", "un famoso instituto que ya desde el siglo pasado se levantaba en los terrenos de un piadoso convento" y al que concurrían los jóvenes de las clases acomodadas "para entrar luego en la escuela superior o ingresar en los servicios militares del estado" (Musil, 1995: 10). En cuanto a la novela de Joyce, su legado es ineludible en las búsquedas estéticas del Cemí de *Paradiso* pero, también, Ricardo Piglia ha reconocido su presencia en la caracterización del internado de *los cuentos de los irlandeses* de Rodolfo Walsh (cfr. Piglia, 1970).

Por cierto que esta poética escolar fue productiva en la medida en que la definición de la propia institución resultó una matriz fértil para la generación de ficciones, especialmente por su carácter de universo cerrado separado de la vida mundana. La vida escolar representa una suspensión momentánea de la vida "real" y por eso, como la literatura, tiene la doble posibilidad de separarse de ella y, a la vez, de evocarla. En otras palabras, o bien en ocasiones se constituye en un "mundo paralelo" que desconoce semejanzas con la realidad conocida (una *escuela de las hadas,* para parafrasear el título de Conrado Nalé Roxlo) o bien se vuelve alegórica: una sustitución metafórica de las reglas de juego de la vida social.

Las instituciones educativas permitieron, en consecuencia, que la subcultura adolescente cristalizara precisamente por constituirse en espacios bajo el control adulto. La confrontación entre el sistema de los adultos y el

---

117. Escuelas en las que los estudiantes residen durante el período escolar, a diferencia de las *Day-schools* a las que los alumnos asisten solo durante la jornada de clases para luego regresar a sus hogares.

PARTE II: Literatura y experiencia adolescente 233

de los adolescentes, contra las expectativas de formación puestas en clave de reproducción de la cultura del adulto por el joven, no han generado otra cosa sino coherencia entre el grupo de pares. Los cuentos de la *saga de los irlandeses* de Rodolfo Walsh, de los que nos ocuparemos a continuación, retratan perfectamente esta coalición adolescente cuando, a medida que se sucedan las tres historias que la componen, progresivamente los niños y adolescentes del internado irlandés retratado sean representados por un número ("ciento treinta"), la metáfora del rebaño y de la majada y, finalmente sean designados como un "pueblo" que, en consonancia con su nueva identidad colectiva, en "Un oscuro día de justicia" –el último de los relatos– se sublevará al autoritarismo de uno de los celadores.

Esta complicidad del grupo de clase aparece cruelmente retratada, también, a partir de las bromas y apodos de los que son objeto los docentes. En el primer grupo, podemos recordar al cuento "Hernán" de *Las otras puertas,* de Abelardo Castillo publicado en 1961. La historia comienza con el relato de un narrador en primera persona que cuenta un suceso del que aparentemente fue cómplice en su escuela secundaria para revelarse finalmente como su protagonista. Se trata de una apuesta que realiza Hernán, el mejor alumno de la clase, a sus compañeros, acerca de la posibilidad de seducir a la profesora de literatura, la señorita Eugenia, exhibiendo, luego, ante todos, su conquista. El cuento nos interesa por más de una razón: invierte el lugar común del alumno que se enamora de la docente (que no es otra cosa que una versión sexuada del *eros pedagógico*) ya que la "señorita Eugenia" no oculta su interés por Hernán, de dieciocho años, al dirigirse al mismo durante las clases. Por lo mismo, reinstala en la escuela la circulación del deseo, elemento que no forma parte de sus condiciones instituyentes (constituido el colectivo docente como sacerdocio laico) y, finalmente, porque el "mal alumno", el que es capaz de tamaño acto de traición y al cual se presenta en las primeras líneas del cuento como el que ha "hecho muchas cosas repulsivas en su vida" (Castillo, 2000 [1961]: 51) es, paradójicamente, el mejor alumno, desde el punto de vista de su rendimiento académico: "eras el alumno más brillante de tu división, el que podía demostrar el Teorema de Pitágoras sin haber mirado el libro" (*ibídem*) dice el texto. En el segundo grupo podemos citar la novela *Cancha Rayada*, de Germán García, publicada en el año 1969, en la que hay una escena escolar que transita el mismo camino erótico que la del cuento de Castillo aunque con efecto cómico y que ilustra el destino del apodo en el escarnio planificado. "Leo", el protagonista, asiste a clases con un canario en su cartera con la intención de soltarlo en la clase y que entre en la boca de la maestra, *Dulce señorita Ferrari*, cuando esta la abra al dibujar un triángulo en el pizarrón. El canario finalmente muere asfixiado antes de que se perpetre el plan y la maestra felicita a Leo por haber permanecido "muy callado" durante la clase. El chico la mira "muymuy vaca"[118] (García, 1969: 105) y ante la pregunta de la maestra acerca de qué tiene "ahí", contesta "El canario muerto". *La Ferrari* le exige que no se burle de ella y Leo se remite a entregarle *literalmente* el pájaro muerto desacreditando la interpretación obscena que hacía la docente de la frase del chico. En una novela de formación que tiene como título el nombre de una derrota, la de Cancha Rayada, la broma de Leo fracasa (aunque consigue volverse popular entre los compañeros) y en una clase que no le corresponde porque es un repitente (tendría que haber terminado un año antes, a los trece); por eso, ante los hechos, coherentemente con el error generalizado, la maestra confiesa su derrota en un monólogo acerca de sus limitaciones pedagógicas frente a los *deformados* a quienes le toca enseñar:

> "Mi deber es contenerme frente a este huérfano pobre, hay que tener corazón y ganas de aguantar. Siempre va a ser bestia insoportable y no puedo cambiar a todos los deformados y rebeldes que andan por ahí por la mala educación que tienen desde la casa. Si una los criara los podría amoldar, pero empiezan a los seis años cuando ya tienen el diablo en el cuerpo, los viejos en la cabeza y las maldades en los sesos. No tienen respeto ni saben de jerarquías. Criarlos no es posible, no queda otro camino que un lavaje con lavandina y soda cáustica por decir poco, porque en seis años son bichos que comen y comen el pan de la falta de respeto, el veneno de las malas costumbres, de la Mediocridad Ambiente de Masas como dicen los Estadistas de las Estadísticas de los Sociólogos" (*ídem*: 106).

Un caso particular del tratamiento de este vínculo es el que propone Miguel Briante en "Último día". El cuento fue escrito en 1964 y formó parte de la primera edición de *Las Hamacas Voladoras* por Falbo así como de la segunda, en 1966. Desapareció de la edición de 1987, de Puntosur y pasó a formar parte de la antología *Ley de Juego* que reúne sus cuentos escritos entre 1962 y 1982. "Último día" relata la jornada del momento de egreso del protagonista adolescente, de dieciséis años, del colegio de curas en el que ha estado internado desde su niñez después de que su madre le ha comunicado que a partir de "cuarto año" estudiaría en otra parte. Briante

---

118. Otra asociación animal de este tipo aparece en la "Chancha", que es la profesora de Lengua en *La traición de Rita Hayworth*.

continúa en este cuento (o cierra, si se prefiere) la historia del niño que se presenta en "Capítulo primero" de *Las hamacas voladoras* y que asiste desde la incomprensión y el dolor a la muerte de su padre.

En "Último día", el narrador en tercera persona, desde el discurso interno libre focalizado en el personaje adolescente, da cuenta del encono que el chico le tiene a uno de los curas, apodado por él, desde su primer día en el colegio, "barril" o "barrilito", por la forma curva de su espalda. La singularidad de la perspectiva en la que la relación está planteada es que reúne magistralmente la polaridad identidad/alteridad en tanto el plan de venganza previsto por el chico desde tiempo atrás afirmado en el odio acumulado después de distintos episodios en los que se ha sentido humillado por el maestro, se resuelve en la revelación rápida e inconfesa de una identificación que le ha permitido llegar hasta ese momento final que nombra directamente el título.

"Barril" es el maestro encargado del taller de encuadernación al que asisten diariamente los internados para aprender el oficio. El adolescente vive la relación con el cura como un hostigamiento del que, sin embargo, en la historia no hay otras huellas más allá de la rutina de las acciones escolares: Barril lo envía a "conserjería" como castigo por molestar en una clase con el reflejo de un espejo; le insiste para que rehaga tareas de encuadernación que ha hecho mal. Mientras que el adolescente imagina distintas formas de "venganza", Barril permanece ajeno a sus intenciones y hasta ignora lo que el chico hace. Un día, por ejemplo, arroja un libro de misa por la ventana y, sin embargo, el cura duerme: "nunca te enteraste", lamenta amargamente el adolescente. Más aún: el cura se limita a saludarlo con cortesía ritual que, no obstante, es considerada una burla por parte del chico: "Hola, joven, cómo está usted". El "último día" que cuenta la historia no culmina para el personaje sino hasta no dar con Barril. Su madre está esperándolo, ha recibido distintos premios en un acto de fin de curso, pero no puede irse sino hasta encontrar al maestro: "Faltaba ese rostro conocido" (Briante, 2002 [1964]: 19). Cuando ese momento llega, piensa "Ahora se lo digo todo. Lo puteo, pensó" (*ídem*: 25), sin embargo, responde al llamado del cura y ante la repetida cortesía del maestro "Joven, ya sé que se va. Que le vaya muy bien" (*ibídem*) le agradece y comienza a caminar, sin mirar para atrás. Entre el maestro y el discípulo median las representaciones de uno y otro para cada quien y estas tienen tanta o más entidad que la que pudiera reclamar la "realidad misma". Daniela Gutiérrez, en un ensayo acerca del erotismo de la relación pedagógica, resume los términos de este "vínculo apasionado" como "la proximidad de una lejanía":

"Cuando pensamos en un vínculo apasionado es porque inevitablemente la pedagogía se trata de un tejido afectividades para ir soportando la existencia. El otro, el maestro, el alumno, es siempre constitutivo, es la extrañeza que nos habita. Es siempre un extraño, alguien lejano y paradójico que también de alguna manera es próximo. La proximidad es una lejanía" (Gutiérrez, 2006: 184).

En el cuento, el adolescente se busca a sí mismo en el rostro del adulto y el odio es una pasión tan legítima como el amor para construir esa relación y *ser* en ella.

Vemos de este modo cómo el aula es un escenario privilegiado para mostrar, a partir de la relación docente-alumno, el contraste entre adolescencia y adultez que obliga al adulto, como en el caso del protagonista de "Una flor amarilla" de Julio Cortázar, al reencuentro de la propia adolescencia en la experiencia ajena. La asimetría de la relación áulica remeda el vínculo entre el adolescente y el adulto en la sociedad y el conflicto instala las distintas formas de resolución de la diferencia: borramiento a favor de uno u otro (connivencia del adulto y adulación complaciente del adolescente) o choque (el autoritarismo y/o arbitrariedad por parte del docente, la insolencia y la confabulación de los estudiantes). Todas estas relaciones están presentes en las historias que nos ocupan en este capítulo pero que, también, hemos visto tener lugar en *otras aulas* por ejemplo las de *La ciudad y los perros,* de Vargas Llosa; *Paradiso,* de José Lezama Lima; *Lolita,* de Nabokov; *El guardián en el centeno,* de Salinger. En el contexto de la literatura argentina de la época se destaca, a propósito de este conflicto, la novela *El profesor de inglés,* de Jorge Masciangioli[119] que gana el premio de narrativa de la editorial Fabril en 1960 que elige como tema esta relación con un final que sugiere una relación de identidad entre los dos sujetos, propia del *Doppelgänger.*

La novela de Masciangioli cuenta la historia de un profesor de inglés de escuela secundaria que se obsesiona con el suicidio de un alumno particular[120] adolescente, de quince años. La noticia de que Gustavo se ha ahorcado conmueve al profesor hasta convertirse progresivamente en una obsesión. En la base de esa relación enfermiza que el profesor mantiene con su alumno

---

119. Curiosamente, la referencia a la novela se ha renovado menos por sus propios méritos que por ser el texto que se impuso en el concurso de Fabril a *El astillero* de Juan Carlos Onetti.

120. Un alumno que asiste a su domicilio para tomar clases de apoyo para rendir los exámenes escolares para estudiantes que no promueven la materia en los turnos de diciembre (final del ciclo lectivo) o marzo (al inicio del año siguiente).

está su sentimiento de culpabilidad por haberlo dejado solo: no solo no le importó mientras duraron las clases sino que admite que hubiera preferido perderlo como alumno dada su falta total de capacidad para el idioma y de consecuente progreso en sus estudios. Este sentimiento personal lo proyecta a todos los que lo rodean (acusa de indiferencia a la familia del alumno, a su propia familia, a sus alumnos de la secundaria, a los compañeros del chico que asistía a otra escuela distinta de la del profesor) y desencadena una angustia de tal magnitud en el hombre que especula que el único medio para subsanar su indiferencia original es *ser el otro, volverse el otro*. De hecho, para consumar su empresa, llega a planear su propia muerte y en las mismas condiciones de su alumno: ahorcarse en el baño de un bar. Finalmente, desecha esa posibilidad pero poco tiempo después muere en un accidente de tránsito, al bajar de un colectivo. Las condiciones de su muerte coinciden con la muerte fabulada oportunamente por la familia del chico para evitarse la ignominia social de la verdad del suicidio en el relato frente a los demás. El tratamiento novelesco de la obsesión del profesor de inglés es por momentos absurdo pero el final introduce un elemento *extraño* que podría decirse "salva" el argumento de la novela: la sugerencia de una cierta identidad común del docente y el alumno instala en la historia un efecto en el desenlace que, además, "explica" retrospectivamente la solidaridad planteada entre los dos sujetos en cuestión.

De la novela, nos interesa el hecho de que el autor elija al par docente-alumno adolescente como excusa para la narración de un proceso de identificación tal que alcanza ribetes patológicos. Por un lado, esta elección vuelve a tornar visible la centralidad de la subjetividad adolescente para el momento histórico y, por el otro, constituye desde la ficción un ejemplo privilegiado de las distintas variaciones que puede asumir el vínculo que nos ocupa. Por otra parte, a diferencia del resto de los cuentos y novelas que conforman nuestra materia de estudio, en *El profesor de inglés* hay una tematización explícita de la problemática adolescente y las palabras "adolescente" y "adolescencia" se repiten constantemente en el discurso verbal proferido e interiorizado de los personajes.

Más allá de que estos encuentros y desencuentros entre los personajes principales responden a las necesidades de la ficción ponen en escena las representaciones que uno y otro participante de esta relación (docente y alumno adolescente) ponen en juego en cada ocasión. Como señalábamos recién, resulta interesante el tratamiento del vínculo pero, también, que este esté en el centro de la trama de una novela premiada y en las puertas de la década del sesenta.

La historia se presenta en la novela a partir del testimonio de dos cuadernos que el profesor empieza a escribir seis días después de enterado de la muerte de Gustavo, el alumno y que, en el desenlace, el padre del profesor entrega a una colega de su hijo. El profesor, a pesar de que reniega del "tono familiar" que su madre trata de dar a sus relaciones con sus alumnos, se propone escribir "un diario, pero un diario de otro, porque es, precisamente, la reconstrucción de otro lo que intento" (Masciangioli, 1960: 16) y recuerda amargamente que el alumno se comportara frente a él según un protocolo: "Para él yo era 'el Profesor' y actuaba obedeciendo a un protocolo. Esto me ponía en el compromiso de representar el papel que él me asignaba, aunque no lo sintiera en absoluto" (*ídem*: 42). Ahora, después del suicidio, siente que su recuerdo "se instalaba dentro de mí", "me penetraba así, desde afuera, con la imposición de una conquista" (*ídem*: 21) y, por lo tanto, no puede dejar de comprometerse con la investigación de los motivos que llevaron al adolescente al suicidio y que todos atribuyen a su fracaso en los estudios (era mal estudiante en todas las materias excepto en matemática y lo habían aplazado por segunda vez en inglés en el cursado de su segundo año de un colegio comercial).

El retrato fuertemente psicologista de la subjetividad adolescente es el terreno propicio para construir un personaje impenetrable en su misterio que sirve a la ambigüedad que promueve la novela. La adolescencia de Gustavo de esta manera es tanto lo que exime de mayor comentario a la mayoría de la gente (el suicidio reducido a una de las muchas excentricidades propias de "los chicos") como el fundamento de toda la complejidad del fenómeno a los ojos del profesor. Al ser un adolescente, explica el profesor, "su acto lo excedía, se proyectaba fuera de él, lo envolvía como una enorme esfera en la que él, pequeño e inconsciente, manoteaba para mantenerse de pie sin lograr dominar lo que había creado" (*ídem*: 23); el carácter intermedio de su edad se multiplica en la condición especialmente ambigua de Gustavo "un adulto aniñado o mejor, (...) un adolescente envejecido" (*ídem*: 39), "un adolescente (ni) triste, ni serio (...) impersonal" (*ibídem*).

La obsesión por el adolescente Gustavo lleva al profesor a una serie de reflexiones acerca de la relación docente- alumno. En este sentido, comienza por preguntarse por qué no había ninguna comunicación entre ellos mientras duraron las clases: "Nunca hubo nada común entre los dos, excepto el árido estudio que no amabas y que a mí no me interesaba hacerte grato" (*ídem*: 75) y a partir de allí revisa su experiencia docente con sus alumnos del colegio a los que recuerda próximos a pesar de la distancia que imponen el horario y la tarea asignada: "me siento acompañado, y estoy cerca de sus problemas, y todo cuanto les atañe me interesa" (*ídem*: 76). No obstante, valiéndose de la hipótesis de esta cercanía de sus alumnos, les relata, en más de una oportunidad, el caso del suicidio de Gustavo y sus perplejidades al respecto. Para su sorpresa, después de la compasión manifestada la primera vez, los alumnos le reclaman luego, cuando vuelva sobre el tema en otras ocasiones, que cumpla con el programa (y hasta lo acusan de descuidar su tarea ante sus padres y el director del colegio) incómodos con los problemas personales que el profesor trae al aula:

> "La ficción ha terminado. Ahora los veo y los siento como son en realidad, como han sido siempre. Era yo quien me había creado el espejismo. Y parece increíble que en algún momento haya podido sentirme su camarada. Increíble y ridículo que me haya entregado ingenuamente a ese afecto que nunca, ahora lo comprendo, fue recíproco. Pero no volveré ya a equivocarme, ni con ellos ni con ningún otro alumno. Tú, que fuiste el más distante, el más ajeno, eres hoy el único ..." (*ídem*: 189).

"El escolar, como el adulto encerrado, es en cierto sentido un prisionero", sentencia Jackson en su análisis de *la vida en las aulas* (Jackson, 2001: 49). En los años sesenta, lo que estas historias de ámbito y tema educativo enseñan, es que el "estar aparte" de la escuela es una interrupción en ocasiones absurda y en otras, brutal, pero en cualquier caso ineficaz en relación con sus propósitos roussonianos. Como lo definía Lito, el personaje principal de "Como un león", de Haroldo Conti (*Con otra gente,* 1967), la escuela es una jaula (Conti, 1994 [1967]: 165) de la que, consecuentemente, solo se puede escapar volando a través de la infracción, la huída, la distracción. Esta escuela *jaula* sin duda halla su mejor expresión en los relatos que sitúan la acción en los internados. Estos retoman la tradición de las llamadas *boarding school stories* en las que la incomunicación del encierro es ocasión tanto para la elegíaca remembranza del nacimiento de lazos de amistad –"la arcadia feliz del colegio" (Lomas, 2011: 36)– como la crónica de una experiencia de crueldad a la que la víctima no le encuentra, literalmente, *salida*[121]. En la literatura argentina de los sesenta el mejor ejemplo sin duda lo constituye la llamada *saga de los irlandeses*, "Irlandeses detrás de un gato" (1965), "Los oficios terrestres" (1967) y "Un oscuro día de justicia" (1973), de Rodolfo Walsh. No obstante, no es el único caso. Ya hemos visto a los adolescentes de *La traición de Rita Hayworth* ingresar en internados religiosos lejos

---

121. O la versión "mixta" que representa el sufrimiento rebajado a tono de anécdota nostálgica en la crónica de la vida escolar de Miguel Cané en *Juvenilia*.

de sus lugares de origen y este tipo de institución será el escenario que David Viñas elegirá para la novela *Un dios cotidiano* (1957).[122] También, el soldado protagonista de "Otro héroe", de Miguel Briante recuerda retrospectivamente, desde los muros que ahora custodia, el momento en que fue llevado allí por su padre y hemos visto, también, que un internado de curas en "la capital" es el destino del huérfano de "Capítulo Primero". Para Gonzalo, el personaje de *Fin de fiesta* (1959), de Beatriz Guido, será determinante el hecho de que lo envíen a estudiar en un colegio de curas jesuitas porque allí encontrará su vocación religiosa. Los hermanos Adolfo y José María se enterarán de que han quedado huérfanos cuando su abuelo los vaya a buscar, con el rostro "demudado y tierno" (Guido, 2000: 1958) al colegio St. George de Quilmes donde estaban pupilos. En la nouvelle *La mano en la trampa* (1961), también de Guido, la escuela de pupilas a la que concurre la protagonista adolescente, Laura, de dieciséis años (desde que tiene siete), será fundamental para cimentar la idea de encierro que construye la trama o la "trampa".

En cada una de estas historias, la clausura[123] del espacio promoverá una lectura alegórica (trazará el borde que separa y reúne en la interpretación el término "real" y el simbólico; en este caso, el mundo escolar alegoría de la vida "real") y mostrará la complejidad del ejercicio del poder en su trazado no únicamente vertical sino, también, horizontal (el carácter *rizomático* del poder quedará en evidencia en la representación de los distintos "claustros" –estudiantil, docente, "celadores"– y sus señas de identidad particulares). Puede reconocerse, también, una cierta arquitectura emblemática que codifica las experiencias de quienes habitan en esos claustros. El edificio tiene en todos los casos una estructura rectangular o cuadrada en la que los espacios cubiertos circundan el patio interno, central, que reúne a la

---

122. En el ensayo "Rodolfo Walsh, el ajedrez y la guerra", David Viñas (1996) sostiene a propósito de los cuentos de los irlandeses de Walsh que "el universo del colegio pupilo, si en la literatura argentina me remite a lo más rescatable de *Juvenilia* ineludiblemente me reenvía, además, a ese fraseo de Maldoror "Quand un élève interne, dans un lycée…". El texto, construido como una serie de reflexiones fragmentarias sobre la obra de Walsh, incluye el recuerdo de sus conversaciones compartidas, una de las cuales tiene como tema "nuestros colegios de curas".

123. Cuando tratamos la representación picaresca de la edad adolescente por la literatura argentina de los años sesenta en el cuento "Otra vez Vañka", de Daniel Moyano aparecía otro espacio de características de reclusión semejantes, que es el del "reformatorio", ámbito que con su nominación oculta su condición punitiva, propia del sistema carcelario, bajo las aspiraciones pedagógicas que representa la idea de "reforma".

comunidad y que, por ello, es el "corazón" de la vida escolar.[124] Ese centro, vital, no obstante, en contraste con las altas murallas "hunde" el quehacer cotidiano en la asfixia propia de los ambientes cerrados como describe el narrador de "Irlandeses detrás de un gato", de Walsh: "borde del patio enmurado, inmenso, hondo como un pozo, rodeado en sus cuatro costados por las inmensas paredes que allá arriba cortaban una chapa metálica de cielo oscureciente, esas paredes terribles trepadoras y vertiginosas" (Walsh, 2001: 73).[125] Se destaca la oposición entre las conductas propias (e *impropias*) que se corresponden con el par patio/aula y los tiempos del recreo y de la clase; el espacio de los dormitorios de los pupilos y lo que depara la intimidad de los cuerpos próximos en múltiples camas y en las sombras de la noche (en el dormitorio tiene lugar una vida oculta secreta para el curso de la vida diurna de las lecciones, excursiones y catecismos que jalonan la actividad escolar pública) y distintos umbrales o zonas de tránsito (corredores, pasillos, halls, ventanas) que comunican los espacios interiores y preparan encuentros y desencuentros. Así, por ejemplo, leemos este tránsito en la siguiente cita de "Otro héroe" de Miguel Briante: "Cruzó el hall de la mano de su padre; mentalmente repasaba el contenido de la valija, para hacer algo, para no pensar que desde ese momento iba a estar pupilo, prisionero entre altos corredores oscuros" (Briante, 1987: 88).

Los internados se definen como espacios cerrados desde la perspectiva edilicia y el aislamiento se refuerza por su situación distante de los grandes centros urbanos, generalmente emplazados en ámbitos rurales. En las novelas que nos ocupan, los niños y adolescentes se trasladarán hasta estas instituciones, serán "llevados" o "enviados" (con la reificación que el participio connota) y su confinamiento será interrumpido brevemente por las visitas (que vienen de afuera), las vacaciones, los paseos o excursiones. En uno de los cuentos de Walsh, en "Los oficios terrestres", hasta un basural, ubicado

---

124. En la descripción inicial del edificio, cuando llega el Gato al internado en "Irlandeses detrás de un gato" puede leerse: "Estaba oscureciendo y el patio era muy grande, consumía el corazón mismo del enorme edificio erigido en los años diez por piadosas damas irlandesas" (Walsh, 2001 [1965]:71).

125. La descripción "vertical" del edificio, la altura de los muros y el descenso *infernal* a las habitaciones internas del edificio se repite en el caso de "Último día" de Briante. La primera imagen de la vida escolar es el ascenso de la mano de su madre hacia las oficinas del padre consejero, luego, la tristeza del regreso anual de las vacaciones a los claustros, incluye la referencia a "El comedor, en el subsuelo, un poco semejante a la cripta, igual de tenebroso; el dormitorio oscuro, alargándose, creciendo sobre él por las noches como un mar, un largo mar de camas quietas; la iglesia" (Briante, 2002 [1964]:19).

más allá de los muros que circundan el perímetro del colegio, aparecerá como imagen de libertad dando ocasión para la huida de Dashwood, uno de los pupilos.

Un último aspecto en común relevante, al menos para los casos de los textos de Rodolfo Walsh y de David Viñas, es que las historias tienen un fuerte sustrato autobiográfico. Walsh ingresa en 1937 en un colegio de monjas para huérfanos y pobres en Capilla del Señor (provincia de Buenos Aires) y, entre 1938 y 1940, permanecerá como pupilo en el Instituto irlandés Faghi, de la localidad de Moreno. Luego se traslada a Buenos Aires para culminar su educación secundaria. En cuanto a David Viñas, el escritor crecerá en un internado salesiano al que entrará luego de la muerte de su madre.[126]

Rodolfo Walsh rememora sus días como pupilo en el texto "El 37", que Pirí Lugones, casada por entonces con Walsh, recoge en el libro de 1968 *Memorias de infancia* que hemos mencionado en relación con otros autores de nuestro corpus. El relato de su llegada al internado y sus experiencias iniciales coinciden con las del Gato en "Irlandeses detrás de un gato", el primer cuento de la serie de los irlandeses, de 1965. Walsh llega a la institución a los 10 años y del Gato se dice que todavía no ha cumplido los doce. Los personajes de estas historias ocupan (como los de Viñas, en *Un dios cotidiano*) la franja entre los 10 y los 12, llamada actualmente "preadolescencia". Recién salidos de la infancia, su aprendizaje adolescente escolar es un ensayo general, brutal muchas veces, de las reglas del juego social que luego se recreará al final de la adolescencia, con la entrada en el mundo adulto. Walsh insiste en representar la "vida" como una batalla en la que hay ganadores y perdedores (recordemos que "batalla" es también la palabra que elige para describir el campo que muestra Germán García en *Nanina*) y de ahí la centralidad que adquiere el boxeo, *dar pelea*, en las historias. La escena pugilística está presente en todos los relatos de la saga, inclusive en su memoria de infancia:

---

126. Es también el caso de los escritores Haroldo Conti y Abelardo Castillo. Estas instituciones eran una opción educativa no solo para los niños y adolescentes huérfanos o en riesgo social sino para los chicos del interior del país que se integraban, de este modo, en una sociabilidad mayor que la que ofrecía su lugar de residencia. Abelardo Castillo ingresó al Colegio Salesiano Wilfrid Baron de los Santos Ángeles, de Ramos Mejía cuando sus padres se separaron; antes de trasladarse a San Pedro. Haroldo Conti, nacido en Chacabuco, provincia de Buenos Aires, ingresó a los doce años al Colegio Don Bosco de Ramos Mejía y a los catorce, al Seminario de los Padres Salesianos, del cual se fue y reingresó en dos oportunidades.

"Por debajo de la autoridad había otras cosas que dirimir. En los dos colegios irlandeses en que he estado, descubrí entre los pupilos una necesidad compulsiva de establecer las escalas del prestigio, el valor, la fuerza. Detrás de ese recibimiento convencional del primer día, me estaban calibrando, situando tentativamente en una jerarquía.

Supongo que ese orden se heredaba de año en año, con los ajustes necesarios al recomenzar las clases. Yo llegaba tarde, provocando ansiedad, urgencia de saber quién era al fin de cuentas, y así, sin deseo, vine a encontrarme en guardia frente al chico Cassidy, en el sol del patio y el centro del círculo del pueblo, para dirimir ese mítico tercer puesto que él ocupaba hasta mi llegada" (Walsh, 1968: 55).

Como señala Claudia Caisso, pelear se convierte, de esta manera, en una "suerte de reverso de las clases" (Caisso, 2009: 56). Acaso paradójicamente, el universo que construyen las escuelas de internados en su clausura enseña que aprender se aprende en cualquier lado. O, si se quiere, que hay mucho más que aprender que lo que se enseña en el aula porque, de hecho, los aprendizajes esenciales en estas historias tienen lugar fuera de los salones: en los patios, dormitorios y hasta en los baños. Estos aprendizajes tienen lugar fuera del control de los adultos o cuando los adultos ceden su lugar de protección o tutela (como es el caso de los celadores que incitan a pelear en los cuentos de Walsh o trafican chocolatines, en la novela de Viñas). Significativamente, a diferencia de lo que ocurre en los otros *cuentos de escuela,* en los *cuentos de los irlandeses* no se dice nada acerca de lo que allí se aprende. No hay registro de la "clase", de los exámenes y de los saberes transmitidos. Los "aprendizajes" aluden a los "oficios terrestres" que consisten, básicamente, en otro tipo de conocimiento que para decirlo con Arlt "no está en los libros". Mientras que el obispo Usher en "Los oficios terrestres" dice que son estos los que "cada hombre honrado debe aprender... y cuanto antes mejor" (Walsh, 2008: 57), el celador Gielty incita a la pelea entre los muchachos para que "aprendan a ser fuertes y resistir incluso cuando el mundo empieza a derrumbarse y por momentos lo veo todavía, estallando y desmigajándose en ardientes pedazos" (Walsh, 2010: 27) en "Un oscuro día de justicia".

En 1957 David Viñas gana el premio de novela de la editorial Kraft con *Un dios cotidiano*. La novela elige, como los cuentos de Walsh, el ámbito de un internado religioso para poner en escena las tribulaciones del Padre Ferré, un joven salesiano que ingresa a la institución para desempeñarse como maestro. La particularidad de esta novela en el conjunto de nuestro corpus es que el protagonista no es un adolescente, desde una perspectiva estrictamente etaria, en tanto dice haber ingresado con anterioridad a la universidad (aunque no terminó sus estudios) y se encuentra en la penúltima instancia de su formación sacerdotal. Una hipótesis comparativa con el tiempo de vida de su padre lo vuelve presumiblemente de veintitantos años; posiblemente 28, si consideramos las fechas de 1911 de su nacimiento y el año 1939 en relación con la Guerra Civil Española a la que se remite en la novela. Sin embargo, nos interesa en la medida en que su identidad se conforma en la ambigüedad y carácter relacional que definen la subjetividad adolescente —como desarrollaremos a continuación— y porque la narración en primera persona del sacerdote/maestro Ferré descubre los vínculos interpersonales entre autoridades, docentes y estudiantes adolescentes desde la *otra vereda* de la mirada de los cuentos de Walsh: la de los adultos a cargo. Como ha señalado Martín Kohan, la literatura de Viñas explora las relaciones de poder "desde adentro". Como en Foucault, "El poder (...) no tiene afuera y los textos recorren minuciosamente cada hebra de esas redes sin afuera" (Kohan, 2004: 525). Este modo de conceptualizar el poder permite a la novela mostrar que su ejercicio no coincide elementalmente con las jerarquías y, por ello, tiene para nosotros el interés de ilustrar el hecho de que todos los actores —incluso los adolescentes estudiantes/alumnos— forman parte del juego instituyente.

Tenemos, entonces, un protagonista adulto pero en posición de sujeto adolescente y en un ámbito de formación que facilita su reconocimiento como tal. Entre los rasgos más notorios de esta constitución destaca, en primer lugar, su relación con el padre. El padre de Ferré es un político del Partido Radical (la historia está situada en los años '30) armado de las seguridades del caudillismo partidario y de su situación de *pater familiae* cuya figura es el horizonte (negativo) de todas las búsquedas existenciales del joven sacerdote. Ferré hijo se comporta como un adolescente en la medida en que no resuelve sino hasta el final de la novela la culpa por no hacer feliz a su padre. Mientras dure la historia, la voz paterna (su ley) se escuchará como contraste necesario de prácticamente todas sus interlocuciones con los demás personajes del Colegio de la Cruz. Las "verdades" del padre son el punto de partida de su formación y serán parte del discurso de la novela, a través del monólogo interior del seminarista, de los distintos diálogos que protagonice con el Padre Director, sus colegas Porter, Botelho y Adij, y sus estudiantes de quinto grado (de doce y trece años). Como hemos visto en otras oportunidades, la madurez se equipara en la novela con la conquista de un discurso propio pero la particularidad del texto de Viñas es que su carácter marcadamente dialogal pone en escena, materialmente, esta hipótesis.

Carlos Ferré caracteriza, desde el inicio, su paso por el Colegio de la Cruz como un período de "preparación" (Viñas, 1957: 27) más allá de las condiciones estrictas de las exigencias de su formación como sacerdote. El "proyecto" de Ferré es llegar a Dios a través de su comunicación con los hombres y la docencia se le presenta como el primer paso indispensable para ese propósito:

"En última instancia, lo único que me importaba, era la posibilidad de hablar con alguien, con un chico y de mostrarle algunas cosas. No quise pensar que 'le iba a enseñar'. Simplemente se trataba de 'mostrarle algo'. De entenderse con un muchachito desconocido. Ésta también era una aventura, una apuesta que comenzaba con alguien a partir de cero. Todo lo que él supiese iba a ser por mi intermedio. Yo tenía que descubrirle el mundo. Era tremendo" (*ídem*: 61).

Ese *Dios cotidiano* será su objetivo y la tarea que lo posicionará lejos de la impiedad de su padre (*ídem*: 46) y de la teatralidad (*ídem*: 34) de la ortodoxia religiosa. Esta meta lo coloca en una situación de ambigüedad que el protagonista vive de modo plenamente consciente y cuyas contradicciones son revindicadas antes que negadas. La ambigüedad será la respuesta ante el "tajo" (*ídem*: 46) que divide en dos el mundo de su padre y que lo deja en el lugar de la impotencia,[127] asimismo, su estrategia ante el complejo universo de los distintos actores del ámbito escolar. Ferré insiste en su fe en los "matices": "Y, no. Yo fui conociendo una serie de personas y de cosas que estaban en *situaciones*[128] *intermedias*. Eran matices. Qué sé yo" (*ídem*: 47).

Hay que tomar en cuenta que, al ingreso al Colegio, le asignan el quinto grado que, según la opinión de Ferré, "Ni tienen el reposo bastante fingido de los de sexto, ni son los chiquilines de cuarto. Conservan la espontaneidad de los de abajo y ya conocen lo que conocen los de arriba" (*ídem*: 33). Primera ambigüedad. Pero, también, advierte que "había establecido algo tácito entre los alumnos y los Padres" (*ibídem*). Ferré se ve a sí mismo, entonces, y de este modo, en el incómodo "medio". En el mismo sentido, confronta todo el tiempo con el insurrecto Padre Porter pero, también, reniega de la blandura y condescendencia del Padre Botelho "Un rubio de manteca" (*ídem*: 224). Le repugna el autoritarismo y ortodoxia del Padre Director pero quiere "salvarlo" (*ídem*: 153) y denuncia a Porter cuando lo sorprende

---

127. En la discusión final que lo habilitará a *encontrar su camino* (cuando abandona definitivamente su casa familiar) el padre le contesta literalmente que siempre ha pensado que no sirve "para nada" (Viñas, 1957: 219).

128. El destacado es nuestro.

mofándose de los docentes y director ante los estudiantes de sexto. El nihilismo de Porter se le presenta como un veneno que "envilece a todos" (*ídem*: 196). Renuncia a seguir a Porter como antes había renunciado a suceder en la política a su padre. Así, si bien puede afirmarse que no hay nada que aprender de la formación de Ferré (no hay ninguna marca de didactismo en la novela: moraleja o sanción universal de las acciones de los personajes; punto de vista único de los sucesos), el carácter político de la novela –la dialéctica que surge de las posiciones de cada uno de los actores ante el poder– asociado al ambiente escolar en el que las acciones tienen lugar, propicia una lectura ideológica que trasciende las necesidades de la trama.

En este caso la *escuela jaula* no solo delimita un espacio alternativo al mundo "real" sino que su clausura es la ocasión que introduce la alteridad de los otros que Sartre describió como un "infierno" en la obra teatral de 1944 que lleva como título justamente *A puerta cerrada*. En coincidencia, "infernal" es el adjetivo que utiliza Oscar Masotta para caracterizar al universo escolar de la novela en la crítica que escribe en 1958 de la novela [129] cuando interroga el texto desde la perplejidad que le causa que Viñas, un escritor ateo, haya elegido un colegio de curas para "simbolizar el sentido de lo que es el mundo" (Masotta, 2010 [1968]: 159). Masotta resume irónicamente a la escuela de Viñas como un "mundo pueril y cálidamente infernal" (*ídem*: 157).[130]

---

129. Nos referimos a "Explicación de *Un dios cotidiano*" publicada en la revista "Comentario" (Revista del Instituto Judeo Argentino de Cultura e Información), año 5, N°2 y recogida diez años después en *Conciencia y Estructura*.

130. La crítica de Masotta presenta un interés en sí misma porque organiza su argumentación a partir de los principales narremas del momento de su producción (1958). Esto es, el texto de Masotta es una verdadera impugnación de la novela desde un punto de vista formal (le irrita, por ejemplo, el predominio de debates y diálogos entre los personajes) e ideológico. Exhibe su distancia respecto del *reformismo* que Viñas muestra en la novela (es 1958, el año en que se inicia la presidencia de Frondizi, gobierno del que Viñas forma parte por un breve período) y de las reservas del escritor frente a la actitud revolucionaria del personaje de Porter (en el que Masotta reconoce al *joven Viñas*, que ha quedado en el pasado). La discusión de la novela está escrita desde el marco de los presupuestos de la filosofía existencialista sartreana (conciencia, alteridad, compromiso), como decíamos, insiste (molesto) en la pregunta por la elección del ámbito del colegio de curas e inscribe a la novela en la tradición de la literatura de Mallea, Mujica Láinez y Murena por su interés en una moralidad de la interioridad por oposición a la apariencia y su predilección por confundir los espacios cerrados e incomunicados con los del "mundo" (verdadero): "El personaje de David Viñas prometía inventarse a sí mismo, y he aquí que no sabe hacerlo sin encerrarse" (Masotta, 2010: 176).

Ahora bien, más allá de los "ajustes de cuenta" personales entre Masotta y Viñas de los que también es producto la crítica, la indignación de Masotta, desde

El "infierno" en el que Ferré busca su "santidad", luego, es un lugar cerrado pero que obliga, por ello, a salir al encuentro del otro. En consecuencia, por un lado, hay más de una referencia al espacio cerrado del Colegio[131]. El padre de Ferré dice que su hijo está "metido" en ese Colegio (Viñas, 1957: 223); la primera imagen que lo impacta al llegar a la escuela es la de los alumnos girando en la "calesita", una práctica punitiva que consiste en una fila de chicos dando vueltas en círculo durante el recreo. Acaso el mejor ejemplo sean las reflexiones del protagonista después de que se encuentra a sí mismo haciendo aquello que antes había reprobado en otro cura. Ante la evidencia de estar "empastado"[132]:

> "Entonces pensé que me convenía salir. Me estaba empastando en todo lo de allí dentro: quería saber si lo que me resultaba natural o una cosa de todos los días, desde afuera se veía absurdo, sin ningún sentido o como una aberración. Era necesario despegarme de mi cama, del banco de la capilla donde me arrodillaba, de los pórticos, de la canilla donde de mañana metía la cabeza para despejarme. 'Salir, salir un poco', me decía" (*ídem*: 213).

Junto a todas estas representaciones de encierro, predominan las imágenes y metáforas visuales para nombrar los principales eventos que se volverán ineludibles ante los ojos de Ferré mientras tenga lugar el aprendizaje: "*Mire*, Padre ... Mire" le reclama el adolescente Bruno a Ferré la noche que lo descubre desnudo en el cuarto de baño (*ídem*: 212), de los chicos, al prepararse para su tarea docente, Ferré imagina "Sus *miradas*, sus preguntas y su torpezas" (*ídem*: 30), mira a los chicos en el recreo y los ve cómo se bajan las medias "*después de mirar* hacia todos los costados"

---

la óptica aquí adoptada, pone en escena la pregunta por el cambio y el futuro, que caracteriza al momento histórico. La *Explicación* comienza con la reseña de las intenciones confesadas del autor de escribir un "testimonio". Masotta reconoce que "mostrar" es el primer momento del "cambio" pero lamenta que la novela no vaya más allá de ese propósito inicial. Así, argumenta que esa imagen que documenta Viñas remite el suceder al presente y, de ese modo, pierde de vista al futuro (que representa pasar a la acción). En función de la historia, se pregunta por qué Ferré no se va del colegio en lugar de empeñarse en buscar su lugar en él.

131. También a la "cerrazón" de la religión: "¿Cómo se siente uno *ahí dentro*?" pregunta Marta, la hermana de Ferré al cura en referencia a la sotana (Viñas, 1957: 121; la cursiva es nuestra).

132. En la novela, la opción a estar "empastado", esto es, familiarizado hasta el punto de naturalizar situaciones que admiten distintas construcciones/interpretaciones, es "tomar distancia" pero, dado el ámbito en el que se da la historia, la frase se interpreta (irónicamente en las críticas de Porter a Ferré) en el sentido escolar de los ochenta centímetros que debían mediar entre un alumno y el otro al formar fila.

(*ídem*: 104); los más grandes se empeñaban en "*exhibir* su devoción" en un Vía Crucis en las columnas del patio (*ídem*: 105); el padre Porter define la utilidad del colegio aludiendo a que sirve "para *esconder* los trapos que han ensuciado en otro lado" (*ídem*: 160) y Ferré le reclama su actitud ante los alumnos diciéndole que de ese modo no los va a "*iluminar*" (*ídem*: 196). El cuestionado Porter se despide de Ferré enviándole una *fotografía* en la que se lo ve del brazo de una mujer cuyo nombre (Elsa) estaba escrito sobre la imagen: "Elsa era buena, *miraba* hacia la máquina", describe Ferré (*ídem*: 233). Finalmente, en el desenlace de su alegato frente a su padre establece su diferencia en los siguientes términos: "Cuando usted choca con su límite, se vuelve sobre sí mismo y se siente poderoso. *Yo espío, quiero mirar hacia el otro lado*"[133] (*ídem*: 219) Mirar, espiar, ver lo que se esconde, son los rastros verbales de lo que obliga la presencia del otro-próximo en el espacio cerrado del colegio[134]. "Aquí nunca pasa nada" había sido la frase de bienvenida al Colegio con la que lo recibe el Padre Director (*ídem*: 25) y luego la principal experiencia de Ferré de ahí en más será la del "descubrimiento": descubre frases antisemitas en muros, agravios contra otro cura en inscripciones en estatuas, a su colega Porter haciendo cómplices de su incomodidad en la institución a los alumnos, después de asomarse a una puerta; los golpes contra Bruno en el baño y más tarde las razones de esa golpiza, en sus rondas nocturnas de "inspección".

Si Porter es, dentro del Colegio, lo que el padre de Ferré, fuera de él, es decir, la seguridad que lo intimida y rechaza; los adolescentes Mendel y Bruno serán, dentro del grupo de sus estudiantes, aquellos cuya alteridad le será ineludible en su formación. Los dos adolescentes lo enfrentarán a la prueba de la "potencia". Frente al descrédito de su padre acerca de sus aptitudes para la vida, para "sobrevivir": "Que sobrevivan los más aptos, me repetía mi padre. Yo le había contestado una vez: —Eso es un Darwin de

---

133. La cursiva en todas las citas del párrafo es nuestra.
134. El reverso de esta interpelación de la mirada del otro es la práctica educativa punitiva largamente extendida (en el tiempo y en el espacio) de castigar a los alumnos enviándolos "al rincón" que *condenaba* al indisciplinado a mirar la pared. Cuando Leo es enviado a la "Dirección" (es decir, expulsado del salón de clases), la sanción se refuerza con el hecho de que ahí lo espera una directora "que no mira": "Entonces (dice ella) vaya a la Dirección. (...) En la dirección hay una directora que no mira. Está parado detrás del vidrio de la puerta, afuera y muy cerca de la soga, ya no mira a la directora que golpea (el vidrio) enojada porque tuvo que levantarse del escritorio. (...) La directora no quiere hablar y le señala con un dedo (la uña pintada de rojo) el rincón. Y ya sabe: tiene que pararse de espaldas ..." (García, 1969: 70/1).

Crítica Sexta" (*ídem*: 65), Ferré había antepuesto la convicción de ganar en el fracaso; por adecuación al enemigo/contrincante. Su idea de "adecuación" era la expresión de su salvacionismo cotidiano, terrenal, que designaba el interregno entre las opciones extremas de subordinación al otro (Adij, Botelho) y negación del otro (su padre, Porter, el Padre Director). Mendel y Bruno le enseñan que esa forma de adecuación es otra de las maneras de la impotencia. Aprende que, efectivamente, no puede hacer nada pero que, de esa manera, "gana". Primero fracasa con Mendel. Se trata de un alumno judío al que el Padre Director le encarga "convertir" a partir del bautismo. La conversión comienza con el cambio de su nombre de pila de Moshe a Mauricio y continúa con la corrección de una fonética sospechosa que da cuenta de su origen hebreo. Mendel no sabe jugar, no sabe atarse los cordones y permanece aislado: no "comulga" junto con el resto y la inquietud inicial de los compañeros desencadena en la pintada antisemita en los baños y en la vejación última que sucede al día de su bautizo. Mendel es el primer fracaso de Ferré no solo porque no logra integrarlo al grupo escolar sino porque su caso le enseña que no se puede borrar el origen; negar la herencia, como lo indica la obvia referencia al nombre de familia que Viñas elige para el personaje.[135] En todo caso, lo que se puede hacer es partir; que es la opción que Ferré había sugerido infructuosamente al director del Colegio antes de los sucesos y la que toma Mendel inmediatamente después de la humillación de que es víctima a manos de sus pares. En cuanto a Bruno,[136] es el estudiante que primero había llamado

---

135. Nos referimos al monje agustino Gregor Mendel que describió, por medio de los trabajos que llevó a cabo con diferentes variedades del guisante o arveja (Pisum sativium), hoy llamadas "leyes de Mendel" que rigen la herencia genética.
    La referencia al origen étnico de Mendel se conjuga en la novela en la referencia genética y literaria a la xenofobia y al ámbito escolar en el nombre propio del encargado de la limpieza al que Ferré acude para limpiar las inscripciones en el baño: Cambaceres. "¡Cambaceres! – llamé a los gritos; era el encargado de la limpieza." (Viñas, 1957: 68). La referencia a Eugenio Cambaceres y a su novela *En la sangre* es obvia no solo por la coincidencia de la aparición de este personaje en la novela con el hallazgo de los escritos de los estudiantes contra Mendel sino porque a continuación Viñas parodia la descripción frenológica que el novelista hace del inmigrante Genaro en el retrato del propio personaje: "Era un hombre endeble, con una cabeza desmesurada que parecía oscilar encima de su cuello de pavo" (Viñas, 1957: 68).

136. Aquí también parece que el nombre no es casual. El nombre Bruno procede del latín Brunus que deriva de la raíz germánica *brünne*, "peto o coraza" y, por extensión, "aquel que es de piel oscura", oscuro. En italiano "moreno". Bruno es, entonces, aquel que no se deja "iluminar" (enseñar y conocer) por Ferré y permanece en la oscuridad. Cuando muera, al final de la novela, Ferré le "cierra los ojos" (Viñas,

su atención en el momento de su ingreso en el Colegio, dando vueltas en la calesita y desafiando la autoridad. Es, también, el que no se somete al maestro, finalmente el que, por el contrario, parece tener las riendas de esa relación con el docente desde una falsa consideración y respeto. No solo Ferré "no puede" con Bruno sino que Bruno "lo puede": sabe lo que Ferré solo está en tránsito de aprender. La simetría con el estudiante se vuelve evidente durante los momentos de agonía del adolescente cuando Ferré lo está cuidando después de que cayera de un árbol durante una salida del colegio: "Bruno abrió los ojos; los sentía como endurecidos porque hacía un esfuerzo para enderezarlos. Por un momento yo me sentí reflejado en esas dos bolas torpes. – *Quiero ganar*, le había dicho a Porter" (Viñas, 1957: 247). El maestro se ve reflejado en los ojos del adolescente en el momento final de su aprendizaje, cuando descubre que ganar no se opone a "fracasar": en palabras de Oscar Masotta "el contenido de una moral (...) quien pierde gana (...) Ferré, que lo ha perdido todo, ha logrado encarnarse, porque ha perdido" (Masotta, 2010 [1968]: 179).

Como decíamos, la invención de la edad adolescente en el siglo XIX es no solo contemporánea de la expansión de la escuela media sino su producto. De todos modos, la escuela secundaria en el siglo XIX constituyó uno de los tantos dispositivos de control de los jóvenes que venían creándose desde el siglo XVII en Europa: escuelas de cadetes, colegios de marina y escuelas militares para los varones y congregaciones y noviciados para las mujeres. En la Argentina, el servicio militar obligatorio, que se extendió desde 1901 a 1994, proveyó a la literatura de un nuevo espacio generador de historias de aprendizaje en reclusión: lo que Miguel Briante en el "Prólogo" a las *Hamacas voladoras,* en 1964, llamó "ese ineludible relato sobre la colimba",[137] "quién no tenía uno, escrito o por escribir" (Briante, 1987 [1964]: 10). Podemos incluir en esta especie narrativa a "Otro héroe"

1957: 247).
  Los de Mendel y Bruno no son los únicos casos de nombres propios connotados en la novela. Jorge Eduardo Noro (2011) ha advertido que "Porter" es el segundo apellido de David Boris *Viñas Porter*.

137. El significado de la palabra "colimba" se atribuye a la condensación de las sílabas iniciales del sintagma "Corre, limpia, barre" que resume las tareas del soldado. En el *Diccionario del Habla de los argentinos*, Ed. La Nación, 2003 (p. 245) se define como un coloquialismo para nombrar al servicio militar y se consigna como ejemplo una frase del filme *Sajones* de Leopoldo Torres Nilson justamente del año 1967: "Amigos no se puede decir que fuéramos mucho. Habíamos vagado juntos en tiempos de la colimba y de muchachos más de una vez jugamos a la tapada en la salita de algún clandestino". En plural, *colimbas*, también designa a los conscriptos o personas que recibían la instrucción militar obligatoria.

del propio Briante,[138] de 1964, y, a "Imaginaria", publicado en 1965 por Rodolfo Walsh como parte de los cuentos de *Los oficios terrestres*, volumen en el que también se incluye una breve memoria de conscripción como parte de la biografía de Mauricio Irigorri, uno de los dos personajes cuyos destinos son narrados en paralelo en el cuento "Fotos".[139]

Los cuentos de internados religiosos y los del servicio militar obligatorio tienen en común que ponen en escena la contradicción que vive el sujeto entre la imposibilidad de sujeción u obediencia y los peligros de la rebeldía que lleva a los protagonistas a su alienación. La historia que mejor reúne estas dos experiencias es probablemente "Otro héroe" de Miguel Briante que narra la historia de un joven soldado que custodia, durante el conflicto de Perón con la Iglesia Católica, el colegio religioso en el que había pasado su infancia pupila. Es un cuento de "doble trama" en la que el relato se bifurca entre la experiencia pasada de la infancia en el colegio religioso y el presente de su tarea en defensa del edificio y la institución. La doble trama inscribe la enajenación del personaje que se divide entre la consigna infantil de "no matarás" y la actual, la tarea de "matar", si fuera necesario. La contradicción alcanza su cenit cuando los dos mensajes aparecen juntos como parte de la alianza de dos instituciones que, en principio, profesarían idearios divergentes. Guillermo Saccomano en la presentación de una antología de cuentos sobre el servicio militar sostiene que "La colimba es vasallaje y degradación en nombre de la defensa de nobles valores. Para defenderlos es preciso aprender a matar" (Saccomano, 1992: 5).

En cuanto a "Imaginaria" y "Fotos", los cuentos de Walsh, en los dos el asunto es la arbitrariedad de la instrucción militar, aunque con desenlaces diversos. En ambos cuentos se insiste en que la ficción de estar preparado para defenderse del enemigo es completamente inútil e inverosímil para el conscripto que tiene que cumplir con la tarea. En "Fotos" Mauricio Irigorri le cuenta a su amigo de infancia que "te ponen en una punta del campo de centinela en el desierto y te dicen que no podés apollar y que si aparece el enemigo tenés que tirarle, pero qué enemigo, viejo, si ahí no ha habido nunca un enemigo y te pasás la noche pensando Soy un gil" (Walsh, 2001: 38) y de igual modo se siente el personaje de "Imaginaria" porque justamente

---

138. Briante escribe otro "cuento de colimba" que es "Uñas contra el acero del máuser" que forma parte del volumen *Las hamacas voladoras* pero a partir de 1987 con la edición de Puntosur.

139. Nuestro corpus de relatos de *colimba* se completa con "La invasión" de Ricardo Piglia (1967) pero por las características de la historia nos ocuparemos de este cuento en el Cap. VII "Revelación de un mundo".

ese es su rol en el cuartel y conflicto principal del cuento: "Yo sé que está mal, que un centinela no debe dormirse, debe vigilar el campo e informar la novedad. Pero es que no hay novedad mi teniente, el enemigo está a ciento veinte años de distancia, aquí nunca hay novedad y el cielo es lo único que cambia de lugar. Cuando me quedé dormido las Tres Marías estaban detrás del pino, ahora están sobre la ruta, donde se oyen los camiones" (*ídem*: 64).

La arbitrariedad radica en la falta de necesidad de esa formación pero, también, en que la situación genera, sin embargo, otros aprendizajes que no estaban previstos. Así, en "Fotos", Irigorri encuentra su vocación convirtiéndose prácticamente por error en el fotógrafo del regimiento y aprende, por segunda vez, a leer y escribir cuando descubre que, confesándose analfabeto, puede eludir otras tareas más tediosas y divertirse al ser reconocido por primera vez como un buen alumno. En "Imaginaria" la ironía es más despiadada porque en este caso el aprendizaje, y la enseñanza, a diferencia del resto de los cuentos que aquí nos ocupan, han sido eficaces: el conscripto protagonista ha aprendido lo que se le ha enseñado: ha aprendido a matar. Un soldado, que cumple con su guardia como castigo en el día en que le tocaba franco por haberse dormido en su turno, mata a su teniente en "cumplimiento de su deber". El soldado ve venir al teniente en su bicicleta desde el piso en donde se ha caído dormido después de una noche de maldecir su suerte por haber dejado plantado a su novia por culpa del castigo. Recuerda que Landívar, un compañero, le había contado que, al encontrarlo durmiendo, el teniente le había descargado la cabina y atropellado con su bicicleta, por eso, elige desconocerlo y tirarle como le habían instruido en caso de tratarse de un enemigo. El joven cordobés se aprende la lección de tiro y la repite –inclusive la repasa internamente cuando procede a disparar a su teniente–: "ahora tengo el dedo en el primer descanso como me enseñaron en el polígono" (*ídem*: 68), se dicta a sí mismo.

Finalmente, resulta destacable el hecho de que en ninguno de estos *cuentos de escuela* haya una memoria "nostálgica" de los años escolares. El único registro de este tipo para la época lo encontramos recién en 1975 con la publicación de *Tiempo de adolescencia: recuerdos del colegio secundario* de Mario Binetti. La novela tiene la particularidad de reunir en el título el par que hemos situado en el centro de nuestra discusión: adolescencia –colegio secundario pero, sin embargo, es una novela extraña a la serie aquí presentada si consideramos que fue publicada por Huemul, una editorial escolar, y escrita en la huella de *Juvenilia* por un exalumno del Colegio Nacional de Buenos Aires y profesor de escuela media. Es decir, la elegía escolar aparece como resultado o exigencia de sus condiciones de producción. Entonces, posiblemente, esta ausencia de nostalgia en los cuentos de escuela de los años sesenta puede atribuirse a los nuevos discursos acerca de la escuela como institución, a los que hacíamos referencia al comenzar, pero también al estatuto que cobra "la vida" para los escritores de los años sesenta. El registro autobiográfico y la experiencia vital ingresan a la ficción lejos de los presupuestos románticos de una naturaleza previa de la que la escritura se sirve. La frase *estoy escribiendo la novela* que se "escucha" por estos años (cfr. Drucaroff, 1999) también quiere decir *estoy escribiendo la vida*. Al tiempo romántico de la nostalgia, se impone el futuro de lo que *podría ser*.

Capítulo VI

Cancha rayada. Lectura, escritura, adolescencia

En el relato de formación de los años sesenta en la Argentina podemos reconocer, por lo menos, tres modos de relación entre la lectura, la escritura y la adolescencia como tiempo de aprendizaje.

En primer lugar, la lectura y la escritura aparecen representadas, en la narrativa que nos ocupa, como las principales *tecnologías del yo* en juego en los derroteros de formación de los personajes, como consecuencia del lugar que tiene el lenguaje en el *segundo nacimiento* que constituye la adolescencia. Así, el protagonista de "Último día" de Miguel Briante, resume el cambio que anuncia para él el tiempo de adolescencia diciendo: "Pero ahora era distinto: había que encontrar otra forma de decir las cosas. Para algo uno tiene dieciséis años" (Briante, 2002: 21). Respecto de esa "otra forma", el psicoanalista Jean Jacques Rassial plantea:

> "...en ese momento en el que se manifiesta el engaño del significante a través del engaño de la promesa edípica, en ese momento en que la palabra de los adultos, padres y educadores, es discutida, existen razones para que, por una parte, se busque esa otra consistencia de la lengua que es la escritura, en el diario íntimo pero también en la carta de amor, en donde el engaño de las palabras en la intersubjetividad es, si no evitado, al menos diferido, y que por otra parte, se busque en la lectura otra verdad, otra ley que aquellas que, de lo familiar a lo social, excluyen al sujeto deseante.
> En segundo lugar y retomando una tesis de Charles Merman, porque habiendo perdido su valor la lengua materna, es decir, aquella en la que es enunciada la ley edípica, resulta lógico ir a buscar en otra parte, en otra lengua, una nueva promesa" (Rassial, 1999: 99).

La lectura y la escritura son las principales fuentes de y para la constitución de un estilo que es la conquista de una identidad en la que el yo alcance su diferencia. Indudablemente, este segundo nacimiento es lo que ha habilitado históricamente la asociación entre adolescencia y creación artística y que testimonian, desde el título mismo, las novelas de James Joyce y Dylan Thomas, respectivamente: *Retrato del artista adolescente* (1916)[140] y *Retrato del artista cachorro* (1940). En el mismo sentido, la escena de lectura es uno de los narremas elementales de los textos autobiográficos y las narrativas de aprendizaje para nombrar, metonímicamente, el camino de formación intelectual, moral o sentimental del personaje a partir del momento en el que se produce el encuentro con una obra "definitiva" que ofrece una explicación –provisional– del mundo.

Esta relación es especialmente productiva, en el momento histórico que nos interesa, por la centralidad que hemos reconocido a estas prácticas en el relato de formación como modelo cognitivo fundamental de la época. La lectura de libros era la principal actividad cultural frente al recién estrenado auge de prácticas de consumo ligadas a los medios masivos de comunicación en desarrollo. La explosión de la lectura durante los años sesenta está documentada por la llamada *primavera editorial* (Rivera, 1986) (el crecimiento de los índices de ventas y tiradas de libros, el nacimiento de nuevas editoriales, el desarrollo de nuevas estrategias y recursos para la venta de libros, la existencia de *best sellers*), por el desarrollo del periodismo masivo y especializado, el crecimiento de la matrícula de las carreras del campo de las Ciencias Sociales, los testimonios acerca de los usos del tiempo libre de los niños, adolescentes y adultos alfabetizados de la época, etc.

En lo que respecta a los adolescentes, en particular, no solo no quedaron ajenos a la lectura sino que, redefinido el campo cultural por el despliegue de las lógicas de la cultura de masa, fueron descubiertos por la industria editorial como un público diferenciado. Es durante estos años que se desarrolla una intensa actividad editorial específicamente de circulación escolar y dedicada al lector adolescente como nuevo mercado. Junto al adolescente lector, que ya formaba parte del inventario de nuestra cultura, las editoriales inventarán la figura del *lector adolescente* a partir de los "rasgos" que proporcionaban los distintos discursos sobre la adolescencia que proliferaban para la época[141].

---

140. En forma de libro, en 1916; en forma serial entre 1914 y 1915.
141. Nos hemos referido a los años sesenta en la Argentina como una sociedad "en estado de lectura", en el capítulo IV. 2 de esta II[da] Parte. "La forma de lectores", en relación con la discusión acerca de la idea de formación en *Nanina,* de Germán García.

En cuanto a la escritura, de acuerdo con Sergio Pujol, este *"boom de lectores"* fue producto del "reinado del paradigma escritural":

"(...) la herencia provechosa de muchos años de alfabetización, producción literaria y lectura promovida desde la escuela pública y otros espacios. A lo largo del siglo XX, una rica trama de agentes mediadores puso al argentino "medio" en posibilidad de acercarse a la lectura: las bibliotecas populares, las revistas de actualidad que apelaban en abundancia a la literatura (universal y argentina), los diarios con sus cuotas de literatura por entrega, los ateneos y encuentros literarios. Desde la infancia, el argentino aprendió a confiar en el ahorro a través de la alcancía y en la superación personal a través del libro. Hasta el nuevo rico menos apegado al mundo literario quiso aparentar amor a los libros. Sobre esta herencia, la expansión literaria de los 60 puede entenderse como la culminación de un proceso largo y sostenido" (Pujol, 2002: 101).

El existencialismo había proporcionado la idea de la consecución del proyecto de la "escritura de la novela" como expresión de la conquista de uno mismo a partir del hacer de la palabra comprometida. Por el otro, el estructuralismo había resignificado la categoría y, en los discursos académicos de las ciencias sociales, aparecía prácticamente como sinónimo de estilo, aunque en la proposición lacaniana según la cual es el estilo la fuente de la individuación y no al revés, como lo había planteado la teoría romántica del autor. En la escuela, aparecía como símbolo de "expresión", por herencia de las tendencias *escolanovistas* y, por lo tanto, ahí también la escritura era una oportunidad para la afirmación de la libertad individual.

Finalmente, analizada la relación más allá de la coyuntura histórica de los sesenta en la Argentina, las experiencias de la lectura y la escritura literarias tienen en común con la del aprendizaje el hecho de poner al sujeto en situación de pérdida y, por lo tanto, son afines a la subjetividad adolescente concebida como "estructura abierta" (Kristeva, 1993), por eso las múltiples posibilidades que depara el vínculo.

El aprendizaje, como las prácticas de lectura y escritura literarias, implica una suspensión de las certezas del sujeto que lee a expensas del acontecimiento de la incertidumbre de lo que es y de lo que sabe. George Bernard Shaw, en su obra *Major Barbara*, hace decir a uno de sus personajes: "Has aprendido algo. A primera vista parece que hubieras perdido algo" (citado por Iser, 1989: 161). En el mismo sentido, a través de la lectura y escritura literarias, se opera una transformación en la que el sujeto pierde las certezas "que colocan al yo en el tablero social" (Larrosa, 2003: 251) porque el lenguaje que se retira del mundo para nombrarse a sí mismo y crear ficciones interpone, de ese modo, una distancia respecto de las certidumbres que lo ubicaban en el orden duradero de la realidad conocida.

Leíamos en *Nanina* que Leopoldo, el protagonista, decía que él y su hermana tomarían "la forma de lectores". Este *homo legens* (*ídem*: 520) que es lo que la lectura (y la escritura) forman, es, también, y no casualmente, una de las mejores definiciones de la subjetividad adolescente: "un sujeto en movimiento abierto a un lenguaje en movimiento" (*ibídem*).

1. El chiste idiota de Rilke

La escritura adolescente, en los cuentos y novelas que nos ocupan, asume distintas formas que se revelan finalmente como variaciones de una única práctica ligada a una determinada relación con la lengua escrita que puede caracterizarse como la configuración de un espacio de *subjetivación* (cfr. Barthes, 2005-2004). Ese espacio está presente en las llamadas *escrituras del yo* (diarios personales, cartas) y en el deseo de escribir que está en la base del *devenir escritor* del adolescente o, dicho en otras palabras, la formulación del *Klusterroman*. Pero, también, en las composiciones escolares y en la escritura abyecta del "anónimo", que completa el cuadro de los usos de la palabra escrita durante el tiempo de formación que recogen las novelas que nos ocupan.

En lo que respecta a la relación entre escritura e intimidad, podemos empezar por recordar el texto autobiográfico escueto en el que Rodolfo Walsh se presenta a sí mismo.[142] Su brevísima autobiografía tiene la particularidad de que el escritor cuenta su vida en función de su oficio o, más precisamente, las referencias vitales están subordinadas a un interés central que es remitir esa experiencia a su relación con la lengua y la escritura.

Para empezar, *arltianamente*, reflexiona sobre su nombre propio:[143] dice que de chico el nombre de Rodolfo Walsh le incomodaba y que pensaba, por ejemplo, que no le serviría para ser presidente de la república. Solo lo aceptó (y le gustó) cuando descubrió que podía leerse como dos yambos aliterados. Como en la aguafuerte de Roberto Arlt, la eficacia de su nom-

---

142. En 1995, Daniel Link publica *Rodolfo Walsh: ese hombre y otros papeles personales* (Ed. De la Flor) que recoge textos dispersos e inéditos del autor de *Operación Masacre*.

143. Me refiero a la aguafuerte "Yo no tengo la culpa" en la que Roberto Arlt reflexiona sobre las dudas y especulaciones que genera su apellido.

bre se inscribe en la frontera de la escritura y la oralidad. Allí donde la paradójica referencia impersonal del nombre propio adquiere expresividad por la respiración única de una vida. El resto es una reseña de la historia previa al momento en que aceptó como una opción posible para esa vida el *violento oficio de escritor*.

El relato de ese lapso de tiempo, que va de la infancia a la madurez, está formado por distintos momentos escandidos por períodos de escritura y de silencio. Escritor de textos satíricos en la primaria, de acrósticos en el primer empleo, de versos a una novia adolescente, de cuentos policiales, de mensajes encriptados a Cuba, un profesorado en letras inconcluso y la revelación final de algo parecido a la vocación con *Operación Masacre*. Sin embargo, más allá de la importancia dispar que toman estos eventos en la narración, la nota sobresaliente que da unidad a la *ilusión biográfica* del texto es la mención de la idea más perturbadora de su adolescencia: "ese chiste idiota de Rilke: Si usted piensa que puede vivir sin escribir, no debe escribir". La idea es central, en primer lugar, porque en consonancia con el momento de la vida referenciado, ocupa el corazón mismo del relato. Ubicado *in media res*, es también el punto en el que la relación de la experiencia vital cede espacio definitivamente al de la obra. En segundo lugar, porque la idea se retoma indirecta o implícitamente al final, en el último párrafo que empieza así: "En la hipótesis de seguir escribiendo, lo que más necesito es una cuota generosa de tiempo". Por un lado, el modo conjetural de la expresión adulta acerca de la posibilidad de escribir contrasta con la afirmación rotunda del recuerdo de adolescencia en el que la vida de un escritor era impensable sin una dependencia fatal de la escritura. Pero, por el otro, la hipótesis futura de escritura se confunde con una hipótesis futura de vida: para escribir, para vivir, se necesita tiempo. Entonces, el contraste entre la afirmación adolescente y la reflexión *madura* es el cambio de tono que media entre las primeras y las últimas páginas de la escritura de una vida. No es casual, en consecuencia, que la última línea de este texto autobiográfico sea una conclusión acerca de lo que es la literatura (y no *la vida*) y que la literatura se defina como "un avance laborioso a través de la propia estupidez". El texto no lo indica pero, posiblemente, este avance tenga como meta el punto en el que la sentencia de Rilke se reconozca, justamente, como un "chiste idiota", y la perturbación adolescente se diluya en la distancia irónica de la obra de una vida.

La escena de iniciación a la escritura es un lugar común previsible en la escritura biográfica de un escritor, sin embargo, lo que no es indispensable es que esa relación ocupe el lugar central y, tampoco, que la discusión se organice en torno a una pregunta acerca de la definición misma de esa vida porque, en última instancia, el planteo de Rilke representa una afirmación acerca de la vida misma antes que sobre el oficio de escribir. Escrito en 1965, el texto autobiográfico de Walsh es el mejor ejemplo de una tesis propia de los años sesenta y que aparece tematizada en la literatura *y escrituras del yo* de más de un escritor de esta generación y que consiste en un tipo particular de relación entre literatura y subjetividad que se plantea en el discurso social de la época a través del ideologema de *la vida como obra*[144] y, en función del cual, la escritura representará metafóricamente el oficio de vivir.

Pero, además, en la cita de *Cartas a un joven poeta* de Rainer María Rilke hay una recursividad interesante que introduce un tercer factor de análisis: la referencia a la adolescencia. En las palabras de Rilke, la adolescencia de Walsh se encuentra con la del cadete Franz Kaver Capuz a quien el poeta dirige su correspondencia. *El chiste idiota de Rilke* implica, entonces, no solo una referencia a la escritura y a la vida sino a una escritura en formación de un sujeto también en formación. En este sentido, la tantas veces citada tesis de Borges acerca de que toda literatura es autobiográfica cobra un nuevo sentido, más literal, si se quiere (si tomamos en cuenta el carácter "gráfico" que comporta la composición de la palabra "autobiografía"). En este sentido, la proposición de Walsh tiene el mismo carácter que la de Briante en el prólogo que el autor escribe en 1987 para la tercera edición de *Las hamacas voladoras*, de 1964. Briante sostiene que *Las hamacas voladoras* son la producción de sus años de aprendizaje adolescente y dice que se trata de un libro "urgente" que reúne cuentos escritos por el autor entre sus 15 y 21 años" escrito en un registro autobiográfico no confesional —al modo borgeano— en el que "lo autobiográfico se entreveraba con todo aquello que aprendíamos". Como en Walsh, escritura, adolescencia y vida se encuentran allí donde la escritura designa lo propio desde un lugar impensadamente impersonal. ¿Qué significa que aquello que se aprendía se entreverara con lo "autobiográfico"? ¿De qué modo ese aprendizaje no formaba parte de la vida sino a título de "entrevero"? El aprendizaje parece designar, aquí, a aquello que viene de un espacio que difícilmente puede reconocerse en un afuera, menos por la imposibilidad de nombrar ese espacio exterior que por la imposibilidad de reconocer lo propio o "interior". Por la escritura, los deslindes se vuelven confusos y, por eso, el vínculo entre las palabras

---

144. Roland Barthes define a la *vida como obra* como una posible "derivación" o "solución dialéctica" para el conflicto entre el Mundo (la Vida) y la Obra (cfr. Barthes, 2005: 275).

de los otros –el aprendizaje, los saberes que valen sobre el mundo– y la palabra propia –sus urgencias– toma el carácter de un "entrevero": una mezcla desordenada.

Este *entrevero* representa la misma distancia que el *chiste idiota* en el discurso de Walsh. El hiato que se abre entre la palabra íntima y la del diccionario a través de la práctica de escribir: la violencia del oficio, para Walsh, y la diferencia entre los dos autores –el adolescente que escribe los cuentos y el adulto que escribe el prólogo a la reedición, más de veinte años después, en el caso de Miguel Briante:

"Casi todos los cuentos de la presente edición", dice Briante, "(...) fueron escritos en esa lonja que va de mis 15 a mis 21 años. Las fechas permitirán al lector clavar estos textos en esa convención generacional que ahora se llama 'los 60', y perdonar que el autor de hoy día le perdone al autor de aquellos tiempos algunas rotundas ingenuidades o audacias (...)" (Briante, 1987: 10).

La escritura, entonces, configura aquí un espacio singular equidistante del imaginario propio de una interioridad de tipo confesional y de la exterioridad de un mero medio de expresión. Acaso pudiera reconocerse este lugar para la escritura cualquiera sea el caso del *escribiente* en cuestión pero es particularmente significativo tratándose de un sujeto en formación, porque la identidad en juego no se asume como una entidad previa al ejercicio de escribir, como en el caso del sujeto adulto o que *ha madurado,* sino sujeta a una exploración de la que la propia escritura participa. Por eso, no es casual que los adolescentes y los escritores (autores de literatura) tengan en común la escritura de *diarios íntimos o personales:* en ambos casos está en juego la procura de un estilo que no es otra cosa que "la práctica escrita del matiz" (Barthes, 2005: 87): la búsqueda de lo propio en el anonimato de la lengua de todos.[145]

---

145. En la historia del pensamiento sobre la adolescencia en la Argentina, el análisis de los diarios íntimos tiene un antecedente insoslayable en la obra de Aníbal Ponce (I^{ra} Parte, Cap. II.2 "Los nuevos saberes sobre la adolescencia"). Ponce publica *Diario íntimo de una adolescente* en 1938, es decir, cinco años después de *Ambición y angustia de los adolescentes* y sostiene que, entre uno y otro ensayo, media la intención de pasar de una psicología de la adolescencia "que sólo tienen en cuenta al individuo medio, a un ser en cierto modo artificial" (Ponce: 1970: 210) al estudio de la psicología de *un* adolescente: "de qué manera y bajo qué condiciones *una* adolescente *hizo* su adolescencia" (*idem*: 211). El ensayo de Ponce tiene como objeto el diario que la pintora *Marie Bashkirtseff* había ofrecido a Edmond de Goncourt a propósito de la publicación de su novela *Chérie*, en 1884 y que era un verdadero best seller en el momento de los cursos de Ponce.

La escritura de diarios *personales o íntimos* ha sido históricamente una práctica asociada a la adolescencia sobre la base del solipsismo atribuido a ambas realidades: los diarios y la adolescencia. En la misma dirección, la banalidad propia del registro de la cotidianidad –su *nadería*– parece propia de un sujeto que vive al margen de los grandes problemas que ocupan el mundo, protegido por los adultos mientras dura su tiempo de formación. Sin embargo, rápidamente podemos reconocer en esta asociación presupuestos que la evidencia revela como prejuicio. Por un lado, implica una concepción de sujeto cuyos bordes están cerrados sobre sí mismos antes que en un punto de necesaria articulación con la experiencia ajena; por otro lado, porque conlleva una cierta representación de la adolescencia *romántica* cuyo asunto parece resolverse en la intimidad de un egotismo caprichoso. Antes bien, si hay un vínculo entre la adolescencia y la escritura de *diarios* parece ser, por el contrario, la imposibilidad de comprender la propia herida como mera catástrofe personal.

Este dialogismo aparece retratado en el *Diario de Esther* (1947), que es uno de los textos que componen *La traición de Rita Hayworth* (1968) de Manuel Puig. A través de las páginas del diario de Esther Castagno conocemos la experiencia de autodefinición de una adolescente argentina durante los años del primer peronismo. En su relato, su búsqueda personal participa de las condiciones de la nueva identidad de su clase al amparo de las posibilidades del estado benefactor. El discurso recoge las contradicciones que surgen de las imágenes de sí que le proporciona su entorno al entrar en contacto con un nuevo grupo de pertenencia que frecuenta a partir de una beca para estudiar en un "ilustre colegio de ricos" (Puig, 2000 [1968]: 216). Esther *se mira vivir* a través del diario y el deseo de reconocimiento por estos nuevos *otros* que ocupa buena parte de su reflexión, podría fácilmente reducirse a la banalidad si no se atendiera a la complejidad ideológica de los discursos entre los cuales la chica se busca a sí misma. Lo que, en apariencia, podría remitirse a las consecuencias de la inseguridad personal o a una forma de coquetería, se trata en última instancia de las contradicciones propias de quienes les toca vivir un *período de transición* histórica.

En el texto, la prosa melodramática –caracterizada por la exageración del estilo expresivo, sentimentalismo grandilocuente y cursi– que escribe buena parte de la novela encuentra en la hipersensibilidad adolescente su materia más propicia. En consecuencia, el diario se inicia con la celebración de la angustia que "anida en el pecho" de Esther y que la protagonista asocia

PARTE II: Literatura y experiencia adolescente

al momento crepuscular del domingo.[146] El texto toma a partir de aquí la tradicional forma epistolar que tiene al propio diario como destinatario, "Querido diario", como así también el modo de una interlocución reflexiva, que hace de la propia escribiente, receptora. En este desdoblamiento epistolar[147] se dirige a sí misma en primera persona "no te comprendo Esther" (*ídem*: 215); se cita en boca de otro "Una humilde niña de nuestro partido escolar, ejemplo de aplicación al estudio, compañerismo, aseo personal y asistencia" (*ídem*: 216); se critica "la señorita no estudia" (*ídem*: 219); se arenga "reaccioná, desdichada" (*ídem*: 220). A través del diario, realiza en forma vicaria lo que no puede hacer *en la realidad* (defender al Director de la escuela, decirle a su madre lo que cree la ofendería, contestarle a su compañera de banco que solo se interesan en ella por su dinero, etc.) y ensaya respuestas alternativas a las que efectivamente tuvieron lugar en los hechos a partir del repaso de lo ocurrido en la jornada.

Hasta aquí el diario tributa todas las convenciones del *lugar común* de la adolescencia y de la escritura de diarios sin embargo, inmediatamente, después de la primera frase inscripta en la melancolía del domingo, aparece la reflexión sobre su condición social y la de su familia. Escribe desde la casa de su hermana —a cinco cuadras de la suya— donde ha ido a pasar su tiempo libre en compañía de su sobrino al que ve sentado en la vereda mirando cómo el vecino disfruta de la bicicleta que él no tiene ni ella tuvo en su infancia. La "pena" cambia de contenido e introduce un alegato esperanzado de la posibilidad de cambiar su vida y la de su sobrino con el fruto de sus estudios.

Es decir, de este modo, la escritura melodramática del diario encuentra un nuevo objeto de melancolía que es la autoconmiseración por las restricciones que le impone su condición socio-económica. La herida personal adquiere un nuevo dominio, más amplio que el de la tragedia individual. Mientras lamenta que su sobrino no tenga una bicicleta, recuerda que ella tampoco tiene un domingo como sus amigas "ricas": Laurita y Graciela, que van "al centro", ven estrenos en el cine, luego comen panqueques y jugos y terminan la jornada en una confitería, el Adlon, lugar del cual ella ni siquiera sabe la dirección. Lo que, en principio, se presenta dentro de la

---

146. Aníbal Ponce, en su análisis del *Diario íntimo de una adolescente* sostiene que la adoración de la naturaleza por parte de los adolescentes es una manera indirecta de adorarse a sí mismos, tal es la importancia de las transformaciones físicas (*su naturaleza*) (cfr. Ponce, 1970: 231). En el *Diario de Esther* la referencia a las horas del día y a los estados del clima es constante.

147. Esther define el encuentro con su diario como el "encuentro del alma con su espejo" (Puig, 2000: 236).

mera lamentación, enseguida se resuelve en la esperanza que abren la beca para el nuevo colegio y la posibilidad –remota– de graduarse de médica en lo que Perón ha podido hacer en tan solo un año de gestión. En este contexto, la exageración de lo cursi alcanza el punto en el que su artificio revela cínicamente los límites de esa esperanza basada en el esfuerzo. Así, por ejemplo, cuando Esther define a la escuela como "forja de los hombres del mañana" (Puig, 2000: 216) o cuando relata el episodio del accidente que mutila a su padre en términos de un "rollo que enamorado de esa mano fuerte se la llevó para siempre" (*ídem*: 221).

En resumen, en el diario de Esther se leen las trivialidades propias de las tragedias cotidianas en las que se suele imaginar ocupada a cualquier adolescente: la competencia con otras chicas, el interés por la moda, la coquetería, el deseo de amor correspondido, las notas de los exámenes en la escuela, los chismes. Sin embargo, cada una de estas digresiones de la prosa del *Diario* están atravesadas por los lugares comunes de la opinión pública, "hay tiempo para todo", "todo llega en la vida"; la permanente revisión de la vida ajena (su madre, su padre, la profesora de castellano, sus compañeros de curso, las palabras del diputado por Matanzas en el comité, el trabajo de la odontóloga del sindicato) y el reconocimiento de la naturaleza *social* de su dolor: "Yo y mis vecinos no podemos tocar las estrellas, pero otros sí pueden y es ese mi gran quebranto. Mis mejores años los voy a pasar detrás de esta cortina de cretona" (*ídem*: 236). Son estos los lugares donde Esther no está sola en la escritura de su diario.

La escritura del diario íntimo o personal constituye, en conclusión, una de las principales dispositivos para la construcción del yo durante los años de formación. En la base de este vínculo está el tiempo y la conciencia de su fluir, verdadera revelación de los años adolescentes.

El aspecto durativo de la temporalidad adolescente encuentra en la escritura del diario íntimo su mejor expresión. Alan Pauls (1996), en su análisis de los diarios de escritores, ha señalado que la principal característica de estos es la constatación de una transformación o mutación. Cada entrada da cuenta, progresivamente, de aquello en lo que cada uno de los sujetos escribientes se convierte, cada día, cada hora. Esta constatación del paso del tiempo y sus consecuencias es especialmente oportuna para la experiencia adolescente que halla en ese registro secuencial de la vida, la oportunidad de darle forma *material* a su identidad en trance de formación. En la entrada del sábado 15 de julio de 1944 Ana Frank escribe:

"El rasgo más prominente de mi carácter, que impresiona a cualquiera que me conozca por algún tiempo, es mi conocimiento de mí misma. Puedo mirar todos mis actos como si fueran ajenos. Frente a la Ana de todos los días, puedo pararme sin preconcepto y sin querer excusarla, y observar qué hace bien y qué no. Esta 'conciencia de mí misma' me persigue, y cada vez que abro la boca sé, tan pronto como he hablado, si 'debió haberse dicho de otro modo' o 'estuvo bien así'. Hay tantas cosas de mí que condeno que no podría enumerarlas. Y cada vez estoy más convencida de lo ciertas que son estas palabras de papá: 'Cada niño debe ocuparse de su propia educación'. Los padres sólo pueden aconsejarnos e indicarnos el camino a seguir, pero la *formación* final del carácter de cada uno está en sus propias manos" (citado en Chambers, 2006: 15).[148]

Durante el siglo XX, el gran ejemplo de esta posición de sujeto de la escritura diarística adolescente es el *Diario de Ana Frank* escrito por una jovencita judía a partir del regalo de un cuaderno cuadrado de páginas en blanco que recibe en su cumpleaños número trece, el 12 de junio de 1942, y hasta 1944, mientras está escondida junto a familiares y amigos, de la persecución del régimen nazi en un cuarto tapiado de una casa en Amsterdam, Holanda. El texto nos importa no solo por su carácter emblemático de la escritura adolescente, sino por su amplia y rápida recepción durante los años sesenta entre el público en general pero, particularmente, entre los lectores adolescentes. El texto se da a conocer bajo el título *Het Achterhuis* (La casa de atrás) en Holanda, en 1947, por el editor Contact. Se traduce por primera vez al español en la Argentina en 1952 con un prólogo de Daniel Rops para la Editorial Hemisferio. En España, la primera traducción es de 1955 con el título *Las habitaciones de atrás* (editorial Garbo, Barcelona). En 1959, es llevado al cine en los Estados Unidos con la dirección de George Stevens con un guion de Frances Goodrich y Albert Hackett, basada en la obra de teatro del mismo nombre ganadora de un Premio Pullitzer en 1959. Fue protagonizada por Millie Perkins, Richard Beymer, Joseph Schildkraut, Lou Jacobi, Shelley Winters y Diane Baker en los roles principales y ganó tres Premios Oscar. En 1967 el *Diario* sería adaptado como serie de televisión también en los Estados Unidos.

En principio, el *Diario de Ana Frank* cumple con ciertas condiciones que lo vuelven un texto "prototípico" de la subjetividad en crisis que está en su origen y, desde esa perspectiva, pueden leerse sus contradicciones así como los altibajos emocionales que se suceden en su relación con los padres,

---

148. Chambers traduce él mismo al inglés los fragmentos que cita del *Diario* y la traducción al español ha respetado esa versión. La cursiva en *formación* es nuestra.

hermana y el amor que descubre en el encierro. Del mismo modo, en sus páginas se encuentra un determinado registro de intereses y expectativas que pueden presuponerse propios de otras adolescentes contemporáneas de Ana. Sin embargo, como ha señalado Aidan Chambers (2006 [2001]) lo que vuelve singular al *Diario* es cómo escribe desde un afuera de sí que le permite "observarse" a sí misma y, desde esa distancia o falta de coincidencia consigo misma (que habilita, también, la "amistad" con Kitty, el nombre que le da a su *Diario*) *hace literatura*. Chambers ve en esta característica del diario "la naturaleza de Ana como escritora de ficción" (Chambers, 2006: 22). El ensayista, a partir de la oposición de Barthes entre texto escribible y texto legible, construye la díada "escritores y autores". Los primeros escriben para un lector (están centrados en él) mientras que los segundos se concentran en el texto. No consideran, durante la escritura, a ningún lector en particular. La tesis de Chambers es que, en el *Diario*, se produce una conversión de Ana de escritora a autora. Esa transformación principia con la construcción del Diario como interlocutor, pero, esa primera escritura convencional, da lugar a una "experiencia de observarse constantemente a sí mismo, como si el 'tú' observador fuera otro invisible, uno que habita el 'tú' que habla y se comporta, otro 'tú' que te persigue y de quien no puedes escapar" (*ídem*: 36). En este punto es cuando comienza la fabulación" (*ídem*: 24). El *Diario* como escritura del yo, da paso, de ese modo, a una *autoficción*.

En *La casa del ángel* (1954) Beatriz Guido se apropia de este lugar de inscripción del sujeto adolescente en su escritura para crear una novela cuya trama narrativa se incluye, a modo de cajas chinas, en las páginas de un diario adolescente. Su protagonista también se llamará Ana.

La novela explota ese borde en el que la fabulación novelesca (a partir de cierto *bovarismo* de la adolescente), la recreación del recuerdo y las pretensiones testimoniales del registro en un cuaderno se confunden sin resolverse. Se inicia con el relato en primera persona de una narradora innominada que describe su presente (adulto) y al que se le presenta "de pronto, despiadado, terrible" (Guido, 2008 [1954]: 20) su pasado adolescente. Es recién en ese momento cuando los lectores se enteran de que están leyendo las páginas de un diario personal: "Estoy escribiendo sobre el día del duelo..." (*ídem*: 21). La escritura del diario busca reconstruir la memoria de todo aquello que precedió al viernes en el que se produce un duelo de armas en su casa y es violada por uno de los duelistas, amigo y correligionario político de su padre. El duelo se convierte en acontecimiento desde el momento en que introduce un antes y un después en su relato de vida o, lo que aquí aparece planteado en términos de semejanza: la escritura de ese relato. Lo significativo es que las anotaciones en su cuaderno acompañan cada uno de los sucesos de su historia y, de este modo, al nombrarlos los crean como tales pero, al mismo tiempo, se cuestiona la lógica trivial de esa sucesión. En una oportunidad el cuaderno es objeto de "relectura" (Ana lee su diario como si leyera una novela –*ídem*: 58 y 60–), en otro momento compara el ejercicio de la memoria con el de la presentación de "un film" ante sus ojos (*ídem*: 47) y, finalmente explica que siempre se ha preguntado "si somos nosotros los que engendramos las situaciones, o son éstas las que nos engendran a nosotros" (*ídem*: 25). De este modo, la escritura del diario de Ana de *La casa del ángel* constituye el espejo perfecto del de Ana Frank: si en el caso de la joven judía, las páginas del diario daban a luz a una escritora (y a un "personaje" que los lectores recuerdan más allá del *Diario*), aquí una criatura de papel duda de su propio destino de ficción al revisar la lógica de los "hechos" representados.

Ahora bien, escribir no es únicamente una práctica privada sino, también, un contenido escolar. Como explica Maite Alvarado:

"(...) los modos de producción del conocimiento están estrechamente vinculados al carácter diferido, distanciado y controlado de la comunicación escrita, que favorece la objetivación del discurso y su manipulación. Por eso, el entrenamiento en la elaboración de textos escritos de cierta complejidad, que demanda procesos de composición, ha sido, desde siempre, tarea de la escuela" (2001: 16).

En este contexto, la escritura –asociada a la lengua disciplinada del conocimiento escolar– aparece situada en el polo opuesto a la escritura personal tal como la percibíamos en el diario íntimo. Este será el conflicto que se pondrá en escena en tres de las novelas de los sesenta que nos interesan: *La traición de Rita Hayworth*, *Cancha Rayada* y *Un dios cotidiano*. La aparición del tema de la "composición escolar" estará asociado en las novelas de Manuel Puig y Germán García a los nuevos significados atribuidos al lugar de la "escritura" en poéticas marcadas por la experimentación formal emprendidas por los autores y resultado de la exploración de nuevos discursos, por parte de Puig, y de las posibilidades que proveía el marco recién estrenado del estructuralismo y el psicoanálisis lacaniano, en el caso de Germán García. En el caso de *Un dios cotidiano*, la escena de la consigna de escritura formará parte del verosímil histórico de la novela ambientada en los años '30, que es cuando se da en nuestro país el punto más alto del debate entre la pedagogía tradicional y la escuela nueva que propiciará "la libre expresión" y, claro está, la construcción del personaje del protagonista, el padre Ferré.

En el capítulo XIII de *La traición de Rita Hayworth* leemos la composición con la que el alumno José L. Casals gana el concurso literario escolar anual del colegio George Washington. Recién entonces (cap. XIII) conocemos el nombre completo de Toto. Otro tanto ocurre con "Leo", el protagonista de *Cancha Rayada,* de Germán García (1970). "Leo" se explica como la forma apocopada de *Leopoldo Fernández*, sin embargo, el nombre abreviado del niño-adolescente tiene mayor presencia en la historia que su nombre completo y, por eso, en ocasiones se recorta como otro sujeto distinto del primero. Para mayor confusión, el personaje se llama igual que su padre, por lo que es imposible distinguirlo de él en más de una ocasión en el registro de las voces del texto. Finalmente, el apócope evoca la primera persona del presente del modo indicativo del verbo "leer" y, por eso, la Polaca, una amiga de Leo, le dice que "(tiene) nombre de libro" (García, 1970: 97). Es decir, estamos frente a nombres propios carentes de referencia unívoca –por lo que introducen el juego de la atribución errática y errónea– pero, también, restringidos, disminuidos, reducidos: el apócope aparece como primer indicio de un crecimiento negativo del personaje que no progresa paradójicamente en el seno de una novela de aprendizaje.[149] Desde el punto de vista de la formación en cuestión propuesta por el género, *La traición ...* y *Cancha rayada* plantean el problema de la búsqueda de la voz propia del adolescente entre las otras voces concurrentes y de la escritura o el hallazgo de un estilo o expresividad en el seno de la generalidad de la lengua. Lo significativo es encontrar, en los dos casos, el tratamiento del problema de la composición escolar. Como adelantábamos, hacia el final de *La traición...*, leemos el texto con el que Toto participa de un concurso literario escolar de tema libre: "La película que más me gustó". Toto elige *El gran vals* (1938) de Julien Duvivier y escribe su propia versión de la biografía hollywoodense de Johann Strauss entre la copia minuciosa y la reinvención del texto original. La "redacción" de Toto excluye, de todos modos, la posibilidad de establecer esta separación entre copia y creación original porque la renarración participa de las condiciones de la novela en la que se incluye. El montaje y la falta de

---

149. La relación nombre propio-escritura también puede verse en el *Diario de Esther* cuando la adolescente reflexiona sobre el nombre de Héctor y repara en el silencio que representa la letra H. En ese mismo momento, se le revela que la escritura de su propio nombre incluye esa letra muda: "Hay en mí algo hoy, también, que no se pronuncia, pero está allí", escribe Esther, pero, además, "Tal vez sea mejor no encontrarle un sonido" (Puig, 2000: 222). La arbitrariedad del nombre propio, y de su escritura, se disuelve en la hipótesis de una motivación. En este caso, la H como huella de la presencia de un secreto.

atribución de las voces, que antes revisábamos, contradice la posibilidad de diferenciar entre original y versión, creación y copia. Del mismo modo, el texto de Toto se escribe a mitad de camino entre las palabras propias y las ajenas o, mejor, en la imposibilidad de distinguir las palabras propias de las ajenas: una experiencia que no solo define a la novela de vanguardia sino a la edad adolescente misma. La conquista de una individualidad a partir de la copia: la impropiedad del estilo. "Sin modelo no sé dibujar, sin modelo mamá sabe dibujar, con modelo dibujo mejor yo" (Puig, 2000: 73), explica Toto en otro lugar. La composición escolar representa, en el conjunto de los textos que se yuxtaponen en el collage de la novela, la apropiación personal por parte del personaje de un dispositivo dos veces público de escritura —por estereotipado (las convenciones retóricas de la "composición" o "redacción") e institucional (el ámbito escolar). Ofrece un espacio para el contraste (y el conflicto) entre la palabra de Toto y la de José L. Casals que busca resolverse en la contradicción que implica la idea del tema *libre* del concurso literario escolar.

En *Cancha rayada*, de Germán García, la relación entre escritura, formación y adolescencia alcanza mayor grado de explicitud que en la novela de Puig en tanto el carácter experimental de la novela de García responde no solo al discurso psicoanalítico de su autor sino a las preocupaciones estéticas acerca del realismo y los medios de la representación propios del grupo de la revista *Literal*. El texto se autodenomina en algunos fragmentos como un "testimonio" que tiene como enunciadores múltiples a distintos nombres propios de personajes o narradores como Leo, Leopoldo (el padre), Elsa (la madre) y también a dispositivos o máquinas. La máquina de escribir, la primera persona, el grabador, el "emisor fuera de texto" (García, 1970: 111) o su "caricaptura" (*ídem*: 267) la "libreta de apuntes" y el cuentero son algunos de los otros responsables del relato junto con los sujetos de la narración. Es decir, el testimonio tiene lugar con indiferencia de su "fuente", de hecho, sujetos y dispositivos conviven o entran en conflicto (de hecho, se "molestan" o interrumpen) más allá de su naturaleza disímil. La equiparación de los sujetos y los lugares o medios de enunciación es otro de los modos en que la novela cuestiona la relación entre lenguaje y subjetividad de la enunciación. Los textos de extensión irregular, de distintos géneros y registros y hasta de diferente condición gráfica (tipográfica, de diseño) se suceden de modo no lineal y a duras penas el lector reconstruye una historia a partir de ciertas recurrencias temáticas o de la referencia a algunos personajes (como en el caso de *La traición...*). La polifonía puesta en escena en la novela de Puig aparece, en el caso de la de Germán García, señalada en forma literal por la atribución explícita a cada uno de los enunciadores, cada vez, aunque esto no exime de la posibilidad de la atribución errónea.

La remitencia a la escritura y al acto de escribir es constante en relación con el testimonio pero, también, en función de la caracterización de cada uno de los personajes. En este sentido, por ejemplo, Leopoldo Fernández padre se revela, después de muerto, a través de los subrayados dejados en los libros de la biblioteca familiar; el tío que cría a Leo cuando queda huérfano no sabe rimar y, por eso, copia poemas de Darío o Bécquer que, después de un tiempo, los cree propios. Elsa (la hermana que se llama igual que su madre) se describe a sí misma como un libro. Después de la muerte de su padre, "Elsa empezó lo que llamó la segunda parte de su vida diciendo soy como un libro en dos partes, cada cual es como puede y no como quiere" (García, 1970: 129). La maestra escribe mal por creer que lo hace bien: "con su redacción que tan mal redactaba, justamente, por saberla tan bien" (*ídem*: 56) y Leo, el niño-adolescente en formación, "quiere escribir una novela porque leyó que Sartre había escrito su primer libro a los cinco años, nadie lo puede convencer de que es una exageración" (García, 1969: 65). Por el momento, solo puede escribir "redacciones" para la escuela: después de estudiar en clase la Historia, se escribe "la redacción correspondiente" (*ídem*: 38): "El niño y su patria", o también escribe *literalmente* su *novela familiar* titulada, al modo escolar: "Redacción: el niño y su familia en su día domingo".

En cuanto a la primera, "El niño y su patria", a diferencia del buen alumno José L. Casals, la maestra, *la Ferrari*, mandó a llamar a Elsa, la madre de Leo. Dijo que la redacción "era fea" (*ídem*: 41) y que lo que había escrito era "una verdadera falta de respeto" (*ibídem*). Su padre se limitó a decir que "los hijos deben expresarse y que las maestras no sabían nada" (*ibídem*). Solo le criticó la sintaxis y las "cacofonías". El problema que se plantea es que Leo fracasa en la escritura de la redacción de un texto sobre una derrota, la de la batalla de Cancha Rayada (también llamada *la sorpresa o el desastre de Cancha Rayada*), lo que no deja de sorprender a Leo en tanto considera que es un logro fracasar en el relato de un fracaso en tanto se defina a la escritura como glosa del mundo. Es decir, Leo no comprende por qué escandaliza fracasar en el relato de un fracaso, ya que, en caso contrario, si hubiera sido exitoso fallarían las correspondencias con el objeto y estaríamos frente a una irrealidad. De todos modos, por más que Leo pone palabras graves, como *empero*, "ya era el desastre, no la derrota frente al enemigo sino la derrota en la historia misma. Se nos fue torciendo el cuadrito de la grandeza" (*ídem*: 38).

En *Cancha Rayada* Leo ensaya su voz a través del testimonio de la serie que componen la "familia de palabras" (*ídem*: 267) de los nombres propios de Leopoldo, Leo, Elsa, Elsita pero, este retrato, como el dibujo del mundo que intenta el hombre del "Epílogo" de Borges a *El Hacedor* (1960), que se transcribe al final de la novela con el título de "Recitado", "traza(rá) la imagen de su cara" (citado por García, 1970: 281). Como en su composición escolar, el éxito de su relato de formación no estará en la correspondencia con el objeto (la consecución de una forma propia) sino en su desvío (su propio rostro en el de los otros). Aquí, nuevamente, un epígrafe que forma parte del mosaico de citas que constituye la novela, ofrece la clave de interpretación. Dice Gombrowicz, al comienzo de la tercera y última parte, "Y no escribirá porque ya es Maduro y consiguió la forma, sino justamente porque es todavía inmaduro y sólo en la humillación, ridiculez y sudor se esfuerza por atraparla..." (Gombrowicz citado por García, 1970: 210).

Otro caso, distinto, de tratamiento de la escritura escolar es el de *Un dios cotidiano*. La construcción del personaje del padre Ferré, como un docente que rompe con las prescripciones de la pedagogía tradicional, lleva a Viñas a narrar una clase de Ferré en la que propone a sus alumnos que escriban con tema libre: "Yo volví hasta el pizarrón y subrayé: *Tema Libre*" (Viñas, 1957: 58). Hasta ahí la escena busca dar cuenta del desafío propuesto por el maestro y las resistencias de los alumnos, *angustiados* por la libertad que se les ofrece. "Pero así es difícil, Padre" (*ídem*: 59) concluyen los alumnos después de solicitar reiteradamente un tema en particular. Ferré acude a la consigna escolanovista dominada por el interés en la observación y la descripción de la realidad "a los que inevitablemente apela por su orientación hacia el mundo sensible y hacia el objeto" (Alvarado, 2001: 21). Así planteado, el cura sugiere:

> "Piensan en una cosa cualquiera –miré hacia las ventanas, después hacia el patio–. En los árboles del patio, en el aljibe, en la campana o en los bebedores y los describen. Nada más que eso. Eligen una cosa que ustedes quieran. O a la que tengan rabia y sobre eso escriben" (Viñas, 1957: 59).

Como veíamos en las enseñanzas de ABC, el maestro de *Muchachos del sur*, de Álvaro Yunque, Ferré se apropia de "la pedagogía del texto libre"[150]

---

150. Esta pedagogía se inicia en la década de 1920 en Francia, con Célestin Freinet y en la Argentina encuentra su mejor exponente en la obra de Luis Iglesias. De acuerdo con Maite Alvarado (2001) la mayoría de los pedagogos que se inscriben en esta corriente son militantes de izquierda (socialistas o comunistas): "La reivindicación del lenguaje, el pensamiento y la experiencia de los niños (...) tiene, en casi todas

que se difunde en América Latina entre las décadas de 1960 y 1970, lo singular es que incorpore a la "rabia" como un medio de conocimiento o descripción de esa realidad; un componente que no estaba previsto en la reivindicación de la experiencia de los niños y adolescentes en situación escolar.

Una verdadera escritura del odio es la que aparece en la carta –anónima– y la injuria (escrita) que son otros géneros discursivos primarios donde el adolescente encuentra un continente apropiado para ensayar su voz. El primer caso es el del capítulo XIV de *La traición de Rita Hayworth;* "Anónimo dirigido al Regente del Internado del Colegio "George Washington", 1947; el segundo, el de las difamaciones de los curas que planea escribir el protagonista de "Último día", el cuento de Miguel Briante. Estas muestras de escritura adolescente ilustran también el lugar de enunciación que reconocíamos en los casos del diario personal, la composición escolar y la escritura de invención. Se trata, como lo define José Amícola (1997) de un "hecho social que sobrepasa el individualismo de la vida privada para abarcar una comunidad" en la medida en que, escudándose en el anonimato, se pretende ejercer, desde el resentimiento o deseo de venganza, "una denuncia o un desenmascaramiento". En los dos casos, por cierto, el anonimato de los textos, es meramente formal porque, en el caso de la carta, todas sus señas reenvían claramente a Cobito Umansky, el compañero de colegio de Toto (el tono, la libertad del insulto, los celos profesados en otros capítulos, la expulsión del colegio que refiere Esther en su Diario). En cuanto a los breves libelos, la autoría la conocemos a través del discurso indirecto libre del personaje, cuando rememora sus años de resentimiento contra *Barril*: "Le había parecido simple vengarse: bastaba tener un lápiz, un trozo de papel. Los curas son unos sinvergüenzas. Los curas nos tienen prisioneros. Los curas nos explotan. Los curas no nos dejan descansar. Frases. Después, los trozos de papel, arrojados por la ventana, hacia la calle" (Briante, 2002: 21).

Para finalizar, después de un recorrido por textos de distinta índole que en principio parecían lejos de las condiciones que definen a las *escrituras del* yo, queremos volver al comienzo: al *chiste idiota de Rilke,* porque las *Cartas a un joven poeta* aparecen, también, en *La caída,* la novela de Beatriz Guido de 1956. Su presencia resume de algún modo la polémica que se entabla para este momento histórico entre escritura y vida y que encuentra un cauce privilegiado para su representación a una edad con

---

las propuestas, un sentido político además de pedagógico: darles la palabra significa la oportunidad de expresarse, de hacerse oír, de hacerse entender y valorar su propia realidad y su cultura" (Alvarado, 2001: 32).

cuyo "inacabamiento" (Kristeva, 1993: 133) la literatura está en deuda. Sostiene Julia Kristeva que,

> "La escritura, en el sentido de elaboración de un estilo, se emparenta al combate con la esquizofrenia o con la depresión. Sin confundirse con ella, el género novelesco le debe mucho, en sus personajes y en la lógica de sus acciones, a una economía 'adolescente' de la escritura. Desde esta óptica, la novela sería la obra de un sujeto adolescente perpetuo. Testigo permanente de nuestra adolescencia, nos permite recobrar este estado de inacabamiento, tan depresivo como jubiloso, al que debemos una parte del placer llamado estético" (*ibídem*).

Elaboración de un estilo, imaginación novelesca, adolescencia y aprendizaje encuentran su tematización más acabada en *La caída*, de Beatriz Guido (1956). Albertina, la protagonista, es una adolescente de dieciocho años, oriunda del interior de la provincia de Buenos Aires, de San Nicolás, que llega a la ciudad capital para estudiar Letras en la Universidad Nacional de Buenos Aires. En este aspecto se diferencia de los otros personajes que hemos considerado en tanto ha terminado sus estudios secundarios y se inicia en la vida de un estudiante de la educación superior. Sin embargo, la novela está construida claramente como una novela de aprendizaje que mostrará a Albertina en el umbral de la vida adulta; allí donde la ley del ámbito familiar (su vida en San Nicolás, sus lecturas, la moral de sus tías) se desploma frente a una realidad que escapa a su comprensión.

La estructura circular de la trama –la historia comienza con la frase con la que culmina– diluye el realismo que caracteriza al relato de la historia en los vapores de la ilusión novelesca que se abre en las últimas líneas que inician la novela que la protagonista escribe sentada en un tren de regreso a su ciudad de origen. La crítica insiste en señalar que *La caída* es la única novela autobiográfica de Guido y en el texto abundan las referencias cartográficas a la ciudad de Buenos Aires, a la Facultad de Filosofía y Letras, sus bares y sus costumbres. Sin embargo, la pregunta repetida "¿vos escribís?" que los personajes se dirigen unos a otros prácticamente como tarjeta de presentación, aunque naturalizada en el contexto de estudiantes de Letras o de niños lectores, introduce una extrañeza en la supuesta ingenuidad del realismo en curso que, además, se revela como clave para leer la novela en las puertas de los debates en torno a la escritura y la vida en los años sesenta.

Renata Rocco-Cuzzi e Isabel Stratta, en el prólogo a la edición del Centro Editor de América Latina de 1981, plantean que "Escribir lo que se ha visto y lo que se ha vivido: el gesto final de Albertina puede leerse como la explicitación de una concepción realista del narrar, la misma que sostiene la escritura de Beatriz Guido a lo largo de toda su producción" (Rocco-Cuzzi y Stratta, 1981: VI) Si bien puede reconocerse una voluntad realista en la obra de Guido que se profundizará en la obra posterior a *La caída* con un desarrollo de la novela histórica, en esta novela no parece que ese realismo proceda de la experiencia sensible "de lo que se ha visto y lo que se ha vivido". La conclusión solo parece atribuible a un deslizamiento biográfico del juicio crítico porque, por el contrario, la ficción juega con la indecibilidad del borde de esa experiencia y es lo que le permite la subjetividad adolescente.[151]

La chica tiene nombre de personaje literario. Su padre la llamó "Albertina" por la protagonista de *En busca del tiempo perdido* de Proust, novela de aprendizaje, que narra la iniciación a la escritura. En el primer encuentro con Delfina, la estudiante-actriz, después de las consabidas preguntas sobre la edad, la vida amorosa y los motivos para estudiar Letras, le pregunta a Albertina: "¿No escribís?" (Guido, 1981: 52) y ella contesta que eligió Letras porque le gusta leer pero, que no escribe (en todas las ocasiones niega escribir) solo agrega: "A veces imagino cosas, situaciones", replica Delfina "Seguramente también las vivís..." y el diálogo queda interrumpido. La escritura para Albertina –dos veces personaje literario: copia de la copia– no implica la experiencia vital pero, tampoco, el ejercicio de escribir. La escritura es el nombre, aquí, del *deseo de escribir* (Barthes, 2005) o de la actividad imaginaria que produce la ficción de la novela y de la vida propia:

> "[la producción de una ficción novelesca] Puede permitir también una verdadera inscripción de los contenidos inconscientes en el lenguaje y procurar al adolescente la sensación de utilizar, por fin y por primera vez en su vida, un discurso vivo, no vacío, no 'como si'. Más real que la fantasía, la ficción produce una nueva identidad viva" (Kristeva, 1993: 130).

Más tarde, la escena se repite con Gustavo, o el tío "Lucas Foster", el escritor viajante de la editorial Sopena, de las revistas *Leoplán* y *Misterix*, "—¿Usted no escribe?", pregunta, y la respuesta repite la estructura de la anterior: antepone la lectura a la escritura y *confunde* la producción de una ficción literaria con "cosas, recuerdos, reminiscencias" (Guido, 1981: 121). Gustavo le dice que "con el tiempo" seguramente escribirá sobre su

---

151. *Personas en la sala*, de Norah Lange, publicada en 1950, se escribe desde la misma ambigüedad de los límites de la experiencia sensible y la imaginación novelesca, narrada, como la novela de Guido, desde la perspectiva de Marta, una adolescente atenta a tres mujeres, sus vecinas de enfrente a las que espía desde la clausura de una sala.

residencia en la casa de los Cibils pero ella responde que "Sería un relato muy triste; los quiero demasiado...; son casi yo misma, mi conciencia quizá; he sido su cómplice, no lo olvide" (*ídem*: 122). El personaje alude a la complicidad en el asesinato de la madre de los chicos, sin embargo, en la misma frase en la que identifica a los Cibils con ella misma, esa cooperación parece propia de una *escritura en colaboración*.

Escribir –en el sentido de una práctica literaria– y vivir –en el sentido de un compromiso con la realidad– es un debate que atañe no solo a la protagonista. La elección por uno u otro término del conflicto se recrea en la discusión entre los personajes de Pablo Alcobendas y José María Indarregui que tiene lugar en el Capítulo XII y que solo "explica" su inclusión en la economía de la novela a título de esta polémica. Lo que separa a los amigos de la infancia, ahora que han crecido, es que Alcobendas ha elegido escribir (poesía) e Indarregui la política, que, en sus palabras, aparece como sustituta de la vida. Indarregui no ha leído ninguno de los poemas del amigo porque "(en esa época) La palabra es tan ineficaz como el testimonio de los dioses del pasado.[152] La acción, viejo, y los hechos. Eso, sí" (*ídem*: 58). En el medio de la discusión, otra vez Rilke. Indarregui descubre que Pablo lee *Cartas a un joven poeta* al hallar el libro sobre su escritorio.

2. Una escena secreta

En su estudio acerca de los *modos de hacer* lo cotidiano, Michel De Certeau ha definido a la lectura como una "cacería furtiva" (2000 [1990]: 178). De acuerdo con el antropólogo:

"Experiencia inicial, incluso iniciática: leer es estar en otra parte, allí donde *ellos* no están, en otro mundo, es constituir una escena secreta, lugar donde se entra y se sale a voluntad; es crear rincones de sombra y de noche en una existencia sometida a la transparencia tecnocrática

---

152. La relación política-escritura de ficción aparece, también, aunque en otros términos, en el personaje de Jacinto Tolosa en "Fotos" de Rodolfo Walsh. En el examen final de la escuela secundaria, cuando anuncia a su profesor que va a estudiar abogacía, el docente le recomienda que "No olvide las musas" porque "Nuestros grandes políticos llevaban un tintero en el chaleco" (Walsh, 2001: 26). Apenas unas líneas más adelante nos enteramos que la hermana ha hecho publicar en el diario *La Tribuna* unos versos que Tolosa le había enviado. El poema aparece publicado con sus iniciales pero todo el pueblo sabe que él es el autor. Un poema es, paradójicamente, la primera palabra *pública* del futuro político.

y a esta implacable luz que, en Genet, materializa el infierno de la enajenación social" (*ídem*: 186).

Esta "experiencia inicial" de la lectura encuentra en la adolescencia un tiempo privilegiado en la medida en que la iniciación, como hemos visto, es la vivencia primordial de estos años de aprendizaje. Por lo mismo, interesa, en principio, la iniciación a la lectura (cómo llega el adolescente a convertirse en lector) pero, además, *la iniciación por la lectura,* es decir, adónde llevan esas lecturas, quiénes habitan esos otros mundos, de qué o de quiénes toman distancia los adolescentes que leen. Por último, el carácter "furtivo", que señala De Certeau, implica una forma de clandestinidad que parece especialmente productiva para pensar el modo en que los recién llegados a la cultura se apropian de las señas de identidad de sus mayores.

En lo que respecta al primer aspecto, a la escena de iniciación a la lectura, si observamos las dos grandes líneas que hemos trazado en la representación del adolescente por la literatura argentina de aprendizaje, advertimos que la iniciación a la lectura aparece en la definición de dos de los personajes más importantes: el adolescente romántico, Miguel Cané, en *Juvenilia* y la adolescencia picaresca de Silvio Astier, en *El juguete rabioso*. En ambos casos, esa iniciación está asociada a las lecturas populares –la lectura de folletines– y al hambre, aunque ambas cosas signifiquen, en cada historia, ideas manifiestamente diferentes.

La lectura, desde Santa Teresa de Jesús, se ha pensado como "alimento del espíritu": la frase evocada es "el alimento espiritual de la lectura es tan necesario para el alma como el alimento material para el cuerpo", sin embargo, en *Juvenilia* y en *El juguete rabioso*, está asociada, literalmente, a la comida.

El discurso hiperbólico de Miguel Cané-narrador-personaje construye una imagen de iniciación en la lectura con evocaciones *proustianas* según la cual la lectura de folletines no va a ser una elección sino un destino. En el capítulo III y, después de haber descrito la comida del Colegio como uno de los tantos índices de la "desolación" de su alma los primeros días de pupilo, narra su encuentro con la lectura como "recurso" contra el "menú mencionado":

"La reacción vino de un recurso inesperado. Una noche que nos llamaban a la clase de estudio, se me ocurrió abrir uno de los cajones de mi cómoda para tomar algunas galletitas con que combatir las consecuencias del menú mencionado. Maquinalmente tomé un libro que allí había y me fui con él. Una vez en clase, y cuando el silencio se restableció, me puse a leerlo. Era una traducción española de *Los tres mosqueteros*, de Dumas. Decir la impresión causada en mi espíritu por aquel mundo de aventuras, amores, estocadas, amistades sagradas, brillo y juventud, mundo desconocido para mí (...) Toda esa noche, con un cabo de vela, encendido a hurtadillas, me la pasé leyendo. Al día siguiente no fui a los recreos, no salí de mi cuarto, y cuando al caer la tarde concluí el libro, sólo me alentaba la esperanza de continuación (...)" (Cané, 1996: 63-64).

De acuerdo con la cita, la lectura es, en principio, "recurso" y, luego, una "impresión" que se forja en el espíritu. Esto es, hay un paso en el encuentro con la página impresa que va de una exterioridad a una interioridad; de una disponibilidad a una necesidad. Lo que hace "duradera" la práctica de la lectura es esa "voracidad" que confunde las instancias de la práctica con la de un alimento. Más adelante en la novela, en el capítulo XXIII, cuando se anuncien las clases de Literatura del profesor Gigena, dirá que estas novelas habían "preparado el espíritu para esa tarea" y por eso él y sus condiscípulos "(tenían) hambre de lanzar (se) en esa vía del arte" (*ídem*: 128).

Hay, de todos modos, en la celebración del folletín y de Dumas, en particular, la emergencia de un prejuicio. En el texto se plantea una asociación implícita entre adolescencia y literatura popular en oposición a otra literatura "culta" que es la de las clases de Literatura y la de las lecturas maduras que llegarán con los años. De algún modo, digamos que Cané se adelanta a la posibilidad de una crítica o desvalorización de su capital cultural en la particular temporalidad del relato que escribe *Juvenilia*: un pasado siempre actualizado desde el presente. Es por eso que, a pesar de haber consignado enfáticamente más de veinte títulos que constituyeron sus lecturas de adolescencia, sostiene que:

"Las novelas, durante toda mi permanencia en el Colegio fueron mi salvación contra el fastidio, pero al mismo tiempo me hicieron un flaco servicio como estudiante. Todo libro que no fuera romance, me era insoportable, y tenía que hacer doble esfuerzo para fijar en él mi atención" (*ídem*: 67).

Puede leerse entonces, una dualidad en la valoración de lo que estas primeras lecturas conllevan, porque al mismo tiempo que "preparan" la recepción de *otras literaturas*, la dificultan. No obstante, esta ambigüedad parece remitir menos a una ponderación de las lecturas de iniciación que a una exigencia de la novela como texto autobiográfico: las lecturas evolucionarían junto con el lector. Este carácter del juicio se advierte con claridad si se confronta con la siguiente cita de una de sus *Charlas literarias*:

"Los hombres de nuestro tiempo cuando llegamos a la edad del raciocinio, tenemos una gran tarea por delante. El conocimiento de la literatura clásica de todos los países en sus lineamientos principales, es una obligación intelectual ineludible" (citado por Rosetti, Aguilera y Gallo, 1996: 15).

La lectura de folletines es una lectura "furtiva" no solo porque elude los grandes títulos y los grandes nombres de la historia literaria escolar sino porque se lee "a hurtadillas". El robo, en la historia, es más que una metáfora porque de hecho Cané roba velas de un funeral para proveerse de luz para leer en la noche. Las "trasnochadas de lectura" (Cané, 1996: 66) son el espacio adecuado a la marginalidad de las lecturas de iniciación.

Treinta años más tarde, aproximadamente, otro adolescente "literario" también se iniciará en la lectura de la mano del folletín: Silvio Astier, el protagonista de *El juguete rabioso* de Roberto Arlt: "Cuando tenía catorce años me inició en los deleites y afanes de la literatura bandoleresca un viejo zapatero andaluz que tenía su comercio de remendón junto a una ferretería" (Arlt, 1991: 7), cuenta Astier. Aquí la marginalidad está, paradójicamente, en el centro de la historia. No solo se trata de literatura popular sino de una circulación caracterizada por la indigencia. El "iniciador" es un zapatero; Astier descubre estas lecturas "al salir de la escuela" (*ibídem*) y, como no tiene dinero para comprar libros, los alquila por cinco centavos o bien los roba. Si las lecturas de Cané eran "edificantes", en el sentido de que eran la antesala –si bien controvertida– de las lecturas "mayores", en *El juguete rabioso* la lectura forma un ladrón: "Entonces yo soñaba con ser bandido y estrangular corregidores libidinosos; enderezaría entuertos, protegería a las viudas y me amarían singulares doncellas" (*ídem*: 8). Estas lecturas de iniciación no le aseguran a Astier la entrada en la cultura –como en el caso del protagonista de *Juvenilia*– sino que lo ratifican en el margen. La noche que Astier y los otros miembros del "Club de los Caballeros de la Media Noche" saquean la biblioteca de la escuela, entran por la terraza. El relato presenta primero la leyenda del cartel lustroso que dice "Biblioteca" y a continuación la historia del ingreso de la terraza a un cuartito y de allí al depósito de libros. En el robo, el delito y la estrategia se permean. Las de Astier no son lecturas robadas a la noche o al estudio (como las del joven Cané) sino a la biblioteca.[153]

---

[153]. Los ladrones adolescentes de libros son el personaje lector privilegiado de los cuentos de Yunque, especialmente en los cuentos de *Adolescentes* (1973). Januario, uno de cinco jóvenes que se acaban de recibir de bachilleres en el primero de los cuentos del libro, se presenta a sí mismo como hijo de albañil y de madre anal-

La avidez con la que "devora" (*ibídem*) la literatura por entregas contrasta con el hambre real y la vulnerabilidad de su alma "desnuda". Sus intentos fallidos de conseguir trabajo y la desesperanza de la pobreza le hacen decir:

"Ya no tengo ni encuentro palabras con qué pedir misericordia. Baldía y fea como una rodilla desnuda es mi alma. Busco un poema que no encuentro, el poema de un cuerpo a quien la desesperación pobló súbitamente en su carne, de mil bocas grandiosas, de dos mil labios gritadores" (*ídem*: 63).

Hay, en Silvio Astier, una voracidad que es inversamente proporcional a sus carencias y las lecturas –prestadas, robadas, alquiladas– son la única medida de esta necesidad. Contra lo esperable, en la aventura folletinesca están los saberes a los que recurre para comprender el mundo y su situación y, en los libros técnicos, la materia de sus sueños. Acaso sea la mayor de las ironías de la novela, los libros "útiles" no le sirven para nada y en la literatura están las pocas palabras "con qué pedir misericordia", como decía la cita. Como Don Quijote, Astier "lee el mundo para demostrar los libros" (Foucault, 2002: 54). La lectura literaria lo lleva al robo y es la memoria de sus héroes favoritos del folletín la que, en la entrevista en la Escuela Militar de Aviación, le da los recursos necesarios para exponer sus inventos:

"Y en aquel instante, antes de hablar, pensé en los héroes de mis lecturas predilectas y la catadura de Rocambole, del Rocambole con gorra de visera de hule y sonrisa canalla en la boca torcida, pasó por mis ojos incitándome al desparpajo y a la actitud heroica" (Arlt, 1991: 77).

Por el contrario, la teoría del campo magnético giratorio, la *Electrotécnica,* los veintiocho tomos de la Enciclopedia que pretende robarse de

---

fabeta. Ahora, que ha terminado la secundaria, estudiará Letras porque "siempre me dio por la lectura". Y agrega a continuación: "He leído siempre y siempre sin comprar libros (...) Prestados o robados, yo siempre tuve libros" (Yunque, 1973: 11). Genaro, un joven "rico" del mismo grupo resume las presentaciones de sus pares de la siguiente manera: "Todos ladrones de libros. Yo, no. Yo nunca he robado libro. ¿Pero tiene algún mérito el que yo nunca haya robado libros? ¡Si nunca he necesitado robar!" (*ídem*: 20). La lectura y los libros aparecen como una verdadera "necesidad" y forman parte de una verdadera "economía" literaria que se reconoce explícitamente deudora de la literatura de Arlt. Juvenal Morente, el maestro "Había una vez" de *Muchachos del Sur*, que los incita a fundar una biblioteca para el grupo, es andaluz (como el zapatero de Astier) y en *La barra de los siete ombúes* (1959), el Bocha, uno de los muchachos de la barra, vende sus libros en una librería de usados para pagar las extorsiones del hermano de su novia (como "El hermanito coimero", uno de los personajes de las *Aguafuertes porteñas,* de Arlt).

la biblioteca escolar y la colección de revistas científicas "Alrededor del mundo", que sella su amistad con Enrique Irzubeta, son el sustrato de su formación como inventor. Una ironía acerca de las relaciones entre la realidad y la ficción y acerca de lo que la lectura enseña.

En la escena de lectura de los personajes de la narrativa de aprendizaje adolescente de los años sesenta en la Argentina, la práctica ya forma parte del *habitus* (Bourdieu, 1972) de los personajes. Los personajes *no se vuelven lectores* sino que resignifican sus lecturas como parte de otras iniciaciones. Es en este sentido que hablamos de una iniciación *por* la lectura. Como anunciaban las palabras de De Certeau, la lectura está en el umbral de otros mundos (muchos de los cuales, cabe aclarar, caben en "éste" pero a la sombra). Indudablemente, de este modo la lectura funciona como modelo de toda iniciación y, así planteado, no es privativa de la edad adolescente. Sin embargo, en la adolescencia, estos inicios adquieren otro valor por tratarse de un período de aprendizaje y porque, generalmente, estas lecturas constituyen un desvío en relación con los saberes legitimados por el mundo adulto a través de las lecciones de los padres y profesores y por medio de los libros *adecuados*.

Del *otro lado* de la lectura, esperan territorios prohibidos (el cuerpo, la sexualidad), geografías desconocidas del mundo (la injusticia, la vida de los otros, ideas revolucionarias) y paraísos artificiales que dan forma a la experiencia a través de la ficción (la ficción del cine, de la ilustración, de la ensoñación). Todos estos lugares, lejos de la custodia de los adultos, se ofrecen al adolescente como verdaderas tentaciones para su curiosidad.

> "En otro mueble, como biblioteca, había libros, no muchos, en español y en francés. El armario ése lo único de mis padres que yo poseo y un escapulario que hace años me dio mi madre. Lo llevo siempre conmigo, y con él han de enterrarme. Reclamará ulteriormente uno de estos dos muebles su página; porque si en el uno estaban las fábulas de Iriarte, las de La Fontaine, las de Florián y las poesía del padre Iglesias; en el otro, arriba, en sitio vedado, inaccesible por otra parte cuando yo era chico, hice un día, ya grandecito, curioseando, cierto descubrimiento".

Cierto descubrimiento es la referencia innominada pero *canónica* a la información sexual que viene a completar o corregir los saberes intuitivos o fabulosos de la infancia y pubertad. Decíamos que hay un determinado convencionalismo en la nominación del conocimiento revelado porque, en general, aparece nombrado a través de pronombres "eso", "lo" o proformas, como la palabra "cosa". Este tipo de enunciación remite a un código discursivo epocal (el universo representado por estas narrativas de los sesenta recorre un espectro que va de los años veinte hasta la contemporaneidad de la escritura y, por ese entonces, la sexualidad no formaba parte de la conversación familiar o de las cosas dichas de la comunicación pública) [154] pero, también, al medio decir propio de un conocimiento oculto en el momento de su revelación. Los saberes infantiles acerca de la sexualidad están cifrados por los velos de la desinformación, las malversaciones de las conversaciones entre pares y las propias represiones, que tejen fantasmagorías como sustituto de una realidad incómoda. En consecuencia, la lengua tartamudea en hallar las palabras adecuadas para nombrar una realidad difícil y el temor de ser considerado "inocente" (como en el caso de Ana, de *La casa del ángel*) o "una chiquilina" (como la Wanda de "Siestas" el cuento de Julio Cortázar de Último Round) por no disponer de la información "completa". Por todo esto, las lecturas *furtivas* han constituido la iniciación sexual de generaciones de adolescentes por años.

Octavio Paz, a propósito del lugar que ocupaban las lecturas robadas a la biblioteca de su abuelo, en la infancia de Sor Juana Inés de la Cruz, afirma:

"La lectura reemplaza al autoerotismo: la confusión entre sujeto y objeto revive, transmutada, en la pasividad de la lectura. En ella el sujeto puede al fin extenderse y mecerse como un objeto; en la lectura, el sujeto alternativamente se contempla y se olvida de sí, se mira y es mirado por lo que lee" (Paz, 1999 [1982]: 118).

En la asociación planteada por la cita de Octavio Paz las experiencias del autoerotismo y de la lectura tendrían en común una forma de reconocimiento de sí en una imagen que, aunque objetivada, no es otra que la propia. Este juego especular es el que Julio Cortázar desarrolla en el cuento "Siestas" (1969). En la historia, dos amigas, Wanda y Teresita, se inician en la sexualidad a partir de un álbum de imágenes tomado sin permiso de la biblioteca del padre de la segunda durante la hora de la siesta. El cuento se desarrolla en el interregno que media entre la realidad de las reproducciones de arte (pinturas del artista belga Paul Delvaux a quien se alude indirectamente[155]), las imágenes de una pesadilla persecutoria de Wanda y

---

154. Hemos tratado este aspecto en el capítulo correspondiente a los nuevos saberes acerca de la adolescencia (I^ra Parte, cap. II. 2. 2. 2) y profundizaremos su tratamiento en el próximo, "Revelación de un mundo".
155. El texto introduce, como parte del discurso, el título de una de las obras "El canapé azul" (1967) y refiere al cuadro "Las damiselas de Tongres" (1962) a partir de la descripción de las escenas de las mujeres desnudas. Las imágenes oníricas de un hombre vestido que persigue a una joven desnuda y la figura de un joven varón con

los sucesos de la trama. Los desnudos femeninos de las obras de Delvaux, sus ambientes oníricos y desdibujados, algunas escenas (la chica en la estación de trenes, el hombre desnudo de caderas femeninas, el hombre que sigue a la mujer desnuda en su tránsito por la calle) coinciden con las situaciones y personajes que traman los sueños perturbadores de Wanda y las lecturas y juegos masturbatorios a la hora de la siesta de las dos amigas. A partir de las láminas, las adolescentes conocen los genitales masculinos en el cuerpo desnudo de Orfeo; conversan sobre el desarrollo de sus cuerpos púberes (el crecimiento de los senos y del vello púbico) y, desnudas por el calor de la tarde, "aprenden" a masturbarse. La angustia que la lectura en casa de Teresita causa en Wanda explica el sueño persecutorio de la chica que, en el desenlace, parece (en la confusión de los planos de las imágenes, la angustia, el sueño y la vigilia de la trama) transformarse en realidad, cuando es sorprendida por un hombre que la viola en la soledad de un callejón.

El cuento de Cortázar explora las posibilidades ficcionales de la *mentalidad morbosa* (Sontag, 2005) adolescente a partir de una historia tejida por las fantasías eróticas que dispara la imagen pictórica. La censura del discurso adulto incita el deseo de ver para saber y la imagen satisface y alimenta el interés aplazado. Más allá de la alta dignidad de la pintura surrealista, es la misma compulsión la que incluye la circulación de las revistas y novelas pornográficas como material de lectura propio de la edad, especialmente entre los varones. Estas revistas constituían la primera *lección de anatomía*[156] que, completaba más tarde los servicios de una prostituta. Esta "secuencia" del aprendizaje se puede leer en *Nanina* de Germán García en la que, como hemos visto, la lectura está en el centro de la formación del protagonista.[157] El ingreso de Leopoldo al mundo del trabajo (en el taller en el que ya trabajaba su padre) al finalizar la escuela primaria, representa uno de los hitos de la iniciación al mundo adulto. La nueva vida que lo espera más

---

un cuerpo de formas femeninas corresponden al óleo sobre tela "El alba sobre la ciudad" (1940). La única referencia exacta suministrada por el texto es al nombre de la obra "Orphé" (1956), aunque no incluye el nombre del artista.

156. Christian Ferrer propone una interesante tesis acerca del nacimiento del "cuerpo pornográfico" en esta década como "un efecto lateral, no querido y no pensado, de las luchas por la emancipación social de la mujer del último medio siglo" (Ferrer, 2007: 104) porque "la escena pornográfica es el último refugio que le resta al hombre donde manipular hembras a gusto y placer" (*idem*). Ferrer sostiene que el cuerpo pornográfico es una "cría de la época" asociado al "reclamo juvenil del derecho al placer" (cfr. Ferrer, 2007).

157. La lectura de revistas pornográficas también puede verse en "La señorita Cora", de Julio Cortázar, *La traición de Rita Hayworth,* de Manuel Puig y *La casa del ángel,* de Beatriz Guido.

allá del universo escolar incluye la transmisión de los saberes sobre el sexo. Bojick, un compañero de tareas, es el que oficia de iniciador. "Vos sos un pajero", le dice un día y a partir de ese momento se empeña en instruirlo en la "mecánica" del sexo activo. En primer lugar, le entrega un libro de "poses" que lee en el baño del taller hasta ser sorprendido por el encargado. El "segundo libro de la enseñanza" (García, 1968: 116) es *Memorias de una princesa rusa*. Después de la lectura de la novela decirle dar *un golpe* a su vida "y dejando de lado a un amorcito de esquina, diciendo chau, con una mirada de hombre que se hunde, me lancé tras una vieja que, según decían, se dedicaba a los chicos" (*ibídem*).

La imagen de los libros ilustrados y la fotografía pornográfica no son, sin embargo, los únicos soportes de esta particular introducción al sexo a través de la lectura. Sabemos que la iniciación sexual de la mano de los libros prohibidos (o libros para adultos), es un lugar común de las biografías públicas[158] pero, probablemente, lo novedoso de esta iniciación, en la narrativa que nos ocupa, es el papel que pasa a ocupar el cine como relevo o complemento de la ficción literaria. Los filmes tienen tanta importancia para los personajes comprometidos en estos descubrimientos, como los libros. En particular, es el caso de Toto, en *La traición de Rita Hayworth*, de Puig y de Ana, en *La casa del ángel*, de Guido. En las dos novelas, a pesar de mediar entre ellas una década, las películas se conforman como fuentes privilegiadas de erotismo.[159] El cine proporciona el ámbito privi-

---

158. La antropóloga de la lectura, Michèle Petit, una adolescente en los años sesenta (nació en 1946), se refiere a su iniciación sexual a través de los libros en su autobiografía lectora *Una infancia en el país de los libros* (Petit, 2008) y describe la experiencia de este descubrimiento en términos de una exploración "a diestra y siniestra" (Petit, 2008: 66) cuya atracción incluía tanto la repulsión como la fascinación. Esta ambigüedad estaba abonada por la enorme "carencia de palabras" que sufrían los adolescentes de entonces para nombrar aquello que les era recién conocido. Reflexiona Petit: "Hoy en día es imposible imaginar hasta qué grado los adolescentes estaban entonces desprovistos de palabras, de imágenes en el ámbito del erotismo y del sentimiento amoroso. Recuerdo que examinábamos la desnudez de algunas estatuas que se reproducían en los manuales de literatura de Lagarde y Michad o en los libros de historia, y que por todos los pupitres circulaba un texto mal escrito a máquina en el que se relataba con fuertes obscenidades la noche de bodas de Madame de Sévigné" (Petit, 2008: 68).

159. En los dos casos, el de Puig y el de Guido, esta referencia al cine no es casual si consideramos el papel que este tuvo en las biografías de los autores, sus trabajos como guionistas y las versiones cinematográficas de sus obras. En el caso de Guido (por su relación con Leopoldo Torres Nilsson) las versiones fílmicas son prácticamente contemporáneas a la publicación de las novelas y cuentos. Es el caso de los filmes *La caída* (1958), *Fin de fiesta* (1960), *La mano en la trampa* (1961),

legiado para la fascinación por la imagen (que Ana califica como un "acto impuro" –Guido, 2008: 22–) y se ofrece, de esa manera, como un espacio vicario para el amor sublimado en la devoción por las estrellas de cine y la atracción por los besos que realizan, en la pantalla, el deseo no consumado en la realidad.

Esta presencia del cine y los sentidos asociados a él, en el relato de formación de los personajes, parece obedecer, en primer lugar, al universo representado en las dos novelas que es el de la década del '40, durante el ascenso del cine de Hollywood y la consolidación del *star-system*. En segundo lugar, podría pensarse que la atracción causada por las imágenes en ambos personajes está en relación con su deseo de no crecer[160] o, para ser más exactos, en la denegación de su cuerpo adolescente en la transición que representa la pubertad. Las imágenes cinematográficas se ofrecen como "otros cuerpos" (sustitutos: *imagos o* representaciones) en los que *encarnar* el deseo, obliterado en la percepción sensible de la vida real. Este carácter metafórico es el que asumen, también, otras imágenes: las de los cartones pintados con los que juega Toto o las estatuas desnudas en el jardín de la casa de Ana o el friso del techo de su cuarto, estampado con ninfas semi-desnudas raptadas por guerreros árabes.

Al formar parte de un relato de formación, estas escenas de lectura refieren, de algún modo, a sus efectos: a lo que se aprende a través de la lectura. Jorge Larrosa sostiene que:

"(...) la metaforización central de la lectura desde el punto de vista médico es la del fármaco en el doble sentido de droga y medicina, de veneno y antídoto. Utilizada por curas, pedagogos y por todos aquéllos

---

Piel de verano (1961), *Homenaje a la hora de la siesta* (1962), *La terraza* (1963), *El ojo de la cerradura* (1964), *Piedra libre* (1976). Como guionista participó de la elaboración de los guiones de *Martín Fierro* (1967), *Los traidores de San Ángel* (1967), *La chica del lunes* (1967), *El santo de la espada* (1969), *La maffia* (1971), *La tierra en armas* (1971), y *Los siete locos* (1973). Para el director Fernando Ayala, redactó el guion de *Paula cautiva* (1963), sobre un relato suyo llamado *La representación* y, para Nicolás Sarquis, el de *El hombre del subsuelo* (1981), a partir de un texto de Dostoievski. En 1956, estudió en el Centro Sperimentale di Cinematografia.

En cuanto a Manuel Puig, en 1960, en Buenos Aires, elaboró el guion de *La tajada* y trabajó en dos coproducciones como asistente de diálogos: *Casi al fin del mundo* y *Una americana en Buenos Aires*. Entre 1961 y 1962 trabajó como asistente de dirección en Buenos Aires y Roma. Buena parte de sus novelas fueron llevadas al cine: *Boquitas pintadas (1982), El beso de la mujer araña (1985), Pubis Angelical (1982)*. Fue guionista del primero de estos filmes cinematográficos.

160. Dice Ana: "Yo trataba en todo lo posible de no crecer" (Guido, 2008: 74).

que poseen la pretensión de constituir y tutelar el alma de los demás, la consideración de un fármaco poderoso, bueno en algunos casos y potencialmente peligroso en otros" (Larrosa, 2003: 195).

Por eso, en el repertorio de situaciones de lectura que atraviesan los espacios privado y público; las distintas horas del día y listas de libros de diferentes temas y autores, no podían faltar las lecturas escolares. En estas escenas, está en juego el control institucional del sentido por el que el acto de leer pierde su polisemia constreñido por las exigencias del conocimiento escolar o los imperativos de formación que están por fuera de lo que la literatura enseña. Este modo de leer es el que está presente en la lectura de los clásicos en el examen de Jacinto Tolosa ("Fotos", de Walsh) o en las promesas de redención en la lectura de Chejov por Vañka, en el cuento homónimo de Daniel Moyano. La principal escena, sin embargo, es la que tiene lugar en *Un dios cotidiano,* de David Viñas. Así como veíamos que el problema didáctico de la composición escolar se convertía en tema en la novela de Viñas, lo mismo ocurre con el problema de la lectura a partir de los dilemas morales y pedagógicos del padre Ferré.

En las escuelas religiosas y, particularmente, en sus internados, leer era la actividad privilegiada de acceso a las enseñanzas de los padres de la Iglesia pero, también, la lectura en voz alta acompañaba las comidas de los pupilos y sus docentes desde un púlpito instalado en el comedor.[161] En la novela, el padre Ferré se enfrenta a la tarea de leer a Hugo Wast (Gustavo Martínez Zuviría) cuya obra estaba en el centro del canon de la iglesia católica desde los años treinta[162] y busca, entonces, alternativas que ofrezcan a los alumnos opciones a "un mundo de almanaque, plagado de mujeres con las mejillas redondas y coloradas, que flotaban entre timideces y frases dignas" (Viñas, 1957: 161). En las elecciones de la lista alternativa, *el profesor Viñas* se confunde claramente con el personaje del profesor Ferré (por ejemplo, cuando contempla la posibilidad de leer *Una excursión a los indios ranqueles,* de Mansilla o *Facundo,* de Sarmiento) pero priman (como en las lecturas del estudiante Cané y del aprendiz de bandolero, Astier) los relatos de aventuras del siglo XIX. Ferré ve en Julio Verne, Emilio Salgari,

---

161. Encontramos aquí, nuevamente, la asociación entre el alimento del espíritu (lectura) y los alimentos del cuerpo (las comidas).
162. Un dato para considerar la enorme recepción de la obra de Wast para los años sesenta es que *Piel de durazno* (1911), la novela más exitosa del autor y que se lee en el comedor de la novela de Viñas, había alcanzado en 1963 treinta y cuatro ediciones con un total de doscientos cuatro mil ejemplares (cfr. Gramuglio, 2002: 465). Hugo Wast muere en 1962.

Thomas Mayne Reid y hasta en James Fenimore Cooper, historias en donde "pasaban cosas" y "no se daban opiniones" (*ídem*: 164) y, por lo tanto, algo "que les dejara algo" pero sin que "hablara como un chico baboso" (*ibídem*).

La lectura en voz alta en el colegio religioso evoca la importancia de las condiciones en las que tienen lugar estas prácticas, es decir, no solo son relevantes los sentidos que surgen a través de los distintos modos de apropiarse de los textos, sino también los espacios, gestos y formas de accesibilidad a los libros y a la cultura escrita. En este contexto, resulta evidente la intimidad que garantizan los dormitorios para las lecturas prohibidas y el didactismo de los espacios públicos como el comedor al que hacíamos referencia, pero también las aulas. Entre los espacios del libro, sin lugar a dudas, ocupa un lugar preferencial la biblioteca pública, en tanto constituye el ámbito específico destinado a la lectura y porque representa un territorio común a las experiencias íntima y pública del acto de leer. Por un lado, está el edificio y su función cívica y educativa, y, desde esta perspectiva, se recorta sobre el horizonte de la ciudad como un emblema de la cultura pero, por el otro, el ingreso a la biblioteca –ser parte de ella– implica no solo una apropiación de su capital simbólico sino una experiencia íntima que está en el origen de buena parte de las biografías lectoras. A este respecto basta considerar los relatos antagónicos que representan el descubrimiento de la biblioteca para Leopoldo, en *Nanina* y la fundación de una biblioteca por la barra de los Siete Ombúes en *Muchachos del sur*, de Álvaro Yunque.

Leopoldo descubre la Biblioteca Popular Esteban Echeverría en Junín cuando ve el cartel mientras robaba un foquito de luz con su hermano. El encuentro "accidental" introduce la ironía necesaria para mostrar que los libros no le permiten "entrar" en la cultura sino que son una forma de "salir de allí" (García, 1968: 142); del allí que representan la escuela, la familia, la infancia. La dirección elegida es la "salida" antes que la "entrada". Ante el descubrimiento de la biblioteca, se pregunta por el porqué de ese encuentro y se contesta que,

"(...) hay una edad en que uno quiere salir de allí (...) una edad en que yo quería salir de allí, de mis huesos, de mis pensamientos. Una edad en que me parecía que podía dar a mis pensamientos otros pensamientos" (*ibídem*).

Frente al consabido cartel de bienvenida de las bibliotecas populares "Esta es tu casa, entra", recuerda que "Nunca se puede entrar realmente en la casa de nadie" (*ídem*: 120).

Muy otra es la representación de este espacio y, por lo mismo, de las maneras de leer, que aparece en "Fundación" una de las historias de A.B.C. en *Muchachos del sur*. Los chicos han fundado el club de fútbol y A.B.C. les sugiere que ese club tiene que tener una biblioteca. Todos aprueban la decisión y a continuación proceden a organizarla. La primera tarea, la procura de los libros, es ocasión para el recuerdo de Benjamin Flanklin a través de la cita del maestro. Según A.B.C., Franklin había dicho que "Si hay en una localidad cincuenta vecinos que tienen diez libros cada uno y todos se reúnen para formar una biblioteca tienen quinientos volúmenes en vez de los diez que cada uno tenía" (Yunque, 1957: 38). Por lo tanto, la reunión de los libros se vuelve ejemplo de la "utopía de la solidaridad humana" (*ibídem*). A continuación se proponen elegir el nombre de la biblioteca y al bibliotecario. En el primer caso, las opciones giran en torno a nombres de próceres (Belgrano, San Martín); maestros (Juana Manso, Carlos Vergara, Pedro Franco); escritores (Roberto Payró, José Ingenieros, Aníbal Ponce); Moreno (fundador de la Biblioteca Nacional), Sarmiento (porque fundó bibliotecas y escuelas) y Mármol (que fue director de la Biblioteca Nacional). El debate, además de ofrecer la ocasión para la "instrucción" en los nombres de la *biblioteca* del propio Yunque, se presta a la enseñanza moral, nuevamente, en relación con temas tan variados como el "territorio" de la cultura (se objeta por qué el nombre de un argentino sino la cultura es "internacional"); las relaciones entre la cultura humanista y el deporte (terminan poniéndole como el club de fútbol porque los griegos decían que "*Mens sana in corpore sano*") o la referencia histórica a Rosas quien despreciaba "todo lo que fuera arte o cultura"). Cuando se trata de discutir quién será el bibliotecario, el debate asume el mismo carácter ejemplificador. Ante la primera propuesta de dos nombres de chicos hijos de escritores se opone la de otro de ellos, Enrique, que "escribe versos" porque "Cada cual vale por lo que él es, no por lo que sus padres sean". En síntesis, por un lado la fundación de la biblioteca funciona como índice de lo que, socialmente, constituía una práctica del tiempo libre de los adolescentes (aquí puesta en pie de igualdad con el fútbol). Es decir, es consecuencia del realismo costumbrista del texto. Pero, también, da cuenta de una cierta representación de la lectura que, en Yunque, reconoce su origen en la filosofía libertaria, lo que Valeria Sardi (2006) llama "prácticas de lectura contestataria". La filosofía libertaria asignó a la lectura un papel modelizador fundamental alternativo al modelo que reproducía la cultura estatal-escolarizada y, en este proyecto, la biblioteca representaba – literalmente – un espacio alternativo de formación:

"La biblioteca, entonces, era un lugar de encuentro y de formación de la conciencia libertaria proletaria, donde se propiciaba la lectura de libros doctrinarios, de temas referidos a la lucha social, a la historia de héroes en protestas sociales o en aventuras vinculadas con la liberación de las clases oprimidas. La lectura de esos textos se vinculaba con la necesidad no sólo de adoctrinar a los lectores sino también de construir una identidad caracterizada por la lucha contra todo tipo de opresión" (Sardi, 2006: 100).

3. Clarín

Hay una lectura emblemática en *Nanina:* porque es única (no está presente en ningún otro texto de nuestro corpus) y porque funciona como síntesis de la completa relación que hemos querido trazar en este capítulo. Es la lectura del diario "Clarín".

Leopoldo llega a Buenos Aires desde Junín. La huida del pueblo y la llegada a la ciudad capital representan metonímicamente la salida del pueblo, la infancia, la familia, el trabajo en el taller: en síntesis, lo desconocido, y el ingreso en el terreno desconocido de la ciudad: es decir, la vida adulta, la pasión amorosa correspondida, la vocación. El viaje, de este modo, no culmina con la llegada a la ciudad sino que es, solamente, su primera estación. A este primer viaje, seguirá el periplo de Leopoldo por la ciudad que no comprende: por las librerías de calle Corrientes, piezas de pensiones, de casa en casa como vendedor de libros. Frente a los signos que emana la ciudad, un único oráculo: el diario Clarín: "La ciudad es un animal caprichoso: ¡hágala su hembra y todo lo tendrá! Los hombres de voz dura, los que le suena el esqueleto y cantan –dice principito– memorizando a Lorca. ¿Ser o no Ser? ¿Clarín o no Clarín?" (García, 1985 [1968]: 214).

Alrededor de la lectura del diario Clarín se organiza una constelación que reúne el *Klusterroman* de Leopoldo (su *volverse escritor*), la procura de la ciudad/mundo (donde están los libros, el trabajo) y la profunda ironía de la búsqueda del progreso en el diario vocero (*un toque de atención ...*) del desarrollo y del Desarrollismo:[163]

---

163. El diario Clarín lanzó su primer número al público el 28 de agosto de 1945. Durante el primer peronismo aumentó sus ventas y su popularidad, forjando una posición autónoma del poder político peronista. En ese momento su competidor directo era el diario La Prensa, aunque ostentaba una mayor circulación e influencia y captaba además la mayoría de los avisos clasificados. La expropiación de La Prensa por parte del gobierno peronista en el año 1951 benefició directamente a Clarín. El

"Principito ESCRIBE más que nunca. Aprende y ve obras de teatro. ... Odia a Clarín, escribe. Clarín es toda la desgracia. Nadie que no tiene trabajo ignora Clarín. El es historia, sueño de pobres, él es el diario de los desposeídos. Clarín suena en mis orejas. Escucho su marcha de esperanzas, mientras lo enrollo debajo del brazo caminando hacia el café donde me voy a meter en los avisos. Una posibilidad para cada uno, a la medida de cada uno: ¿Quiere progresar?¿Progrese!" (*ídem*: 188).

Tiene que "cerrar Clarín" para leer poesía (*ídem*: 214) pero, si cierra Clarín, no hay plata, casa, comida. En la disyuntiva –y la contradicción– se escribe la Gran Novela/la vida:

"La Gran Novela se dibujaba pero no se escribía. Cuando más se dibujaba, más me sentía tentado a escribirla y me poseía la tristeza de un trabajo para el cual era necesario tiempo, plata, casa, comida, máquina de escribir, distracción, amor y otras cosas que los novelistas declaran tener" (*ídem*: 16).

---

diario de Noble captó el flujo de lectores y de avisos clasificados que habían pertenecido a La Prensa, ubicándose como el diario de referencia de una clase media dinámica y en crecimiento. Hacia fines de los años '60 ya se había constituido en uno de los primeros diarios en el ranking de ventas nacionales (con una tirada promedio de 360.000 ejemplares diarios; La Razón y Crónica llegaban a 500.000 sumando todas sus ediciones). Desde la década del '60 se hallaba posicionado en el mercado periodístico como un referente clave de la clase media de los principales centros urbanos de la Argentina, en particular de Buenos Aires (cfr. Pinsi, 2007).

Capítulo VII

Revelación de un mundo

"Nacemos, por decirlo así, en dos veces: la una para existir y la otra para vivir; la una por la especie y la otra por el sexo" decía Rousseau en el Libro Cuarto de *Emilio* (1762). La iniciación sexual en la adolescencia es el signo ineludible del tránsito a otra etapa de la vida porque en este pasaje, a diferencia de los otros que comporta la edad, la transformación deja sus marcas en el cuerpo. En este segundo nacimiento, el deseo llama al conocimiento del otro; la curiosidad descubre el velo que ocultaba el secreto mejor guardado del mundo adulto; en el goce, el adolescente se conoce a sí mismo. El sexo es amor, en el relato de formación adolescente pero, también, violencia y, en todos los casos, como en la concepción bíblica, conocimiento y, por lo tanto, aprendizaje.

Si aceptamos que, básicamente, la ley narrativa del relato de formación es *cómo se llegó a ser quien se es*, más específicamente cuenta *cómo se llegó a ser hombre o cómo se llegó a ser mujer*. En el caso de los años sesenta en la Argentina, como ya hemos visto, se atravesaba un período caracterizado por una revolución en las costumbres que afectaba especialmente a los discursos en torno a la sexualidad humana y, por lo mismo –nuevamente– la subjetividad adolescente apareció como la más adecuada para representar ese lugar central que empezaba a cobrar el sexo en el seno del discurso social. La iniciación sexual adolescente se convirtió en ocasión para ensayar hipótesis sobre la identidad sexual y las construcciones de género de las distintas clases, épocas y ámbitos, así como también acerca de las relaciones de poder en la sociedad y de ese modo reconfigurar la percepción de la intimidad en un escenario caracterizado por el avance de lo público y masivo.

1. Ángeles

Si bien el relato de formación de protagonista femenina es, en la literatura latinoamericana, tan antiguo como *Ifigenia* (1924), de la escritora venezolana Teresa de la Parra, este no ocupó un lugar de importancia en el canon crítico sino hasta que los estudios sobre mujeres y la crítica literaria feminista le otorgaron visibilidad a mediados de los años noventa del siglo XX. En la misma dirección, fue durante los años sesenta (considerados la "segunda época de la liberación femenina") que se produjo un desarrollo de la literatura escrita por mujeres y con protagonista femenina. Y, significativamente, buena parte de esos cuentos y novelas tomó la forma de una narrativa de aprendizaje protagonizada por adolescentes. La literatura latinoamericana de los años sesenta es rica en narraciones de personaje adolescente femenino escritas por autoras mujeres: en Uruguay encontramos *Un retrato para Dickens*, de Armonía Sommers (1969); en Venezuela, *La Bella Época* de Laura Antillano (1969); en México, *Balún Canán* de Rosario Castellanos (1957), en Brasil, algunos de los cuentos de *Lazos de familia* (1960) y *La legión extranjera* (1964), de Clarice Lispector. En la Argentina destacan las novelas y cuentos de Beatriz Guido (*La casa del ángel, La caída, Fin de fiesta, La mano en la trampa*), la novela *Los dos retratos*, de Norah Lange (1956) y *Enero*, el texto inaugural de la obra de Sara Gallardo (1958). Era esperable que esta segunda "revolución femenina" se preguntara acerca del *devenir mujer* como parte esencial de esa profunda temporada de cambios.

El debate en torno al relato de formación de protagonista femenina ha girado, previsiblemente, en torno a la definición de los rasgos que caracterizan su especificidad o, para ser más exactos, su diferencia respecto de la formación del varón. Si el *Bildungsroman* había supuesto un protagonista masculino como destinatario de las expectativas públicas puestas en la formación del individuo, la discusión en torno al género se avivó cuando la mujer comenzó a detentar un lugar en ese espacio (e imaginario) hasta entonces reservado a los hombres. En consecuencia, un primer rasgo reconocible del relato de formación de protagonista femenina será este conflicto entre los ámbitos doméstico y público: sus posibilidades y contradicciones. José Amícola ha advertido acerca de que esta "distribución" espacial (y, asimismo, moral) está en el origen mismo de la "batalla de los géneros" (Amícola, 2003) que "inventó" la novela gótica como género "femenino" frente a la novela de educación, como género "masculino". De acuerdo con Amícola, la novela gótica del siglo XVIII se presenta "tematizando lo femenino" (*ídem*: 28) que se percibe como exceso, "explosión de lo emocional y del miedo" (*ibídem*) frente a la racionalidad iluminista del esquema narrativo de la *Bildung* "portavoz de la función cognitiva del hombre" (Hillebrand, 1993 citado por *ídem*: 51). Esta dicotomía genérica (de géneros textuales y sexuales) implicó, también, otras oposiciones derivadas y que reforzaron su funcionamiento como matrices culturales. Así, por ejemplo, mientras el *Bildungsroman* postuló una "iconografía del camino" (*ibídem*), es decir, un desarrollo en un tiempo-espacio lineal del varón durante sus años de maduración, la novela gótica se escribió en el "vaivén múltiple entre los juegos del presente y pasado" (*ibídem*) del aprendizaje femenino. La "línea recta y pública que recorre el varón en su acto de maduración social" (*ídem*: 63) se opuso al viaje circular, circulación laberíntica, de la heroína femenina, que rompía la continuidades espaciales y temporales. Todo esto implicó una "polarización entre lo público y lo secreto" (*ídem*: 64) que hoy –fuera del marco histórico-cultural que la engendró– es un lugar común en las lecturas críticas de literatura escrita por mujeres. Es decir: en los relatos de formación de protagonista femenina, que se escriben después de la segunda mitad del siglo XX, es notable la centralidad de esta polarización convertida, ya no en el estilo de un género (textual) antagónico al de la novela de educación sino en una de las *tretas del débil*[164] (Ludmer, 1985) para apropiarse de ese espacio (físico y simbólico) masculino.[165]

La lectura de las novelas de Sara Gallardo,[166] Norah Lange y Beatriz Guido con protagonista adolescente femenina, escritas durante los años

---

164. Ludmer propone a la "treta" como una táctica del débil para procurarse un espacio de acción en un territorio en el que no tiene poder. Consiste en que "desde el lugar asignado y aceptado, se cambia no sólo el sentido de ese lugar sino el sentido mismo de lo que instaura en él (...) Siempre es posible tomar un espacio desde donde se puede practicar lo heredado en otros; siempre es posible anexar otros campos e instaurar otros territorios" (Ludmer, 1985: 35).

165. Andrés Avellaneda (1994) sostiene en relación con el caso de la literatura argentina producida durante los sesenta, que el conflicto específico de las novelas de formación se define en la zona de enfrentamiento represivo del sistema, que se da en varios y diversos niveles: lo sexual, la clase, el grupo, el lugar geográfico, el dialecto, el parentesco, la orfandad, la pertenencia y la adscripción.

166. En 1959, María Elena Walsh reseña *Enero* en la revista *Sur*. En el texto, piensa la novela en una relación doble con la adolescencia. Por un lado, sostiene que el "protagonista real" es el "amor adolescente, fracasado y absurdo" y, por el otro, compara la adolescencia de su autora (según sus propias declaraciones, Sara Gallardo concibió la novela a los veinte años, la escribió a los veintitrés y la publicó cuando tenía veintisiete) con las "adolescentes fabricadas" que son, a su juicio, Françoise Sagan y Pamela Moore. Sagan y Moore eran autoras de dos best sellers del momento cuyas protagonistas eran, también, adolescentes: *Bonjour Tristesse (Buenos días tristeza)* y *Chocolates for breakfast (Chocolates para el desayuno)*.

sesenta, nos enfrenta a la experiencia de un sujeto construido más acá del umbral de lo decible y visible en la sociedad que les toca vivir. La omnipresencia del secreto es uno de los índices de una narración *al sesgo* que se manifiesta en la mirada que espía, la palabra que se refugia en el monólogo interior, el sobreentendido o el silencio; el cuerpo que se sustrae a su exhibición pública, la confesión diferida, el malentendido. En *Enero* y en las novelas de Guido y Lange que nos interesan en este Capítulo, ese carácter indirecto de la experiencia femenina adolescente construye un mundo alterno que asume, según los casos, las formas de la fantasía, la autocensura, la ensoñación diurna, la creación literaria. Mientras que en la obra de Sara Gallardo, ese registro oblicuo da lugar a una austeridad narrativa implacable que no altera las convenciones del realismo, en Guido, instala definitivamente el horror que evoca, según la hipótesis de Amícola que reseñábamos, al goticismo del origen. En el caso de Lange, escribirá su prosa poética. En todos los casos, la falta de correspondencia entre la realidad visible y ese mundo interior engendra una incomodidad que parece el único lugar de inscripción posible para estas mujeres en formación. El aprendizaje del "secreto" era, para entonces, una de las lecciones de *El segundo sexo*, de Simone de Beauvoir (1949), el libro capital para el feminismo del siglo XX y que, tempranamente fuera traducido en la Argentina.[167] Dice la escritora:

> "A los diecisiete años una mujer ya ha atravesado por una serie de experiencias penosas: pubertad, despertar de la sexualidad, primeras excitaciones, primeras fiebres, temores, repulsiones y experiencias turbias, y *ha encerrado todas esas cosas en su corazón y aprendido a esconder cuidadosamente sus secretos*".[168]

La novela de Sagan se había publicado en 1954 y llevado al cine en 1957. Fue traducida y publicada en la Argentina por la Editorial Sudamericana en 1959. La novela de Moore se publicó en los Estados Unidos de Norteamérica en 1956 y traducida y publicada en la Argentina por la Editorial Goyanarte en 1958. Para María Elena Walsh, mientras que Gallardo tiene "algo que decir", Sagan y Moore "prolongan en la literatura la tediosa rutina del salón y el bordado femenino".

167. *El segundo sexo* fue traducido por primera vez en la Argentina (primera edición en español) en 1954 por la editorial Psiqué y en 1962 por la editorial Siglo XX. La impronta de su lectura en las escritoras y en el lectorado femenino en la Argentina ha sido documentada en diversos estudios. Cfr: "La siempreviva" de María Moreno en "Las doce", Suplemento Diario Página/12, 13 de agosto de 1999. Disponible online en http://www.pagina12.com.ar/1999/suple/las12/99-08-13/nota1.htm En *Nanina*, la novela de Germán García, la hermana y la madre de Leopoldo son lectoras del libro de de Beauvoir.

168. La cursiva es nuestra.

PARTE II: Literatura y experiencia adolescente

En *Enero*, la adolescencia de Néfer, la protagonista, es fundamentalmente un dato cronológico. Sabemos que tiene dieciséis años porque su madrina, la dueña de la estancia en la que su familia vive y trabaja, le regala un abrigo por su cumpleaños. El lector sabe, también, que vive con su familia, que ha ido a la escuela en otro tiempo, que teme a su madre y que ha quedado embarazada después de ser violada por otro peón, que no es el hombre del que está enamorada. En el relato, el cumpleaños, la relación con su madre, la referencia a su pasado escolar y sus fantasías con "El Negro" tienen mayor relieve que las referencias a la violación y a su condición adolescente. El episodio de la violación ocupa unas pocas y rápidas líneas en el contexto del relato mayor del casamiento de su hermana y su envidia por Delia, la muchacha que baila con "El Negro". No cobra importancia sino hasta el final de la novela, cuando la patrona y la madre de Néfer deciden el casamiento de la chica con su violador para darle "solución" a ese niño engendrado fuera del matrimonio. Nicolás, el peón, y el episodio de la violación, vuelven a la historia con la misma "naturalidad" con que aparecieron en su momento, como parte de una ley que se cumple sin objeciones: a la aceptación del ultraje sin escándalo sigue la aceptación del matrimonio sin que medie, tampoco, mayor comentario. Del mismo modo, no hay "pasaje" adolescente porque la vida de Néfer ya está *prevista* por su condición social desde el inicio. En este sentido, así como Juan José Sebreli decía, en 1953, que el proletario nunca es joven, pasa de la adolescencia a la edad del hombre sin transición, Néfer, la hija del puestero, en el mundo rural que le toca vivir tampoco es joven: ser violada, casarse, aceptar las órdenes de su patrona, son solo momentos de una trama circular que se repite idéntica a sí misma como parte de la conservación de un orden inalterable que la trasciende. No hay escándalo porque tampoco hay anécdota. De ahí que las cosechas, y su carácter cíclico, abran y cierren la historia.

La adolescencia de Néfer no puede ser representada en la medida en que falta en la historia una figuración del tiempo gradual, "progresivo", propio de la modernidad. El único índice de "paso" del tiempo es el del avance del estado de gravidez de la protagonista cuyo progreso, no obstante, es más una amenaza (que traerá el futuro) que una evidencia. De hecho, pasa desapercibido para su madre (y para todos los demás) hasta el momento en el que Néfer confiesa su situación.

Néfer reflexiona que "no se puede volver atrás, el tiempo viene y todo crece, y después de crecer viene la muerte. Pero para atrás no se puede andar" (Gallardo, 2009 [1958]: 15). El embarazo redobla en el personaje la conciencia del carácter directivo del paso del tiempo, que es propia de la adolescencia pero, no obstante, esta no incluye la posibilidad del cambio. Antes bien, la reflexión confirma la implacable sucesión de los días cuyo término está dado únicamente por la muerte. El futuro asume la forma de un destino en el que la vida asume un ritmo inapelable como el de los ciclos vitales en la naturaleza: "Dentro de un tiempo empezará a crecer su cuerpo, dentro de mucho se deshinchará, no importa, ya no importa, todo nace y después muere, pero nada importa" (Gallardo, 2004: 75).

El ámbito rural y las relaciones patriarcales que lo fundan son la inmovilidad de la "sociedad tradicional" (para decirlo en términos de Gino Germani) contra las que Néfer buscará revelarse al negarse al aborto planeado por su madre y al sostener su fantasía amorosa no correspondida con el hombre que desea.

De todos modos, estas instancias en las que el personaje se afirma, no terminan de constituirse en un aprendizaje en la medida en que su autodescubrimiento no da lugar a una transformación o cambio sino que pierde fuerza al quedar sumido por los valores socio-culturales vigentes que no puede modificar. Crecer es una suerte de condena, como el inexorable desfile de los días. Después de negarse al aborto y descubrir en el hijo que lleva en el vientre "un amigo secreto" que la enternece y le hace pensar que "ya no está sola" (Gallardo, 2009: 85), la referencia al hijo vuelve a ensombrecerse cuando no es un "amigo" sino el signo de su diferencia con aquellas chicas que "van a fiestas", "se miran complacidas en el espejo" y, al casarse, "van con sus hombres a vivir solas" (*ibídem*). Es decir, el embarazo forzado y precoz le impone la cuenta de los días hasta el enero en el que, definitivamente, quedará fuera de la temporalidad de las "otras chicas", que son dueñas de su tiempo (y cuerpo): "Semilla triste que crece y crece sin piedad es lo que lleva, no amigo secreto" (*ídem*: 88) Crecer *sin piedad*, la experiencia del hijo; también es la de su madre. Solo otra vuelta más del tiempo que retorna.

La experiencia de un sujeto *en el umbral*, decíamos de lo visible y lo decible, pero también entre la conciencia de sí y de los otros; entre el espacio íntimo y el público; entre la casa y el país; entre la historia de vida y la historia nacional alcanza mayor desarrollo en la literatura de Beatriz Guido de la época. Esto es lo que ha llevado a plantear a Nora Domínguez que el adolescente ocupa la función de "espía" en su obra:

> "(...) porque es una función de enlace entre la historia del país y la historia subjetiva y permite, de este modo, articular política, narrativa y subjetividad ... El adolescente en posición de espía, narrador y sobre todo, cuando es mujer, apunta a desmontar este sistema, dispara contra

las correspondencias exactas, contra los esquemas mecanicistas de determinaciones causales entre familia y nación y entre literatura y sociedad ... Estos jóvenes no se construyen como el futuro del país o los 'hijos de la patria' porque se apartan de los relatos hegemónicos de la nacionalidad y de la familia" (Domínguez, 2009: 233).

La articulación entre "política, narrativa y subjetividad", que reconoce Nora Domínguez, no atañe, únicamente, a las novelas y cuentos de mayor inscripción "referencial" en la historia nacional como es el ciclo que abre *Fin de fiesta* en 1958. También puede advertirse en las historias más "íntimas" como las de *La casa del ángel* (1954), *La caída* (1956) o *La mano en la trampa* (1961). La posición narrativa focalizada en la mirada y la voz del adolescente le permiten introducir, en el interior de las familias retratadas, el dinamismo necesario en la definición de las identidades, que termina por minar todas las convenciones de los vínculos, las expectativas sociales y tradiciones puestas en juego. Como señala Domínguez (2004), los adolescentes son, en el sistema familiar, la imagen de la "continuidad" (situados como extensión de los padres, salidos de la infancia, en el momento en que se apropian de la vida pública y de la toma de decisiones) y, de ese modo, se constituyen en una ocasión única para la representación del cambio que se pretende retratar. Las historias se apropian de la condición de pasaje, propia de la edad adolescente, pero defraudan las expectativas que surgen de su situación como depositarios de la herencia patrimonial y simbólica familiar. En el caso de las adolescentes mujeres, estas se desembarazan del mandato familiar a través de distintas estrategias elusivas que van desde la escritura (literaria), como Ana en *La casa del ángel* y Albertina, en *La caída;* la locura, que es el caso de Julieta, en *Fin de fiesta*; la huida de la casa familiar como Albertina, de *La caída* o Laura, en "La mano en la trampa".

Las adolescentes de Guido escapan a la sanción del otro al amparo de lo imaginario (fictivo o demencial), lo clandestino o definitivamente oculto. De este modo, no obstante, se quedan solas. Esto es, resisten contra las imposiciones y convenciones familiares y sociales pero pagan el precio de su atrevimiento de algún modo: el encierro ("La mano en la trampa" o *La casa del ángel*), el rechazo (Mariana, en *Fin de fiesta*); el fracaso (Albertina, en *La caída*); nuevamente, la locura, en Julieta (*Fin de fiesta*).

A este respecto, en una entrevista, Beatriz Guido decía acerca de su fascinación por la adolescencia:

"Siempre me ha fascinado el mundo infantil, sobre todo el adolescente: su lenguaje propio, su angelismo, su noción precisa de la verdad y, a la vez, su imponderable libertad frente al mal y al bien.

Creo que la adolescencia es una edad fundamental del hombre. Me produce una profunda piedad esa etapa del hombre en que debe decidirse a elegir entre la iracundia o la entrega, entre el rebelde o el sumiso. Infinita ternura de esa edad particularmente solitaria y desesperada" (Guido en Mahieu, 1986).

A Guido, le atrae, entonces, la soledad del adolescente como expresión de una naturaleza irreductible y, por lo tanto, de "imponderable" libertad. De todos modos, la referencia a la "piedad" que le suscitan los adolescentes y la alusión a la "desesperación" de la edad, señala, al mismo tiempo, que es consciente de que no puede sino vivir en conflicto su relación con el mundo adulto.

Es destacable que, desde la perspectiva que nos ocupa en este capítulo, otra forma de desujeción de ese linaje sean las relaciones sexuales que no tienen como fin el matrimonio.[169] En los cuentos y novelas de Guido el sexo está unido a la violencia y al poder (en la escena de abuso o violación); al goce, a través de la fantasía o el recuerdo sexual de las adolescentes, pero en ningún caso lleva al matrimonio o tiene intención reproductiva: de hecho el único embarazo que se menciona (el de Julieta, en *Fin de fiesta*) no solo está unido a lo "monstruoso", porque lleva a la protagonista a la locura, sino que tampoco genera descendencia: los bebés nacen muertos. Ante el parto de su hermana, Mariana confiesa su miedo y jura que "jamás tendré un hijo" (Guido, 2000 [1958]: 214).

Por otra parte, en estas adolescentes, la iniciación sexual se da junto con la literaria (o, al menos, con una iniciación en lo imaginario): la ficción funciona como sustituto −denegación− de la pérdida que conlleva crecer: "la escritura se convierte en un complemento fálico esencial, por no decir el falo por excelencia. Nuestra sociedad no prohíbe una afirmación fálica de este tipo en la adolescencia. Todo lo contrario: el adolescente tiene derecho al imaginario" (Kristeva, 1993: 132).

La iniciación sexual, unida al ingreso en lo imaginario, toma distintas formas, según el caso, pero siempre tiene el carácter oblicuo que hemos señalado para la experiencia de aprendizaje femenina. Así, por ejemplo, la "transmisión" de los saberes acerca del sexo nunca proceden de los padres sino de otros agentes colaterales que pueden ser las tías, las nanas o las hermanas; también los libros, como hemos visto en el capítulo anterior.

---

169. En el cuento "La representación" (1976), la narradora "agradece" que su familia asocie la idea de "casamiento" con "alguno de esos efímeros visitantes de (su) vida" (Guido, 2009: 76); turistas que lleva de paseo a una estancia a pasar un día entre costumbres rurales. Es decir, que la dispense de contraer un vínculo estable.

Este modo de darse de la educación sentimental corrobora el lugar de discontinuidad que asignábamos al adolescente en el sistema familiar puesto que el legado no se comunica en forma "vertical" de madres a hijas, en este caso, sino por otros miembros de la constelación familiar cuyo discurso, además, la más de las veces entra en contradicción con el discurso materno. Las adolescentes se hacen mujeres lejos de la figura materna pero, también, a sus espaldas.

El caso paradigmático es el de Ana Castro, la protagonista de *La casa del ángel* a la que el mundo de la sexualidad se le revela en la contradicción del amor que conoce a través de la lectura de *María*, de Jorge Isaacs y de las novelas "que nos pasaban subrepticiamente, de banco en banco, en el colegio" (Guido, 2008 [1954]: 45) por oposición al universo que le espera en los libros robados a su Nana, que, a su vez, compra a hurtadillas a un hombre de gafas oscuras. El descubrimiento de esa otra forma del amor –a la que también se acerca a través del cine– la lleva a desinteresarse por la poesía y los títeres. Ana cuenta que Nana acostumbraba a contarles, a ella y sus hermanas, además, historias de degollamiento, asesinatos, violaciones, fantasmas y policiales, por lo que, el sexo se suma, implícitamente, a una larga enumeración de temas no solo ocultos sino, también, criminales; lo que preanuncia la violenta iniciación de Ana la noche que es abusada por un duelista en su casa. La madre, no obstante, no interfería en estas prácticas de la cuidadora y Ana concluye que, de esa manera, "Nana nos iniciaba en la vida" (*ídem*: 49).

El caso de Nana no es, sin embargo, excepcional. Las criadas en estas novelas *de estancia* son portavoces del mundo que queda más allá de las paredes y de los libros de santos que preservan la moral virginal de las adolescentes de la clase alta. Como la Néfer de Sara Gallardo, las criadas manifiestan su recelo de esas otras muchachas que disfrutan de los privilegios del tiempo de aprendizaje. Así Adolfo, cuando en *Fin de fiesta* describe la relación de Felicitas con Mariana, reflexiona que:

> "Un relato procaz, o una referencia al tránsito entre la niñez y la adolescencia manifestaban su deseo recóndito de que fueran vejadas por nosotros o por los peones. Por eso las dejaba solas cuando no estaba la alemana y repetía siempre delante de ellas:
> —Las muy santitas... Y saben más que el diablo. Habrá que ver cuando les toque; les va a gustar más que a ninguna... ¡Hipócritas! Yo no soy niñera de nadie y menos de esas idiotas. Que se cuiden solas si tanto les importa conservarse santitas" (Guido, 2000 [1958]: 119).

Junto con las Nanas, las tías son los otros personajes femeninos clave en la literatura de Guido en relación con la iniciación sexual de las jóvenes protagonistas. Estas mujeres, solteras, representan, como las adolescentes, la falta de continuidad en el sistema familiar ante la ausencia de descendencia. No obstante, serán las principales encargadas de asegurar la reproducción de los valores machistas acerca de la condición femenina que ellas aparentemente han adoptado, también, durante su adolescencia, como en los casos de *Fin de fiesta* y *La caída*. Las tías se ocuparán de citar los preceptos y condenas del evangelio, regular las conductas de la vida social de sus sobrinas y participar de las reglas de decoro público del tiempo que les toque vivir. Dentro del repertorio de tías de la literatura de Guido, el caso más singular es el que presenta el cuento "La mano en la trampa" (1961) puesto que, si bien participa de los rasgos de la caracterización anterior (soltera, presa de los prejuicios sociales) introduce en la historia el *goticismo* que reconocíamos en el relato de formación de protagonista femenina de Beatriz Guido.

El cuento narra la historia de identificación de la protagonista adolescente, Laura, con su tía Inés Lavigne, confinada en soledad y aislada del resto de la familia y la vida social, en una habitación de la planta alta de la casa en la que viven en la ciudad de San Nicolás. Al inicio, la protagonista y narradora desconoce de quién se trata el personaje al que su madre y Liza alimentan a través de un montacargas y, movida por la curiosidad, finalmente descubre que se trata de su tía, una joven mujer que, defraudada por su novio poco antes de casarse, aparentemente ha decidido recluirse para siempre. La razón propiamente dicha de esta decisión queda en suspenso y puede sobreentenderse que su aislamiento obedece o bien a la necesidad de eludir el comentario del pueblo o al duelo no resuelto del amor no correspondido. El conflicto se desata cuando la adolescente no solo se obsesiona acerca de la identidad de esta persona (a la que cree un "opa") sino que descubre su propio rostro en la imagen de Inés. Esta primera identificación entre tía y sobrina terminará por consolidarse cuando, en el desenlace, también ella viva encerrada en una habitación semejante como amante justamente del mismo hombre que, en su juventud, había engañado a su tía.

La particularidad de esta "tía" en relación con las otras de las ficciones de Beatriz Guido radica, en primer lugar, en la identificación con su sobrina hasta el punto de que la trama sugiere una relación de "doble" entre una y otra. Esta posibilidad introduce un condimento fantástico en la representación eminentemente realista o, si se quiere, policial de la historia. En segundo lugar, y desde la perspectiva de la iniciación sexual de la adolescente, porque, como Inés, Laura "pagará" con el encierro el precio de haberse introducido "sin permiso" en el conocimiento sexual, lo que actualiza en la historia el discurso moral que sanciona el sexo fuera del matrimonio y, particularmente, la pérdida de la virginidad en las mujeres[170]. "No han podido conmigo, ni creo que podrán" (Guido, 1961: 8), dice Laura al comienzo de la historia refiriéndose a su madre y a Lisa. El desenvolvimiento de la historia dará cuenta tanto del apogeo de su autonomía como de su destino final, deceptivo.

La relación sexo-conocimiento en la historia tiene un grado de literalidad tal, que Laura declara que "Si alguna vez me entrego totalmente será por una biblioteca, aunque me conformaría con el diccionario Espasa para saberlo todo, todo; y también por las obras completas de alguien que hubiere escrito sobre el amor, nada más" (*ídem*: 9) De hecho, son las "torpes caricias" de Miguel, un muchacho que no es de su clase (al que describe reiteradamente como un animal) y que es su único vínculo con los "otros" (los que no viven en la casona de la familia patricia en decadencia) las que están en el origen de su curiosidad por el personaje de la planta alta, al que ella llama "el hombrecito". Por un lado, en sus encuentros furtivos, Miguel alimenta su interés hasta el punto de que la adolescente le pide ayuda para "espiar al opa" (*ídem*: 14) pero, por el otro, porque Miguel es descrito como el instrumento de su aprendizaje: su "cruel aprendizaje en los libros de Chaucer y en (sus) relaciones con Miguel" (*ídem*: 23), explica Laura, eran lo que había operado en ella la metamorfosis de la adolescencia a la madurez en un pasaje irrevocable:

"No era solamente el extraño parecido físico lo que me hacía asociarla a mi vida, sino que intuía esa fatal premonición: me salvaría, solamente, si lograba liberarla de su encierro.

Tuve una extraña visión de mí misma y sentí entonces que mi aislamiento en el colegio no era solamente porque me vigilaban; yo no tenía nada que contar al regreso de las vacaciones; solamente las turbias relaciones con Miguel, bajo una glorieta, en las largas siestas de verano.

Nunca había sentido pena por mí misma. No me gusta reconocerme ... y menos en el dolor. Comprendí de pronto que mi soledad

---

170. La virginidad de las mujeres de las clases protegidas estaba *asegurada* por la disponibilidad de las mujeres del servicio doméstico, rural o, simplemente, socialmente marginadas. A Inés, el novio le es infiel con una "puestera" (como Néfer). La tía "explica" a su sobrina que los hombres "pueden estar a dos días de casarse y se revuelcan con cualquier china ... o inmunda sirvienta ....; puestera de estancia". Las hermanas Padilla inician y reciben periódicamente a los adolescentes varones de *Fin de fiesta*.

venía de mí misma: no me gustaban mis compañeras. Sus relatos de novios y melindres me hacían reír. Y me mofaba de ellas. *Mi cruel aprendizaje en los libros de Chaucer y en mis relaciones con Miguel, me hacía sentir a mucha distancia de ellas.* Por eso mismo no podía alegrarme cuando recibían una almibarada carta de novios o soñaban con púdicos besos y se ruborizaban ante los misterios indescifrables del matrimonio" (*ídem*: 23-4; la cursiva es nuestra).

Por último, el caso de *Los dos retratos* (1956) de Norah Lange es significativamente diferente al de las novelas de Gallardo y Guido si consideramos, por un lado, que el modo *indirecto* del relato no es privativo de este único texto de la obra de la autora y, tampoco, del personaje adolescente, sino que esta modalidad enunciativa es uno de los principios que vertebran su poética. No obstante, resulta sugestivo que Lange elija en dos (del total de cuatro títulos que constituyen su novelística; la última novela, inconclusa) a una adolescente y la narración asuma el punto de vista de una "espía". Tanto en *Los dos retratos* como en *Personas en la sala* (publicada en 1950 y, por lo tanto, fuera de nuestro período de estudio) la adolescencia del personaje femenino está asociada a un aprendizaje que se produce a partir de lo que sugiere una imagen que reclama obsesivamente su atención.

Los dos retratos narra las especulaciones de una adolescente, Marta, que observa las diferencias que median entre dos retratos familiares tomados el mismo día con una mínima diferencia horaria. Ubicados en el comedor, se reflejan en un espejo en el que la familia retratada también se duplica los domingos, cuando comparte el almuerzo, reunida bajo el matriarcado de la abuela. Solo dos de los miembros de la familia están ausentes, el abuelo que ha muerto y Daniel, uno de los tíos. Desde el inicio, Marta cree que entre esas dos imágenes duplicadas hay un secreto por descubrir y toda la trama es la historia de sus intentos por desentrañarlo.

La condición adolescente de la narradora no es un dato cronológico (no se dice exactamente qué edad tiene) y tampoco su edad está referenciada por el espacio escolar, la amistad de un grupo de pares o alguna otra convención de la representación de la adolescencia. Se construye como una inferencia de otros datos como el tratamiento de "señorita" (Lange, 1956: 50), su propia referencia a que tiene "pocos años" (*ídem*: 144), su situación de "nieta" en la constelación familiar que introduce, a la vez, su posición de "aprendiz" en relación con la madurez que representa la "abuela": "y estaba yo allí, intrascendente, *apenas adulta*, amargándole la vejez, despojándola de su profesado silencio ..." (*ídem*: 70; el destacado es nuestro). En conclusión, podríamos decir que la adolescencia de Marta se descubre, como el secreto que media entre las dos imágenes *casi* idénticas, *entre* los otros datos de la historia o, más exactamente, entre los otros *rostros*. La búsqueda del rostro femenino que "falta" en uno de los retratos, su vigilancia de los rostros que "entran" en el espejo a través del reflejo, no es otra cosa que la búsqueda del propio en/entre los de las otras mujeres de la familia. Por eso, el aprendizaje "culminará" cuando su abuela muera y, al atrapar su rostro sin aliento en la superficie de un espejo, haya lugar para el suyo:

> "(...) al recordar que era su nieta predilecta, me parecía probable que la cara de mi abuela hubiese buscado la mía para compartir la suya, ya que no figuraba en los retratos y ella quería algo distinto de qué asirse. También era posible que sólo se hubiese propuesto prepararme para la vida desde su propia cara ..." (*idem*: 27).

Adriana Mancini ha señalado que "La relación que se establece entre la vieja abuela, dueña de casa, y su nieta narradora del relato, es otra de la formas de presentar el devenir temporal" (Mancini, 2010: 98). Efectivamente, el par que construyen la abuela y la nieta representa la continuidad familiar que veíamos quebrarse en la literatura de Beatriz Guido pero, sin embargo, si bien el texto cierra con la sustitución de la vieja mujer por su nieta adolescente ("por primera vez, yo ocuparía el sitio de mi abuela", dice la narradora refiriéndose a la mesa de los domingos –Lange, 1956: 134–) esto no significa ninguna forma de "progreso" en el conocimiento (el misterio no se revela): en *Los dos retratos,* crecer, volverse mujer, es participar de un secreto.

Excurso: Clarice Lispector

La escritora brasileña Clarice Lispector publica entre 1967 y 1973 una serie de crónicas en el *Journal do Brasil.* Una de ellas, fechada el 6 de julio de 1967, se llama "Revelación de un mundo" y trata sobre lo que Lispector llama "hechos de la vida ... la relación profunda de amor entre un hombre y una mujer, de la que nacen los hijos" (Lispector, 2011 [1967]: 94).

En la crónica, Lispector narra su iniciación en los saberes de la sexualidad hacia los trece años. En general, el relato reproduce cierta cronología propia de la época que hemos visto retratada en este capítulo y en el anterior: la ignorancia inicial a una edad que ella considera "atrasada" (trece años); las versiones de las compañeras del colegio y la decisión de callar su desconocimiento para no ser objeto de burlas; el pedido de información a una amiga y *la revelación de un mundo* que se abre como una herida que tarda en cicatrizar hasta "tener toda sola que rehacerse para de nuevo aceptar la vida y sus misterios" (*ídem*: 95).

El aprendizaje, que opera el pasaje, no está, entonces, en el contenido de la información sino en la posibilidad de *rehacerse* después de la sorpresa[171]. El carácter referencial del lenguaje de la narración no ficcional le permite a Lispector explicar lo que en las novelas de Gallardo, Lange y Guido se cuenta a través de los recursos de la ficción: el misterio permanece intacto aun después de la información. El silencio de Néfer y las espías de Lange y Guido aprenden ese "pudor exclusivamente femenino" (*ibídem*) que, para la escritora brasileña, es propio del devenir mujer:

> "... lo más sorprendente es que, incluso, después de saberlo todo, el misterio permaneció intacto. Por más que yo sepa que de una planta brota una flor, sigo sorprendida con los caminos secretos de la naturaleza. Y si continúo hasta hoy con pudor no es porque me parezca vergonzoso, es pudor exclusivamente femenino" (*ibídem*).

2. Hacerse hombre

También en el caso de los personajes masculinos la representación literaria de la iniciación sexual toma la forma de una revelación en tanto constituye un pasaje a un conocimiento vedado hasta esa edad. Sin embargo, al *voyeurismo* de la escena femenina se agrega la dimensión espectacular de la propia imagen de sí: el *ser visto* (por los otros) como hombre como estrategia de validación social de la condición masculina. El relato de formación masculino de los sesenta pone en el centro de la discusión el "sueño de autorrealización manifestado en la hombría" (Millington, 2007) que no es otra cosa que la sujeción a un sistema de monitoreo permanente, un proceso de evaluación constante, en el que la identidad masculina está siempre sometida a prueba. Marit Melhuus explica que,

> "Mientras que las mujeres parecen clasificarse de manera directa como decentes o no decentes, a los hombres se les clasifica según su

---

[171]. La "sorpresa" de hecho también representa un orden del conocimiento *no informacional* que es lo que en el título de la crónica representa la "revelación". Es, asimismo, la experiencia que según María Inés Lagos (1996), en su estudio sobre el relato de formación de protagonista femenino, caracteriza al proceso de desarrollo de la mujer en este tipo de textos. Dice Lagos: "no es gradual, sino que se produce a través de momentos epifánicos" (Lagos, 1996: 46).

espectro de posiciones relativas, como más o menos hombres. Por lo tanto la masculinidad puede ser –y es– continuamente cuestionada. La feminidad (en las mujeres) parece ser asunto sin importancia: es más bien el carácter moral de cada mujer que está en juego" (Melhuus citado por *ídem*: 41).

Por lo tanto, no resulta casual encontrar en los textos situaciones en las que el personaje masculino adolescente atraviesa una experiencia especular en donde su condición de varón se afirma o discute en el juego de espejos de su mirada y la de los otros.

En el mismo sentido, si la trasgresión al modelo femenino del orden patriarcal consistía en una apropiación *activa* de la sexualidad, por el contrario, la contravención del modelo de masculinidad hegemónico en estos textos estará dado por el carácter *pasivo* de la conducta de ciertos personajes: o, más exactamente, por el hecho de no ser reconocidos como hombres/varones por los otros. El adolescente masculino aprende –tiene que aprender– a actuar como hombre porque, en la corroboración del otro, está la posibilidad de su autorreconocimiento.

Durante los sesenta se da en la Argentina una "revolución sexual discreta" (Cosse, 2010) cuya principal conquista es la separación de la idea de sexo de la de reproducción, por lo tanto, el matrimonio o la paternidad dejan de ser marcadores de "inteligibilidad cultural" (Millington, 2007: 42) de la condición masculina. Asimismo, la "segunda revolución femenina", a la que aludíamos en el parágrafo anterior, obligaba a una reconfiguración del campo de fuerzas que sustentaban hasta ese momento los modelos socioculturales dominantes acerca de la *diferencia genérica*. En ese contexto, serán necesarios nuevos discursos que construyan una noción de género masculino andamiada sobre otras legitimidades conformes a la nueva situación. A este respecto, podemos hallar en la literatura de los años sesenta en la Argentina un interesante contrapunto entre dos pares de escenas emblemáticas a este respecto.

El primer par lo constituyen dos episodios de *voyeurismo*: el primero es una escena temprana de la historia de *Fin de fiesta* (1958), de Beatriz Guido, el segundo es la acción principal del cuento "La invasión" de Ricardo Piglia (1967).

Fin de fiesta comienza con el relato de las siestas en las que Adolfo espía a sus primas Mariana y Julieta mientras se bañan en un río, hasta la tarde en la que es sorprendido por una de ellas. Mariana se había negado a desnudarse todos los veranos y su primo había gozado con ese aplazamiento hasta una tarde calurosa de febrero en el que la espera culmina aunque, con ella, también, el espionaje.

El descubrimiento del cuerpo de su prima se manifiesta como una "compensación" (Guido, 2000: 19) a su espera pero, al mismo tiempo, con "indignación" porque había descartado ir con los otros adolescentes de la casa a un prostíbulo por la promesa de un cuerpo que ahora se le revelaba "semejante al mío":

> "Las piernas largas y delgadas como las de un niño, adolescente, los pechos pronunciándose apenas y una suerte de pelusa de durazno tornasolada, como la de un animal recién nacido, quitaban a su cuerpo toda lujuria. Los cabellos cortos afirmaban aun más la perfección casi viril de su nuca. (...)
> Yo había abandonado todo eso por una especie de niño de bronce, parecido a una estatua del escritorio de Braceritas, por un cuerpo semejante al mío, con la misma sangre por parte de madre, que empalidecía nuestra piel con un tinte mate inconfundible" (*ídem*: 20).

La indignación va *in crescendo* cuando luego, descubierto por su prima, esta denuncia el episodio ante su abuelo como una violación, lo que desata la furia del patriarca sobre el adolescente y de este contra Mariana. La mentira da lugar a un tortuoso frenesí en el que el muchacho "deseaba que los latigazos no terminaran nunca" (*ídem*: 25), y a continuación, intenta violar a su prima "Ahora te la voy a hacer de veras —repetía a media voz, mientras la golpeaba" (*ídem*: 26). Por su parte, el narrador explica que la chica "se dejaba golpear pronunciando apenas mi nombre, muy suavemente, como si mis golpes la liberaran de su delación y su injuria" (*ibídem*) y el capítulo II comienza con el retrato de una Mariana que "Se sentía incomprensiblemente feliz" (*ídem*: 27).

En el episodio se reconoce una secuencia compleja en la que el que mira (Adolfo) se reconoce a sí mismo en el cuerpo del otro (Mariana) y el rechazo por esa identidad genera una indignación que es, paradójicamente, tal vez, la razón que moviliza la volunta de diferenciarse, en la escena del intento de violación. Adolfo se vuelve "hombre" al soportar el dolor del abuso de autoridad de su abuelo y al infligir la misma violencia sobre otro cuerpo (femenino) al que "pone en su lugar" colocándolo en el lugar del sometido. El telón de fondo es la visita al prostíbulo de Avellaneda en el que las mujeres ocupan *su lugar* a disposición de los hombres. En el capítulo II, José María, otro de los adolescentes del grupo que concurre al burdel, le explica a Mariana que fue "Adonde van los hombres" (*ídem*: 30).

PARTE II: Literatura y experiencia adolescente

La otra escena es el núcleo narrativo de "La invasión" (1967) de Ricardo Piglia. Es, como, muchos de los cuentos que leíamos en el capítulo V, un cuento de *colimba*. En este caso, el protagonista es Renzi, un conscripto que está preso junto con otros dos porque el teniente le "tiene bronca" (Piglia, 1992 [1967]) por ser estudiante universitario. Sus compañeros de celda, Celaya y un "morocho" dicen estar ahí por haber desertado.

La llegada de Renzi no es bienvenida en la celda por sus compañeros de castigo que, en el relato del narrador, aparecen siempre descritos como uno solo: gestos de complicidad, juntos en el espacio, comparten un cigarrillo, comen juntos y ambos rechazan a Renzi. El "morochito", que no tiene nombre, tampoco tiene voz; Celaya es el único que contesta las preguntas del recién llegado y el que le advierte que no le conviene "jugar al machito" (*ídem*: 66) con la aclaración de que "no estás en la Universidad, así que mejor sentate ahí, quedate piola y no jodás" (*ibídem*). Después del diálogo inicial, los personajes reciben en silencio la comida, el colchón y las mantas para dormir. A continuación, y en pocas líneas, el cuento encuentra su conflicto: Renzi es testigo —en la penumbra de la celda— de un encuentro sexual entre el morocho y Celaya y sobreviene el desenlace: "Renzi se aplasta contra el cemento, cara a la pared, hecho un ovillo entre las mantas" (*ídem*: 69).

Gabriel Giorgi (2004) ha leído en la escena la metáfora del campo de las tensiones políticas propias de finales de la década del sesenta. Por un lado, el personaje del estudiante universitario "rebelde" representa al sujeto que un años antes había protagonizado la "Noche de los bastones largos" (y será el protagonista de *los 68*, dos años después). Por el otro, la figura del militar que "le tiene bronca" y el encuentro en el marco del servicio militar obligatorio. Finalmente, el "morochito" sin nombre es el anónimo "pueblo" del que unos y otros se arrogan el derecho (o la autoridad) de representar, es decir, aparece "hablado" por boca de otros. Pero, de esta lectura lo que más nos interesa es que, para Giorgi, la escena se constituye como una "lección" que se inscribe entre el "ver" y el "entender"; esto es, nuevamente, una revelación:

> "(...) al final Renzi "no puede ver", eso que lo enceguece, el espectáculo sexual, es el testimonio involuntario de una "revelación", un saber que sucede como en sueños, y el texto marca esa transición pasando del pretérito al presente. Esa escena en presente, que queda en suspenso porque Renzi deja de mirar, es la materia *de su aprendizaje*, una lección cuyo contenido o sentido queda, también, en suspenso" (Giorgi, 2004: 53).

Para Giorgi, "El colimba-estudiante aprende al mismo tiempo una lección de sexualidad y de Historia, en ese *closet* que será, paradójicamente, un lugar de revelación" (*ídem*: 54).

En este cuento de Ricardo Piglia, que originariamente iba a llamarse "Entre hombres", nuevamente, como en el episodio inicial de *Fin de fiesta*, la mirada devuelve al *voyeur* la imagen de un cuerpo semejante al suyo. La revelación de la escena de sexo homosexual le permite al colimba-estudiante reconocer, a partir de la identidad, su diferencia. Lo que "no puede comprender", al principio, es aquello que "no quiere ver" pero cuya certidumbre lo obliga a replegarse de cara a la pared: la Historia hecha cuerpo en el goce del "morochito" sodomizado por el impositivo Celaya. Su propio cuerpo "atrapado" por la Historia en esa celda, lejos de "su" espacio protegido, el de la Universidad.

El segundo contraste que nos interesa es el que representan dos cuentos de Abelardo Castillo, "El marica" y "La madre de Ernesto", ambos del libro: *Las otras puertas* (1961) y de la misma serie dentro del volumen, la de "Los iniciados". Los dos cuentos refieren a la iniciación sexual de un grupo de adolescentes con una prostituta lo que, en principio, constituye una recreación de una costumbre habitual entre los adolescentes de la época, ligada al culto de la virginidad de las mujeres "decentes" pero también, y especialmente, a estas formas de la "dramatización" o visibilidad de la condición masculina a la que hacíamos referencias al comienzo. De hecho, es este último aspecto lo que constituye la singularidad del tratamiento del tema en estos dos cuentos de Castillo sobre el "fondo" de una larga lista de escenas o referencia a la iniciación prostibular que es un tópico emblemático de las narrativas de aprendizaje de personaje adolescente masculino.

En "El marica" un personaje, llamado Abelardo –como el autor– se dirige (muchos años después del evento), en segunda persona y en un estilo ciertamente "epistolar", a César, un amigo de la infancia, para confesarle su verdad respecto del día de su adolescencia en que fueron con una prostituta. La historia refiere a la amistad que se prodigaban ambos y a la diferencia de César respecto de los otros muchachos que sembraba dudas en Abelardo y que merecía directamente el mote de "marica" por parte del resto del grupo.

Abelardo define a César como "raro" porque no orinaba frente a los demás ni se desnudaba en la laguna, no le gustaba trepar a los árboles ni romper faroles a cascotazos ni correr carreras entre matorrales. Es decir, su rareza consistía en no conducirse según el modelo de "masculinidad hegemónica" (Millington, 2007). La enumeración de las *rarezas* de César podría traducirse en que no hacía alarde de su fortaleza física o se despreocupaba por los riesgos o las consecuencias de sus acciones o apelaba a la competitividad con otros hombres para afirmar su condición masculina. Como era esperable en relación con la enumeración anterior, César se sale de la fila de chicos que aguarda su encuentro con "la gorda" que cobra cinco pesos para verle "la cara a Dios" (Castillo, 2000 [1961]: 48) y a la que ha sido llevado arteramente por el amigo. La huida de César corrobora su condición de "marica" ante el grupo y genera una acaso inesperada violencia en Abelardo.

El narrador, cuando describe la salida de los chicos del cuarto de la prostituta, dice que su "impresión" era que "salían distintos. Salían hombres" (*ídem*: 49). Los términos de la descripción son, desde nuestra perspectiva, muy significativos. El retrato se presenta como una "impresión" y la definición tiene la misma condición visual: esos chicos eran *como salían* es decir, como se presentaban a la vista de los demás. El rechazo de César se constituye en prueba de su homosexualidad porque se rehúsa a presentar *testimonio* de su hombría. Esto es lo que enseña la sorpresa final del desenlace del cuento cuando Abelardo confiesa a su viejo amigo que él tampoco había "podido" tener relaciones sexuales con la mujer pero que *al salir de la pieza* le había pedido que no le contara nada a nadie. César acusa a Abelardo de ser "peor que los otros" (*ídem*: 50) porque su impostura es más profunda: no solo no *quiere ver* la homosexualidad de César (lo golpea hasta desfigurar su "hermosa cara") y, presumiblemente, su propio amor homosexual por el amigo, sino que *quiere ser visto* como hombre y por eso oculta su "fracaso" a la salida de la pieza y *se muestra como hombre* golpeando e insultando al "marica".

En este cuento, como en los otros, la identidad de género se instala en la tensión entre el ver y el ser visto y entre el ver y el poder ver (o entender). Cuando Abelardo relata la furia que le provoca que César haya abandonado la casa de la prostituta solo puede mencionar su deseo de "olvidarse de aquella cosa" (*ídem*: 49). La indeterminación de la referencia de la palabra "cosa" abre la polisemia del referente implícito: ¿qué "cosa" quiere olvidar? Solo se sabe a ciencia cierta que esa cosa es "como una arcada" (*ídem*: 50) que le estaba atragantando y solo puede remediar a fuerza de golpear, lastimar y ensuciar al otro chico.

En otro cuento, "La madre de Ernesto" (1961), como mencionábamos, también se narra la historia de la iniciación sexual de un grupo de adolescentes varones que concurren en este caso al encuentro de una mujer en un precario prostíbulo que acaba de inaugurarse en el pueblo. Los chicos presumen que se trata de la madre de uno del grupo que está de vuelta después de que cuatro años atrás había partido con una compañía teatral. La idea de que se trate "de la madre de uno de nosotros" (*ídem*: 35) les genera una fuerte inquietud o, más exactamente, "Cierta cosa inconfesable, cruel. Atractiva. Sobre todo, atractiva" (*ídem*: 33).

Las contradicciones que les suscita el hecho de que la prostituta sea la madre de Ernesto los anima antes que desalentarlos en la empresa y, entre los argumentos, el narrador explica que "Costaba trabajo mirarlo de frente" a Julio, el que trae la idea porque los hacía sentir "culpables". De todos modos, el hecho de no tener nada de "puros o piadosos" hacía que "nos parecíamos bastante a casi todo el mundo" (*ibídem*). Una vez más: su falta de escrúpulos los volvía "adultos" y, particularmente, "hombres", ante Julio. El problema sobrevendrá cuando se trate de reflejarse en otra mirada: la de la madre de Ernesto.

Retrospectivamente, el narrador recuerda cuando la mujer "todavía era" la madre de Ernesto, cuando la conocieron en su casa y frente a ella "Nos quedamos mirándola, fascinados" (*ídem*: 37). En esa oportunidad, la contemplación de la madre de Ernesto les había devuelto la imagen de una mujer "linda" semidesnuda bajo un deshabillé entreabierto. La escena encuentra su doble invertido cuando, en la pieza del prostíbulo, nuevamente frente a frente a esa mujer, ella se vuelva la madre de Ernesto cuando, perpleja, y cerrándose el deshabillé, pregunte a los muchachos si le había pasado algo "a él, a Ernesto" (*ídem*: 38). Esta vez, la madre les niega su condición de mujer y los vuelve niños, a su pesar. Una escena de profundas reminiscencias psicoanalíticas que alude a la renuncia al deseo por la madre y la aceptación del padre lo que, en principio, representaría un "contrato no escrito" que ofrece al niño[172] ciertas gratificaciones y un estatus aplazados, según Millington:

> "Logrará una posición comparable a la del padre cuando sea mayor con la promesa de una expresión completa de su deseo sexual. En otras palabras, el niño recibirá la compensación cultural de la masculinidad hegemónica, con todas sus ventajas, supuestas o reales" (2007: 41).

Como vemos, el *hacerse hombre* se vuelve reiteradamente una lucha del sujeto en el medio de un proceso de evaluación constante y, como también

---

172. El deseo por la madre del compañero de clases o del grupo de pares es un lugar común de la narrativa de aprendizaje adolescente. Constituye, por ejemplo, el núcleo narrativo de *Las batallas en el desierto,* del escritor mexicano José Emilio Pacheco, novela publicada en 1981 y que hoy forma parte del canon escolar en su país.

señala Millington, de impugnación constante.[173] Este proceso alcanza a la representación literaria del homoerotismo cuya visibilidad también está ligada al "afán modernizador (que) se traducía en consignas revolucionarias que en gran medida apuntaban a demoler los pilares del autoritarismo patriarcal" (Maristany, 2006/7).

La representación de la iniciación sexual adolescente homosexual es, sin lugar a dudas, uno de los índices más significativos de los procesos de modernización en curso. En términos de Maristany,

> "Entre Arlt y Puig, entonces, la sexualidad escribible habría estado sometida a los principios del pudor borgeano, y aun un autor vanguardista como Cortázar habría colocado a la mujer o al homosexual en una "escala inferior de la construcción falocrática asentada en el clasicismo griego" (Amícola, 2000: 156) entendiendo la sexualidad exclusivamente en forma compartimentada como oposición binaria.
>
> Ahora bien, propongo pensar para los años 60 no en un vacío de representaciones que operen una ruptura con los pudorosos modelos tradicionales, sino en la emergencia de escrituras "ilegales" rápidamente sofocadas desde los aparatos de censura" (Maristany, 2009).

Hemos tratado un buen número de casos de estas "escrituras ilegales" que transgreden el modelo de sexualidad tradicional. Podemos citar, "La narración de la historia", de Carlos Correas (1959); la violación de Felipe en *Los premios* de Cortázar, de 1960, pero también el sexo homosexual adolescente en distintas escenas escolares de *La traición de Rita Hayworth* (1968) de Manuel Puig y *Nanina* de Germán García (1968) y recién discutíamos el caso de "La invasión" de Ricardo Piglia (1967). En esta serie destaca el caso de *Asfalto* de Aldo Pellegrini,[174] novela publicada en el año

---

173. La visita al prostíbulo como una instancia de validación de la "hombría" es también clave en *Los cachorros* de Mario Vargas Llosa (1967) para desacreditar a Pichula Cuellar que, como hemos visto estaba impedido de realizar el acto sexual por una mutilación sufrida después del ataque de un perro.

174. Significativamente, Ángela Dellepiane en un artículo de 1968 reúne los nombres de Sara Gallardo y de Renato Pellegrini en una "generación": "Como en una misma época y país los diversos estratos humanos no se yuxtaponen o suceden sino que se entrelazan, tendríamos que formar otro grupo con los escritores nacidos del 30 en adelante, entre los que descuellan Sara Gallardo, quien en Enero (1958), ha sabido dar testimonio de una realidad sin intentar mejorarla consiguiendo trasmitir con fuerza el drama de la soledad de su protagonista. Asimismo, Renato Pellegrini, quien compone dos novelas –Siranger (1957) y Asfalto (1964)– de muchachos adolescentes en los que el problema de la homosexualidad, del sexo vacilante, es el eje novelesco" (Dellepiane, 1968: 241).

1964 (y escrita entre 1960 y 1963) porque, en ella, la búsqueda de la identidad sexual es explícitamente el tema y su tratamiento asume la forma de la novela de aprendizaje con personaje adolescente con muchos de los tópicos que hemos relevado en nuestra lectura durante esta II[da] Parte: el espacio de la escuela, el descubrimiento de la ciudad, el universo de la explosión de la cultura de masas durante los '60; también el anclaje autobiográfico. Asimismo, asume la tarea de una "pedagogía homosexual" que, si bien, como veremos a continuación, tiene aspectos discutibles, representa una singular variación al relato de formación que interesa en nuestro estudio.

Asfalto cuenta la historia de un adolescente llamado Eduardo Ales que, habiendo perdido la beca que le permitía estudiar la secundaria, en su pueblo natal en Córdoba, decide irse a la Capital. A partir de la decisión de abandonar la escuela, Ales encuentra la ciudad. El "asfalto" del título será el eje de una suerte de narración en movimiento que relata los desplazamientos del pueblo a Río Cuarto y de ahí a Buenos Aires. Ya en la ciudad, el relato seguirá los traslados del personaje a través de distintos espacios marginales: cuartos de pensiones, baños públicos, un trabajo menor en una librería, residencias pasajeras en casas que le dan alojamiento de manera transitoria y en convivencia con sujetos también al margen: desocupados, viejos, pederastas, prostitutas, estafadores, artistas *underground*. En este sentido, el adolescente circula por lugares semejantes al Leopoldo de *Nanina* y repite su experiencia de inmigrante del interior a la "gran ciudad". Sin embargo, en *Asfalto* la experiencia de la calle está exacerbada y la narración enfatiza el desplazarse de un modo que parece heredero de la *beat generation* y hasta de la propia *El cazador oculto* por la intimidad del vínculo que plantea entre aprendizaje y desplazamiento. José Maristany ha descrito genéricamente a la novela como "una especie de picaresca-existencialista" (Maristany, 2009). En una suerte de monólogo, el personaje describe su aprendizaje de/en la ciudad del siguiente modo:

> "Vivía con todos mis poros, renovándome, la aventura nocturna de la ciudad, deslizarme cual pájaro de alas invisibles entre sus letreros luminosos, trazadores de planos verdes, azules, naranjas. La calle, enorme cruz de asfalto, truncada por luces blancas revoloteantes, me quitaba el aliento. Vagarla, era integrarla, conjugarse en hombres y mujeres distintos cada vez. Me asombraba pensar, sin comprenderlo, que ellos pudieran ser continuamente, existir en todos los instantes, aún fuera de mi conocimiento, antes y después de haberlos vistos o de no haberlos vistos nunca. Cada uno de ellos era un universo propio, distinto al de los demás, sus preocupaciones, su dicha, sus recuerdos,

sus ideas. Hablarles resultaba un descubrimiento" (Pellegrini, 2004: 140).

La ciudad se vive con el cuerpo y el tránsito por ella se describe como un deslizamiento y un vagar, el texto construye la imagen de un *flâneur* para la representación de una edad que hemos reconocido como eminentemente urbana. En la calle, el encuentro con el otro y su diferencia es una experiencia de conocimiento que va del asombro, "sin comprenderlo" hasta el "descubrimiento".

Junto a este interés por presentar la experiencia de aprendizaje en términos del desarrollo de estrategias para sobrevivir a la intemperie del asfalto, la novela pone en primer plano la búsqueda de la identidad sexual del adolescente lo que habilita, en tercer lugar, una suerte de discurso didáctico acerca de la homosexualidad. Este último aspecto que le valió la censura, tiene, no obstante, un tratamiento controvertido en la novela en tanto que, a pesar del evidente interés en defender la homosexualidad como una identidad de género, aparece asociada a la criminalidad o a la perversión en los personajes "portavoces" del mensaje aun en el caso del personaje de Ricardo Cabral que se erige como el "maestro" del adolescente en estos temas. En su andar por la ciudad,[175] Eduardo Ales se encuentra con un compañero de pensión que lo "entrega" en una orgía a un tercero a los que el adolescente (que golpeado y vejado termina huyendo) describe como "sátiros"; Cabral es un ex diputado acusado de pederastia y exconvicto; Barrymore, el dueño de la librería en la que trabaja es calificado despectivamente por Cabral como una "marica" y por Ales como un "fauno". En el baño de un bar conoce a un viejo lustrabotas miserable que paga por favores sexuales al que termina ahorcando en la escena final, sin motivo aparente. De hecho, cada uno de los movimientos del chico está marcado por el asedio de un homosexual que, en todos los casos, por algún motivo, se presenta como una amenaza para su integridad física o moral Finalmente, ante la disyuntiva del amor simultáneo que siente por Marcelo, un artista plástico y afecto a la poesía y Julia, una vecina prácticamente angelical,[176] opta por su relación con

---

175. La escena de seducción homosexual que surge a partir del andar por la ciudad del adolescente reconoce dos antecedentes directos: la de *El juguete rabioso* de Roberto Arlt (1926) en la pensión, en la tradición de la "picaresca" argentina que hemos trazado. Por otra parte, la del profesor de Holden Caufield a quien acude en su ayuda mientras deambula por Nueva York, en *El cazador oculto* (cuya primera edición en la Argentina ya hemos consignado como de 1961).
176. El carácter angélico de Julia se reconoce por oposición con el asfalto del que emergen todos los demás personajes. Cuando Eduardo conoce a Julia leemos:

Julia. En resumen, después de conocer a distintos personajes de la cultura homosexual, todos ellos ligados a espacios marginales de la ciudad, y de recibir, por parte de Cabral largas lecciones y bibliografía acerca de la homosexualidad:

> "Ales, en términos existenciales, elige destruir cualquier auténtica existencia que pudiera haber desarrollado al no preferir el camino más difícil de crear su propio y único ser, aunque fuera uno marginalizado por la mayor parte de la sociedad. En vez de esto, imita el modelo negativo y preestablecido del 'macho' agresivo" (Brant, 2004: 133, citado en Maristany, 2009).

Sombras sobre un vidrio esmerilado: a modo de conclusión

"Sombras sobre un vidrio esmerilado" de Juan José Saer forma parte de *Unidad de lugar,* publicado en 1967. El cuento es una profunda indagación acerca del tiempo en boca de Adelina Flores, una poeta a la que le han practicado una mastectomía y que reflexiona sobre la condición efímera del presente a través del contraste entre la ausencia "palpable" de su seno y la sombra que proyecta el cuerpo desnudo –y deseado– de su cuñado, tras un vidrio esmerilado mientras se baña y mientras su hermana ha salido.

En el cuento, el tiempo se hace cuerpo, como en las ficciones de aprendizaje adolescente que recorrimos en este Capítulo. El triángulo que conforman los tres personajes centrales – el de Adelina, su hermana Susana y su cuñado Leopoldo – se completa con la aparición intempestiva en el relato de un cuarto personaje, Tomatis, un "chico" según el monólogo de Adelina.

La escritora había sido invitada a una mesa redonda en la universidad sobre "la influencia de la literatura en la educación de la adolescencia" (Saer, 2008 [1961]: 216) y había asistido a desgano para promocionar su libro. Cuando terminó de hablar, "Ese chico", ¿cómo se llamaba? Tomatis" (*ibídem*) se echó a reír y la desacreditó espetándole que hacía tiempo que no salía de su casa. Más tarde, en un aparte, le preguntó: "¿Usted no cree en la

---

"Nos miramos. La gente, en derredor, se petrificó" (Pellegrini, 2004: 200) y a continuación (p. 214) después de encontrarse con Julia en una esquina se cuenta: "Tomándonos del brazo, entramos en la ciudad transparente, atravesamos hombres y mujeres de indiferenciación individual. Ni haciéndolos con envases de tubos de gas, resultarían tan estúpidamente iguales". La frase representa la idea contraria a *la escuela de la calle* que citábamos de la página 140 más arriba: el mundo "real" que habita la ciudad le es indiferente porque ya no importan; no puede aprender nada de ellos que, ahora, resultan, por ello "estúpidamente iguales". La llegada de Julia representa el fin de su aprendizaje.

importancia de la fornicación, Adelina? Yo sí creo. Eso les pasa a ustedes, los de la vieja generación: han fornicado demasiado poco, o en su defecto nada en absoluto ... Usted debería fornicar más, Adelina, sabe, romper la camisa de fuerza del soneto – porque las formas heredadas son una especie de virginidad – y empezar con otra cosa" (*ídem*: 217).

La irrupción del adolescente Tomatis y la violencia de su impugnación oponen la "fornicación" a la "literatura" en la educación de la adolescencia sobre la que Adelina disertaba. Tomatis la invita a abandonar las formas heredadas –una especie de virginidad– y a cambiar: "empezar con otra cosa". La crítica, en la lectura del cuento, generalmente ha reparado en la discusión sobre el tiempo que se establece en función del triángulo amoroso y que se enuncia en el soneto que, fragmentariamente, se descubre a medida que la historia avanza. Este episodio, acaso tangencial, también habla sobre el tiempo pero sobre el momento histórico en el que el cuento se escribe. El adolescente cifra en el reconocimiento de los saberes del cuerpo la fuerza de renovación necesaria para el cambio generacional. La literatura que ocupe un lugar en *la educación de la adolescencia* tendrá, también, nuevas formas.

TERCERA PARTE:

La cultura adolescente
y los jóvenes en los sesenta-setenta

Capítulo VIII

El tesoro de la juventud

1. Lectura y formación

Otro aspecto, fundamental, a considerar en las relaciones entre literatura y formación, es cómo se plantea la transmisión de los bienes culturales a las nuevas generaciones. Las estrategias de *reproducción* (Bourdieu, 1970) son parte de los mecanismos de conservación de la cultura en cualquier momento histórico y espacio social pero resultan especialmente significativas para el análisis cuando se trata de un estado de cultura definido en tiempo de aprendizaje y que ha hecho de la edad adolescente su metáfora, por el lugar primordial que la educación ocupa en el establecimiento de las reglas de juego sociales.

Como hemos señalado en capítulos anteriores, en los años sesenta en la Argentina, la lectura aparece como la principal práctica de comprensión, apropiación, reproducción y transformación del universo simbólico tanto a nivel individual como de las instituciones. Esta posición que ocupa la lectura es un fenómeno complejo asociado a causas inmediatas y otras tan mediatas como esenciales a la constitución del país. Por un lado, desde sus inicios en el siglo XIX, la cultura nacional ha estado caracterizada por su confianza en la palabra escrita y en el libro como dispositivos disciplinadores y, por lo mismo, en el papel modelizador de la literatura: la Generación del '37 le asignó el poder de exorcizar los peligros de la barbarie; los *gentlemen escritores* de la Generación del '80, continuaron el proyecto iluminista de Sarmiento y Alberdi, y, para el Centenario, los libros nacionalistas antepusieron la santidad de la letra argentina a los demonios de la invasión gringa. La Ley de Educación Común 1420 (1884) sería el principal instrumento para producir esa integración en una lengua común y en lecturas programáticas. Como ha señalado Adolfo Prieto (1988), este rasgo casi "mítico" asignado a la capacidad de leer como "pieza maestra del proyecto del liberalismo, fue aceptada tanto por los que buscaban asimilarse a su proyecto como por los que abiertamente querían subvertirlo desde una perspectiva ideológica contraria" (Prieto, 1988: 14). A este respecto hemos señalado el poder revolucionario que también le asignara el anarquismo para la misma época. Durante el primer gobierno peronista, la lectura seguirá siendo clave de cualquier transformación cultural y piedra fundamental del proyecto de Estado (y sus efectos de propaganda) aunque esta vez será parte de una política de democratización del acceso a los bienes culturales. En este punto, en principio, la centralidad de la lectura en el relato de formación de los años sesenta será acreedora de los beneficios que resultaron de esta larga tradición, pero se sumarán, también, factores de su propia coyuntura histórica, algunos de los cuales han aparecido ya, en nuestras discusiones en capítulos anteriores. Entre los principales, podemos recordar: el fuerte impulso de la industria editorial que se manifiesta en el crecimiento de las tiradas, el surgimiento de nuevas editoriales, la "nacionalización" y "latinoamericanización" de los catálogos como parte del posicionamiento de los libros argentinos y latinoamericanos en los mercados europeos, y, en el mismo campo, el auge de la traducción. También, el fortalecimiento del poder adquisitivo de la clase media que produjo un crecimiento notable de la matrícula de la escuela secundaria[177] y de la universidad así como favoreció el consumo masivo de productos culturales como revistas, espectáculos teatrales, cinematografía. Del mismo modo, los procesos de modernización tecnológica y de las costumbres en curso implicaron el desarrollo de los distintos ámbitos de la ciencia que conllevó, necesariamente, un mayor consumo e intercambio de bibliografía tanto como un impulso a la producción de conocimiento en el país. El mejor ejemplo de este fenómeno fue la creación de EUDEBA, en 1958, por iniciativa del rector de la Universidad de Buenos Aires, Risieri Frondizi. EUDEBA tuvo la particularidad de que, no solo se convirtió en la editorial universitaria más importante de América Latina, por la calidad de su producción, sino que también se ocupó de la divulgación científica y de

---

177. A este respecto Jorge Rivera (1998) señala, según datos del Ministerio de Hacienda y Finanzas (Información Económica de la Argentina) que la matrícula de la educación secundaria creció, en el decenio comprendido entre 1960 y 1970 de 563.467 estudiantes a 1.007.537. El índice de analfabetismo de la Argentina era el más bajo de los países de América Latina con un promedio de 10/15% entre 1959 y 1961. (Rivera, 1998: 149).

la publicación de textos para la enseñanza, lo que, señala Amelia Aguado (2006), no era común en su momento.

En lo que respecta, específicamente, a los adolescentes, el principal aspecto a considerar es que adolescentes y jóvenes representaban, para el período estudiado, la proporción mayor del público lector argentino. De acuerdo con datos suministrados por Francisco Romero a partir de un informe de la UNESCO acerca de la educación en América Latina publicado en los años noventa,

> "(...) mientras que en el período 1950-1953 el 40% de los lectores tiene entre 20 y 40 años y un 47% de ellos son niños y adolescentes, durante la década del sesenta si bien estas cifras se mantienen con matices, las mayores franjas lectoras se encuentran entre los veinte y treinta años, en primer lugar, y entre los 15 y los 18 años, en segundo término" (Romero, 2005: 51-52).

En consecuencia, el problema de la formación de los jóvenes y la lectura no será únicamente una cuestión ideológica sino ciertamente una discusión de mercado. El debate comprometerá a ambos aspectos e implicará, además, una profunda revisión de las estrategias históricamente aceptadas en tanto tendrá lugar en el seno de un momento de explosión de la cultura de masas que comenzará a apropiarse de los "intereses" de los adolescentes y en una época de aceleración de los tiempos históricos que cuestiona el valor asignado a las tradiciones y a su conservación. La pregunta acerca de qué deben leer y cómo deben leer los adolescentes asumirá distintas respuestas según el ámbito de su efectuación, como veremos a continuación.

2. Libros para adolescentes

En 1958, Enzo Petrini publica, en Italia, *Estudio crítico de la literatura juvenil*. En el capítulo IX, "La divulgación", Petrini comienza su discusión con la afirmación de que "Entre los filones de la literatura juvenil llama hoy especialmente la atención la divulgación" (Petrini, 1963 [1958]: 168) y plantea como problema central la relación entre el carácter documental y literario de este tipo de obras. En lo que respecta a la documentación científica, el planteo atiende a la necesidad de responder a la "responsabilidad de formación cultural" (*ídem*: 171) para con el adolescente "sin que haya de abandonar por ello la expresión poética a favor del manualismo o del enciclopedismo utilitario" (*ibídem*). Enzo Petrini advierte, acerca de cierta vocación *realista* del adolescente a la que llama "objetividad". Para el autor, mientras que, durante la infancia, las respuestas a sus porqués se satisfacen con el "cómo", "las conexiones visibles o simplemente afectivas" (*ídem*: 170), en el caso de los adolescentes, "se buscan respuestas exhaustivas de los porqués, o sea, de los problemas de la ciencia, de la técnica, de la moral, de la religión" (*ibídem*). Por otra parte, estos interrogantes toman una estructura totalmente diversa a la que tuvieran en la infancia porque, el adolescente:

> "(...) coordina sus propias interrogaciones, se sitúa intelectualmente en una exigencia de unidad del saber que es la primera condición de la ciencia en cuanto síntesis de conocimientos y no simple reconocimiento y denominación de la realidad objetiva, como es de hecho el descubrimiento de las cosas nuevas para el niño. Podemos decir que éste se mueve sobre la vertical que va del sueño a la realidad, mientras que el adolescente se mueve sobre la horizontal que va tocando sucesivos puntos de verdad con tendencia a alcanzar un punto que es como centro de la verdad universal, de la objetividad absoluta" (*ídem*: 171).

La idea de "divulgación científica" implica la de una comunicación extendida más allá de las fronteras del campo de la comunidad que participa de los presupuestos, paradigmas, teorías y conceptos de un área en particular del conocimiento. En ese sentido, lo que está en juego desde una perspectiva cultural, son las representaciones acerca de quién es el destinatario de esa "explicación" y de qué modo se produce esa transferencia. En el caso que nos ocupa, en el que la divulgación científica aparece como parte de una discusión mayor acerca de la educación de las nuevas generaciones, el problema implica una reflexión didáctica, por eso aclara Petrini:

> "Si es un 'grave error el creer que todo es susceptible de divulgación' porque 'son muchos los argumentos científicos que sería vano reducir a simples esquemas comprensibles para todos', sin embargo debe 'asegurarse que desaparezca en el mundo de los estudiosos esa sombra de desprecio, aunque sea velado por la educación, por el colega que no desdeña cierta actividad divulgadora'" (*ídem*: 173).[178]

En el marco de esa preocupación didáctica, el principal objetivo de Petrini, en relación con los libros de divulgación científica para niños y adolescentes, es insistir en que son estos, también, literatura. La idea de

---

178. Las citas incluidas en las palabras de Petrini pertenecen a Tortonese, E: *L'opera di divulgazione scientifica,* Firenze, "Schedario", núm. 18, 1965, p. 9.

"literatura" aparece frecuentemente asociada en el texto a la de una forma discursiva y retórica atractiva que no vaya en detrimento de la exactitud del dato o contenido pero, el concepto se descubre mucho más complejo en otras ocasiones, cuando se lo vincula con las ideas de narración y del "tiempo perdido" como la *temporalidad* propia de la adolescencia.

En cuanto a la narración, Petrini insta a que la divulgación científica para adolescentes tome la forma de "biografías noveladas" (*ídem*: 170). El autor toma la idea de otro italiano, Piero Bargellini (*ídem*: 172), que sostiene que "Es preciso hacer de los argumentos culturales biografías casi noveladas" (Bargellini en *ibídem*). La idea de "novela" es equivalente, en este contexto, a la de una *novela de aventura* del conocimiento. Para Petrini, la verdad científica no debe ser meramente expuesta sino presentada de modo tal que le permita al lector adolescente construir el conocimiento a lo largo de "una narración modulada según el ritmo de lo narrativo" (sic) (*ibídem*). El carácter "biográfico", por su parte, alude a la posibilidad de que, en esa aventura del conocimiento, el adolescente pueda ocupar el lugar de "héroe":

> "La divulgación ha de ser, pues, literatura, pero literatura auténtica que no renuncia al sueño, aunque éste ya no se hallará situado en los contornos evanescentes y mágicos de la fábula sino dentro del cuadro más preciso de la historia, de la ciencia, de la vida, en el clima de lo heroico que vive todo adolescente y que de ordinario revela una ambición espontánea. Ambición que es reforzada y guiada porque el adolescente 'Se cuenta o representa la acción que querría vivir. Y se trata de ordinario de acontecimientos narrados porque él todavía no ha escogido. Hace tentativas, por así decir, soñando. Si tuviéramos la clave de sus sueños, podríamos conducirle con mayor seguridad hacia su porvenir'" (*ibídem*).[179]

Planteado de este modo, la educación científica y cultural, que se propone a los adolescentes, debe pensarse como una de "las tecnologías que producen la experiencia de sí (Larrosa, 1995: 290)", o, dicho en otras palabras, como *formación*.

Finalmente, el último argumento de Enzo Petrini en defensa de una divulgación científica con un tratamiento *específico*, es, como hemos podido reconocer de modo hegemónico en los discursos en circulación durante los

---

179. Las citas incluidas en las palabras de Petrini corresponden al libro a Rimaud, J: *L'éducation, direction de la croissance,* Paris, Montaigne-Aubier, sin fecha.

años sesenta, las características singulares de la edad adolescente.[180] A este respecto, Petrini concluye que:

> "Es de fundamental importancia en la sociedad contemporánea resolver positivamente el problema y la solución no ha de venir tanto de los científicos cuanto de los escritores educadores que con la divulgación científica, histórica y artística podrían reparar en parte los daños de ese *adultismo* que amenaza a la joven generación, acosada por la necesidad de situarse lo más rápidamente posible en la vida y puesta en una situación opuesta al roussoniano *perder el tiempo* que pedía respeto por la maduración natural de la edad evolutiva" (Petrini, 1963: 176).

La conclusión toma, prácticamente, la forma de un alegato en el que, además, se resume, en gran parte, los principales tópicos del relato de formación que reconocíamos en los años sesenta y discutíamos, en particular, en relación con el discurso social en la Argentina. Petrini reinvidica el "perder el tiempo" o moratoria social de los adolescentes y se apoya en la autoridad que representa Rousseau frente al "acoso" de la aceleración del tiempo propio de la época. La divulgación científica aparece en este segmento del texto como una de las tareas o géneros fundamentales que facilitan la "maduración natural" de una edad a la que se la caracteriza, de este modo, en estado de aprendizaje: la edad "evolutiva".

Diecisiete años más tarde, en Francia, en 1975, Marc Soriano publica la primera edición de *La literatura para niños y jóvenes. Guía de exploración de sus grandes temas*. Para entonces, el autor reconocía una transformación de la producción cultural para niños y jóvenes a partir del conflicto producido entre tres objetos: la literatura "de entretenimiento", los libros de texto y los nuevos formatos de divulgación científica que introducía la televisión.

Por un lado, Soriano identificaba una oposición entre la llamada, "literatura de entretenimiento" y los libros de texto escolares, es decir, dos ofertas relacionadas con sendas prácticas de lectura diversas: gratuita, la primera y pragmática, la segunda. Por el otro, advertía una oposición entre la oferta informativa de la escuela y la propuesta de lo que Soriano (2001

---

180. Para evaluar el carácter inédito que tiene esta atención singular sobre la edad adolescente es importante destacar que en el "Prólogo" a la I Edición, escrito por Giovanni Caló, el autor destaca el hecho de que Petrini haya "notado cuál y qué grande es el proceso de transformación espiritual que se realiza con el paso de la infancia a la adolescencia" y la "extrema importancia este insistir de Petrini sobre los caracteres distintivos de la adolescencia y sobre la necesidad de distinguir suficientemente y realizar una literatura para la adolescencia distinta de la que es propia de las edades precedentes" (Caló, 1958: 10-11).

[1975]) llama "cultura paralela": la que representan los cortometrajes o documentales televisivos.

En el seno de este nuevo campo de fuerzas identifica un "resurgimiento" de la "corriente enciclopédica" (Soriano, 2001: 259) que respondería a un reacción de los padres contra los libros de entretenimiento que "ni entretienen ni instruyen" (*ibídem*) y una oferta más adecuada, que la que representan los libros de texto, para satisfacer la curiosidad de los niños y jóvenes por "el mundo real" (*ibídem*) y de la que, por otra parte, la televisión se estaba apropiando satisfactoriamente.

De esta evaluación de la producción editorial para los jóvenes lectores en los primeros años de la década del setenta, nos interesan especialmente sus presupuestos porque son la culminación de lo que han generado los años sesenta, no solo en Francia, sino también en la Argentina. El análisis de Soriano permite comprender otro aspecto de las relaciones entre literatura y formación que es la relación con el saber que se plantea como parte de las exigencias de la transmisión cultural a las generaciones más jóvenes, propias de la conservación de toda cultura pero, particularmente, en este caso, por tratarse de una cultura en estado de aprendizaje.

Los presupuestos de Soriano son, entonces: la autonomización del campo de la literatura infantil y juvenil de los propósitos pedagógicos y su caracterización como literatura de "entretenimiento", el impacto de los nuevos formatos producto del desarrollo de la comunicación de masas; una economía de la lectura que distribuye los textos según sus "usos" y, por último, el interés de los lectores por "el mundo real" que, de acuerdo con Soriano, "es fuente de todas las 'historias'" (*ibídem*). En este contexto, las enciclopedias serían el producto más propicio, porque su aspiración a la totalidad sería afín con el gusto de los propios niños por el "mundo real":

> "(...) y la atracción que sienten –desde siempre– por las obras "llenas de estampas y de mapas", que les hablan de todo y en las que pueden picotear o bucear a gusto, dejándose llevar a veces por el texto y otras veces por la imagen" (*ibídem*).

Asimismo, con este "resurgimiento", en el momento de explosión de los productos audiovisuales, las enciclopedias se convirtieron en:

> "(...) un punto crucial de la experimentación y la búsqueda: esfuerzos por tornar más claro y comprensible el estilo, una utilización más eficaz de la imagen, una mejor adaptación entre texto e ilustración, renovaciones en el diseño y la diagramación, etc." (*ídem*: 260).

El tiempo que media entre los textos de Enzo Petrini y Marc Soriano representa el período en el que se va consolidando la visibilidad de una cultura juvenil de la mano de una especialización del mercado. La atención sobre los adolescentes y jóvenes forma parte, simultáneamente, de un debate pedagógico acerca de la transmisión de los bienes culturales y de las exigencias que plantea un nuevo sujeto de consumo y la oferta que le está destinada. Específicamente, en el sistema literario, implica el reconocimiento de un nuevo tipo de lector y de una literatura propia aunque todavía sujeta a los vaivenes de la designación: sea literatura "infantil" o "infanto-juvenil" o "para adolescentes"; "pedagógica", "de entretenimiento", "escolar" con la polisemia que cada uno de estos nombres conlleva.

Petrini parte, como en toda la bibliografía sobre este tema, de una descripción psicológica de la edad que pone el acento en "la marcha de una crisis, una crisis de formación" (Petrini, 1963: 137) que representa un desafío pedagógico para los educadores. La exposición procura describir, con apelación a argumentos biológicos y conductuales, una "nueva riqueza de la sensibilidad" que trae aparejada "desviaciones afectivas", "tensión emotiva" y "una marea de erotismo". Esta "sobreabundancia del sentimiento que es la verdadera mina psicológica de la adolescencia" (*ídem*: 138) genera, también, un "hambre de lecturas":

> "Es también el momento del hambre de lecturas, cuando el adolescente lee de todo, las páginas elevadas y las mezquinas, pasando ordinariamente al vuelo sobre el hilo de los hechos –aun de los morbosos o lúbricos– o haciendo morboso, por su inclinación natural y exuberancia de fantasía, lo que no es tal en el texto".

El reconocimiento de una "autonomía psicológica de la adolescencia" implica, para Petrini, que hay, por tanto, "una problemática pedagógica en formación desde no hace muchos años. Todo un sector de la literatura está constituido por libros para 'esa cierta edad'" (*ídem*: 142). Tradicionalmente se les había ofrecido a los adolescentes libros de aventura[181] basados en las empresas excepcionales de un héroe pero "la nueva generación lo encontró todo viejo y los adolescentes no acertaron ya a reconocerse en los libros escritos para sus abuelos o para sus mamás" (*ídem*: 143). En consecuencia, ha

---

181. A este respecto, Petrini se contradice más adelante cuando sostiene que los "libros de aventuras, en los que con la vestidura deslumbrante de lo maravilloso se refleja toda la vida" (Petrini, 1963: 148) serían los más adecuados por "acuerdo fundamental" para los chicos entre nueve y catorce años o la frontera entre la niñez y la adolescencia.

optado por la lectura de "tebeos", "cine-novelas" o semanarios de variedades en lugar de literatura (nuevamente, "la amenaza" de la cultura de masas).

Petrini rechaza la idea de que no pueda existir una literatura específica para adolescentes y la solución de hacer que los adolescentes afronten los libros "para todos" le parece una forma de eludir el conflicto antes que una solución al problema de "qué ofrecer a los adolescentes como lectura y cómo hacerles entrar las ganas de leer" (Petrini, 1963: 144). La solución para el autor está en colocarse "en la otra parte, acomodarse a la edad, responder a un interés" (*ídem*: 145) En función de ello, imagina un repertorio de "intereses" de los muchachos entre 11 y 15 años organizado en tres tiempos: un primer tiempo llamado "El mundo de la naturaleza, de los animales, de las plantas"; un segundo momento titulado "Encuentro con otros hombres" y una etapa final "De la sociedad al conocimiento de sí mismo". La lista, empero, de títulos que sugiere para cada uno de estos ciclos remite, contradictoriamente, a los grandes clásicos (*Corazón, Mujercitas, Kim de la India,* las novelas de Salgari).

En el caso de la *Guía* de Soriano, escrita después de fenecidos los años sesenta, la mirada retrospectiva permite al autor agregar, a la reiterada mirada psicologista (que define nuevamente a los adolescentes como "el estadio de las contradicciones" (Soriano, 2001: 52), una perspectiva histórica que señala el reconocimiento "reciente" de la edad como resultado del protagonismo de los adolescentes en las revueltas juveniles de los años 1967 y 1968 en Francia y en Alemania. Concluye Soriano:

> "Los jóvenes no obtuvieron lo que pedían, pero su revuelta de esos años tornó evidente el hecho de que los adolescentes, más allá de sus diferencias de clase o de situación, constituyen una placa sensible donde se reflejan las contradicciones de la sociedad entera" (*ídem*: 54)

Su atención sobre las "lecturas adolescentes" (*ídem*: 55) está orientada a considerar aquellos libros que pudieran ayudar a los adolescentes a "superar el estadio de la amargura y la revuelta interna" (*ibídem*) sin considerársele necesariamente "terapéutica" pero apropiada para hallar soluciones constructivas a los problemas que les conciernen. Con ese propósito propone una lista de lecturas "tonificantes" (*ídem*: 57) de autores "clásicos" y otra de "libros de transición" (*ídem*: 693), una selección de obras, también clásicas pero que sean más próximas que otras al dominio sintáctico y lingüístico y los conocimientos históricos y experiencia de vida de los adolescentes. Sostiene Soriano que, si los adolescentes se acercan demasiado apresuradamente a libros que están fuera de su alcance, pueden decepcionarse y "lo que es peor, [orientarse] hacia libros en serie o fotonovelas que rápidamente transforman a los buenos lectores potenciales en lectores flojos, carentes de sentido crítico" (*ídem*: 693-694). Como puede observarse, para ambos autores el peor escenario, contrariamente a la concepción de nuestro tiempo, no es la falta de lectura sino las lecturas *malas* o *fáciles*.

En la Argentina, ambos autores orientarán una zona destacada de la producción ensayística y el pensamiento en torno a la literatura para niños y jóvenes de los años sesenta. La escritora Graciela Montes, quien traduciría, anotaría y adaptaría la *Guía* de Soriano en 1995, fue una de las principales autoras del proyecto editorial de Centro Editor de América Latina que pensó de un modo singularísimo la formación de los adolescentes dentro de un proyecto mayor de educación popular, como veremos a continuación. Enzo Petrini es, por ejemplo, la bibliografía de referencia de la producción de Amelia Hannois, autora del Capítulo "Literatura infantil" del N° 41 de la serie "Literatura Contemporánea" de la colección "Capítulo Universal" de la Editorial Centro Editor de América Latina y responsable del dossier "La literatura infantil o la coerción sobre los niños" del N° 6 de diciembre de 1969 de la Revista "Los libros". Textos pioneros en el reconocimiento de la autonomía de esta literatura.

La discusión se proyecta en la Argentina no solo por la "importación" del debate producto del intenso intercambio bibliográfico que caracteriza a la época sino, también, porque las condiciones culturales son semejantes. También en el país el "descubrimiento" de la psicología adolescente y de un mercado específico introduce este problema ausente en otros momentos históricos, que es la posibilidad de la existencia de una "literatura juvenil", es decir, de lecturas específicamente destinadas a los adolescentes. Se trata de una pregunta inédita hasta entonces porque la educación enciclopedista no había dudado acerca de que los jóvenes debían conocer los clásicos de la cultura y, en el ámbito escolar, debían estudiar una historia de la literatura, "universal" o "nacional", según las circunstancias.

Este cambio obedece a que, a la emergencia de esta subjetividad, se suma el hecho de que se produce un pasaje en "la configuración del conocimiento escolar sobre la literatura" (Bombini, 2004) que prioriza un enfoque basado en la lectura al abordaje historiográfico, impulsado por las nuevas teorías sobre la lectura que venían del campo de la teoría literaria (Estructuralismo, Estética de la Recepción, *New Criticism*).

2.1. Sobre las hadas

La pregunta acerca de la relación entre literatura y adolescencia o, más exactamente, las preguntas acerca de qué libros tienen que leer los adolescentes y cómo enseñar literatura a los estudiantes secundarios, cobran fuerza en estos años en la Argentina y son algunas de las múltiples formas que asume la inquietud omnipresente acerca de la formación. Este interrogante encuentra distintas voces y cobra diferentes sentidos según quién lo enuncie y en qué contexto, como procuraremos señalar a continuación, sin embargo reconoce principios comunes que remiten a los principales discursos que convergen en el relato de formación de los sesenta.

En 1959, Fryda Schultz de Mantovani, pionera en el pensamiento acerca de la literatura para niños y adolescentes en la Argentina, da a conocer una serie de ensayos titulada *Sobre las hadas (Ensayos de literatura infantil)*. En el capítulo "Hadas y libros" incluye el ensayo "El adolescente en la literatura" que, si bien breve, ofrece una interesante lectura del estado de la discusión en su momento.

Schultz de Mantovani comienza por distinguir dos enfoques en la relación entre literatura y adolescente: el primero, sostiene, atañe al "adolescente como público consumidor" (Schultz de Mantovani: 1974 [1959]: 37) y el segundo "contempla al adolescente como protagonista, personaje auxiliar o sujeto de la literatura" (*ibídem*). En relación con el adolescente como público consumidor, se interesa por las "apetencias juveniles" en materia de lectura porque serían "invariables" por oposición a las circunstancias históricas que determinan la naturaleza del público. Esa *condición invariable* vuelve a la literatura,

"(...) su tierra de evasión, no tan alejada de la realidad como para que no se ejercite en ella la vida que comienza, y que va desde las más altas medidas de la soledad y del coraje hasta las sucedáneas satisfacciones de su erotismo" (*ibídem*).

En lo que respecta al personaje adolescente, la autora parte de reconocer que como tal no tuvo representación sino hasta después de Rimbaud (al que considera precursor en la poesía del descubrimiento de la subjetividad adolescente) y de las aportaciones de la "psicología profunda" que le sucedieron:

"Las aportaciones de la psicología profunda, así llamada en nuestro siglo, cumplieron su tarea: cavaron el terreno en el que ya el hombre había depositado sus frutos, y descubrieron que los adolescentes que se paseaban al aire libre se parecían a las criaturas literarias que la memoria había dejado escapar, y difundieron frases muy pronto repetidas, axiomas, verdades comprobables, por ejemplo, 'la adolescencia es la edad crítica', 'la edad que sufre', el adolescente es un 'ya no más' y un 'aún no' (ya no más niño y aún no hombre), definición que pertenece a William Stern"[182] (*ídem*: 38).

Esta última reflexión de Schultz de Mantovani es singular porque anticipa en buena medida las conclusiones sobre la edad adolescente que los historiadores de la cultura y de la literatura no harán sino hasta fines del siglo XX (Doltó, 1988; Neubauer, 1999; Moretti, 1987) con excepción de la teoría de Philippe Ariès, acerca de la invención de la edad para el siglo XIX, de todos modos, fechada en 1960 con la publicación de *L'Enfant et la vie familiale sous l'Ancien Régime*.

Después de pasar revista a las principales novelas del siglo XX que hicieron del adolescente su protagonista, afirma que,

"Todos los deseos, las curiosidades, las extrañas alianzas de un mismo sexo, las tímidas atracciones y los rechazos, los amores incestuosos, las violencias, el asco, la devoción hasta el sacrificio y el crimen, aparecen con el adolescente en la literatura de este siglo. Lo que poco se ve es el sarcasmo, elemento vicioso de una humanidad ajada y adulta. ¿Será necesario decir que ese elemento ha aparecido no hace mucho como tema, y también como productor en la novela? Es el caso de Françoise Sagan en su primer libro, *Bonjour tristesse,* o de Pamela Moore en *Chocolat for breakfast*. Ambas, la francesa y la americana, atrajeron la atención del público no sólo por su talento, sino por su extrema juventud"[183] (Schultz de Mantovani, 1974: 39).

La mayor preocupación de Schultz de Mantovani es desentrañar los "enfoques del adolescente en la literatura que nuestro tiempo personifica o elige" (*ídem*) para poder comprender quién es el adolescente de su tiempo. Se lamenta de que "Falta empero, el testimonio de esos *teenager* americanos[184] convertido en cosa viva, es decir, en literatura digna de tenerse en

---

182. La referencia a William Stern es significativa si consideramos que la autora era la esposa de Juan Mantovani, quien tenía a Stern como una de sus principales fuentes bibliográficas en su análisis acerca de las relaciones entre adolescencia y cultura. Cfr. I[ra] Parte, Cap. I. 3.

183. Estas dos novelas son las mismas que María Elena Walsh denosta para destacar los méritos de *Enero* de Sara Gallardo. Cfr. II[da] Parte, Cap. VII.1. "Ángeles".

184. Aquí no se sabe a ciencia cierta si se refiere a los estadounidenses o a los latinoamericanos. La expresión "teenager" no la atribuye al marco anglosajón sino que dice elegirla por ser una "fórmula verbal" afortunada.

cuenta" (*ibídem*). Sostiene que "lo que sucede en el taller de la vida diaria" es distinto de lo que muestran los best sellers mencionados, las películas o publicaciones suecas con su "sexualidad sin atenuantes" o los escándalos que difunden las noticias y los cables. Paradójicamente, acaso, la autora busca la "vida real" en la literatura. Acaso del mismo modo en que la "psicología profunda" había hallado, por primera vez a los adolescentes, en la literatura del pasado.

El ensayo tiene para nosotros la importancia de ser un testimonio más de la centralidad del pensamiento acerca de la adolescencia en prácticamente todos los ámbitos de la cultura pero, además, es relevante porque refleja el interés del momento por conocer cabalmente a ese sujeto, sus características, sus *intereses* para poder definir el modo de llegar a él a través de los libros. Schultz de Mantovani no solo fue autora de ensayos acerca de la literatura infantil sino de diversos "Repertorios de lecturas" o listados de libros recomendados para niños y adolescentes que sirvieron de guía a docentes y padres de la época.[185]

La inquietud acerca de los llamados "intereses de los adolescentes", que veíamos en el centro del planteo de Enzo Petrini, se convirtió en un lugar común de la didáctica de la literatura de los años sesenta y tuvo su origen, como hemos tratado de demostrar aquí, en cierto uso (a caballo entre las preocupaciones pedagógicas y las demandas del mercado) de la psicología de la adolescencia de la época. El ejemplo más acabado es el que representó la publicación de la *Didáctica de la lectura creadora,* de María Hortensia Lacau (1966), libro que fue producto de las hipótesis sobre la propia práctica docente de la autora en el aula de secundaria pero también de su apropiación de las teorías sobre la adolescencia en curso. Su impronta fue decisiva no solo porque guió la formación docente durante décadas en el país sino porque fundamentó los criterios editoriales de las principales colecciones escolares y libros de texto de enseñanza de la literatura dirigidos a los adolescentes.[186]

---

185. *Sobre las hadas* se publica un año después de *Estudio crítico de la literatura juvenil* de Enzo Petrini y guarda muchos puntos de contacto con él aunque no figura en la bibliografía como sí es el caso de *Les Contes de Perrault* de Marc Soriano (1968), que se incluye en la reedición de 1974 con la que aquí trabajamos.

186. Nos referimos exactamente a la colección G.O.L.U, Grandes Obras de la Literatura Universal, primera colección escolar editada para el estudiante secundario publicada por la Editorial Kapelusz y dirigida por María Hortensia Lacau y a los libros de textos *Castellano I, II y III* y las Antologías *I, II y III* escritos en colaboración con Mabel Rosetti y también publicados por Kapelusz. Para un análisis de estas propuestas editoriales y su repercusión en el canon literario escolar argentino, cfr.

El parágrafo inicial del primer capítulo "Cómo nació la experiencia" se titula "Lectura y preparación para la vida". En el cuerpo del texto, la tarea de enseñar se define como una tarea "trascendente en cuyo fin último estaba la convicción de que educar era preparar para la vida" (Lacau, 1966: 17). Correlativamente, los adolescentes son definidos como "seres en plena etapa del crecer vital", "seres complejos y emocionales", "en camino de su formación".[187] Así planteada la relación, se pretende resolver el "doloroso desamor" por la lectura que se evidencia en las lecturas impuestas por la escuela por oposición al interés demostrado por "la lectura de elección individual" (*ibídem*). De este modo, se propone el desarrollo de una metodología que pretende subsanar esta brecha y que consiste, básicamente, en volver al estudiante adolescente (concebido como "lector adolescente":

"(...) colaborador, personaje, creador de proyectos completivos vinculados con la obra, polemista comprometido, testigo presencial, relator de gustos y vivencias, etc. En una palabra, establecer la vinculación emocional entre el adolescente, centro de su mundo y el libro que leía" (Lacau, 1966: 27).

Este nuevo vínculo es el que se define como "creación" (se trata de una lectura *creadora*), en consonancia con el espiritualismo de la tarea trascendente de educar y del aprendizaje como formación. El método conjugaba instancias en las que el lector estaba "librado a sí mismo" y otras en las que estaba "orientado" por guías o cuestionarios y, de ese modo, la didáctica se nutría del propio *habitus* (Bourdieu, 1972) del adolescente lector. Lacau advierte con inteligencia que el "problema" no estaba en las obras sino en el modo en que se leía en la escuela y, por lo tanto, procura remedar en el

---

Bombini, Gustavo, "El caso de la Colección GOLU de Editorial Kapelusz" en Bombini (2004) y Piacenza (2001), Tesis de Maestría en Enseñanza de la Lengua y la Literatura (UNR).

187. Lacau no cita bibliografía sobre adolescencia en su libro, sin embargo, en el catálogo de su Biblioteca Personal, donada a la Biblioteca Nacional de Maestros después de su fallecimiento, el 12 de enero de 2006, hallamos los siguientes títulos: Crespo, Osvaldo Víctor e Floreal A. Ferrara *Psicopedagogía de la afectividad adolescente: investigación en grupos escolares,* Bs. As., Kapelusz, 1963; Etcheverry, Delia: *El adolescente y la escuela secundaria,* Buenos Aires, EUDEBA, 1961 (con anotaciones manuscritas de Lacau) y Lidz Theodore y Shapiro, R.L, *El adolescente y su familia,* Buenos Aires, Paidós, 1972. En otro orden, en lo que respecta a la bibliografía sobre literatura juvenil, en su Biblioteca Personal se encuentran la edición en español del libro de Enzo Petrini y las dos ediciones (1959 y 1974) de *Sobre las hadas* de Fryda Schultz de Mantovani así como los ensayos *Nuevas corrientes de la literatura infantil* (1970) y *Repertorios de lecturas para niños y adolescentes* (1978) de la misma autora.

aula las condiciones de lectura *propias* del adolescente lector. Las tareas de "creación" buscaban apropiarse de la experiencia lectora adolescente que Schultz de Mantovani llamaba "invariante" y que consistía en convertir a los libros en lugar de ensayo general de la vida que comienza.

Como en el caso de las sugerencias bibliográficas para adolescentes de Enzo Petrini, las lecturas elegidas por Lacau continuaron siendo los clásicos de la literatura europea y argentina del siglo XIX aunque se advierte una ampliación del canon literario escolar al proponer, también, la lectura de los mismos autores que estaban siendo consagrados por las ediciones destinadas al público lector en general (por ejemplo, las del Centro Editor de América Latina). Daniel Moyano, Antonio Di Benedetto, Angélica Bosco, Abelardo Castillo, Adolfo Bioy Casares, Jorge Luis Borges, entre otros, "ingresan" al canon escolar de la mano de las nuevas antologías escolares. Desplazado el foco de la preocupación didáctica de la naturaleza de las obras a la índole de la lectura, no se plantea la necesidad de una literatura *ad hoc* para el público adolescente. La llamada "literatura juvenil" no se desarrollará en el país sino hasta la década del '80[188] después de producida una "cristalización" de las posibilidades que la cultura adolescente deparó para los años sesenta.

Para la época, la enseñanza de la literatura, considerada como un acto de lectura, no era un problema que compelía únicamente a quienes trabajaban con adolescentes o a las editoriales escolares. Antes bien, formaba parte de los intereses de la crítica por considerársele un aspecto axial de la cultura. Por ejemplo, el Número 28 de la revista "Los libros" de septiembre del año 1972, cuyo eje temático era la crítica literaria, planteaba en su texto editorial que "El sistema de la literatura, las instituciones que lo transmiten de una generación a otra (...) son objetos de una crítica" (Los libros, 1972: 3) y, más precisamente:

> "El mercado comparte su poder con la escuela, definida como un proceso de transmisión obligatoria que califica socialmente a quienes tienen la suerte de pasar por la violencia que su adiestramiento implica. Es necesario describir sistemáticamente lo que se pone en juego en el 'dictado', en las 'redacciones', en el fetichismo de la ortografía, como primera relación con la escritura. Escribir bien es un poder y un emblema de poder: por eso hay que saber qué significa este *bien* (en el sentido en que se habla de tener bienes). (...)

---

188. A este respecto, Cfr. López, Claudia y Bombini, Gustavo (1992): "Literatura juvenil o el malentendido adolescente" en *Revista Versiones*. Revista del programa "La UBA y los profesores secundarios", Año 1, Nº1, mayo de 1992, 28-31.

El chico aprende una jerga familiar, luego debe aprehender una lengua 'nacional', en el interior de la cual hay unos textos que son propuestos por la sociedad como su máxima expresión (el papel de la ideología del ochenta hasta Güiraldes, es fundamental en la 'formación' literaria reproducida por nuestras instituciones)".

El dossier consistía en una encuesta cuya primera pregunta interrogaba acerca de si era una tarea de la crítica definir y precisar los efectos que tenía, en la manera de leer literatura, una ideología de la literatura internalizada en la escuela. Fueron consultados Noé Jitrik, Santiago González, Adolfo Prieto y David Viñas que no contestaron y obtuvieron sí las respuestas de Aníbal Ford, Luis Gregorich, Josefina Ludmer, Ángel Nuñez y Ricardo Piglia.

A excepción de Ricardo Piglia que opta por una respuesta digresiva en relación con los procesos de legitimación de la institución literaria, en general, las respuestas insisten sobre la convicción de que la propuesta es efectivamente una de las tareas de la crítica. Sin embargo, descartan la idea de pensar a la escuela como una institución aislada del "sistema socio-cultural" y, por lo tanto, con más influencia que otras instituciones a este respecto. A propósito del papel de la escuela, Aníbal Ford señala que debe atenderse a los criterios de selección del corpus con sus maneras de leer correspondientes y pone como ejemplo "la lectura confirmadora de *Facundo*, la lectura escamoteadora de *Martín Fierro*". De acuerdo con Ford, esa selección respondería a "los intereses ideológicos y también directamente económicos (los de la industria de los textos escolares)". Luis Gregorich plantea que:

> "El que aprendamos a leer a la literatura como un sistema transparente y a la vez indescifrable, insignificante y a la vez 'profundo', no depende sólo de una parábola que se inicia en la escuela, sino de la estructura material y de la ideología de las clases dominantes de nuestra sociedad (...)".

Josefina Ludmer, por su parte, considera que sería posible contestar a ese interrogante solo después de que se investigue qué es, exactamente, lo que se enseña en la escuela argentina respecto de la literatura. Cuál es la función que se le asigna. Tarea que, por entonces, Ludmer consideraba "inexistente" y que, por lo mismo, constituía una manera de reclamar por ella. En el mismo sentido, Ángel Nuñez postula que la eficacia pedagógica de esa crítica depende "(...) de la posibilidad de instaurar un nuevo sistema de enseñanza, para lo cual es necesario el acceso del pueblo al poder".[189]

2.2. Las enciclopedias

En la oferta editorial destinada a los adolescentes en los años sesenta en la Argentina, se destaca la propuesta de libros de divulgación científica y de enciclopedias[190] cuya emergencia puede ser analizada en función de los términos que organizaban el debate acerca de las lecturas para adolescentes en las páginas de Enzo Petrini y Marc Soriano. Naturalmente, es esperable que en una sociedad en estado de lectura y de aprendizaje se prioricen aquellos géneros orientados a la comunicación científica o, cuanto menos, resulten informativos. La idea está contenida en la propia palabra "enciclopedia", de origen griego, que significa aproximadamente "un ciclo completo" (*kyklo*) de "instrucción o educación" (*paideia*). De hecho, el nacimiento mismo del "enciclopedismo" se dio en el contexto de la Ilustración y representó la forma más elocuente de dar cuenta de su pretensión de abarcar todo lo que podía ser comprendido por la razón.

En el momento histórico que nos ocupa, el rasgo distintivo es que, si bien perdura en muchas de las colecciones tal ilusión de totalidad, esa unidad se ve cuestionada por la multiplicación de los campos de la cultura y la compleja interacción de sus objetos y lógicas. Puntualmente, puede advertirse que los productos de la cultura de masas, en franca expansión, pugnaban por ser legitimados como objetos de estudio y conocimiento. Su presencia, asimismo, implicaba, como lo planteaban Petrini y Soriano, una fuerte "competencia" en el seno de la oferta cultural para los jóvenes, por lo tanto, era necesario desarrollar un producto que tuviera un diseño adecuado para sostener el interés en los términos que modelaban los nuevos medios. El otro punto insoslayable de intersección de ambos campos de la cultura fue

---

189. En 1974, Josefina Delgado, Carlos D. Martínez y Julio Schwartzman escriben un artículo exclusivamente dedicado a la enseñanza de la literatura en la escuela media y en el que parten de citas de los libros de texto en circulación. Muchos de ellos serán los libros escritos por la pareja editorial que constituirán Lacau y Rosetti para la editorial Kapelusz. Cfr. "La enseñanza de la literatura en los textos de la escuela secundaria", Revista "Los libros", noviembre-diciembre 1974, N°38.

190. Para la misma época, la televisión también tributaba los valores del conocimiento enciclopédico a través de los programas de preguntas y respuestas. El más famoso de la época fue "Odol Pregunta" (auspiciado por una marca de crema dental) que se transmitió a partir de 1956 (y hasta 1980). En 1969 su participante estrella era un niño de 9 años que contestaba sobre mitología griega, Claudio María Domínguez.

la nueva impronta que tuvieron estos géneros divulgativos al alcanzar una tirada masiva a partir de la venta por "fascículos" o por "tomos", según fuera el caso, lo que implicó una ampliación del acceso al producto (por ende, su "popularización") puesto que, tradicionalmente, habían sido libros "caros".[191] En este punto, por un lado, se recuperaba una vieja práctica asociada a la expansión del lectorado, en este caso por los planes de alfabetización de fines del siglo XIX y principios del siglo XX (en Europa y la Argentina), que fue la publicación de "folletines". La publicación por "entregas" recuperaba la antigua lógica del "folletín" (no solo materialmente, sino también, por el interés que generaba la espera y el anuncio de la próxima edición) pero, además, aprovechaba los dispositivos propios de la consolidación de los mercados, del auge de la industrialización, y del desarrollo de la vida urbana: los beneficios de la persuasión publicitaria, la organización de la distribución comercial a través de los llamados "círculos de lectores", pero

---

191. Esta época también "inventa" un personaje que merece un lugar destacado en relación con una evaluación de la expansión de la lectura y del consumo de libros que es el "vendedor de libros a domicilio". Este oficio es uno de los que desempeña Leopoldo el personaje de *Nanina* de Germán García (1968) que, además de ir a las casas de familia también recorre oficinas con sus ofertas bibliográficas. En un diario online de la localidad de 9 de julio de la provincia de Buenos Aires, se puede leer una entrevista a un antiguo vendedor de libros que se refiere de este modo a su ocupación en los años sesenta: "En 1961, desde el Gran Buenos Aires comenzó a viajar por diferentes ciudades. Y, tal como explica en diálogo con EL 9 DE JULIO, se dedicó a la venta de libros "por una necesidad social". "Mis comienzos –dice– fueron muy auspiciosos porque había un apetito por parte de la sociedad en adquirir libros. En esa época, no existían otros medios que la lectura, había toda una cultura de la lectura y un respeto por el libro en particular". Tal como lo refiere Andrés, "después vienen otros incentivos que es la televisión y la tecnología actual que rompe un poco la cadena del libro; pero, hoy se está volviendo a retomar la cadena del libro, el fomento de la lectura tradicional, incluso desde el Estado nacional".
Según la opinión de Andrés Bosio, el vendedor, "hoy están incentivando el producto libro; no tanto ya por la lectura en sí misma, sino por la comprensión lectora y todo esto que brinda el leer, como así también por factores del manejo del producto libro; pues el alumno debe conocer y saber qué es un índice, qué es una página y qué es una hoja". "Las nuevas tecnologías a veces socialmente se toman como un fin y no como un medio, ese es el punto esencial. La tecnología es maravillosa, pero es menester saber usarla como un medio y no como un fin", dice Bosio.
Entre los libros que Andrés Bosio comenzó a vender, en sus años iniciales, se encuentra la famosa "Enciclopedia Preceptor", en dieciocho tomos, editada por Ediciones Corcel. "Con 'Preceptor' –rememora–, competíamos de alguna forma, con lo que fue 'Lo sé todo', otra gran colección de Editorial Larousse. 'Preceptor' tenía una gran característica: estaba editada en el país, respondiendo a las necesidades nuestras". "Andrés Bosio, con la magia de los libros", sin firma, Diario 9 de julio, 16 de julio de 2011. Disponible online en http://www.diarioel9dejulio.com.ar/noticia/9575.

también de los "quioscos" y "puntos de venta"[192] que instaló EUDEBA y que luego prosiguió el Centro Editor de América Latina, a partir de 1966. Comenta Jorge Rivera (1998) en relación con esto:

> "Los quioscos de EUDEBA estaban instalados en lugares estratégicos: en las facultades de todas las universidades del país, en las estaciones de trenes y subterráneos, en la calle. Y no sólo en Argentina, sino también en el resto de América Latina. De este modo, EUDEBA modificó el mercado del libro, produciendo una ampliación de público" (Rivera, 1998: 150).

Por otra parte, las formas originarias de la cultura popular[193] ya alcanzaban, por entonces, ese reconocimiento demandado por los productos de la cultura masiva a la luz de los nuevos aparatos conceptuales provenientes de las ciencias sociales y de una politización creciente de las disciplinas académicas y de la propia práctica pedagógica e investigadora en los ámbitos universitario, editorial y de intervención pública. De hecho, la radio, la televisión, las revistas dominicales, las publicaciones para niños y adolescentes, las historietas y la música comercial habían contribuido a ese posicionamiento de "lo popular" porque *debían* dirigirse al público en función de lo que parecía resultarle "propio".

En relación con la oferta de divulgación de la época, destinada a los adolescentes, queremos diferenciar dos grupos: un primer grupo de enciclopedias en buena medida emblemáticas por su permanencia en el mercado y cantidad de ediciones de factura más "tradicional", desde distintos puntos de vista que discutiremos a continuación. Es el caso de la enciclopedia *Lo sé todo* (1959), traducción de la enciclopedia italiana *Enciclopedia Illustrata Vita Meravigliosa* editada y vendida en América Latina por la editorial Larousse en 12 volúmenes; la *Enciclopedia técnico-científica Codex* (1962) de la editorial homónima, los ocho tomos de *Cosmos. Enciclopedia ilustrada de la ciencia y la técnica para la juventud* (1967) editada por el

---

192. EUDEBA vendía a través de 830 distribuidoras y librerías, 40 stands instalados en facultades de todo el país, 41 quioscos ubicados en las callles, 7 instalados en hospitales, 65 concesionarias, 40 vendedores con créditos, 35 comisionistas, 103 puestos de diarios y revistas y 2 librerías propias. Tenía una sucursal en Chile y 419 distribuidoras y librerías en el exterior: Fancia, Alemania, Australia, Japón, Israel, España y Estados Unidos. Datos tomados del artículo "10.000.000" diario "El Mundo", Buenos Aires, 22 de mayo de 1966, p. 42 (sin firma) citado en Maunás, Delia (1995, 274).

193. El ejemplo emblemático es el auge del folklore y, en consecuencia, del aprendizaje de la guitarra como instrumento musical entre los adolescentes y niños, que desplazó al tradicional piano familiar.

sello de Gustavo A. Marini (Marini era antes editor de Corcel; origen de la enciclopedia *Preceptor*) y los 19 volúmenes de *Preceptor: Enciclopedia Universal Ilustrada para la Juventud* de la editorial Corcel (1961). Un segundo grupo, que constituyó una experiencia de vanguardia en este segmento editorial, está representado por las propuestas de *Mi país, tu país* (1968) y *Enciclopedia del Mundo Joven* (1973) ambas del Centro Editor de América Latina.

Este primer grupo de enciclopedias tributaban las expectativas lectoras cifradas en la idea de "libros de referencia". Es decir, se erigían como un compendio de los saberes válidos cuya disponibilidad aseguraba lo que la opinión pública dio en llamar "cultura general" y que, si bien es cierto que era una forma (modesta) de "distinción" (Bourdieu, 1979) también aseguraba una base de conocimientos compartidos que promovía la participación de los más jóvenes en las conversaciones de su cultura.

La Enciclopedia *Lo sé todo* había sido escrita originalmente en Milán y publicada por la Editorial de Maurizio Confalonieri. El cambio de título de "La vida Maravillosa" a "Lo sé todo" representa un cambio ideológico significativo que da cuenta de esa pretensión de totalidad a la que aludíamos y que está en la naturaleza misma del género. Es testimonio, también, del estado de cosas que describíamos para Latinoamérica en la época, en relación con el valor asignado al aprendizaje dentro del gran relato de formación. No obstante, el escritor Jorge Fondebrider (2010), en el texto de presentación de una muestra del diseñador gráfico argentino Carlos Masoch basada en las ilustraciones de la enciclopedia, plantea la duda acerca de si el nombre elegido no fue una traducción de otra enciclopedia, francesa, llamada "Je sais tout" que, a principios del siglo XX se vendía en Francia en fascículos coleccionables.[194]

La primera edición de la enciclopedia por Larousse en la Argentina es del año 1959. La obra tenía un carácter documental y los doce tomos de distintos colores forrados en cuerina no estaban organizados en orden alfabético sino en quince categorías que componían el "universo" del todo que conformaba la "vida maravillosa": Anatomía, Arquitectura, Literatura, Religiones, Viajes, Civilización, Usos y Costumbres, etc. En los testimonios de los lectores de la época se destaca de qué modo estas categorías representaban, para los adolescentes, una suerte de confortable clasificación del mundo que no solo lo volvía accesible sino también motivo de curiosidad. Esta percepción es clara en el título de la muestra que presenta el texto

---

194. La obra en francés se llamó *Tout Connaître* y en Brasil, *Tropica*.

de Jorge Fondebrider: la muestra de Masoch, en la galería de arte *UPS!* de la ciudad de Buenos Aires (2010) se llamó "Lo sé todo. Fragmentos de una vida maravillosa". El título es muy afortunado en relación con lo que expresa la oposición entre el "todo" de la erudición y el "fragmento" del disfrute y asombro ante la vida maravillosa del nombre original en italiano. Una concepción semejante encontramos en el recuerdo de la enciclopedia en la memoria de su formación como lector del escritor Alan Pauls quien, en una entrevista en España declara: "(...) cuando aprendí a leer, devoraba la enciclopedia argentina *Lo sé todo*, que era malísima pero tenía una sección de Mitología Griega apasionante" (Pauls, 2011). Lo "malísimo" de la Enciclopedia es su evaluación adulta y "especializada", la pasión que devoraba la sección de mitología, su percepción de la época de su primera adolescencia: más atenta a los "recortes" de sus intereses que a la percepción del conjunto.

En 1969, diez años después de la primera edición en español, Ediciones Larousse Argentina presentó en el mercado la enciclopedia *Lo sé todo de América*. En la "Presentación" de la nueva colección puede leerse que:

"En las modernas y atrayentes páginas de esta Colección única en su género hallará el lector, junto a hechos y figuras salientes expuestos de manera novedosa y nada convencional, aspectos muy poco conocidos de nuestro extenso y fabuloso continente. (...)

LO SÉ TODO DE AMÉRICA, obra original concebida y realizada en tierra americana para todos los países de habla hispana, quiere ser, a más de un elocuente gesto de reconocimiento hacia nuestros constantes favorecedores, un cordial homenaje a todas y a cada una de las naciones hermanas, y el más expresivo anhelo de confraternidad continental" (*Lo sé todo de América,* Tomo I, 1969).

En estas palabras preliminares de la obra se advierte claramente la tendencia "continental" de la industria editorial de la época como una de las efectuaciones particulares de una política integrista que atravesaba el momento histórico. Al mismo tiempo, habla de un desarrollo de las industrias culturales y de los consumos culturales en todo el Continente que genera la demanda de este tipo de productos. En segundo término, cabe destacar la importancia atribuida al adjetivo "moderna" (que se repetirá en todas las otras propuestas editoriales que revisaremos a continuación) y, asimismo, el énfasis puesto en el carácter inédito del tratamiento visual/gráfico de la información.

Las exigencias de la "modernidad", como sinónimo del "desarrollo técnico y científico" característico de los años sesenta, son centrales a la propuesta de la *Enciclopedia juvenil técnico-científica Codex* publicada por la editorial Codex e impresa por los talleres gráficos de la Compañía General Fabril Editora SA a partir de 1962. La misma editorial que, como veníamos en la Ira Parte, traducía por primera vez al español *El czador oculto* y premiaba a los autores más destacados de la literatura argentina y latinoamericana del momento.

La editorial argentina Codex había surgido en los años cincuenta y su especialidad eran las revistas de historietas. En los años sesenta se dedicó, en cambio, a la publicación de revistas educativas y culturales como fueron "Selecciones Escolares", "Tecnirama", "Pinacoteca de los Genios" y la *Enciclopedia Juvenil*. El final de las publicaciones de Codex tuvo lugar poco tiempo después de que el periodista Gleyzer, trabajador de la Editoral Codex, fuera secuestrado y desaparecido en 1976. En 1978 fue puesta a la en venta por licitación pública internacional tras haber quebrado.

Los volúmenes de la *Enciclopedia Juvenil* Técnico Científica están precedidos de dos artículos que se presentan bajo el título de "Dos valiosas introducciones a esta obra". Se trata de dos evaluaciones de la importancia de la obra firmadas por John Cockcroft, Premio Nobel de Física 1951 y James Chadwick, Premio Nobel de Física de 1935. Los dos textos tienen un carácter autobiográfico y relatan su *escena de iniciación al conocimiento científico* durante la adolescencia. En resumen, la editorial elige presentar la enciclopedia a partir de dos vidas ejemplares no solo por los logros obtenidos sino, especialmente, porque son el producto de una curiosidad intelectual *temprana*. El texto de Cockfroft recuerda que, cuando tenía 12 años, "la lectura de una sencilla exposición de los experimentos efectuados por algunos científicos" estimuló "mi interés por la ciencia":

> "Desde entonces he seguido aprendiendo durante toda mi vida; cada mes trae algún descubrimiento nuevo e interesante. Espero que los artículos que el lector encontrará en esta Enciclopedia Juvenil Técnico-Científica constituirán, para muchos de ellos, *la iniciación de un interés que durará toda la vida*" (Cockcroft, 1962; la cursiva es nuestra).

En cuanto al texto de Chadwick, comienza por ratificar el lugar común del momento acerca de la aceleración de los tiempos y del progreso científico: "en época alguna ha sido tan rápido el progreso del conocimiento científico y la prontitud con que se le explota para el desarrollo técnico como en los últimos años". A continuación, relata su ingreso a la universidad, a los 17 años, cuando un error lo hizo inscribirse en Física (y no Matemáticas, carrera que había elegido), de todos modos:

"(...) no había cumplido los 17 años de edad, estaba bastante preparado para seguir cualquiera de esas dos direcciones (...) Pero de eso hace 50 años. ¡Qué distinta es la situación actual! No podría cumplir ahora las condiciones de ingreso a la universidad en ninguna de las materias, particularmente en física, con mis conocimientos de entonces. (...) Dado el rápido crecimiento de todas las ramas de la ciencia, existe el peligro serio, y que aumenta día a día, de colocar sobre los hombros del joven estudiante una carga demasiado pesada, es decir, que se espere de él demasiados conocimientos en un plazo demasiado corto.

En este caso importa mucho recordar las palabras del doctor Jonson: 'El conocimiento es de dos clases. Sabemos una cosa o conocemos dónde puede encontrarse una exposición del tema'. En nuestra época, cuando es difícil hasta para el mismo científico de profesión tener un conocimiento conexo de su propia especialidad y mantener un contacto fructífero con otras ramas de la ciencia, nos procura cierto alivio, por ser más fácil que anteriormente, el acceso a fluentes de información que merecen confianza" (Chadwick, 1962).

El planteo de Chadwick resulta muy significativo en este último aspecto porque reconoce la condición de la "modernidad" del conocimiento hasta el punto de que anticipa lo que, a finales del siglo XX y principios del XXI, será la "sociedad del conocimiento" (Castells, 2002) cuando, por cierto, se actualizarán muchos de estos debates en torno al lugar del conocimiento enciclopédico, la lectura y la formación de los niños y adolescentes. Chadwick señala con claridad el signo de la novedad de su tiempo en la relación entre conocimiento y formación, que es la imposibilidad de abarcar la totalidad no solo por la ampliación de los campos, los temas y las teorías sino por una tendencia a una especificidad creciente y a una permanente revisión de las verdades asumidas.

En cuanto al diseño, la enciclopedia tenía un formato tradicional, conformado por "entradas" que se presentaban alfabéticamente. Se destaca la ilustración profusa y colorida (con láminas a páginas enfrentadas) así como entradas temáticas de distintos ámbitos (tan diversos como "antibióticos", "bacterias", "fusibles", "Leyes de Kepler", "amanecer") y biográficas, estas últimas asociadas a nombres de prominentes figuras de la ciencia: la lista de nombres de científicos "famosos" (en la entrada correspondiente a esa categoría, en el II Tomo de la enciclopedia) ocupa nueve páginas (150 a 159).

Del mismo estilo de la enciclopedia *Codex, Preceptor. Enciclopedia universal ilustrada para la Juventud,* publicada a partir de 1961, fue una de las enciclopedias de mayor presencia en los hogares y bibliotecas escolares y públicas. Como las demás de su tipo, se presentaba a sí misma como un compendio actualizado de las ciencias de su época y una herramienta indispensable para el lector en edad escolar.[195] Como las demás, acusa la crisis que la lectura de este tipo de publicaciones atravesaba en relación con la velocidad del consumo cultural que representaban los medios masivos en expansión. Comienza narrando la experiencia de escritura de la primera enciclopedia, en el siglo XV de nuestra era, en China cuando Yung Lo, el emperador pidió que se reuniera todos los libros escritos desde Confucio y el resultado fue un total de 22.937 libros distribuidos en más de 5.000 volúmenes. El texto editorial, "Qué es esta enciclopedia" que prologa los 19 tomos, asume que "Cierto es que nadie suele leer enciclopedias íntegras, aunque no sean tan extensas como éstas" y lo contrasta con la solución contemporánea de editar enciclopedias "abreviadas" que no son otra cosa que diccionarios cuyos "artículos son muy breves, apenas poco más que la definición de la cosa y a veces un seco desarrollo, de modo que son muy útiles para obtener rápidamente una noción o un dato, pero no se prestan para la lectura corrida, como un libro, ni son idóneas para proporcionar una cultura un poco más amplia." Estos dos antecedentes sirven a *Preceptor* para posicionarse como una enciclopedia que, si bien quiere ofrecer un "panorama completo del saber", al mismo tiempo, quiere ser un libro que se elige para lectura "gratuita", para el tiempo de ocio, que es a lo que refiere con "lectura corrida". Para ello, se ha dispuesto "un tipo de letra grande y claro, un modo de expresión variable, sencillo y ameno, y un abundante material ilustrativo". La nota de presentación sostiene que la enciclopedia quiere ser, también, "un libro de entretenimiento, que no excluye datos teóricos y prácticos sobre juegos y deportes para todas las edades." Exactamente, se está refiriendo al fútbol y al ajedrez cuya inclusión aquí se explica en términos de "entretenimiento" (un complemento de la *verdadera* formación) y, por el contrario, en las enciclopedias del Centro Editor de América Latina serán parte de la "formación", legitimados como objetos de la cultura popular (el fútbol) y de las teorías de la educación no formal y educación del tiempo libre (el ajedrez), que ocupan un lugar central en el pensamiento educativo de la época.

A diferencia del *Lo sé todo* y de la enciclopedia *Codex*, la introducción a la obra, hace hincapié en su destinatario adolescente: "Debemos decir,

---

195. Sin embargo es la única enciclopedia, de las aquí examinadas, que, en relación con los contenidos escolares, busca diferenciarse de ellos alegando que la "actualidad" de sus contenidos contrasta con "la información que los programas escolares, por diversas razones, tienen descuidada".

sin embargo, que esta enciclopedia tiene destinatarios especiales: el niño, aventajado de la escuela primaria y el adolescente del ciclo secundario, para quienes no existía obra alguna de esta naturaleza". La editorial reconoce, en 1961, un "vacío" de oferta destinada al sector adolescente o, más precisamente, a las necesidades específicas de esta edad que se propone colmar desde un discurso alineado con una idea de formación espiritual cristiana. En este sentido, dice ser una obra "especialmente apta para atender a los requerimientos de los años más difíciles en la vida psicoespiritual del educando. La selección de los temas y la exposición de los mismos están en función de esta etapa decisiva. En una palabra: está dirigida ante todo al público adolescente" y, a continuación, destaca la presencia de artículos sobre,

> "(...) importantes temas de ética, política, derecho y economía, cuyo valor *formativo* y práctico nadie puede hoy desconocer, y en este sentido, sin descuidar en momento alguno la objetividad y la información más actual, la obra está inspirada en los más profundos principios espirituales que han estructurado la civilización humanista, cristiana y occidental".

Por último, *Cosmos* es otra enciclopedia de carácter documental, publicada a partir de 1967 en la Argentina con un título que evoca la misma voluntad de procurarse el "todo" como las otras publicaciones. Se trata de una traducción de la enciclopedia estadounidense: *Young People's Science Encyclopedia* en 1964 pero tiene la particularidad de haber sido "adaptada" para su consumo en el país. La edición nacional, editada por Gustavo A. Marini, el mismo editor a cargo de la enciclopedia de Corcel, estuvo dirigida por el Profesor José Emilio Encinas, profesor de ciencias egresado en 1943 del Colegio Normal "Mariano Acosta" y que fuera Subsecretario de Defensa Nacional y, desde la anteportada se destaca el hecho de ha sido publicada con un equipo de asesores conformado por Leopoldina Aguirre de Benedetti, Alberto A.E.J. Fesquet y Roberto Pedro Echarte. El equipo de asesoramiento tiene la particularidad de ser autores de libros de texto para la escuela secundaria y funcionarios de distintos consejos, ministerios y secretarías de educación del país. Por lo tanto, de este modo queda sellado (y garantizado) desde el principio el vínculo de la enciclopedia con el trabajo escolar, que se consolida en la inclusión de "notas originales, realizadas especialmente para esta Enciclopedia", como complemento de la obra traducida.

En la nota editorial que precede a la publicación, *Cosmos* se presenta como las demás enciclopedias reseñadas, como una obra de actualización científica y técnica, ilustrada y que responde a las "exigencias sociales y culturales de nuestro tiempo". Al igual que *Preceptor*, refiere, desde el primer párrafo, que está destinada a los adolescentes, aunque, a diferencia de esta, el destino de la obra no se fundamenta en una argumentación espiritual sino exactamente en lo contrario: el reconocimiento de un "instinto" que guía la "curiosidad de los adolescentes":

> "Es precisamente ese agudo instinto que guía la curiosidad de los adolescentes el que plantea los interrogantes más disímiles: ¿Qué es un cohete, un coleóptero, un ión? ¿Qué significa electroencefalografía o termodinámica? ¿Qué se propuso el Año Geofísico Internacional? ¿Hay vida en Marte? ¿Cuáles son las últimas noticias en lo relativo a viajes espaciales, átomos y moléculas, aviación, radioactividad, etc., etc.? Ante estos interrogantes, el adulto se siente impotente para satisfacer con éxito tan legítimas exigencias; tampoco puede optar por consultar la enorme cantidad de textos que tratan cada tema en particular, a veces con abrumadora cantidad de detalles técnicos que los hacen inaccesibles a la incipiente formación científica de los adolescentes".

La exposición, como en el caso de la editorial *Codex*, se nutre del lugar común de la "curiosidad" adolescente pero, en la argumentación, se deja traslucir la novedad de la percepción de la brecha generacional que el "progreso" abre entre adolescentes y adultos, incapaces ("impotentes", dice la cita) estos últimos de ocupar su lugar de transmisión de la cultura ante el vertiginoso desarrollo del conocimiento contemporáneo.

La ciencia y la técnica ocupan el lugar principal en la organización del mundo que proponen estas enciclopedias pero, en la lectura de sus paratextos editoriales, se descubre fácilmente que lo que prevalece en cada proyecto son los objetivos de formación o, en otras palabras, la relación que los adolescentes establezcan con esa información. De hecho, la ciencia y la técnica y no solo la ficción literaria proporcionan un léxico a partir del cual representar la subjetividad como lo indican algunas narrativas de aprendizaje y textos autobiográficos.

En el caso de la narrativa de aprendizaje en la Argentina, el ejemplo emblemático es el de las lecturas técnicas de Silvio Astier en *El juguete rabioso* (1926). Cuando Astier y sus amigos roban la biblioteca escolar, Enrique piensa que "el negocio sería bonito" si se pudieran llevar los veintiocho tomos del Diccionario enciclopédico. En otra escena, Astier, tirado en su cama, tiene como opciones de lectura *Virgen y madre* de Luis de Val, *Electrotécnica* de Bahía (Manuel H. Bahía, 1898) y el *Anticristo*, de

Nietszche. Finalmente, opta por *Electrotécnica* y se pone a estudiar la teoría del campo magnético giratorio:

"Leía despacio y con satisfacción. Pensaba, ya interiorizado de la complicada explicación acerca de las corrientes polifásicas.
  'Es síntoma de una inteligencia universal poder regalarse con distintas bellezas', y los nombres de Ferranti y Siemens Halscke resonaban en mis oídos armoniosamente.
Pensaba:
  'Yo también algún día podré decir ante un congreso de ingenieros: 'Sí, señores... las corrientes electromagnéticas que genera el sol, pueden ser utilizadas y condensadas.' ¡Qué bárbaro, primero condensadas, después utilizadas! —diablo, ¿cómo podían condensarse las corrientes electromagnéticas del sol?'
  Sabía, por noticias científicas que aparecen en distintos periódicos, que Tesla, el mago de la electricidad, había ideado un condensador del rayo" (Arlt, 1991 [1926]: 54).

La lectura de un manual técnico le permite pensar y soñar su propio futuro. Como lo ha señalado Beatriz Sarlo, en este caso, "La técnica es la literatura de los hombres humildes y una vía hacia el éxito que puede prescindir de la universidad o de la escuela media" (Sarlo, 1988: 32). No es casual que Arlt escriba *El juguete rabioso* en otro momento histórico también signado por vertiginosos procesos de modernización que transforman la vida cotidiana.

Pero, también, dentro de la narrativa de aprendizaje de los años sesenta, hay un momento en *Alrededor de la jaula* (1966), en el que Milo, el protagonista, se parece mucho a Silvio Astier. Está en el cuarto que comparte con Silvestre, el viejo que oficia de padre, y se pierde en la lectura de una enciclopedia, *La gran aventura de las máquinas*[196]:

---

196. Todo parece indicar que la referencia a *La gran aventura de las máquinas*, como el manual de Electrotécnica de Astier, es a un libro "real" de René Guillot publicado en Francia en 1960 por la editorial Larousse y traducido al español en la Argentina por la misma editorial, en 1964 (es decir, dos años antes de *Alrededor de la jaula*). René Guillot fue un autor francés nacido en 1900 y muerto en 1969. Vivió muchos años en Francia, conviviendo con los indígenas, recogiendo cuentos folklóricos y participando en cacerías. Es autor de más de 80 libros de literatura infanto-juvenil (*La ruta de los elefantes, El gran libro de la estepa, El lobo del rey*) y recibió el premio Andersen en 1964. Muchas de sus novelas fueron traducidas y editadas en la Argentina por Kapelusz en forma contemporánea a su aparición en Francia durante los años sesenta.
   El libro tuvo una alta circulación entre el público juvenil (hoy puede encontrarse en la mayoría de las bibliotecas públicas del país) y de hecho incluye una

"Silvestre se quitó la ropa y se puso a regar las plantas en calzoncillos. Milo, por su parte, se entretuvo un rato con *La gran aventura de las máquinas,* un regalo que Silvestre le había hecho en Navidad, y del cual se sentía muy orgulloso. Era un gran libro, sin lugar a dudas, y las máquinas aparecían ahí como si fueran personas o grandes y fabulosos animales. La máquina a vapor, por ejemplo, se presentaba ella misma y explicaba cada una de sus partes en un estilo familiar. 'Yo soy la primera máquina a vapor. Como ustedes ven, me parezco a una avestruz con ruedas'" (Conti, 1998 [1966]: 36).

La lectura de la enciclopedia forma parte de la intimidad del vínculo con el viejo Silvestre. De hecho, el narrador cuenta que "Cuando no había más que hablar Silvestre se volvía para adentro y Milo le echaba una ojeada a *La gran aventura de las máquinas.* Sin embargo, era como si siguiesen hablando" (*ídem*: 117-118). "Estar con quien se ama y pensar en otra cosa" dice Barthes en *El placer del texto* (Barthes, 1986: 41). La conversación continúa porque las máquinas del libro de divulgación importan menos en sí mismas que en la medida que refieren a los barcos que Milo ve pasar en el puerto con destinos, procedencias y nombres preñados de exotismo. Como los personajes de *La isla desierta* (nuevamente, Arlt), Milo y Silvestre están "metidos en este (ese) agujero" (dice Silvestre) mientras "ellos (los otros) recorren el mundo" (Conti, 1998: 31). La enciclopedia, como lectura de iniciación, está en el comienzo de una revelación sobria y contenida de las miserias e inequidades de la vida (que no se comparan con las "grandes aventuras" de las máquinas). En la enciclopedia, se escribe la ficción de las grandes proezas del hombre que la realidad se encargará de desalentar ni bien pueda[197].

Decíamos que podía reconocerse en forma diferenciada de este primer grupo de enciclopedias de marcado carácter "documental", otro grupo alternativo de propuestas para el público adolescente escritas con un criterio de vanguardia para las opciones de la época y son aquellas que respondieron a los principios de la política editorial general del Centro Editor de

---

extensa nota titulada "El vapor" en la que se describe a esta máquina (págs. 34 y 35) Sin embargo, no está escrito en primera persona sino en tercera. Si la novela aludiera efectivamente a esta obra, es interesante que Conti haya elegido "animar" en primera persona a la máquina e inventar, de este modo, una "biografía novelada" de la misma, como sugería Piero Bargellini citado por Enzo Petrini.

197. En la II Parte III.3.3. "Las verdades del tiempo perdido" hemos hecho referencia a la importancia de la lectura de la enciclopedia *El tesoro de la juventud* en la construcción de los personajes y tramas de los cuentos de Cortázar y su parodia en el texto homónimo de la enciclopedia incluido en *Último Round*.

América Latina. En una entrevista realizada a Boris Spivacow a propósito de su trayectoria con los libros, puede leerse la opinión de Spivacow acerca de la oferta de enciclopedias de la época cuando rememora su paso por la editorial Abril y cuenta el truncado proyecto de esta editorial en publicar también una:

> "Después Abril quiso publicar una enciclopedia para adolescentes. Los dueños, como te dije, eran italianos, y tenían una filial en Italia. Trajeron dos enciclopedias de allá. Leí las dos y me parecieron malas. Una se llamaba *Conoceré* y la otra *Vita maravigliosa* (sic). Las dos se publicaron en castellano y fueron enormes éxitos. Una la publicó Larousse, con el nombre de *Lo sé todo*, y la otra la publicó Codex con el nombre de *Enciclopedia de los estudiantes*. Yo era muy hipercrítico y dije 'Estas dos colecciones son una basura'. Propuse entonces que hiciéramos nosotros una enciclopedia en Abril. Oscar Varsavsky fue quien dirigió esa enciclopedia. Era poco antes de la caída de Perón. Muchos graduados universitarios del más alto nivel trabajaron en esa obra, cuyo reescritor *–rewriter–* fue Pedro Orgambide. El principal dibujante era Hugo Pratt, el que trabajó en historietas con Oesterheld –era un dibujante eximio. Pero la enciclopedia no alcanzó a aparecer jamás. Codex y Abril tenían líneas parecidas, pero Codex no hacía revistas. Creo que Civita tenía miedo de que si él empezaba a hacer fascículos Codex se pusiera a hacer revistas. Codex igual se puso a hacer revistas, pero Civita fue postergando y postergando la salida de la enciclopedia como colección de fascículos" (Spivacow, 1995: 32).

En las palabras de Boris Spivacow acerca de su proyecto para la editorial Abril se descubre un perfil que sería, luego, el que imprimiría a la edición de las enciclopedias y colecciones de divulgación de Centro Editor de América Latina. El carácter distintivo de la oferta del Centro, respecto de las otras publicaciones, puede reconocerse en diferentes características. Por un lado, ya hemos señalado su novedoso sistema de venta, que era mucho más que una estrategia de mercado y de financiamiento de las publicaciones. Se trató de una prolongación de la ideología contenida en el eslogan de EUDEBA "Libros para todos" que implicaba, concretamente, contribuir con una democratización del acceso a los bienes de la cultura (particularmente, de aquellos considerados de la "alta cultura") y con la inclusión de los objetos de la cultura popular y de masas en un espacio que, habitualmente, le era hostil. De este modo, el proyecto editorial respondía a los presupuestos de la educación popular que, por entonces, reactualizaba (con los nuevos sentidos que esa resignificación comportaba) los valores de la "educación del soberano" como los había definido el proyecto liberal de principios de siglo XIX. La idea de "divulgación", en el contexto de esta política editorial, debe comprenderse en los términos que, para la misma época, se entendía la idea de "extensión" en el ámbito universitario. De hecho, puede documentarse puntualmente esta relación si tomamos en cuenta que, por ejemplo, Amanda Toubes, profesora de Filosofía de la Facultad de Filosofía y Letras fue, simultáneamente, la responsable del Departamento de Extensión de la UBA (DEU) y la directora de la *Enciclopedia del Mundo Joven*.

En un artículo fechado en 1961 (citado en Bombini, 2004: 303), Amanda Toubes sostiene, en relación con la educación de adultos, que "(...) no puede ser concebida como una generosa concesión de las clases privilegiadas: al contrario, supone la promoción socio-política de la clase trabajadora, una homogeneidad en la estructura social y por lo tanto un real progreso social" (Toubes, 1961). Esta reflexión se aplica, también, a la tarea de "divulgación" en la medida en que, en las colecciones del CEAL, se advierte que no se trata meramente de comunicar a la sociedad los "avances" del conocimiento en relación con una educación científica o de la formación de un *gusto*, desde la perspectiva de una educación estética, sino de participar a un grupo cada vez más extenso de las propias *reglas del arte* (Bourdieu, 1992). No se trataba únicamente de garantizar el acceso desde un punto de vista económico, sino de favorecer la disposición de las condiciones de apropiación de esos bienes culturales para convertir, de esa manera, la información en verdadero conocimiento.[198] Por esto, la publicidad de *Mi país, tu país* representaba al destinatario de la colección del siguiente modo:

> "Esta colección debe figurar en todos los hogares no sólo porque es imprescindible como material de lectura y de consulta para el chico y el muchacho que estudian, sino también porque es utilísima para el hombre y la mujer que desean responder a las dudas de sus hijos, para el maestro, para el profesor".

También interesa mencionar, en relación con los proyectos de *Mi país, tu país* y *Enciclopedia del Mundo Joven* el hecho de que las ediciones respondieron a las demandas de su tiempo acerca de las nuevas estrategias de comunicación de la información, adecuadas a la inédita situación de "competencia" con los intereses que generaban la expansión de los medios audiovisuales. En este sentido, Amparo Rocha (2006: 197) plantea que:

---

198. En relación con la metodología de trabajo pedagógico de las políticas de educación popular diseñadas por el DEU, ver Bombini (2004): "Las experiencias de extensión universitaria en la Universidad de Buenos Aires en la década del '60".

"El estilo visual del Centro apostaba a la complementación entre texto e imagen, en una tradición que se remonta a *Caras y Caretas;* en ese sentido desarrolló como nunca hasta ese momento en publicaciones masivas y económicas las posibilidades de la imagen fotográfica, de los dibujos y grabados, de la tipografía y del espacio de tapa o página. En el caso de la fotografía, recurso ampliamente utilizado como testimonio, se la aligeraba con un toque de color o se le otorgaba gravedad con los contrastes y el blanco y negro".

Otra innovación representativa del interés del Centro Editor por garantizar la "llegada" de la información a los lectores fue la redacción de los contenidos en equipos constituidos por un especialista en el tema (que proporcionaba una exposición original y erudita sobre el tema) y por redactores que se encargaban de la reformulación *divulgativa* de ese material primero. Los ilustradores y diseñadores también eran parte del equipo autorial porque, desde su especialidad, trabajaban, a partir del documento base, en la tarea de volver accesible e interesante la información. Esto explica, además, la concurrencia de distintos géneros discursivos en el tratamiento de los temas: textos expositivos, literarios, documentos históricos, reproducciones de arte, textos publicitarios, fotografías, gráficos estadísticos, mapas, etc. En relación con *Mi país, tu país,* dirigida por Susana Zanetti, Guillermo Cicalese describe el estilo como una "escritura heterogénea":

"Estos textos —generalmente laterales— contribuían a la obra divulgadora apelando a otros géneros de escritura. En realidad, de la lectura de la obra es difícil distinguir sólo una simple traducción para niños y adolescentes de un léxico reservado a ciertos círculos científicos. Se trata de un proceso colectivo de producción de textos, *la búsqueda de un lector adolescente*, la intención de divulgación y la recurrencia a textos literarios que constituyen una opción diferente. (...)

La escritura de *Mi País* muestra a través de sus páginas una mirada sobre la Argentina, que convoca relatos heterogéneos; entreteje los guiños de un discurso al alcance de todos y alega apelaciones emotivas, remembranzas cotidianas, juegos de palabras, alusiones a vocablos regionales, humoradas o lenguaje coloquial. Pero también invocando lo ya aprendido, un 'como todos sabemos', o datos estadísticos (alturas, caudales, diferencias térmicas, etc.) para provocar; con golpes de efecto, el asombro, la admiración o la sorpresa del lector" (Cicalese, 2006: 255-6; el destacado es nuestro).

Mi país, tu país fue, en palabras de Boris Spivacow, "una colección muy linda, una gran enciclopedia para chicos, preciosa ..." (Spivacow, 1995: 68) y destinada, también según su editor, "para chicos no tan chiquitos, más o menos de diez a trece años". Fueron 131 fascículos, organizados en 21 tomos y empezó a salir cada miércoles en los quioscos a partir de 1968. La colección tenía como subtítulo explicativo: "Enciclopedia argentina de la escuela y del hogar". La descripción señalaba el carácter "nacional" de los contenidos para enfatizar la realización en el país por oposición al resto de la oferta caracterizada masivamente por ser traducciones o adaptaciones de ediciones extranjeras. Asimismo, el destino escolar y familiar situaba a los fascículos en relación con los intereses pedagógicos *extendidos* a los que ya nos hemos referido. En las publicidades que se leen en la contratapa de los fascículos de 1968 puede leerse:

> "La obra consta en total de 108 fascículos, cada uno de los cuales desarrolla un tema completo referente a nuestro país y da una variada y moderna documentación gráfica sobre el mismo. Los fascículos se agrupan por tema y forman 18 tomos y un álbum de láminas. Cada miércoles un fascículo.
>
> Forme la colección completa. Es de utilidad permanente ... y vale muchísimo más que lo que Ud. paga".

El mensaje publicitario clarifica su sistema de venta y sitúa el producto en relación con su valor de "utilidad" que trasciende el valor "de cambio" (mercantil). En el fascículo N°30 de abril de 1969 se dirige directamente a los "chicos" (lo que resulta un tratamiento muy novedoso y, además, desde el punto de vista del mercado editorial, remite al reconocimiento del nuevo público de la época):

> "¡Chicos! Hay un formidable tomo encuadernado para ustedes. Chicos: ya pueden cambiar los fascículos sueltos de *Mi país, tu país* por el tomo de la época precolombina al caudillaje".

En el fascículo N° 60 de 1970 se puede leer, en la publicidad, el carácter "popular" de la política divulgativa del Centro y su respuesta al imperativo epocal de "modernidad" al que todos los sectores ideológicos remitían, claro está, con las peculiaridades de su interpretación del proceso en curso:

> "Una colección que debe estar en todos los hogares porque responde a todo lo que interesa para un *conocimiento moderno* del país" (el destacado es nuestro).

Desde nuestra perspectiva, en relación con la pregunta acerca de los saberes que se consideraban válidos o incluso, necesarios, para la formación de los adolescentes, interesa en esta colección que los temas de los fascículos provienen tanto del campo de las disciplinas académicas como de los objetos de la cultura de masas. En consecuencia, hallamos fascículos dedicados a aspectos históricos *fácticos*, "De Caseros a Pavón", *políticos* "Peronismo", geográficos *territoriales*, "Región metropolitana" pero, también, de la fauna y la flora nacionales "Hojas y flores", "Mamíferos". Por otro lado, el complejo entramado de la cultura está presentado, en toda su pluralidad, a través del mosaico que constituyen los fascículos: "Música argentina", "Literatura argentina", "Arquitectura argentina", "El atletismo", "El boxeo", "Vida cotidiana 1810 y 1830", "Cine argentino", "Automovilismo" o los nombres propios de "José Hernández" o "Lineo Enea Spilimbergo", entre otros.

Un rasgo peculiar de *Mi país, tu país* y también de la *Enciclopedia del Mundo Joven* fue el lugar asignado a la "literatura": el papel *formativo* asignado a la literatura[199] por los discursos sociales hegemónicos, exigía una necesaria articulación de estos productos enciclopédicos y de divulgación con lo que la literatura enseña o, por lo menos, con la literatura como objeto de enseñanza y aprendizaje. Es una época en la que los discursos acerca de lo literario están en crisis especialmente a partir del "estallido del objeto" (Robin, 1993) que se produce por la importancia que cobran los productos de la cultura de masas, las propuestas de vanguardia que desacralizan la obra de arte y las teorías literarias que ponen en discusión la especificidad de lo literario o su asociación con las obras emblemáticas de una lengua o las llamadas "obras de imaginación" (Eagleton, 1988). Por ello, en el texto introductorio al fascículo "Literatura argentina. El siglo XX", de *Mi país, tu país,* escrito por Beatriz Sarlo, a la autora le importa diferenciar su exposición de la habitual en un manual de historia de la literatura y define su objeto desde una perspectiva sociológica que le permite comunicar la "utilidad pedagógica" de la lectura literaria:

> "Hacer literatura es ver la realidad que nos rodea, vivir, no a través de la acción sino de la palabra; la literatura construye con el lenguaje un 'modelo' de esa realidad. Pero, así como cada vez que hacemos algo nos estamos comprometiendo o opinando sobre las cosas, cuando 'hacemos literatura' también opinamos sobre la realidad, reflejamos nuestros juicios, nuestros gustos o nuestras ideas. Por lo tanto, una

---

[199]. Este rol de la literatura es el que Gustavo Bombini reconoce, también, en los "talleres de Lectura" implementados por entonces por la Secretaría de Extensión Universitaria de la Universidad Nacional de Buenos Aires como parte de su proyecto de educación popular. Dice Bombini: "(...) parecía constituirse una fuerte certeza acerca de la eficacia que podría tener el discurso literario en la constitución de un espacio simbólico desde el cual fuera posible construir categorías para el análisis de la vida cotidiana de los propios sujetos" (Bombini, 2004: 307).

obra literaria nos da el pensamiento del autor sobre la realidad social, política o histórica que lo rodea" (Sarlo, 1968: 53).

En la *Enciclopedia del Mundo Joven* los textos literarios se presentan en forma complementaria de los desarrollos centrales por lo que no tienen un carácter ilustrativo sino que son otro modo de conocer el tema tratado. La exposición sobre la diversidad de la familia humana, por ejemplo, está acompañada de un poema de Gelman, "La hija" y de la carta de Ernesto Che Guevara a sus hijos. El fascículo sobre "Fiestas y Ceremonias" se presenta con un fragmento de *Los funerales de la Mamá Grande,* de Gabriel García Márquez y de *Adán Buenosayres,* de Leopoldo Marechal. En el fascículo "Las relaciones personales. La amistad y el amor" encontramos un poema de *Veinte poemas de amor y una canción desesperada,* de Pablo Neruda pero también dos poemas sobre el amor escritos uno por Víctor, un niño de nueve años y otro por Ignacio, un adolescente de doce (Brea, 1973: 36). Como se advierte, la selección de textos elige autores y obras de la literatura argentina y latinoamericana.

Estas características de los contenidos y diseño de la enciclopedia se profundizarán en la *Enciclopedia del Mundo Joven,* que continuará la obra de *Mi país, tu país* porque el "universo" recortado por la nueva enciclopedia será más amplio que las fronteras que trazaban una mirada circunscripta a un "tema" aunque el tratamiento geográfico haya ido mucho más allá de un registro topográfico, económico o social.

La *Enciclopedia del Mundo Joven,* dirigida por Amanda Toubes, se publicará en 50 fascículos que se organizarán luego en 14 tomos: 6 tomos de la *Enciclopedia Temática Cultural* (compuestos por los títulos de los fascículos) y 8 tomos de la *Enciclopedia del tiempo libre* (formados por los suplementos especiales de cada fascículo). En 1974, saldrán 42 títulos de la *Nueva Enciclopedia del Mundo Joven,* también con la dirección de Toubes. La *Nueva Enciclopedia* fue quemada por disposición del Poder Ejecutivo de la Nación en el año 1976. La escritora Graciela Cabal, quien era la Subsecretaria de la Redacción, presenció la quema de los libros en un baldío (la presencia de testigos era una exigencia de la censura) y recuerda que:

> "Los libros del depósito de Sarandí ardieron durante tres días, algunos habían estado apilados y se habían humedecido, así que no prendían bien. La colección (...) Nueva Enciclopedia del Mundo Joven fue quemada íntegra. Me acuerdo de que en uno de los fascículos, de historia del feudalismo, había un príncipe que no se terminaba de quemar. El pobrecito era un príncipe medio afeminado y lleno de flores que se resistía a la hoguera" (Cabal, 2001).

De acuerdo con Amanda Toubes (2004), el objetivo de la *Enciclopedia del Mundo Joven* era el conocimiento antes que la información. Estaba dirigida a un lector de entre 11 y 17 años, pero la intención era que tuviera "usos múltiples": es decir, que pudiera ser también una lectura apropiada para un estudiante universitario. En este sentido, en relación con los propósitos de divulgación, interesaba menos la "capacitación" (por ejemplo, docente) que la "formación", por eso el objetivo no era agotar un tema —la exhaustividad— sino trabajar a partir de un "foco" que "iluminara" la comprensión de un asunto. Ante la habitual presentación del conocimiento enciclopédico o didáctico en términos de "entradas", aquí se procuraba prever las posibles "salidas", dice Toubes, para indicar la idea contraria que implica la tradicional forma de registro: ampliaciones, conexiones, reapropiaciones, resignificaciones, que pudiera dar a lugar el tratamiento de un tema en particular. En ese sentido, por ejemplo, la directora de la enciclopedia recuerda que, una vez, en la editorial, habían recibido una llamada de reclamo de un lector porque en un capítulo dedicado a las Olimpíadas no estaban todas las banderas del mundo pero, justamente, la mirada *en foco* no cumplía con esas expectativas.

Consecuentemente, entre los "focos" seleccionados para los fascículos que conformarán, luego, la *Enciclopedia Temática Cultural*, encontramos algunos recortes tradicionales, presentes en las otras propuestas editoriales, como "Vida en el universo", "La historia del hombre. Los grandes imperios de la antigüedad" o "Del feudalismo a la Revolución Industrial" o bien reformulaciones a *viejos temas*, que implicaban atención sobre un aspecto en particular: "Las herramientas *se transforman*", "Trabajo *y sociedad*", "La *formación* de los elementos químicos", "*Historia* del mundo *natural*", "Las *máquinas térmicas*".[200] La doble adjetivación "temática cultural" construye nuevos objetos que permiten una configuración alternativa del "mundo joven". Por último, también se advierte la inclusión de temas definitivamente ausentes en las otras representaciones acerca de la formación de los adolescentes: "Las relaciones personales. La amistad y el amor", "La música joven", "El cómo y el porqué de la moda", "El origen de la vida. Embarazo y parto". En este contexto, el fascículo más importante, en relación con nuestros intereses, será: "La adolescencia hoy" y nos detendremos en él con detalle más adelante.

Los "suplementos especiales", que acompañaban a cada entrega o fascículo, constituyeron, como mencionábamos, la *Enciclopedia del Tiempo*

---

200. La cursiva en los últimos títulos es nuestra.

Libre. La idea de que las actividades y ocupaciones del "tiempo libre" podían formar parte de una enciclopedia es sumamente novedosa. No obstante, podría pensarse como "previsible" en la medida en que es resultado del desarrollo de los discursos en relación con la caracterización de la subjetividad adolescente y su emergencia como signo de la época. En lo que respecta a la relación entre adolescencia y temporalidad hemos insistido en el hecho de que es una edad definida como un "tránsito" y en relación con el tiempo de espera de una sociedad o "moratoria social". También, en el marco estricto de los años sesenta, hemos visto a la adolescencia asociada a la representación del cambio y, desde una perspectiva más tradicional, con el futuro (del país, del desarrollo, de una sociedad mejor, de un hombre nuevo, según el marco ideológico desde el que se piense.) En la literatura hemos reconocido distintos modos de figuración de esa temporalidad asociada al crecimiento en los adolescentes *sin adolescencia* y sus urgencias o su "incomprensión" del tiempo; los adolescentes y el *tiempo perdido* de la lectura, del erotismo o del juego; la vindicación de la *madurez* o de la *inmadurez*, nuevamente, según se tuviera una u otra concepción del sentido de un final del tránsito por esta etapa.

En lo que atañe a la idea de "tiempo libre", en principio se trata de una "disponibilidad" propia de la adolescencia de clase media y, en general, asociada al tiempo de formación que complementa la educación escolar. Sin embargo, la llamada "pedagogía del ocio" o "pedagogía del tiempo libre" fue una preocupación, para los sesenta, tanto de las corrientes de educación no formal de origen estadounidense o anglosajón como de las políticas de educación popular, en esas peculiares convergencias que volvieron tan productiva esta época y atribuibles a la importancia que tenía la cultura adolescente en el espacio social. Por ejemplo, concretamente: la organización de "campamentos",[201] como experiencia de formación (y adoctrinamiento), fue una práctica a la que apeló tanto la Asociación Cristiana de Jóvenes como la Federación Juvenil Comunista.[202]

En la idea de una enciclopedia del "tiempo libre" puede reconocerse, primero, una nueva concepción de "cultura" que incluye aquellos conocimientos y saberes asociados a la vida cotidiana o al "saber hacer" que

---

[201]. En la *Enciclopedia del Tiempo Libre*, el tema del campamento ocupa un espacio privilegiado con distintas entregas que tratan, respectivamente, sobre la confección de la bolsa de dormir, el anorak, la carpa, las herramientas básicas, la organización del menú, la instalación del campamento, excursiones y caminatas, un recetario económico.

[202]. Cfr. I^{ra} Parte, 2. 3 "Revolución".

tradicionalmente quedaban "fuera" del campo de la transmisión *enciclopédica* por un desprecio del trabajo manual. En los suplementos, se incluyen "técnicas de libre expresión", "curso de reparación de artefactos eléctricos", "artesanías. Colgantes de alambre, chapa y clavos de herrar", un "curso de fotografía", indicaciones acerca de la "organización de la biblioteca" y el "jardín de otoño" y sobre la "instalación de un acuario simple". En este repertorio puede advertirse, también, que esa nueva definición de cultura implica, la idea de que la cultura puede ser un motor de desarrollo y de generación de procesos de autoorganización y dinamización de las comunidades. El planteo es un indicio más de que la intención didáctica iba más allá del adolescente y operaba la idea de que ese aprendizaje pudiera constituirse en un recurso para su comunidad de origen (barrio, familia, grupo de pares).

Con la idea de "tiempo libre" se reúnen distintos objetos que organizan, en fascículos, un verdadero curriculum de *educación no formal* para el adolescente: el juego (ajedrez, juegos matemáticos y de ingenio, juegos al aire libre); la artesanía (tapiz, cacharros, esculturas, almohadones, molas, cubrecamas); la tecnología (maquetas, aparatos y aparatitos, cometas, modalismo naval); la experimentación científica[203] (el laboratorio y experimentos de combustión, con pompas de jabón); los deportes (hándbol, voleibol, la organización de torneos deportivos).[204] Al mismo tiempo, esta lista se constituye en un recurso para incorporar prácticas y objetos que provienen, una vez más, de los campos de la cultura popular y de masas.

2.3. Los adolescentes se leen a sí mismos

El fascículo "La adolescencia hoy" escrito por Marta Brea y Hugo Enrique Ratier merece una atención especial dentro del conjunto de la *Enciclopedia Temática Cultural* porque, escrito en 1973, se erige en un perfecto cierre de lo que ha sido el ciclo de emergencia y consolidación de la subjetividad adolescente como metáfora del relato de formación que escribe el discurso social de los años sesenta en la Argentina. Para empezar, es un hecho que la "adolescencia" no constituye un tema de ninguna de las demás enciclopedias que analizáramos en este capítulo aunque se señalara,

---

203. Los "experimentos" también se incluían en la enciclopedia *Cosmos* pero como "aplicación" de las teorías o principios científicos expuestos.

204. El "fútbol" aparece en los suplementos de la *Enciclopedia Temática Cultural* y no en los de la *Enciclopedia del Tiempo Libre* porque su tratamiento es histórico, sociológico y antropológico y no "práctico" en relación con las reglas, estrategias de juego, etc.

en muchas de ellas, que el adolescente era el destinatario principal de la publicación. En el caso de la *Enciclopedia Temática Cultural,* la adolescencia no solo es el "tema" sino, más precisamente, el "tema cultural": el adverbio "hoy" del título es el *foco* que *ilumina* (para recuperar las palabras de Amanda Toubes) un amplio espectro de relaciones y sentidos proliferantes. En consecuencia, en la exposición del tema, se parte del adolescente como sujeto (abordaje psicológico), para culminar con una discusión sociológica acerca de la "cultura adolescente". Este desplazamiento interesa, en principio, por la simple ratificación de la existencia de esa cultura o subcultura que implica el análisis pero, también, por las conclusiones políticas y sociales que posibilita ese reconocimiento.

En cuanto a los autores del fascículo, Marta Brea era psicóloga y fue Subjefa del Departamento de Adolescencia del Servicio de Psicopatología del Hospital Lanús, célebre por sus innovaciones en Salud Mental, fundado en el año 1956. El 31 de marzo de 1977, a los 38 años, fue secuestrada por la dictadura de la Sala de Espera del Lanús y estuvo desaparecida hasta que sus restos fueron identificados en febrero de 2011. Para la *Enciclopedia del Mundo Joven* tuvo a su cargo también el ejemplar "Las relaciones personales. La amistad y el amor". Hugo Enrique Ratier fue uno de los primeros graduados de la carrera de Ciencias Antropológicas de la UBA, egresado en 1964. Se inició profesionalmente trabajando en villas miseria del conurbano bonaerense, para el Departamento de Extensión Universitaria de la UBA. Después de la "Revolución Argentina", de 1966, tuvo que alejarse de la universidad hasta 1973 cuando regresó al mundo académico, siendo profesor en la Universidad Provincial de Mar del Plata primero, y en la UBA donde se desempeña actualmente, después de haberse exiliado en el Brasil durante el golpe de estado de 1976. En 1972 publicó en el Centro Editor de América Latina dos libros: *Villeros y Villas Miseria y El cabecita negra.* Ambos tuvieron gran repercusión en tanto textos de divulgación con base científica rigurosa. En la *Enciclopedia del Mundo Joven* tuvo también a su cargo el fascículo "¿Existen las razas?". Noemí Monzón, Daniel Samoilovich, Ricardo Palmás, Noemí Ulla y Ernesto Göhre fueron los redactores literarios del Tomo en el que se incluyó el fascículo. El texto está ilustrado con fotografías de Gianni Mestichelli, fotógrafo nacido en Italia pero que vivió desde pequeño en el país. Había comenzado su carrera de reportero gráfico en 1965 en la Editorial Abril y publicó en las más importantes revistas de la época: *Siete Días, Panorama, Claudia, Parabrisas, Corsa, Diario El Mundo, Radiolandia, Antena, Goles, El Gráfico, La Chacra, Gente, Atlántida, Crisis,* entre otras.

Efectivamente, pueden distinguirse dos momentos en la composición del texto del fascículo. Presumiblemente, la primera parte deba atribuirse a Marta Brea porque se trata de un abordaje psicológico y, la segunda, a Ratier, por su tratamiento antropológico y sociológico. Los parágrafos "¿Qué es la adolescencia?", "Los niños se hacen jóvenes", "La adolescencia, ¿tiempo de crecer?", "La pubertad", "Ya es una señorita", "El varón adolescente" y "Dudas sobre el futuro" forman parte del primer segmento y "La cultura adolescente", "Buscando un sitio en la sociedad", "El adolescente en otros tiempos y lugares", "Ni niños ni hombres ... Entonces ¿qué?", "¿Rebeldes sin causa[205]?", "El adolescente y la sociedad de consumo" y "Las rebeliones juveniles y los jóvenes en la rebelión", pueden agruparse en torno al segundo momento de tratamiento del tema.

La definición de adolescencia que comunica el fascículo resume las principales representaciones de la edad que hemos reconocido en los discursos en circulación en la época. El texto avanza con preguntas (que pudiera formular un adolescente) y está escrito a partir de un nosotros inclusivo (cuya referencia siempre se aclara: *quiénes somos nosotros* en cada caso). En este sentido, y en relación con la perspectiva adoptada, los primeros interrogantes serán si existía la adolescencia en el siglo pasado o si será un "invento moderno". A partir de allí se responde qué es la adolescencia para "nosotros": "los herederos de la cultura europea con las particularidades que tal forma de vida adquirió en América Latina" (Brea/Ratier, 1973: 222). La "respuesta" a estos interrogantes enfatiza los hechos de que se trata de un "período de espera", "una edad de transición", un "puente entre la niñez y la vida adulta", "un período complejo, de cambios" y una "edad difícil". El desarrollo del texto tratará de explicitar en qué consiste esa transición que, en todo momento, se define como culturalmente determinada: se aclara que "cada comunidad, cada cultura y cada época "inventan" su adolescencia, aunque los fenómenos biológicos que la acompañan sean iguales en todo tiempo y lugar" (*ídem*). En relación con esta discusión del tema, se destaca el hecho de que se subraye la necesidad de "madurar" como exigencia o expectativa cultural pero también como resultado "esperable" del proceso de crecer o aprender que aquí se consideran conceptos intercambiables. Dice el texto en sus primeras líneas que, a diferencia de los animales que están listos para vivir en no más de un año, los humanos "Un buen período de su vida deberá dedicarlo a la paciente tarea de aprender a desenvolverse solo" (*ídem*: 223) y, ante la pregunta acerca de qué es crecer, contestará: "crecer,

---

[205]. La pregunta cuestiona el título de la película estadounidense de 1955 *Rebelde sin causa* protagonizada por James Dean y Natalie Wood y dirigida por Nicholas Ray.

también, es madurar, acrecentar la capacidad para cumplir funciones, extender el radio de la acción vital" (*ibídem*). Finalmente, más adelante precisará:

> "Desde otro punto de vista, el crecimiento es una reorganización de cosas que ya poseíamos las que se integran con nuevas adquisiciones (...) Vimos que el crecer y madurar está limitado por aquello que traemos al nacer como herencia y por lo que pone a nuestro alcance el mundo que nos rodea. Pero esto, por supuesto, no es todo. Si bien nos limita, deja un cierto margen de libertad para que cada uno elabore su destino. En ese sentido, crecer es también crear" (*ídem*: 224).

Es decir, la definición de la adolescencia como "edad intermedia" está asociada enérgicamente a la idea de una "fase preparatoria" para la acción, que caracteriza a la edad adulta. Desde esta perspectiva, contrasta significativamente con otras conceptualizaciones de fines de siglo XX (que ponen el énfasis en la crisis antes que en su resolución), es coherente con la identificación entre crecimiento y aprendizaje planteada y se complementa eficazmente con la lectura política de la "cultura adolescente" con que cierra el fascículo, como veremos luego.

Por lo tanto, si bien se acepta que la adolescencia "es una edad de transición que se define por aquello que *no se es: ni un niño, ni un adulto*" (*ídem*: 223; el destacado es de la cita), inmediatamente se agrega que: "Sin embargo, hay tres tareas específicas de la adolescencia que entonces y sólo entonces se llevan a cabo" (*ibídem*). Esas tres tareas son: ubicarse en un cuerpo que ha completado su madurez, definirse a sí mismo (con muy poca ayuda) y encontrar su lugar en la sociedad. Como se advierte, a través del planteo de "tareas" la descripción del proceso de transición es menos un desarrollo evolutivo que un verdadero programa a cumplir. Si bien en el cuerpo del texto se hará referencia a estas instancias como "etapas", el tratamiento del tema confirma su percepción programática antes que psicologicista: así, cuando "se aprende a vivir" (*ídem*: 227) en las nuevas condiciones que traen los cambios físicos, se presenta una "tarea fascinante" (*ibídem*) que es responder a la pregunta acerca de quién se es. Y, a continuación,

> "Hacia el final de esta etapa, la dura lucha del adolescente ha obtenido algunos frutos: se ha probado a sí mismo como persona, ha logrado definirse y definir muchas cosas y comienza a ensayar en la práctica sus proyectos. Esta será *su tarea* en la última etapa de la llamada 'edad difícil', en la *que deberá definir su lugar en la sociedad*. El mismo empeño y rigor aplicados a sí mismo en los momentos anteriores se volcará ahora en algún tipo *de tarea concreta en la sociedad.*

Antes tuvo que averiguar quién era, cómo era y qué quería. Ahora que lo sabe, *debe concretar qué hacer, cómo hacerlo, con quiénes y para qué*" (*ídem*: 229; la cursiva es nuestra).

En la cita se puede leer cómo la idea de "tarea" organiza cada una de las "etapas" evolutivas y cómo el texto elige la modalidad deóntica para enunciar el camino que llevará al niño a convertirse en un adulto joven. De este modo, está claro que la mirada sobre el adolescente, si bien se ocupa de su psicología no pierde de vista nunca su situación "social". Este aspecto se aborda explícitamente en la segunda parte del fascículo cuando se trata la "cultura adolescente". El parágrafo titulado "cultura adolescente" comienza por denunciar su posición a este respecto:

"La adolescencia no puede ser considerada únicamente como un proceso de crecimiento individual; por el contrario, es un fenómeno con características que desbordan el marco de lo personal.

Los adolescentes son un sector de la sociedad, tienen sus propias normas e instituciones y constituyen un factor de cambio social *cuya influencia se ha ido haciendo más y más palpable en los últimos años, en todas partes del mundo*" (*ídem*: 231; la cursiva es nuestra).

"Para abreviar, muchos la llaman la *cultura adolescente,* aunque en realidad es una subcultura" (*ídem*: 232; el destacado es de la cita).

La preocupación más destacada de los autores es diferenciar esta "cultura adolescente", reconocida desde una perspectiva antropológica o sociológica, de la "cultura adolescente" como un sector del mercado de consumo. Como hemos visto, era una de las inquietudes de las principales inquietudes del pensamiento de izquierda del momento[206] y este caso no es la excepción. En el parágrafo "El adolescente y la sociedad de consumo", puede leerse:

"Frente a la cultura adolescente, creada por un grupo angustiado de muchachitos que dejaron ayer de ser niños y quisiera ser ya hombres, se yergue, como respuesta, una cultura adolescente comercial, publicitaria, que atraviesa las clases sociales, que no reconoce fronteras ni formas de vida, que pugna por todos los medios de imponerse. Sus valores son el inconformismo en las compras, la admiración por lo foráneo, el cambio en los hábitos de comer, vestirse y beber según las normas que se dictan en los países 'adelantados'. Y, por sobre todas esas posibilidades de cambiar de superficie, la obligación de dejar el resto como está" (*ídem*: 237).

---

206. Cfr. Ira Parte. 2.1 "Lo joven como valor".

En el mismo sentido, en un texto complementario "El crecimiento físico", en el que se explica las consecuencias de los cambios hormonales propios de la pubertad que, en principio, parecería responder al discurso clásico sobre la adolescencia en los libros de texto de ciencias naturales, se dedica, contra estas expectativas, un párrafo extenso a advertir a los adolescentes que no se fíen de la oferta de productos cosméticos para el acné porque "no actúan sobre las glándulas sebáceas, origen de los barritos" (*ídem*: 225).

Lejos de la definición asociada a la sociedad de consumo, la discusión acerca de la cultura adolescente parte de la idea de "buscar un sitio en la sociedad" que constituiría la última tarea del adolescente para entrar en la vida adulta. A partir de allí, se analiza de qué modo se ha resuelto esta "tarea" en distintos momentos de la historia para llegar, rápidamente, a la propia época. Allí el abordaje precisa las distintas respuestas del adolescente al desafío de su madurez según pertenezca a una clase social u otra. La tesis principal es que las muestras de "rebeldía" corresponden a los distintos modos de reacción según se viva en determinadas condiciones sociales, y, por ello, al tiempo que se plantea ese sentimiento de rebeldía ante la injusticia como universal se introducen diferencias que corresponden a cada clase.[207] En el texto se hace hincapié en que la delincuencia no es patrimonio de las clases bajas y que el adolescente de clase media es el que descubre la política no por una suerte de impostación pasajera (que se "cura" con las obligaciones de la vida adulta) sino porque es el que está en condiciones de pensar, porque tiene tiempo libre y ha recibido los beneficios de una educación. Mientras el adolescente de clase baja ingresa al mundo adulto "por la vía más dura: la del trabajo, sin el período intermedio de la etapa estudiantil" (*ídem*: 234), el adolescente de clase media:

> "Al joven de clase media se le reserva el papel dirigente, el de élite. Él tiene acceso a la escuela primaria, a la secundaria, a la universidad. Tiene más tiempo libre para pensar, estudiar, analizar. Así, muchas veces llega a comprender, a tener conciencia de los males que padece el

---

207. El interés por desacreditar los valores de la cultura adolescente en términos de consumo alcanza, también, a la discusión acerca de la rebeldía adolescente. El texto advierte que, en "países subdesarrollados", por lo general, "hay muchos jóvenes. Son la mayoría de la población y, en consecuencia, un importante mercado, un formidable consumidor. Es necesario explotarlos, hacerlos comprar. Y entre los argumentos de venta, la rebeldía juvenil es uno de los mejores. De paso, se trata de moldearla, de adaptarla a límites "razonables", que no hagan peligrar a toda la sociedad. Para eso se importan, inclusive, movimientos de rebelión juvenil" (Brea/Ratier, 1973: 236).

país donde vive, el continente que habita. Pero él no los padece —o no los padecía— tan directamente. Por eso su afán de cambiar la sociedad suele acabándosele, como dijera un destacado dirigente estudiantil, 'con la primera cuota de la heladera', cuando tiene que optar por ser un explotador más o por ponerse del lado del explotado. Y no siempre tiene el coraje de hacerlo" (*ídem*: 235).

En síntesis el texto polemiza con la interpretación de cierta sociología de la rebeldía adolescente como "desvío" de una conducta apropiada y, antes bien, ensaya una suerte de apología de la rebelión a partir de considerarla consecuencia "natural" de una *toma de conciencia,* por parte del adolescente, de las verdaderas razones de lo que percibe como injusto. Después de repasar algunos intentos de los movimientos juveniles por "resolver" su inconformismo, como el movimiento *hippie* y del Mayo Francés, constata que "la juventud no pudo, sola, encabezar la rebelión. Cuando el germen juvenil cae en terreno más fértil, sus resultados son espectaculares" (*ídem*: 238). De este modo, señala la diferencia de estas insurrecciones con la matanza de 200 estudiantes en la plaza de las Tres Culturas en México, el Rosariazo y el Cordobazo en la Argentina y la ocupación de escuelas, liceos y universidades en Perú, Colombia, Venezuela, Chile y Uruguay, en los que los jóvenes contaron con la adhesión de los vecinos, adultos, "mujeres y hombres lucharon codo a codo" (*ídem*: 238), para concluir:

"(...) cuando la cultura adolescente y sus valores se mezclan con los de la cultura nacional, total, difícilmente la sociedad de consumo pueda frenar el proceso de crisis. Entonces, tal vez, el joven encuentre un camino real para superar las limitaciones que hoy lo aíslan y desvían, y la adolescencia ganará un puesto más firme, menos conflictivo, en la nueva sociedad" (*ídem*: 240).

Finalmente: el reconocimiento de la existencia de una "cultura adolescente", más allá de los intereses utilitarios de la sociedad de consumo, se convierte en un virtual llamado a la rebelión. Lo que tradicionalmente se ha denominado, no sin fundamento, el momento de *salir de la adolescencia:* la "amenaza" que, en 1969, escribía *Diario de la guerra del cerdo,* de Adolfo Bioy Casares.

Capítulo IX

Imberbes

1. Un lugar en el mundo

Recordábamos en la I^ra Parte que, en 1966, las críticas a la figura del presidente Arturo Illia hacían blanco en su vejez. Se trataba de una argumentación *ad hominem* que atribuía la "lentitud" de su gobierno, su falta de eficacia, a su edad. Los términos de la falacia resultaban significativos desde nuestra perspectiva (tanto como su conocida performatividad a la luz de la historia) porque se daban en el seno de un *nuevo paisaje humano*, en el que los adolescentes y jóvenes se encontraban en el centro y, de ese modo, el argumento de la oposición política y gremial se volvía "legítimo".

Apenas siete años después, en 1973, como lo señalaba la *Enciclopedia Temática de la Juventud*, esos adolescentes, erigidos como metáfora del cambio en una sociedad definida en una época de aprendizaje, terminan por conformarse como un espacio social visible, con sus propias instituciones y prácticas instituyentes: una "cultura".

De esta manera, en el camino que media entre una sociedad que se piensa a sí misma en términos de una subjetividad en emergencia y la *mayoría de edad* de ese nuevo sujeto que encuentra su lugar en el mundo, se produce la clausura de una época: la "juventud maravillosa" se convierte en "estúpida" e "imberbe",[208]

---

[208]. "Juventud maravillosa" es la forma en la que Perón, que por entonces tenía 76 años, se refiere a la juventud peronista en un mensaje enviado desde Madrid "A los compañeros de la Juventud" el 23 de febrero de 1971, en el que dice: "Tenemos una juventud maravillosa, que todos los días está dando muestras inequívocas de su capacidad y grandeza. (...) Yo tengo una fe absoluta en nuestros muchachos que han aprendido a morir por sus ideales, y cuando una juventud ha aprendido y alcanzado esto, ya sabe

para decirlo sintéticamente a través de las famosas caracterizaciones de los jóvenes en el discurso de Juan Domingo Perón. A las puertas de la década del setenta, la imagen del cambio evolutivo, que representaba el desarrollo, ha cedido su preeminencia a la del cambio disruptivo de la revolución. La centralidad de la definición psicologista de la adolescencia, como época de tránsito, ha quedado relegada frente a la categoría sociológica de "juventud", como período de rebeldía. La idea de tiempo de aprendizaje pierde fuerza ante el imperativo de la urgencia de la acción (radical). La violencia y la "lucha generacional" ocupan, en los discursos en circulación, el espacio que unos pocos años antes detentaban las ideas de modernización de las costumbres y de la economía y formación de los más jóvenes.

Acaso como un corolario más de la rapidez que caracterizó a la temporalidad de los años sesenta, el "nacimiento" de las ilusiones de la época y su "muerte" se dieron prácticamente en forma simultánea. Así lo explica, claramente, el escritor Abelardo Castillo en el "Posfacio" a sus *Cuentos crueles*, el segundo volumen de *Los mundos reales* publicados en 1981:

> "*Cuentos crueles* fue escrito entre 1962 y 1966, vale decir, en la sonora década del 60, años que no fueron el tiempo dorado e irresponsable que algunos imaginan, sino el preludio de otros años atroces y violentos que siguieron y en los que aún vivimos. Yo no sé de qué modo mis cuentos testimonian aquellos días, que también son éstos: sé que de *algún modo* los testimonian. Sé que corresponden no sólo en algún caso por su asunto, sino hasta por la exasperación de su tono, a ese período turbulento en que la violencia, el sexo, la política, la crueldad, el nacimiento y la casi simultánea muerte de las ilusiones fueron, para nuestra generación, no meros temas literarios, sino el

---

todo lo que una juventud esclarecida debe saber". "Imberbes" y "estúpidos" es, sin embargo, su forma de referirse a esa misma juventud en el acto de 1° de mayo de 1974, apenas tres años después, cuando expulsa a la agrupación Montoneros de la Plaza de Mayo. Exactamente dice Perón: "Hoy resulta que algunos *imberbes* pretenden tener más méritos que los que lucharon durante veinte años." Citamos las palabras de Perón porque nos interesan en sí mismas en la medida en que son su respuesta a la radicalización de la lucha de los jóvenes enlistados en el peronismo y, de ese modo, testimonian la época. No obstante, estas calificaciones más allá de Perón y de la coyuntura de su relación con Montoneros, resultan, para nosotros, fundamentales en el sentido de que se apropian del tópico que hemos sindicado como primordial para el discurso social del momento (tanto el valor asignado a lo joven como la idea de aprendizaje asociada a la de crecimiento) y constituyen una síntesis perfecta del recorrido aquí descrito que va de la exaltación de las virtudes de la juventud a su descrédito, consecuente, dentro de la misma lógica, en nombre de la "inmadurez".

ámbito donde unos hombres, que éramos nosotros, vivieron, amaron, creyeron, traicionaron, fueron traicionados y escribieron" (Castillo, 2000 [1981]: 209; la cursiva es del original).

En la misma dirección se sitúa una reflexión reciente del filósofo Gianni Vattimo (2005) que nos permite reconocer el fenómeno, una vez más, como parte de una situación que trasciende las fronteras nacionales. Dice Vattimo acerca de la situación europea contemporánea:

"El paso de muchos contestatarios de izquierda a la lucha armada, en los años 70 (con el punto culminante del secuestro y asesinato de Aldo Moro en 1978) era para nosotros en Italia pero también en muchas otras partes de Europa, el fin de las esperanzas nacidas en el 68, que suponían el nacimiento de una sociedad más justa, incluso en virtud del desarrollo tecnológico, y sobre todo en virtud del crecimiento económico que beneficiaba a casi todos los países occidentales.

Pero la sociedad soñada por los jóvenes del 68 ('Sean realistas, pidan lo imposible') había resultado ser una esperanza excesiva, o en todo caso irrealizable ... la elección de la lucha armada en occidente ... era ciertamente motivada por la incapacidad del establishment democrático de dar cabida a las demandas de transformación radical que planteaba la protesta juvenil" (Vattimo, 2005: 10).

Los adolescentes y jóvenes se constituyen en *un otro* en la cultura situado en la distancia de la brecha generacional y de la lucha entre generaciones. Este fenómeno tiene, en primer lugar, un fundamento demográfico al que hemos hecho referencia en distintas ocasiones: la explosión cuantitativa de la población joven, especialmente en los países en desarrollo. En segundo lugar, los adolescentes y jóvenes no solo son "más" sino que se reconocen a sí mismos como una subcultura y reclaman su lugar en el mundo. Finalmente, y en función de lo anterior, adquieren un protagonismo político inusitado hasta entonces y, por cierto, sin reediciones posteriores. La situación le hace preguntar, en 1971 a Arminda Aberastury:

"Me pregunto ahora si las tensiones y conmociones que hoy resultan de la irrupción del joven en la sociedad en que vivimos y su voluntad de intervenir en ella, de una manera cada vez más activa no surgen tanto de la percepción de la fuerza que va adquiriendo como del miedo del adulto" (Aberastury, 2004 [1971]: 32-33).

2. Una generación enfurecida

En 1969, el novelista mexicano Manuel Farill Guzmán, en la antología *Narrativa joven de México,* prologada por el texto de Margo Glantz que analizábamos en relación con la experiencia latinoamericana contemporánea a la Argentina de los años sesenta, plantea la siguiente autodefinición generacional:

> "El mundo no es lo que yo quisiera y veo con gran satisfacción que solamente soy uno de los muchos jóvenes irrespetuosos, imprudentes, inmaduros, pero conscientes, realistas, insatisfechos, crueles, pero ingenuos, objetivos pero idealistas, que están tratando de conmocionar las actuales estructuras para causarles una, sólo una, fisura, para meter una uña que haga salir lo que tan egoístamente, tan estúpidamente, nos han legado las pasadas generaciones. No nos gusta lo que obtenemos y no nos vamos a resignar como todos los demás: vamos a destruir para crear un mundo más nuestro, más real, más acorde con lo actual ...
> Pertenezco a la generación radiactiva (sic) mexicana; *a la generación enfurecida mundial* (...)" (Farill Guzmán, 1969 citado en Prieto, 1992: 421; la cursiva es nuestra).

La *furia* de la cita no da lugar a dudas: el conflicto generacional alcanza una magnitud tal, a medida que avanza la época, que llega hasta el estallido del propio concepto de "generación". Evidentemente, parece esperable que, en un estado de aceleración de la temporalidad histórica, como es el caso de los años sesenta, las categorías historiográficas (el "método" de la Historia) pierdan su consistencia. Pero más aún cuando, a las representaciones simbólicas acerca de la edad, se suman las evidencias cuantitativas de una explosión demográfica caracterizada por un crecimiento inédito de la población joven (especialmente en los países *en desarrollo*). Esto es, el mundo era cada vez más joven en un tiempo en el que, simultáneamente, se producía la primera conquista de la longevidad a través de la medicina. La convivencia intergeneracional no podía sino complicarse hasta el punto de la mutua desconfianza.

Por otra parte, era esperable que surgiera la pregunta acerca de las relaciones intergeneracionales en una época que se pensaba a sí misma en tiempo de aprendizaje ya que una de las definiciones más cabales de la idea de educación es la de transmisión. Como lo ha señalado Jorge Larrosa:

> "La educación misma no es otra cosa que una determinada relación intergeneracional, o tal vez transgeneracional. Podríamos apoyarnos

en Hannah Arendt y decir que la educación tiene que ver con la natalidad, con el hecho de que constantemente nacen seres humanos en el mundo, y tiene que ver también con la finitud, con el hecho de que el mundo y todo lo que contiene envejece y muere. La educación, por tanto, tiene que ver con una relación muy compleja entre los viejos, los que están en el mundo, y los nuevos, los que vienen a él. Una relación en la que cada cual, los viejos y los nuevos, deben encontrar su propio lugar y su propia responsabilidad" (Larrosa, 2007: 9).

Una vez más Adolfo Prieto (1972) es el crítico que, prácticamente en el mismo momento en que se produce este fenómeno, tiene la capacidad de recoger la experiencia histórica de su tiempo en un análisis en el que puede leerse no solo la crisis del concepto de "generación", como principio de intelección social, sino sus implicancias como definición estética y como "método" historiográfico. En el artículo "Conflictos de generaciones" puede leerse, desde la primera línea, que se propone pronunciarse sobre la "lucha generacional" como un lugar común de la opinión pública del momento[209] y, por ello, advierte acerca de que "El concepto de *conflicto generacional* no debe sobrevalorarse al extremo de resumir en él la dinámica que moviliza el curso de la historia o de atribuirle el carácter configurador de las más profundas agitaciones sociales" (Prieto, 1992 [1972]: 406).

Después de este reparo inicial, que limita los alcances del concepto, conviene en asignarle un papel de importancia en un proceso de cambio y en remitirlo al *natural* ciclo de relevo propio de la historicidad del mundo que construyen los adultos: "Siempre fue perceptible el paso de una generación a otra: siempre se sintió como obvio el funcionamiento de un tiempo histórico pautado por el relevo de sucesivas generaciones" (*ídem*: 408). Para Prieto, la particular condición del momento histórico contemporáneo a la producción del artículo reposa en dos características: por un lado, en el "nervio motor" de los países centrales que fortalece la función de los nuevos grupos generacionales como "contradictores de la sociedad dominada por los adultos" (*ídem*: 408) lo que no es ajeno a un fenómeno de consumo. Por el otro, el hecho de que "El crecimiento demográfico se apoya en una base cada vez más ancha de jóvenes que oscilan entre los 15 y los 25 años de edad" (*ídem*: 412).

Este último dato cuantitativo no carece de importancia. La estadística acerca de la juventud *biológica* de la mayoría de la población de la época es

---

209. Veremos inmediatamente que, en otro contexto, también funciona como punto de partida de la argumentación del discurso de Salvador Allende, el mismo año, en la Universidad de Guadalajara.

una constante en el pensamiento de y sobre la época ya sea en una lectura optimista (las posibilidades que anuncia el porvenir) o como una virtual "amenaza" a tomar en cuenta. Prieto cita un informe de UNESCO sobre *La juventud en el mundo,* publicado en la revista *El Correo* en abril de 1969. La sola existencia del "Informe" es una evidencia en sí misma pero también los números puestos en juego. Dice la nota al pie del Informe en el artículo:

> "El aumento de la población del mundo representa la irrupción en escena de una enorme proporción de jóvenes. Se calcula que el número de éstos (gente de 15 a 24 años de edad) pasará en 40 años, o sea entre 1960 y el año 2000, de 519 millones a 1128 millones. Más de las tres cuartas de esos jóvenes viven en los países en vías de desarrollo: 59 millones en África, 322 millones en Asia y 44 millones en América Latina. Aunque esta evolución demográfica haya sido prevista desde hace tiempo, no se han tomado siempre las medidas que eran de desear para hacerle frente y preparar en debida forma una acogida lógica a toda esa juventud" (*ídem*: 412, n. 3).

En el mismo año, el presidente chileno Salvador Allende, en un discurso en la Universidad de Guadalajara, que discutiremos a continuación en este Capítulo, arenga a los jóvenes latinoamericanos a participar del proceso de transformación en base al mismo argumento demográfico. Allende recuerda que América es un continente "joven" no solo por haber llegado "después" a la historia contada por el Viejo continente sino porque el 51% de la población de América Latina "está por debajo de los 27 años" (Allende, 1972).

Entonces, en conclusión, los jóvenes son más que nunca y tienen más poder que el que tuvieron alguna vez y, en consecuencia, la "simultaneidad" del conflicto se vuelve más visible para los adultos que la "sucesividad" del relevo, que pautaba, hasta entonces, la tradicional historicidad del tiempo compartido en la vida social:

> "A diferencia de los jóvenes de las generaciones anteriores que actuaron siempre como grupos minoritarios enquistados en la sociedad de los adultos, tolerados, aplaudidos o ignorados por ella, estos jóvenes tienen conciencia de su número, de su asombroso progreso en los índices demográficos, y saben que la sociedad entera los observa con creciente, con preocupado interés" (Prieto, 1992: 421).

Prieto, que había señalado que "El esquema generacional funciona en cuanto se lo aplica a períodos culturales excepcionalmente densos" (*ídem*: 407) acepta en reconocer la existencia de una "nueva generación" en una serie de "signos reveladores" que, vistos en simultaneidad, permiten caracterizar "una conducta generacional" (*ídem*: 422). No obstante, y en un gesto repetido de la izquierda intelectual de la época[210] también advierte acerca de la existencia de "un compartido repertorio de figuras y de temas [que] sirven de superficie especular para el reconocimiento de estos jóvenes" (*ídem*: 420). Es decir, oficia de anfitrión de los jóvenes, en un gesto de "hospitalismo" generacional pero, también, denuncia los condicionamientos (y limitaciones) que estos tienen para una genuina definición autónoma de los dictados del mercado: lo que Prieto llama "ambivalencia". Esto se advierte, por ejemplo, en la heterogeneidad que define a la enumeración de la "constelación de nuevos mitos" que sirven de espejo identitario de los jóvenes: "Desde los Beatles a Marshall Mc Luhan, desde el ácido lisérgico al budismo zen, desde Allen Ginsberg a Cortázar" (*ibídem*).[211]

3. ¡Que mueran los viejos!

La "querella generacional" encuentra, en 1969, su forma novelada en *Diario de la guerra del cerdo*, de Adolfo Bioy Casares.[212] En ella se narran los episodios de una guerra que los jóvenes declaran a los viejos durante una semana en la ciudad de Buenos Aires. Entre otras particularidades, destaca el hecho de que solo los jóvenes son los agresores, es decir, más precisamente que estamos frente a una guerra unilateral, si se quiere, se trata de un "ataque", perpetrado por los jóvenes contra los viejos. No se registran "enfrentamientos" entre dos facciones o bandos sino, únicamente, la irrupción de agresiones contra viejos.

Importa destacar esta ausencia de enfrentamiento porque no solo acentúa el carácter absurdo de la situación sino que, además, autoriza la hipótesis

---

210. A este respecto Cfr. las posiciones en torno a lo joven como valor en I^{ra} Parte, 2.2.1.
211. Prieto ejemplifica estas limitaciones para la "revolución" en el seno de la sociedad de consumo con la novela *El camino de los hiperbóreos* de Héctor Libertella en la que se condena las convenciones de la institución literaria en una historia que propone la quema de un libro premiado en un concurso en un libro que fue efectivamente premiado en el concurso de la Editorial Paidós. Prieto señala como dato que Libertella tiene solo 22 años por entonces. Agregamos nosotros como "nota de color", en función de nuestro objeto de estudio, que el escritor se encontraba haciendo el servicio militar obligatorio cuando obtuvo el premio y gracias a él obtuvo la baja dado que tenía que viajar para promocionar su obra.
212. En 1975 se estrenará el filme basado en la novela y dirigido por Leopoldo Torres Nilsson. El guion estará escrito por Beatriz Guido, el director y Luis Pico Estrada (exesposo de Sara Gallardo).

de una instancia anterior de agresión de los viejos para los jóvenes que ha suscitado esta reacción violenta. A este respecto, sin embargo, el único argumento que se esgrime es la urgencia de terminar con el pasado, con las formas de vida que se consideran perimidas y que implican una limitación a todas las posibilidades que ofrece el presente y anuncia el futuro.[213]

La novela de Bioy se publica en un momento histórico en el que la realidad copia a la ficción y la pregunta que atraviesa toda la crítica del momento de su recepción inicial girará en torno a esta relación tan difícil como ineludible entre literatura e historia. Efectivamente las posibilidades de una lectura alegórica resultaban evidentes hasta para el propio autor. En una entrevista (Iacoviello, 1996), Bioy Casares relata que cuando le contó a la hija de su editor en Italia, Ginebra Bompiani, la idea del libro, le encantó y luego, cuando comenzaron las luchas del mayo francés, en el 68, la mujer le mandó telegramas pidiéndole con urgencia la novela por las coincidencias que encontraba entre esa fábula y la realidad.

Entre las lecturas contemporáneas, destaca la polaridad que representan las críticas de David Viñas y de Enrique Pezzoni porque optan, respectivamente, por sendos términos del conflicto: Viñas elige la realidad mientras que Pezzoni, la imaginación.

David Viñas incluye la referencia a *Diario de la guerra del cerdo* en una serie que componen la *Memoria sobre la pampa y los gauchos* (1970) también de Bioy Casares, el prólogo a *El informe de Brodie* (1970) de Borges y el filme *La invasión* (1969), de Hugo Santiago con guion de Bioy y Borges. ¿Qué tendrían en común todos estos textos? Expresar la resistencia al cambio de los "voceros de la burguesía" (Viñas, 1971: 247) nostálgica de la Argentina "de sus privilegios: inmóvil, ahistórica, nutricia y sin cambios. Es decir, fuera del mundo" (*ibídem*). De acuerdo con Viñas, el prólogo de Borges reacciona ante "el avance despiadado de la novedad y el cambio que disuelve 'lo esencial'", el guion compartido imagina la amenaza de invasores contra los que se distribuye revólveres entre "la nueva generación *respetuosa*" (*ídem*: 246; el destacado es nuestro), la memoria de Bioy reivindica un pasado originario nacional (al que se encuentra unido por su historia familiar) a la vez que "arrolla su ironía contra "esos 'parricidas' que en el *Diario de la guerra del cerdo* (1969) reemplazan a 'invasores' no

---

213. En Inglaterra, en 1961 Anthony Burguess había publicado una primera edición parcial (que se completa en 1962) de *A clockwork orange* (*La naranja mecánica*) en la que también un grupo de jóvenes asola la ciudad con su violencia. La primera edición de la obra en la Argentina es de 1973 por la editorial Minotauro. En 1971, la novela será llevada al cine.

generacionales" (*ídem*: 246). En el análisis de Viñas la discusión histórica se dirime en una argumentación que asocia el cambio con la juventud y la reacción y resistencia con la vieja guardia. Si bien sostiene que los jóvenes de *Diario de la guerra del cerdo* son sustituto de otros *otros* a los que se los piensa como "invasores" de una propiedad que detenta el autor (y/o su clase), los llama "parricidas", lo que no solo recuerda el mote que Emir Rodríguez Monegal atribuyera a la generación del propio Viñas, sino que sitúa necesariamente a Bioy (y/o a su clase) en el lugar del "padre" asesinado.

Esta lectura en clave de una lucha generacional fundamentalmente política es recuperada y profundizada por Ana María Barrenechea (1978).[214] La autora explicita lo que en Viñas permanece implícito en la alusión. Para empezar, Barrenechea desmitifica la explicación que el propio Bioy da de la novela basada en el sentimiento que le causaba su proceso de envejecimiento (Bioy tiene 55 años en 1969) y, antes bien, apunta a su inquietud frente a la realidad política argentina contemporánea a la escritura y publicación de la novela. Dice Barrenechea:

> "El autor une a la justificación psicológica personal (hombre maduro que empieza a sentirse relegado) la justificación del orden social al cual pertenece en un momento crucial de la historia argentina, cuando se prepara la vuelta del peronismo al poder. Su clase se enfrenta al surgimiento de un proletariado que ha adquirido conciencia y poder político y lo ve –con asombro– apoyado por una generación juvenil, universitaria en buena parte, que procede de los mismos sectores de la burguesía" (Barrenechea, 1978: 255).

Para Barrenechea, las hordas de jóvenes que matan a viejos son efectivamente invasores generacionales pero esto no implica que la amenaza sea meramente consecuencia de las angustias de un "viejo escritor", antes bien, estos jóvenes "representan a esa generación, muy radicalizada que buscaba, entonces, en 1969, y en parte continuó buscando en los caminos revolucionarios, la realización de la América Hispánica" (*ídem*: 255). De acuerdo con la autora:

> "Adolfo Bioy Casares enfoca el tema desde el bando de los viejos (...) [porque] quiere defender el antiguo orden, pero no en forma explícita, por eso tiende a mostrar un conflicto en el que acentúa el sinsentido de la reacción juvenil y se omite toda referencia a raíces sociopolíticas (...)
> Esto sucede porque Adolfo Bioy Casares es representante de un grupo que defiende el viejo orden burgués desde una posición escép-

---

214. El libro de Ana María Barrenechea reúne artículos escritos entre 1956 y 1977.

tica (es decir con la mala conciencia de los errores y de las trampas que encierra): carecen de fe en los valores defendidos pero se sienten aterrados por el cambio que los desplazará de la posición de clase dirigente" (*ídem*: 247-8).

En el mismo sentido, una reseña escrita en la *Revista Iberoamericana* en 1970 por el crítico chileno Evelio Echavarría también realiza una lectura sociopolítica de la novela y, como Barrenechea[215], reconoce al conflicto generacional" como un "motivo" del discurso social latinoamericano de la época, que trasciende las angustias personales acerca del paso del tiempo. Dice Echavarría que, el de la novela, "no se trata de un tema demasiado insólito" y argumenta que así lo indica el título de un libro de cuentos contemporáneo (de 1970) del escritor mexicano Luis Guerra: ¡Mueran los viejos! (Echavarría, 1970: 669) Califica a la novela como una "alegoría" y, al tiempo que considera que la guerra contra los viejos es "una solución violenta, como lo son las soluciones de hoy en día, para una horrible necesidad biológica" (*ibídem*) profetiza:

> "Acaso, en un futuro planeta superpoblado, la guerra de la generación útil contra los inútiles llegue a ser, como para los esquimales, una crueldad necesaria e inevitable. En nuestros días esta guerra también se sigue librando, pero en forma más atenuada:
>
>> People expect old men to die;
>> They ... look
>> at them, with eyes that wonder them. (Ogden Wash)" (*ídem*: 670)

Mientras que las reseñas y artículos de Ana María Barrenechea, Evelio Echavarría y David Viñas no dudan en extender los alcances de la ficción al territorio de la realidad, Enrique Pezzoni recibe con sorpresa la novela de Bioy Casares en el marco de una obra caracterizada por su adscripción a la literatura fantástica.

En su reseña en la Revista *Los libros* de 1970, Pezzoni procura "salvar" a la novela de los "peligros de la mimesis". Para ello, plantea que, en el mundo, se dan "dos sintaxis", la de "lo real" y la de "lo literario" y postula que la novela se define como su "cotejo" (Pezzoni, 1970). Sostiene Pezzoni:

---

215. El artículo de Barrenechea (1978) compara la representación del conflicto generacional en *Diario de la guerra del cerdo* de Adolfo Bioy Casares con la novela *La multiplicación de las viejas* (Buenos Aires, Editorial Sudamericana, 1974) de la escritora peruana Elena Portocarrero.

"Bioy Casares no ha querido ofrecernos un mundo pavoroso e ilusorio que reemplace al real. Si esta vez ha elaborado un suceder alarmante (a diferencia de las placenteras, cínicas historias galantes de sus últimos libros) es para persuadirnos con mayor firmeza de que la tradicional oposición entre ilusión y realidad es sólo un método para distribuir los materiales que las operaciones del vivir organizan. *Diario de la guerra del cerdo* no busca lectores que se estremezcan ante los hechos narrados (para acabar desechándolos como imposibles o como tenues símbolos de otros hechos que, ya sabemos, no son gratos). Busca lectores que 'lo prefieran' como sueño, como una peculiarísima estructura que, analógicamente, reproduce la tarea de vivir. Como los sueños, este Diario... debe descifrarse a partir de sus combinaciones. Y su elección es obligarnos a admitir que estamos condenados a una infatigable sintaxis donde la incoherencia no es más que un modo sui generis de coherencia. Videmos nunc per speculum" (*ibídem*).

Como se advierte, el tono de la reseña dista largamente de los otros textos sobre la novela de Bioy. Pezzoni encuadra su lectura en una discusión estética, antes que política, aunque los términos involucrados sigan siendo los mismos: el estatuto de la ficción, los órdenes de lo empírico y lo imaginario en la representación literaria. Luego de una larga digresión por el sueño e "indicaciones de lectura" (no busca lectores que se estremezcan ni que desechen los hechos por imposibles: es decir, ni ingenuos ni ingenuamente realistas) encuentra al "espejo" a través del cual ahora solo vemos el enigma pero anuncia una revelación posterior.[216] Es decir, la lectura estética no deja de ser política porque no solo admite la condición "alegórica" de la novela (en relación con el presente que el espejo refleja) sino que, a través de la conjetura, le atribuye (como Echavarría) el poder de la profecía (cuando veamos, "cara a cara", el mensaje que esconde el enigma).

Parecería, en resumen, que, en *Diario de la guerra del cerdo,* el conflicto generacional tiene, al mismo tiempo, el carácter de una reflexión amarga acerca de la soledad y vulnerabilidad de la vejez y de una crítica acerca del poder que asumían los jóvenes para la época.[217] En cuanto a estos úl-

---

216. La cita completa es "Videmos nunc per especulum en enigmate, tunc autem facie ad faciem; cognosco nunca ex parte, tunc autem cognoscam sicut et cognitus suma" y pertenece a la Epístola Beati Pauli Apostoli ad Corithios Prima, 13:12. Borges, en "El espejo de los enigmas" (*Otras Inquisiciones,* 1952) ofrece distintas interpretaciones de la misma frase.

217. En otras palabras, la juventud es una de las principales preocupaciones de la poética de Bioy Casares pero también es un hecho que *Diario de la guerra del cerdo* es la cifra impar de su obra. En ninguno de sus textos (acaso con las únicas ex-

timos, así como hay muchos elementos que permiten identificarlos con los movimientos estudiantiles y políticos que tenían un fuerte protagonismo para fines de la década del sesenta (y contra los que Bioy –y su clase– "reaccionaba"), también pueden ser pensados, en función de nuestra lectura en esta tesis, como un colectivo más amplio. La crítica alude a las nuevas generaciones cuya visibilidad como mercado, como valor y como metáfora del cambio, también generaba resistencia por la ruptura de la cadena de transmisión cultural que implicaba: "Idiotas fueron siempre los jóvenes –declaró Rey–. ¿O hemos de suponer que hay una sabiduría en el inexperto, que luego se pierde?" (Bioy Casares, 2003: 200). La "sabiduría del inexperto" es el núcleo de conflicto de una sociedad que asiste a la venganza de los hijos de Saturno. Isidoro Vidal, el protagonista de la novela, es el que pone en palabras el malestar: "–Lo que me fastidia en esta guerra del cerdo – (...) es el endiosamiento de la juventud. Están como locos porque son jóvenes. Qué estúpidos" (*ídem*: 101) y, el muchacho con el que habla agrega: "–Una situación de escaso porvenir". Este intercambio es crucial para comprender no solo el absurdo de la guerra planteada en la novela sino de la percepción de la misma idea del valor asignado a la juventud en la época. El "escaso porvenir" advierte a los jóvenes del carácter efímero de su condición (ellos, también será viejos) y, nuevamente, del sinsentido de su hostigamiento. Desde esta perspectiva, la "guerra" de *Diario de la guerra del cerdo* es principalmente una guerra contra el paso del tiempo que representa la vejez. Gabriel Giorgi la define como una "guerra del cuerpo contra sí mismo, contra su tiempo" (Giorgi, 2004: 108).

Acaso el aspecto más interesante que aporta el texto de Pezzoni es que es capaz de leer simultáneamente el símbolo, la idea y la motivación del significante. *Diario de la guerra del cerdo* testimonia su época no meramente porque el hecho de que trate sobre un sujeto cultural en particular sino porque elige un significante también históricamente motivado para su inscripción en la ficción. No obstante, en cualquiera de los dos casos, los jóvenes son una amenaza y la imagen de una transición, como parte de un aprendizaje, que era propio del tiempo de la adolescencia, se vuelve ominosa en la representación de una "tierra de nadie" en la que los sujetos están librados a su suerte (víctimas y victimarios) durante una semana de guerra que irrumpe como una herida absurda en un tiempo sin continuidad: sin antecedentes que la anunciaran y sin consecuencias para el futuro.

---

cepciones de "Homenaje a Francisco Almeyra" de *Historias prodigiosas*, de 1956 y "La fiesta del monstruo" (1947), que escribió con Borges) el presente histórico está tan cerca de la fábula como en esta novela.

El personaje de Isidoro Vidal no se reconoce a sí mismo como "viejo" y duda de que pueda ser uno de los blancos elegidos por las agrupaciones de jóvenes que asolan la ciudad. Todavía no tiene sesenta años y eso supone, para otro de los personajes, que se encuentre en un interregno que lo vuelve (para su fortuna) "inclasificable". Un muchacho, con el que discute sobre la guerra, le dice a Vidal:

"—Discúlpenme –protestó el muchacho bajo–. En mi opinión lo que usted ha dicho es un disparate. Viejo no. Yo lo situaría en la zona que ese charlatán de Farrell describe como tierra de nadie. No se lo puede llamar joven, pero viejo, decididamente, tampoco" (Bioy Casares, 2003 [1969]: 104).

Los sentidos asociados a este espacio intermedio, no obstante, trascienden la mera calificación de Vidal porque describen, también, el tiempo que dura la guerra, desde que se infiere su llegada, a partir de una serie de ataques aislados que tienen como víctimas a viejos, hasta que, con la misma sorpresa, se extingue con la muerte del hijo de Vidal que, aunque joven, quiere proteger a su padre de un ataque y, en ese momento, es atropellado por un camión. La "tierra de nadie" designa la ausencia de ley, un estado de caos en el que sobresalen la voz de un demagogo, el poder de los jóvenes, el temor de los viejos y el peligro en las calles. No resulta menor el hecho de que la guerra se libra en el espacio público, aunque se diga que los jóvenes van a ir a buscar a sus casas a los viejos y estos, además, se escondan o se muden para evitar el peligro, lo cierto es que todos los ataques y las muertes se dan en la calle.

La "tierra de nadie" es el tiempo de mudanza que se engulle las certezas de los sujetos que lo transitan y es el espacio que se abre entre las generaciones. La novela, a través de los personajes de Vidal y de los jóvenes, pone en contacto (bélico) a dos generaciones que mantienen una relación de simetría inversa de "entrada y salida de la edad adulta" (Gil Calvo, 2007: 137). Las dos se definen *en tránsito* –de ahí la "tierra de nadie"– porque la una se apresta a apropiarse de la vida pública una vez que ha salido de la moratoria social de la infancia y adolescencia y la otra se dispone enfrente el *retiro* a la vida privada. Cuando Vidal se sorprende ante la libertad con la que le habla una mujer joven, el narrador comenta que "Pensó que a él le había tocado vivir una época de transición" (Bioy Casares, 2003: 30). En otra oportunidad, en una conversación con su hijo, la diferencia generacional explica la incomunicación entre ambos. Vidal le dice a Isidorito que él se siente a gusto con los jóvenes, pero no sabe los motivos y su hijo le dice que él también, porque es uno de ellos: "Yo no soy vos", le recuerda. "Ah, es cuestión de generaciones. ¿No nos entendemos? ¿La doctora te ha explicado eso?" (*ídem*: 34). En la respuesta de Vidal confluye esa percepción de la distancia generacional que se profundiza para la época, el reclamo por la comunicación entre los distintos grupos erarios y el descrédito del psicoanálisis ("la doctora"), como gran discurso interpretante de la época.

En este contexto de brecha generacional, "Los jóvenes de ahora" es la expresión que coloca del lado de la incomprensión a los otros distintos de los que, por su parte, reniegan de su vejez, no solo como precaución ante las agresiones en curso, sino como resistencia al "deterioro de su posición en la sociedad" (*ídem*: 15): los viejos se tiñen el cabello, buscan mujeres jóvenes, les molesta el mote de "abuelos" y de "señor", les "revienta" (*ídem*: 28) "la frasecita" de "A cierta edad".

La representación de los jóvenes en las palabras del narrador y del grupo de viejos amigos de Vidal, (que se llaman a sí mismos, "muchachos"), es siempre negativa aunque algunas designaciones aludan a su falta de madurez y otras a los peligros que comportan para el resto de la sociedad. A los jóvenes los llaman "muchachos", "chiquilines", "mocitos", "jovencitos (con granos)" y "chicos" pero también, "ululantes muchachones" (*ídem*: 12), "una cáfila de muchachuelos" (*ídem*: 49), "esos muchachitos revoltosos, verdaderos delincuentes" (*ídem*: 101), "gallardos mozalbetes" (*ídem*: 109), "mozalbetes con sus ínfulas bobas" (*ídem*: 129), "Forajidos de la Agrupación juvenil" (*ídem*: 169), "loquitos que andan sueltos" (*ídem*: 104).[218] En

---

218. Una de las designaciones más significativas es la de "jóvenes turcos" en alusión al sobrenombre del grupo que gobernó el Imperio Otomano entre 1908 y finales de la Primera Guerra Mundial y que protagonizó el llamado "genocidio armenio". La referencia histórica advierte sobre el "peligro" que implica un grupo de jóvenes en el poder.
Una coincidencia interesante es que tres años antes, más exactamente el 18 de abril de 1966, Theodor W. Adorno alude también a los "jóvenes turcos" y al genocidio armenio en la conferencia "La educación después de Auschwitz" (traducida por primera vez al español en 1973) cuya tesis es que el principal objetivo de la educación es que no se repita el holocausto judío. Lo curioso es que la referencia a los jóvenes turcos, en Adorno, como en la novela de Bioy aparece en relación con tres problemas que se señalan como "contemporáneos": la explosión demográfica (Adorno se pregunta si "la fatalidad histórica" no tuviese "ya dispuestas", para frenar la "explosión demográfica", la matanza de pueblos enteros); la pérdida de lo individual en la masificación y los "delincuentes juveniles". Señala Adorno: "Entretanto este tipo [el carácter manipulador] –si mis observaciones no me engañan y numerosas investigaciones sociológicas permiten la generalización– se halla mucho más difundido que lo que pudiera pensarse. Lo que en su tiempo ejemplificaron tan solo algunos monstruos nazis hoy puede afirmarse de muchísimos hombres: *delincuentes juveniles, jefes de pandillas y otros similares*, acerca de los que todos los días podemos leer noticias en los diarios" (Adorno, 2003 [1969]: 89).

una única oportunidad, los jóvenes son definidos como "estudiantes" y el retrato coincide claramente con una impugnación de ese nuevo sujeto social que un año antes de la publicación de la novela había protagonizado el *Mayo Francés* y la *Matanza de Tlatelolco*, tres años antes había tomado la Universidad de Buenos Aires en la *Noche de los Bastones Largos* y ese mismo año, en 1969, había protagonizado en Córdoba y Rosario movimientos de protesta de marcado realce. El narrador relata que Vidal busca infructuosamente apoyo moral en una joven pareja después de que Jimi, su amigo, es agredido en la calle y describe que "El muchacho, de anteojos llevaba libros debajo del brazo; ella parecía una chica decente" (*ídem*: 13). La "decencia" de la chica, que se contrapone a la condición "estudiantil" del muchacho, desaparece pocas líneas después cuando la joven saca unos "anteojos redondos" de su cartera; es decir, se revela, también ella, como estudiante.

Desde la vereda de enfrente, las víctimas de los jóvenes son "viejos", pero no "ancianos", es decir, de esta forma han sido privados de la respetabilidad que tradicionalmente la sociedad ha depositado en aquellos a quienes los años les han conferido sabiduría. No parece casual que el primer viejo asesinado del círculo de "los muchachos" se llame justamente "Néstor", el personaje de la Ilíada que es la figura prototípica del anciano cuya experiencia lo vuelve prudente y comprensivo y, por lo tanto, consejero de los jóvenes. Sin lugar a dudas, la construcción del "viejo" es uno de los muchos indicios del cuestionamiento de la asociación entre crecimiento y aprendizaje implicado en la novela. El propio Vidal se pregunta a través de las palabras del narrador: "¿Cuántos años tendría que vivir el hombre para dejar atrás todas las vergüenzas injustificadas, para madurar completamente?" (*ídem*: 58). Aquí el diablo sabe más por diablo que por viejo porque Vidal concluye que "Secretamente el hombre es un chico disfrazado de persona grande" (*ídem*: 31). La experiencia de la vejez enseña que en el futuro del joven no está la madurez sino la caducidad: "A veces Vidal se preguntaba qué aprendemos a lo largo de los años ¿a resignarnos a nuestras deficiencias?" (*ídem*: 18).

Además, en esta guerra, son "cerdos", es decir han perdido su condición humana.[219] A propósito de esta designación animal, en la novela se

---

219. Es interesante que el historiador Eric Hobsbawm, se refiera, también, a la falta de condición humana de los "viejos" para las nuevas generaciones sesentistas en un momento hiperbólico de su explicación del fenómeno de la distancia generacional durante la época: "La radicalización política de los años sesenta (...) perteneció a los jóvenes, que rechazaron la condición de niños o incluso de adolescentes (es

debate por qué son "cerdos" y no "chanchos" (como habitualmente se les ha dicho a estos animales en la Argentina), lo que sugiere la idea de que la guerra tenga una dimensión "internacional". Uno de los viejos ha creído escuchar que también se los llama "búhos", mote que prefieren porque les devuelve algo de dignidad, dada la asociación mitológica de estas aves con el conocimiento.

En esta deshumanización del viejo en la cultura está la clave para comprender que la reflexión sobre la vejez, omnipresente en la novela, excede el horizonte de la construcción psicológica del personaje enfrentado a su finitud. Antes bien, es el reverso del "endiosamiento de la juventud" y una crítica a la negación del pasado (las tradiciones, las costumbres, la sabiduría *acumulada*) en la entronización del cambio y el desarrollo por la sociedad de la que forma parte. En palabras de Isidoro Vidal:

> "Mientras atendía quién sabe qué miserias personales (...) habían ocurrido grandes cambios en el país. Esta juventud –el de los granos y el más bajo, que parecía inteligente– hablaba de tales cambios como de algo conocido y familiar. Acaso porque no había seguido el proceso, él ahora no entendía. 'Quedé afuera' se dijo. 'Ya estoy viejo o me dispongo a serlo'" (*ídem*: 103).

Vidal, que siempre duda acerca de su condición, tiene claro que está viejo quien queda fuera del cambio, quien no puede comprenderlo e incluso, como en su caso, a quien le ha pasado desapercibido.

De hecho, los viejos son, en sí mismos, un ejemplo de las paradojas del desarrollo. Los avances médicos han extendido la esperanza de vida hasta límites inusitados pero, según las palabras de uno de los personajes jóvenes de la novela, "sin alargar un día la vida humana" (*ídem*: 102). Definida la vida en términos de productividad, lógicamente los viejos resultan "inútiles", por lo que, los médicos –reflexiona el muchacho– "se limitaron a llenar el mundo de viejos prácticamente inservibles" (*ibídem*). Así planteada la argumentación, la guerra se explica, también, como una práctica higiénica contra el crecimiento poblacional.

---

decir, de personas todavía no adultas), al tiempo que negaban el carácter plenamente humano de toda generación que tuviese más de treinta años, con la salvedad de algún que otro gurú" (Hobsbawm, 1998 [1994]: 326).

4. *You say you want a revolution*[220]

La revolución es, como habíamos señalado, una de las formas privilegiadas del cambio en los años sesenta y, particularmente, la concepción que se impone, a cualquier otra, en los últimos años de la década del sesenta y principios de los setenta.

Su centralidad, a las puertas de los setenta, responde a una politización de la cultura que "naturaliza" (de Diego, 2000) la violencia como modalidad de la acción. A este fenómeno, José Luis de Diego (2000) lo explica en función de un viraje del pensamiento de las principales fuerzas del campo intelectual, durante los sesenta, de una preocupación acerca de las transformaciones sociales necesarias para el cambio a un interés político en torno a las estrategias de toma del poder:

"Si ese cuerpo generacional [del '60], heterogéneo y multiforme, no concebía el cambio necesario y posible sino a través de la acción revolucionaria de las masas, los setentas producen evidentemente un desvío del interés político hacia las estrategias de toma del poder: se miraba a la sociedad, ahora se mira al estado. Es difícil afirmar que la irrupción de la violencia –que a menudo se menciona para caracterizar a los setenta– haya sido una consecuencia de este desvío más bien se puede decir que la violencia social creciente naturalizó ese desvío o, con más precisión, que la violencia se incorporó, ya naturalizada, como estrategia de toma del poder" (*ídem:* 6).

Este proceso aparece claramente retratado en un texto singular y de sumo interés en relación con nuestra perspectiva de análisis, por la relación planteada con cultura adolescente. Se trata de un artículo publicado por el escritor Germán García en la edición del N°6 de la Revista *Los libros* de diciembre de 1969. Más exactamente como parte del dossier dedicado a la literatura infantil. La singularidad del texto radica, especialmente, en el objeto de estudio: un análisis contrastivo de la literatura infantil de María

---

220. "You say you want a revolution" es el primer verso de la canción "Revolution" de The Beatles. Fue compuesta por John Lennon y publicada en dos versiones diferentes en 1968: una primera versión en ritmo de blue se grabó como parte del álbum *The Beatles* el 30 de mayo de 1968 y una segunda, comercial, la más conocida, apareció el 26 de agosto del mismo año como "lado B" del álbum *Hey Jude*, en los Estados Unidos y el 30 de agosto, en Inglaterra. La canción es la primera del conjunto de rock inglés que se introduce en el campo político y consiste en una "respuesta" pacificista de Lennon a las demandas de diversos grupos revolucionarios que le solicitaban apoyo financiero y moral.

Elena Walsh y el "comportamiento" de los personajes en la caricatura televisiva "Tom y Jerry". El texto parte del desarrollo de diez preguntas sin respuesta a la escritora (porque se negó a contestar) cuya evaluación se plantea por oposición a la representación de la cultura infantil por la tira cómica de Hanna y Barbera. La tesis de García es que, mientras la literatura infantil construye las reglas de lo que se denomina "infancia" (a través de la fijación de los límites del deseo), por las que "El niño pasa a ser el otro de cada hombre. Hay que señalar que la infancia, como la vivimos y la recordamos es un *disfraz* hecho con los retazos míticos que cada adulto tiene de su infancia" (García, 1969: 11), "Tom y Jerry" (como representantes de la "cultura infantil masificada") no "coopera" con la "educación oficial" justamente a través de una agresividad manifiesta que la literatura de Walsh "reprime":

> "Tom y Jerry narran la epopeya de una cultura de masas elaborada para la infancia y en la cual los niños encontrarán (junto con las palabras) las imágenes que permitirán *visualizar,* en cada uno de ellos, esa agresividad constituida en relación a la pareja materna, al lugar de tercero excluido que el niño ocupa frente a ellos (...) Tom y Jerry —el gato y el ratón unidos en una oposición indisoluble— lo dicen en todas las formas y con todas las señales que lo imaginario articula en la plasticidad delirada de sus cuerpos" (*ídem*: 10).

Germán García "naturaliza" la violencia como parte de la maduración psicológica del sujeto y se manifiesta contra el escándalo que la sociedad muestra cuando ve "volver" esa agresividad latente en el adolescente violento. Contra la acusación de "parricidio" que leíamos en la novela de Adolfo Bioy Casares, en la conclusión del artículo, García denuncia a la sociedad por "filicidio":

> "Cuando Tom y Jerry, después del corte de la pubertad, aparecen fundidos en un adolescente homicida, la sociedad —para no ser menos— se pone *filicida* y finge no encontrar en el acto criminal del adolescente nada más que los signos de una 'naturaleza bestial y desenfrenada'. El bien social se mira en el espejo clausurado y repetitivo del bien social: afuera y por desgracia está *lo otro*" (*ídem*: 11).

La lectura de Germán García no es, desde ya, privativa del psicoanalista y escritor: entre otros, Arminda Aberastury, también desde el psicoanálisis, ensaya una hipótesis "relacional" de la génesis de la violencia según la cual los jóvenes se apoderarían de la violencia que los adultos *ya* detentan:

"En este momento, vivimos en el mundo entero el problema de una juventud disconforme a la que se enfrenta con la violencia, y el resultado es sólo la destrucción y el entorpecimiento del proceso.
La violencia de los estudiantes no es sino la respuesta a la violencia institucionalizada de las fuerzas del orden familiar y social (...)
La sociedad en que vivimos con su cuadro de violencia y destrucción no ofrece suficientes garantías de sobrevida y crea una nueva dificultad para el desprendimiento. El adolescente, cuyo sino es la búsqueda de ideales y de figuras ideales para identificarse, se encuentra con la violencia y el poder: también los usa" (Aberastury, 2004: 26).

Es decir, los primeros años de la década del setenta estarán marcados, en la Argentina, por el creciente debate acerca del papel de los adolescentes y jóvenes en el proceso de cambio político tanto como en la propia conceptualización de ese cambio como "rebeldía" (de los adolescentes, de los jóvenes). Esa "rebeldía" aparece, no obstante, señalada como una forma de desacreditación, un mero capricho (*"ya se les pasará"*), desde los sectores más conservadores y, como una "toma de conciencia" (como veíamos en el texto de Ratier para la *Enciclopedia del mundo joven*) por la izquierda. Ese debate, por otra parte, no es sino una de las múltiples manifestaciones de la polémica mayor acerca de la acción política y los modos de concebir el futuro, que es el horizonte de prácticamente de toda discusión de estos años. El mejor ejemplo es el discurso de Salvador Allende en la Universidad de Guadalajara, México, el 2 de diciembre de 1972. En él, Allende enuncia la frase "Ser joven y no ser revolucionario es hasta una contradicción biológica", que los estudiantes universitarios han repetido desde entonces, como consigna, hasta nuestros días.

Allende elige tomar como eje de su discurso, dirigido principalmente a los estudiantes universitarios, el problema de la "querella generacional". Esta realidad es un tópico obligado en los discursos en torno a la revolución ya sea que se asuma como tal o se niegue, como veremos en el caso del entonces presidente chileno. La argumentación de sus palabras en Guadalajara tiene como premisa implícita que la revolución es joven, por eso plantea, en más de una oportunidad, que no hay una guerra generacional porque "hay jóvenes viejos y viejos jóvenes" y entre esos últimos se ubica a sí mismo (tiene, para esa fecha, 64 años). Los "jóvenes viejos" son aquellos que quedan fuera de la revolución porque entienden su condición de estudiante como un "privilegio" antes que como un compromiso con el estudio (aclara que es fácil ser "agitador universitario y mal estudiante", "el dirigente político universitario tendrá más autoridad moral, si acaso es también un buen estudiante universitario") y con la sociedad a la que pertenecen:

> "(...) tiene una obligación porque tiene más posibilidades [que un campesino, que un joven obrero] de comprender los fenómenos económicos y sociales y la realidades del mundo; tiene la obligación de ser un factor dinámico del proceso de cambio, pero sin perder los perfiles, también, de la realidad".

Frente a los estudiantes, Allende no solo se caracteriza a sí mismo como un "viejo joven" (lo que implica, por cierto, asignarle un valor positivo a la juventud, más allá de la biología) sino que insiste en separar las ideas de "revolución" y "juventud" (biológica). Aclara explícitamente que no suscribe a esa asociación: "(...) sin decir que la juventud será la causa revolucionaria y el factor esencial de las revoluciones (...)" y procura orientar la discusión a la (verdadera) dimensión de un enfrentamiento social:

> "Por lo mismo, (...) o hay lucha de generaciones (...) hay un enfrentamiento social, que es muy distinto, y que pueden estar en la misma barricada de ese enfrentamiento los que hemos pasado –y yo pasé muy poquito de los 60 años; guárdenme el secreto– de los sesenta años y los jóvenes que pueden tener 13 ó 20".

La sola elección del eje de *la querella de las generaciones* da cuenta de su importancia, más allá de los esfuerzos argumentativos del discurso y más acá del "secreto" de la "vejez" de Allende a la que el líder chileno alude, en dos oportunidades, como un dato que quiere, aunque jocosamente, ocultar[221].

El "estudiante" y la "juventud revolucionaria", a veces como sinónimos y otras veces como sujetos "asociados", son los grandes actores del tiempo de cambio concebido como revolución. El adjetivo "revolucionaria" viene a corregir la idea de una "juventud burguesa" o "recluida" en un tiempo de espera o moratoria social. Esta idea ya estaba en el texto editorial del primer número de la Revista "Contorno", escrito por Juan José Sebreli en 1953[222] (en el que el autor niega la posibilidad de que el obrero pueda ser pensado como "joven"), y toma, a partir de 1968, un nuevo carácter por la irrupción de la juventud en el espacio público. Un ejemplo de esta crítica en torno a la juventud como período de latencia es "La juventud como mitología",

---

221. Al comienzo del discurso, como en esta última cita, Allende alude a su edad como un secreto. Leemos: "Y porque una vez fui universitario, hace largos años, por cierto –no me pregunten cuántos (...)".
222. Cfr. I^{ra} Parte, 2.2.3 "Revolución".

reseña del libro *Juventud chilena: Rebeldía y conformismo*, publicado por la Universidad de Chile de Armand y Michéle Mattelart, escrita por el sociólogo argentino Patricio Biedma.[223]

El libro reseñado es el resultado de una encuesta realizada en Chile por los esposos Matterlart, sociólogo él (coautor del famoso *Para leer el Pato Donald*, de Ariel Dorfman) y comunicóloga, ella. La encuesta tuvo como objetivo analizar una muestra de individuos que, por su edad, pueden ser reconocidos como jóvenes. En su reseña, que comienza en primera persona, Biedma, que para el momento de la publicación tiene 25 años (había nacido en 1945), parte de "proclamar que la juventud no existe" (Biedma, 1970: 9). Asume que, teniendo derecho a llamarse joven, la negación lo inquieta pero no por ello deja de rechazar el "mito" que supone que a su edad la rodea una "tranquila y apacible 'marginalidad natural'". Son jóvenes, dice Biedma, "ciertas personas [que] tiene la oportunidad de retrasar su incorporación al sistema productivo". Opone el concepto social a la definición biológica y señala que "También está la otra juventud: la juventud revolucionaria. Ella existe, no biológicamente, sólo a condición de ser una juventud de clase, enrolada en un proceso que va más allá de ella misma. Contraria a la 'fantasía' de la otra juventud, ésta sienta las bases de una nueva sociedad" (*ídem*).

En este marco cultural, en el emblemático año de 1973 en el que se produce la vuelta al país de Juan Domingo Perón y el derrocamiento y muerte de Salvador Allende en Chile, dos novelas argentinas ficcionalizan la rebelión juvenil: una de ellas clausura la obra del escritor central de la década del sesenta: Julio Cortázar; la otra constituye un éxito más en la producción de una escritora de best sellers: Silvina Bullrich.

Libro de Manuel, de Julio Cortázar y *Mal don*, de Silvina Bullrich, con diferencias que puntualizaremos a continuación, proponen historias en las que un grupo de jóvenes se levanta en armas contra las instituciones del mundo adulto (las injusticias del sistema económico imperante, las costumbres, las tradiciones culturales y políticas). En ambas, las relaciones entre realidad y ficción o entre Historia y literatura se tornan complejas, especialmente por la introducción de la política como tercer término en

---

223. Patricio Biedma-Schadewalt fue un sociólogo argentino que se radicó en Chile después de la Noche de los Bastones Largos cuando fue expulsado de la Universidad Católica Argentina por su adhesión a los docentes desalojados de la U.B.A. En Chile formó parte del Centro de Estudios de la Realidad Nacional (CEREN) del que también formaban parte los autores del libro reseñado. En 1973, los Matterlart y Biedma emigran. Biedma regresa a la Argentina y como dirigente del MIR (Movimiento del Frente de Izquierda Revolucionaria) es detenido-desaparecido en julio de 1976.

juego. Si bien es el rasgo ineludible en el estado de cultura que recibe las obras, sorprende su emergencia en el contexto de dos literaturas hasta entonces caracterizadas por otros intereses y en relación con otro "horizonte de expectativas": la literatura fantástica, en el caso de Cortázar, y cierto costumbrismo pequeño burgués, en el caso de Bullrich, adocenado por las exigencias de un mercado de la misma índole.

Cortázar había celebrado, en el '68, la insurrección de los estudiantes franceses diciéndoles: "Ustedes son la guerrilla contra la muerte acondicionada que quieren venderles con el nombre de porvenir". Hoy, la tapa de la última edición de *Libro de Manuel* (Alfaguara, agosto de 2012) está ilustrada con el graffiti de esos años. No se puede clasificar como una novela de aprendizaje pero, sin embargo, la historia se sostiene sobre un propósito "pedagógico": el *Libro* se trata, en la ficción, de un álbum que una de las jóvenes protagonistas compone, con artículos periodísticos del momento, para que Manuel, su hijo, aprenda, cuando pueda leer (por entonces es solo un bebé) cuál es el camino hacia un porvenir válido: "una manera de equiparlo para el futuro" define Lonstein, uno de los principales personajes.

Mientras Manuel crece, esta célula activista autodenominada "La Joda", compuesta en su mayoría por jóvenes latinoamericanos, "prepara" su futuro a través de distintas acciones destinadas a la provocación y conmoción de las costumbres en París (una serie de intervenciones propias del *happening* que introducen el absurdo, la desmesura, la agresión y la incomodidad –pero también el secuestro– en la vida cotidiana burguesa). En esta novela aparece *otro Cortázar*, el último Cortázar, muy distinto del que leíamos en la II Parte, que esta vez elige a los jóvenes como protagonistas de una historia escrita a caballo entre la invención de "La Joda" y la documentación periodística contemporánea y, particularmente, aquellas noticias que dan cuenta de los atentados de grupos de jóvenes guerrilleros en América Latina y de las persecuciones y torturas de las que son víctimas. Desde el mismo prólogo, Cortázar presenta a *Libro de Manuel* como un libro que se inscribe en esa zona limítrofe de la literatura y la realidad. "(...) hoy y aquí las aguas se han juntado" (Cortázar, 2012 [1973]: 9), declara Cortázar, y explica que esa "conciliación" ha sido deliberada y fruto de "un largo proceso de convergencia". La recepción de la crítica fue unánime: un amplio rechazo no solo por razones "estéticas" (Cortázar dejaba atrás lo "mejor" de su literatura) sino por razones éticas: banalizaba la muerte en nombre del "amor", el "juego" y la "alegría" a los que, decía el autor, debía apostar la revolución en Latinoamérica para alcanzar la victoria. "La Joda" *es* la revolución y, entre otras definiciones propuestas por la novela, consiste, en una puja de lo nuevo frente a *lo viejo* del tiempo, lo que pertenece a la muerte:

> "(...) la idea misma de la revolución, porque la Joda es una de sus muchas casillas y ese ajedrez no se ganará nunca si yo no soy capaz de ser el mismo en la esquina y en la cama, y yo soy cincuenta u ochenta millones de tipos en este mismo momento. (...) Ahí los tenés a los muchachos, los estás viendo jugarse, y entonces qué; si llegan a salirse con la suya, y aquí vuelvo a extrapolar y me imagino la Grandísima Joda Definitiva, entonces pasará lo de siempre (...) tantos más quieren una revolución para alcanzar algo que después no serán capaces de consolidar, ni siquiera de definir. En la ideología todo perfecto, claro, la teoría y la praxis a punto, habrá Joda cueste lo que cueste porque esta humanidad ha dicho basta y ha echado a andar, está clamado y escrito y vivido con sangre; lo malo estemos andando llevaremos el muerto a cuestas, viejo, el viejísimo muerto putrefacto de tiempo y tabúes y autodefiniciones incompletas" (*ídem*: 213-4).

La polémica que se desató entre Cortázar y sus críticos (David Viñas, Ángel Rama, Adolfo Prieto, entre otros) por la publicación de *Libro de Manuel* y su particular entendimiento del "compromiso" político (por ejemplo, Cortázar ofrecía donar las regalías por las ventas del libro a grupos revolucionarios) es muy conocida. Escapa a nuestros intereses porque la dimensión política del libro de Cortázar nos ocupa solo en la medida que ilustra claramente la trayectoria de la relación entre subjetividad adolescente y formación a lo largo de los años sesenta y con el agregado de darse en el seno de la literatura de un único autor. La invención de la guerrilla de "La Joda" y el graffiti del '68 son una expresión más de la hibridación planteada entre la "querella generacional" y la promesa revolucionaria del hombre nuevo. A este respecto, nos interesa el juicio crítico de Jean Franco, que, en un conocido artículo de 1977 acerca de la literatura de los setenta, apunta exactamente a la ineficacia de la novela de Cortázar al plantear esta relación entre juventud y revolución en el seno de un planteo "generacional":

> "La posibilidad de la realización de una sociedad utópica se encarna en un grupo de amigos que no tienen otro lazo que la simpatía y el amor. De allí, quizás, también se derivan los afectos de la novela puesto que el autor cae en una especie de maniqueísmo generacional según el cual los jóvenes son puros y los viejos podridos. La juventud es sin clase, internacional, creativa, lista para sacrificarse para el futuro, para Manuel" (Franco, 1977: 16).

En cuanto a la otra novela publicada en 1973, *Mal don,* de la escritora Silvina Bullrich, forma parte de un conjunto de títulos de la autora que ha sido catalogado como "de tema social" entendiéndose por ello un determinado tratamiento del universo ficcional que trascendía los márgenes de un relato de carácter biográfico, amoroso o costumbrista y alcanzaba el contexto de la crítica a una clase (por ejemplo, *Los burgueses,* de 1964), un ámbito, el doméstico y la condición de la mujer (*Mañana digo basta,* 1968) o económico (*Escándalo bancario,* 1980). Sin embargo, *Mal don* tiene un carácter político que no se compara con lo que pudiera plantearse en alguna de estas otras novelas y prueba de ello fueron las reacciones que suscitó su publicación.

Se trata de una novela de aprendizaje que traza un desarrollo prototípico del personaje desde el momento inicial de la pregunta sobre el mundo (y sobre *su lugar* en el mundo) pasando por lo que cree una respuesta válida seguida de la lección final que coincide con el momento de su muerte. Este aprendizaje, de todos modos, no es victorioso: descubre que había construido su vida sobre un error. En la historia pueden diferenciarse tres momentos: un primer momento de fuerte carácter biográfico, en el que se narra la infancia y la adolescencia de Diego Bermúdez, el nieto de una casera de las residencias vacacionales de un pueblo balneario llamado *Mal don* (y que evoca manifiestamente a la zona de Maldonado, en Uruguay).[224] Este relato está caracterizado por el descubrimiento de las diferencias de clase, la consecuente revelación de su situación de postergación y el odio (y deslumbramiento simultáneo) hacia los "veraneantes" que visitan el lugar todos los veranos. Una segunda parte, en la que se produce el relato de su "ascenso" social en base a su traslado a la gran ciudad (Buenos Aires), el estudio (se recibe de abogado), los contactos (de su amigo de infancia Tommy, que se prostituye para "salir" de Mal don) y el matrimonio (con Vera, que pertenece a la "raza" de los veraneantes). Finalmente, en la tercera y última parte, asistimos a su caída, cuando es secuestrado y ejecutado por un grupo de guerrilleros encabezado por su propio tío; que no le ha perdonado su "traición" a su clase. Al final de la novela, conocemos, además, que el texto que se lee son las páginas del diario que Diego Bermúdez ha llevado durante su cautiverio.

---

224. La autora comenta en el "Prólogo" a *Mis novelas escogidas*: "(…) en Pinares, donde conocí a los actores de Mal Don. Se trata de Maldonado, pues allí viven los jardineros, las caseras, las empleadas domésticas. La diferencia de vida de los veraneantes con la gente del lugar me inspiró el nombre pues sin duda había maldón como en el juego" (Bullrich, 1990: 12).

La historia abarca desde los últimos años de la década del cincuenta hasta los primeros de la década del setenta. Comienza a contarse la biografía del protagonista desde los ocho años y hasta su muerte a los treinta y dos. Si bien no hay fechas exactas, se ofrecen distintos tipos de índices que remiten a los años sesenta. En ese sentido, en general esas señales aluden a un "tiempo de cambio" que va desde las costumbres ("Eran los primeros años en que las mujeres comenzaban a lucir su ombligo, tímidamente" –Bullrich, 1973: 34–) hasta la mentada revolución: "El mundo estaba cambiando gracias a hombres como tío Ramón. ¿Y qué ganábamos con ese cambio? Sin lugar a duda estaba mal manejado: había cada vez más gente desdichada y menos gente feliz" (*ídem*: 100). O a las nuevas costumbres que trae la revolución:

> "Los ricos, sobre todos los jóvenes, gustan de jugar a los revolucionarios, se interesan por todo lo que huela a clandestinidad ya empiezan a lucir el pelo largo que es signo de rebeldía (...) También muestran la tendencia en el apoyo a las canciones de protesta (...)" (*ídem*).

Al "filo de la adolescencia" (*ídem*: 30) el protagonista descubre o comprende que aquellos "veraneantes" de su infancia, que él comparaba con "los príncipes de las revistas ilustradas" (*ídem*: 17), no son otra cosa que gente de otra clase social con la que la suya tiene una relación de dependencia: "nuestra dependencia fue el fermento de mi rebeldía" (*ídem*: 19) reflexiona el personaje. La "rebeldía" de Bermúdez, por oposición a la de los jóvenes de La Joda, será contra su lugar en la sociedad y buscará revertir su realidad a través de los medios de "movilidad social" que la propia cultura ha dispuesto: la educación, las relaciones personales y el matrimonio. En este punto, la novela explora y deja a interpretación del lector todas las posibilidades de comprensión de la conducta del adolescente incluida la contradicción.[225] Su

---

225. La contradicción aparece como el gran tema social que desorienta el aprendizaje de Diego Bermúdez. Poco después de su llegada a Buenos Aires, perplejo ante las opciones, recuerda su paso por la escuela como una combinación de ignorancia y contrasentido: "Mi cultura era tan deficiente que no sabía que la ley de la selva se inicia en cuanto el hombre adquiere bienes y poder. Que los señores feudales tuvieran derecho a despojar a otro señor más débil y a cada uno de sus vasallos, de apoderarse de un castillo con mujeres, niños, siervos, perros, gallinas y caballos después de haber degollado a los que se encontraban a su paso no entraba en mis conocimiento dado que en Mal don en aquel entonces el bachillerato se componía sobre todo de aritmética, geografía e historia sudamericana y alguna poesía de Guido Spano; apenas rozábamos la historia universal (...) debíamos repudiar a nuestros hermanos guerrilleros pero nos hacían recitar:
"Que es mi barco, mi tesoro/ que es mi Dios la libertad/ mi ley la fuerza y el viento/ mi única patria la mar/ y si caigo qué es la vida/ por perdida ya la di/ cuando el yugo del esclavo /como un bravo sacudí". Afortunadamente no hacíamos

"abigarrado aprendizaje" (*ídem*: 51) lo llevará tanto a evaluar la "solución" de su amigo Tommy (la prostitución) como a interesarse por la ideología y las actividades de su tío Ramón que ha "entrado en la clandestinidad". Las búsquedas del adolescente permiten a la novela distribuir críticas tanto a la ilusión de la movilidad social de la sociedad capitalista como a las aspiraciones revolucionarias de la guerrilla. Se desacredita tanto la idea liberal de que la posición social solo es producto del esfuerzo como las ideas del tío Ramón, cuando su sobrino le pregunta: "¿Y tu ideal es que todos sean pobres como nosotros?" (*ídem*: 67) o cuando se hace referencia a "nuestras caóticas rebeldías sudamericanas" (*ídem*: 20). Y esto sobre el horizonte del personaje de la abuela, la abnegada casera, que, a diferencia de su nieto rebelde, ha aceptado su condición social prácticamente como un destino y, por lo mismo, representa el modo "tradicional" (viejo) de comprender la inequidad social.

Nunca sabremos qué llevó a Silvina Bullrich a elegir este conflicto para su novela —cuáles fueron sus "intenciones"— lo único verificable, a partir de la sola evidencia de la existencia de la obra, es hasta qué punto la "revolución" signaba el tiempo de aprendizaje en los primeros años de los setenta, tanto como para producir el quiasmo inesperado que hizo que el escritor, que conmovía las formas de la representación en los sesenta, hiciera de la guerrilla un juego y que una escritora de best sellers lo tomara como un tema "en serio". *Mal don* fue prohibida por subversiva en el Uruguay por el presidente Juan María Bordaberry: "En verdad, sin advertirlo estaba apoyando la rebeldía de los Tupamaros", Bullrich asentiría años después (*ídem*: 14).

Coda: Corrientes 1277, 5° piso departamento D

Una tercera historia, el cuento "Los insomnes" de Beatriz Guido, completa una particular trilogía en la oferta editorial del año 1973, junto a las novelas recién discutidas.

Como en los otros ejemplos de la narrativa de Guido que leíamos en capítulos anteriores, la narradora es una adolescente —el texto dice "una mocosa"— que cuenta un episodio autobiográfico con la intención de escribir su primer cuento. Es decir, segundo rasgo típico de la narrativa de personaje adolescente de Guido, lo que estamos leyendo es un cuento que escribió una adolescente que quiere ser escritora *cuando sea grande*. Al promediar la primera mitad de la historia, leemos que la narradora dice "Fue, o es, tal

---

asociaciones de ideas dado que como todos los chicos recitábamos de memoria sin pensar en el sentido de cada palabra" (Bullrich, 1973: 129).

vez una noche de verano, y la historia la voy contando en pasado. Cuando relea esta historia de aquí a unos años y sea escritora me sorprenderá haber escrito mi primer cuento en pasado y tercera persona". En la última línea, revelará su nombre propio y con ello su carácter protagónico de los sucesos.

También como en las novelas, se cuenta la historia de una familia. En este caso se trata de los Torrecillas, que tienen la particularidad de vivir de noche. Los hijos de Hilarión Torrecillas han heredado el insomnio de su padre que trabaja de noche (como portero del hotel Sheraton pero ha sido vendedor de la librería Fausto y portero del teatro Tabarís) y tienen la extraña "virtud" de no necesitar más de dos horas de sueño para poder afrontar las exigencias de la vigilia. Durante la noche organizan fiestas en donde son los únicos invitados, concurren a la escuela nocturna (la prefieren a la "diurna") y asean la casa. Mientras la ciudad duerme, ellos tienen muchas ocupaciones y a los chicos les gusta espiar:

"(...) ellos se habían especializado en el oficio de espías: el espión, el chivato, aquél que horada paredes, desvirga cerraduras, escala inodoros para vigilar por claraboyas y mamparas las letrinas vecinas: el hamacarse entre canefas de bronce hasta poder respirar entre contenidas risas las no placenteras defecaciones o las largas e infinitas evacuaciones de los viejos vecinos" (Guido, 1973).

En una de esas excursiones nocturnas a las vidas de los otros, los hermanos descubren (a partir de un agujero en el techo, producido posiblemente por la caída de una rejilla) a un muchacho secuestrado en el quinto piso (ellos viven en el cuarto). Autillos, uno de los hermanos es el que comenta a los otros su hallazgo: "El que está cagando tiene los ojos y la boca vendados. Y es un pibe ... bueno, un muchacho". Los hermanos Torrecillas no solo deciden guardar el secreto sino, además, ayudar al sujeto. Constelación María Torrecillas, la narradora-escritora, es la primera en aventurarse en contactar al joven, el que escribe con sus heces un teléfono al cual llaman para pasar el dato de la dirección y generar el rescate. Efectivamente, horas después escuchan un tiroteo y ven escapar por el pasillo a seis hombres. El cuento concluye con el relato de que: "No espiaron otra vez por el agujero porque sabían que en la letrina había dos hombres maniatados ni tampoco les sorprendió que no salieran los conocidos y espectaculares titulares en los diarios de la tarde: 'Operación comando libera a un terrorista'".

Si las espías familiares de *La casa del ángel, La mano en la trampa y Fin de fiesta* dirigían su mirada hacia el interior de la familia y eran, de acuerdo con Nora Domínguez (2004) "la función de enlace entre la historia del país y la historia subjetiva", los chicos espías de "Los insomnes", que se aventuran a la casa del vecino, han extendido el dominio de su espionaje y se apropian del espacio público e intervienen en él.

Por otra parte, la narración pone énfasis en señalar que se trata de una solidaridad entre jóvenes. Así como Autillos duda entre llamar al secuestrado "pibe o muchacho", el resto de los hermanos lo primero que preguntan a Constelación es qué edad tiene y ella hace la estimación en función de su propia edad: "un poco más que yo". Es ahí cuando los chicos dudan porque ella "es una mocosa, una chica" y el secuestrado tiene que ser "un hombre" (para estar en esa situación, se infiere): "No, un muchacho" se limita a corregir, nuevamente, Constelación. El secuestrado, el comando que lo rescata y los chicos Torrecillas son todos jóvenes y tienen un secreto. Mientras todos (los otros) duermen y el matrimonio Torrecillas (los padres) no se enteran, los jóvenes aliados se comunican, se ayudan y se "salvan". Este mundo de jóvenes son los habitantes de la noche que el texto se encarga de explicar "tienen sus reglas invariables y no se puede pretender que sean regidos por las leyes de los demás".

Conclusiones

El estudio de las relaciones entre subjetividad adolescente, literatura y formación en los años sesenta en la Argentina nos permitió volver a pensar la época desde una perspectiva que desplaza el foco de atención, habitual para el período, de la macropolítica de las instituciones al de la micropolítica de los sentidos múltiples que escapan a los efectos que registran prolijamente las fechas y exhiben los emblemas. El trabajo *entre* los discursos abrió el espacio para descubrir las posibilidades de este triple vínculo en el seno de los lugares comunes —conocidos, recorridos, disponibles— de la bibliografía sobre los sesenta. De ese modo, fue posible atender a las diferencias, puntos de convergencia y divergencia, para destituir las evidencias y reordenar las series. La política, la violencia, los jóvenes, la sociedad de consumo siguen siendo las verdades asumidas de la época pero hemos querido atravesarlas por las experiencias *indeterminantes* de la adolescencia, la literatura y el tiempo de formación, para descubrirlas desde otro lugar.

Metodológicamente, partimos de aceptar la existencia de un orden mayor —un discurso social— como espacio de puesta en diálogo de los saberes, dichos, contradicciones, propagandas, consignas, silencios y polémicas del momento. La idea de "relato de formación" fue la estrategia para producir una síntesis que facilitara la comprensión del período. Sin embargo, procuramos en cada caso, detenernos analíticamente en la singularidad de cada enunciado, lugar y sujeto de la enunciación. A lo largo del trabajo, pudimos conformar un corpus heterogéneo de voces reunidas, en principio, por la sola simultaneidad en el lapso de tiempo seleccionado para el estudio, no obstante, una de las principales tareas fue situar esos textos en distintas redes según fuera posible reconocer relaciones de contigüidad, jerarquía, préstamo.

En el caso de los textos literarios propusimos un conjunto de narrativas caracterizado por la experiencia de formación de un personaje adolescente. Para ello, fue necesario componer series que permitieran resolver las diferencias de un modo pertinente. Esto es, a la vez respetuosas de la singularidad de cada poética y abiertas a las relaciones que descubría la lectura en contrapunto. Buena parte de estos textos cargaban con interpretaciones en buena medida ya clausuradas, dado que hoy se convirtieron en los "clásicos" de la literatura del siglo XX: Cortázar, Viñas, Walsh. No obstante creemos que pudimos resignificarlos al haberlos puesto en contacto con textos con los que no habían tenido algún vínculo hasta ahora y con discursos provenientes de otros órdenes del sentido y de otras geografías.

Las conclusiones de esta investigación, en función de su definición interdiscursiva, atañen a los distintos campos involucrados. Así, en lo que respecta a la idea de adolescencia, la concepción de una "subjetividad adolescente" implicó desmitificar los supuestos "efectos" naturales de la edad a la luz de la historicidad inherente al concepto y a la importancia asignada a las representaciones generacionales. En relación con este último aspecto, el "conflicto generacional", atestiguado a partir de los últimos años de la década del sesenta y la conformación de una "cultura adolescente", en los primeros años del setenta, aparece como un punto de partida para explicar la actual tribalización de los adolescentes Los años sesenta preparan la emergencia del "adolescente absoluto" que Horst Nitschack (2005) lee en la literatura del fin de siglo XX. Otra de las consecuencias evidentes del "conflicto generacional" de los sesenta es la crisis del concepto de transmisión que le sucedió y, por ende, del optimismo pedagógico implícito en la idea de "formación". No hay "formación" posible sin certeza de la existencia de un "legado" y de una comunicación posible de esa tradición.

En cuanto a la representación literaria de la experiencia de aprendizaje adolescente, la línea "romántica" encontró nuevas formulaciones, a partir de mediados de la década del setenta, en el campo de la llamada "literatura juvenil" o literatura dirigida al público adolescente. Particularmente, se trata de narrativas destinadas a su consumo en el ámbito escolar, dado el debilitamiento de la lectura literaria como parte del *habitus* del tiempo libre adolescente. En lo que respecta a la representación "picaresca" del adolescente, esta ha sido la que efectivamente se proyectó en el tiempo en las ficciones de la literatura "mayor" y, coherentemente con sus posibilidades *alegóricas* aquí consignadas, se asiste a un resurgimiento de este personaje adolescente a partir de los primeros años de este siglo XXI para nombrar la exclusión (que sucedió, como modelo de desintegración social, a la idea de "marginación") como se lee en *Pendejos*, de Reynaldo Settecase (2007) o *Rocanrol*, de Osvaldo Aguirre (2006); las formas híbridas de la modernidad tardía (que habilita la ambivalencia adolescente de, por ejemplo, los adolescentes hermafroditas de *Chicos*, de Sergio Bizzio, en 2004) o el triunfo de la cultura de masas en *La asesina de Lady Di*, de Alejandro López (2001).

En lo que respecta a nuestra tesis principal, la existencia de un relato de formación en la Argentina de los años sesenta, creemos haber documentado la productividad de la metáfora adolescente para representar la idea de transición en curso en una época signada por la urgencia del cambio y la promesa de un porvenir "adulto". También la certeza de que esa etapa de crecimiento implicaba un aprendizaje que conduciría a la maduración.

En este punto la pregunta más inquietante es sin lugar a dudas en qué medida el futuro cumplió con las expectativas de esta época. En principio, desde una perspectiva histórica, es evidente que las promesas de desarrollo siguen formando parte del repertorio de los grandes discursos electorales y económicos. En cuanto a las esperanzas cifradas en el cambio revolucionario, sufrieron el duro embate de la violencia estatal a partir del mismo año de 1973 en que veíamos su consolidación. Si en 1960, el entonces muy joven escritor Juan José Saer escribía en las palabras preliminares a la edición de los cuentos de *En la zona* que "Nuestra ambigüedad y nuestro *desorden adolescente*[226] existen, y nuestra condición no es más que la posible transformación de ese desorden por medio de una fuerte conciencia práctica y de una invencible 'prepotencia de trabajo'" (Saer, 2008 [1960]: 421-22) cuarenta y un años más tarde, en el decisivo año de 2001, afirmaría, finalmente, que "...la sociedad argentina, desde sus orígenes" (vive) paradójicamente, "un constante estado de transición..." (Saer, 2005: 63).

---

226. La cursiva es nuestra.

Bibliografía

Fuentes primarias:

ANÓNIMO (2010 [1554]) *Lazarillo de Tormes,* Buenos Aires: La Estación.

AAVV (1972), *Revista Los libros,* n° 28, Buenos Aires, septiembre.

ADORNO, Theodor W. (2003 [1969]): "La educación después de Auschwitz", en *Consignas,* Buenos Aires: Amorrortu.

AGUSTÍN, José (2006): "J.D. Salinger y el suicidio en abonos", México: *Confabulario. Suplemento de Cultura del diario El universal online,* 11 de marzo de 2006. [Disponible en: http://www.eluniversal.com.mx].

———— (1992 [1966]): *De Perfil,* México: Planeta, Serie del Volador.

ALLENDE, Salvador (1972): "Discurso en la Universidad de Guadalajara", México, 2 de diciembre de 1972. [Disponible en: http://www.abacq.net/imagineria/discur5.htm].

ARGUEDAS, José María (1997 [1961]): "Prólogo" a Reynoso, O., *Los inocentes. Relatos de collera,* Lima: Peisa.

———— (1998 [1958]): *Los ríos profundos,* Buenos Aires: Losada.

ARLT, Roberto (1991 [1926]): *El juguete rabioso,* Buenos Aires: CEAL.

BIEDMA, Patricio (1970): "La juventud como mitología", *Revista "Los libros"* n° 12, Buenos Aires, octubre.

BIOY CASARES, Adolfo (2003 [1969]): *Diario de la guerra del cerdo,* Buenos Aires: Emecé.

———— (1996) Entrevista, por Beatriz Iacoviello, "No siempre las amé pero eran muy bellas", *Revista Nexos en línea,* México, 1 de junio. [Disponible en: http://www.nexos.com.mx/?P=leerarticulo&Article=448302].

BREA, Marta (1973): "Las relaciones personales. La amistad y el amor", en *Enciclopedia temática del mundo joven,* Centro Editor de América Latina.

BREA, Marta y RATIER, Hugo (1973): "La adolescencia hoy" en *Enciclopedia temática del mundo joven,* Buenos Aires: Centro Editor de América Latina.

BRIANTE, Miguel (s.f [1964]): *Las hamacas voladoras,* Buenos Aires: Biblioteca Página/12.

———— (1987): *Las hamacas voladoras y otros relatos,* Buenos Aires: Puntosur.

——— (2004): "Conti andaba en otra luz", en Briante, *Desde este mundo. Antología periodística 1968-1995,* Buenos Aires: Sudamericana, pp. 222/3.

——— (2002): *Ley de juego. 1962-1982,* Buenos Aires: Sudamericana.

BULLRICH, Silvina (1973): *Mal don,* Buenos Aires: Emecé.

——— (1990): "Prólogo", en *Mis novelas escogidas.* Buenos Aires: Emecé.

CABAL, Graciela (2001): "Declaraciones", en Gociol, Judith (coord.): *Un golpe a los libros (1976-1983).* Buenos Aires: Secretaría de Cultura del Gobierno de la Ciudad de Buenos Aires, Dirección General del Libro y Promoción de la Lectura. [Disponible en: http://www.imaginaria.com.ar/04/8/prohibidos.htm].

CANDIDO, Antonio (1978 [1972]): "Literatura y subdesarrollo" en Fernández Moreno, César (coord.): *América Latina en su literatura,* México: Siglo XXI.

CANÉ, Miguel (1996 [1884]): *Juvenilia,* Buenos Aires: Kapelusz.

CARPENTIER, Alejo (2004 [1962]): *El siglo de las luces,* Buenos Aires: Seix Barral.

CASTILLO, Abelardo (2000): *Cuentos completos,* Buenos Aires: Alfaguara.

CONTI, Haroldo (1998 [1966]): *Alrededor de la jaula,* Buenos Aires: Emecé.

——— (2000 [1962]): *Sudeste. Ligados.* Edición Crítica a cargo de Eduardo Romano, Buenos Aires, ALLCA XX/Editorial Sudamericana.

——— (1994): *Cuentos completos,* Buenos Aires: Emecé.

Contorno (2007): Edición facsimilar, Buenos Aires: Biblioteca Nacional, 1° edición.

CORREAS, Carlos (2005 [1959]): "La narración de la Historia" en *Un trabajo en San Roque y otros relatos,* Buenos Aires: Interzona.

CORTÁZAR, Julio (1994): *Cuentos Completos I y II,* Madrid: Alfaguara.

——— (2004 [1960]): *Los Premios,* Buenos Aires: Alfaguara, 1° ed.

——— (1995 [1969]): *Último Round,* Madrid: Debate, 2° ed.

——— (2004 [1967]): *La vuelta al día en ochenta mundos,* México: Siglo XXI. 29° ed., 22° (de bolsillo).

——— (2004) *Obra crítica/ 1,* (Edición de Saúl Yurkievich), Madrid-Buenos Aires: Alfaguara/Punto de Lectura.

——— (2004) *Obra crítica/2,* (Edición de Jaime Alazraki), Madrid-Buenos Aires: Alfaguara/Punto de Lectura.

Cosmos. Enciclopedia Ilustrada de la ciencia y la técnica para la Juventud (1973 [1967]), (Edición castellana de *Young People's Science*), Buenos Aires: Gustavo A. Marini Editor.

ECHAVARRÍA, Evelio (1970): "Diario de la guerra del cerdo", *Revista Iberoamericana,* octubre-diciembre, Pittsburgh, pp. 668-670.

Encyclopedia (1964): New York: Children's Press, Inc.

Enciclopedia Lo sé todo (1959): Buenos Aires: Ed. Larousse.

Enciclopedia Lo sé todo de América (1969): Buenos Aires: Ed. Larousse.

Enciclopedia Juvenil Técnico Científica Codex (1962): Buenos Aires: Ed. Codex.

Enciclopedia del Mundo Joven (1973): Buenos Aires: Centro Editor de América Latina.

FRONDIZI, Arturo (1962): "Discurso de Paraná" en De Privitellio, Luciano; Romero, Luís Alberto (2000). *Grandes Discursos de la Historia Argentina*. Buenos Aires: Aguilar.

——— (1985): *Mensajes presidenciales*. Ediciones Centro de Estudios Nacionales, 1° ed. 1982.

FUENTES, Carlos (1988 [1959]): *Las buenas conciencias*, Buenos Aires: Fondo de Cultura Económica.

GALLARDO, Sara (2009 [1958]): *Enero*, Buenos Aires: Capital Intelectual.

GARCÍA, Germán (1985 [1968]): *Nanina*, Buenos Aires: Larrumbe.

——— (1970): *Cancha rayada*, Buenos Aires: Jorge Álvarez.

GERMANI, Gino (1962): *Política y sociedad en una época de transición. De la sociedad tradicional a la sociedad de masas*, Buenos Aires: Paidós.

GUIDO, Beatriz (2008 [1954]): *La casa del ángel*, Buenos Aires: Capital Intelectual.

——— (1981 [1956]): *La caída*, Buenos Aires: Centro Editor de América Latina.

——— (2000 [1958]): *Fin de fiesta*, Buenos Aires: Agea SA Serie Clásicos La biblioteca argentina.

——— (1961): *La mano en la trampa*, Buenos Aires: Losada.

——— (2009 [1976]): "La representación", en *El matadero y otros textos*, Buenos Aires: La estación.

——— (1973): "Los insomnes", *Los insomnes*, Buenos Aires: Corregidor. [Disponible en: http://www.facebook.com/note.php?note_id=459917331887].

GOMBROWICZ, Witold (2004 [1947]): *Ferdydurke*, Buenos Aires: Seix Barral.

——— (2006 [1967]): *Diario Argentino*, Buenos Aires: Adriana Hidalgo.

LACAU, María Hortensia (1966): *Didáctica de la lectura creadora*, Buenos Aires: Biblioteca de Cultura Pedagógica, Kapelusz.

LANGE, Norah (1956): *Los dos retratos*, Buenos Aires: Losada.

LEMEBEL, Pedro (2004): *La esquina es mi corazón*, Santiago de Chile: Seix Barral.

LEZAMA LIMA, José (1982 [1968]): *Paradiso*, Buenos Aires: Ediciones De la Flor.

——— (1969): *La expresión americana*, Santiago de Chile: Editorial Universitaria.

Lispector, Clarice (2011 [1967/1973]): *Revelación de un mundo*, Buenos Aires: Adriana Hidalgo Editora.

MANTOVANI, Juan (1933): "Sobre la idea clásica de "Bildung"", *Verbum*, n° 83, febrero.

——— (1941): *La adolescencia y los dominios de la cultura. El problema de una relación*, Buenos Aires: Instituto de Didáctica, Facultad de Filosofía y Letras de la Universidad Nacional de Buenos Aires.

——— (1948 [1940]): *Bachillerato y formación juvenil*, Buenos Aires: El Ateneo.

——— (1950): *Adolescencia, formación y cultura*, Buenos Aires: Austral.

——— (1952): *Educación y Plenitud humana*, Buenos Aires: El Ateneo.

MASCIANGIOLI, Jorge (1960): *El profesor de inglés*, Buenos Aires: Compañía General Fabril Editora.

Mi país, tu país. Enciclopedia de la escuela y del hogar (1968): Buenos Aires: Centro Editor de América Latina.

MORENO, María (2004): "Antipatía", "Relecturas. La vuelta a Cortázar", *Radar Libros, Diario Página/12*, Buenos Aires, domingo 8 de febrero.

MOYANO, Daniel (1966): *Una luz muy lejana,* Buenos Aires: Sudamericana.

——— (1967): *El fuego interrumpido,* Buenos Aires: Sudamericana.

——— (2004): *El rescate y otros cuentos,* Buenos Aires: Interzona.

——— (1968): *El oscuro,* Buenos Aires: Sudamericana.

——— (1982): *"La espera" y otros cuentos,* Buenos Aires: CEAL.

MUSIL, Robert (1996 [1904]): *Las tribulaciones del estudiante Törless,* Barcelona: Seix Barral.

PAULS, Alan (2004): "Fechado", en "Relecturas. La vuelta a Cortázar", *Radar Libros, Diario Página/12*, Buenos Aires, domingo 8 de febrero.

PAZ, Octavio (1994 [1951]): *El laberinto de la soledad. Postdata. Vuelta a El laberinto de la soledad,* México: Fondo de Cultura Económica.

PELLEGRINI, Aldo (2004 [1964]): *Asfalto,* Buenos Aires: Tirso.

PETRINI, Enzo (1963 [1958]): *Estudio crítico de la literatura juvenil,* Madrid: Ediciones Rialp.

Piglia, Ricardo (1992 [1967]): "La invasión" en Saccomano, Guillermo (selección y prólogo): *La colimba. Corre-Limpia-Barre,* Buenos Aires: Ediciones Desde la Gente, Instituto Movilizador de Fondos Cooperativos.

PIRO, Guillermo (2004): "Enamorado" en "Relecturas. La vuelta a Cortázar", *Radar Libros, Diario Página/12*, Buenos Aires, domingo 8 de febrero.

Preceptor. Enciclopedia Universal Ilustrada para la Juventud (1974-1961): Buenos Aires: Ed. Corcel.

PRIETO, Adolfo (1968): *Literatura y subdesarrollo,* Rosario: Editorial Biblioteca Constancio C. Vigil.

——— (1992 [1972]): "Conflictos de generaciones" en Fernández Moreno, César (coord. e introd.) *América Latina en su Literatura,* México: Siglo XXI.

PUIG, Manuel (2000 [1968]): *La traición de Rita Hayworth,* Buenos Aires: Seix Barral.

REYNOSO, Oswaldo (1997 [1961]): *Los inocentes. Relatos de collera,* Lima: Peisa.

SÁBATO, Ernesto (2004 [1964]): "Prólogo" a *Ferdydurke,* Buenos Aires: Seix Barral.

SÁENZ, Dalmiro (2004 [1969]): *¿Quién yo?,* Buenos Aires: Górgola.

SAER, Juan José (2001 [1966]): *La vuelta completa,* Buenos Aires: Seix Barral.

——— (2008): *Cuentos Completos (1957-2000),* Buenos Aires: Seix Barral.

——— (2005): "El escritor argentino en su tradición", *Trabajos,* Buenos Aires: Seix Barral.

SALINGER, J.D. (1994): *The catcher in the rye,* London: Penguin Books.

——— (1998): *El cazador oculto,* Buenos Aires: Sudamericana, Novela Joven, (Traducción de Pedro B. Rey).

———— (2006): *El guardián entre el centeno*, Buenos Aires: Edhasa (Traducción de Carmen Criado).

———— (1961): *El cazador oculto*, Buenos Aires: Fabril Editora (Traducción de Manuel Méndez de Andés).

SARLO, Beatriz (1968): "Literatura argentina. El siglo XX" en *Mi país, tu país*, Centro Editor de América Latina.

SEBRELI, Juan José (2004 [1964]): *Buenos Aires, vida cotidiana y alienación. Seguido de Buenos Aires, ciudad en crisis*, Buenos Aires: Sudamericana.

SORIANO, Marc (2001 [1975]): "Enciclopédica (corriente)" en *La literatura para niños y jóvenes. Guía de exploración de sus grandes temas*, Buenos Aires: Colihue. (Traducción, adaptación y notas de Graciela Montes).

SPIVACOW, Boris (1995): Entrevista de Maunás, Delia (1995): *Boris Spivacov. Memoria de un sueño argentino*, Buenos Aires: Colihue.

SCHULTZ DE MANTOVANI, Fryda (1974 [1959]): "El adolescente en la literatura" en *Sobre las hadas. (Ensayos de literatura infanti)*, Buenos Aires: Nova.

TOUBES, Amanda (2004): Entrevista con la autora, 16 de diciembre. Ciudad Autónoma de Buenos Aires.

VARGAS LLOSA, Mario (1995 [1962]): *La ciudad y los perros*, Buenos Aires: Seix Barral.

———— (2005 [1959]): *Los jefes*, Buenos Aires: Alfaguara.

———— (2000 [1967]): *Los cachorros*, Barcelona: Salvat.

VATTIMO, Gianni (2005): "El fin del entusiasmo", *Revista Ñ*, Número Especial *Sesenta años de cultura*, Buenos Aires, 20 de agosto.

VILLAVERDE, Aníbal (1971): *La escuela intermedia en debate. La reforma educativa argentina*, Buenos Aires: Humanitas.

VIÑAS, David (1957): *Un dios cotidiano*, Buenos Aires: Kraft.

WALSH, Rodolfo (1968): "El 37", en Lugones, Pirí: *Memorias de infancia*, Buenos Aires: Jorge Álvarez.

———— (2001 [1965]): "Irlandeses detrás de un gato", "Imaginaria" y "Fotos" en *Los oficios terrestres*, Buenos Aires: Ed. De la Flor.

———— (2008 [1967]): "Los oficios terrestres", en *Un kilo de oro*, Buenos Aires: Ed. De la Flor.

———— (2010 [1973]): "Un oscuro día de justicia", en *Zugswang. Un oscuro día de justicia*, Buenos Aires: Ed. De la Flor.

———— (2000 [1965]): "Nota autobiográfica" en Lafforgue, Jorge (ed.): *Textos de y sobre Rodolfo Walsh*, Buenos Aires-Madrid: Alianza.

WILCOCK, Juan Rodolfo (1998 [1960]): *Hechos inquietantes*, Buenos Aires: Sudamericana, (Traducción de Guillermo Piro).

YUNQUE, Álvaro (1973): *Adolescentes*, Buenos Aires: Plus Ultra.

———— (1976-1975): *Nuestros muchachos*, Buenos Aires: Plus Ultra.

———— (1957): *Muchachos del sur*, Buenos Aires: Ed. Eurindia.

———— (1935): *13 años. El andador (biografía infantil)*. [Disponible en www.alvaroyunque.com.ar/pdf/trece_anios.pdf].

——— (1959): *La barra de siete ombúes*. [Disponible en wwww.alvaroyunque.com.ar/narrativa/la-barra-de-los-siete-ombues/index.html].

ZEIGER, Claudio (2004): "Punk", en "Relecturas. La vuelta a Cortázar", *Radar Libros, Diario Página/12*, Buenos Aires, domingo 8 de febrero.

Fuentes secundarias:

Sobre Literatura latinoamericana y otras literaturas

AAVV (1984): *Casa de las Américas, Edición dedicada a Julio Cortázar*, n° 145-146, Año XXV, La Habana: Casa de las Américas, julio-octubre.

AAVV (1979): *El modernismo Hispanoamericano. Antología*, Buenos Aires: Colihue/Hachette.

AIRA, César (2001): *Diccionario de autores latinoamericanos*, Buenos Aires: Emecé/Aida Korn Editora.

AMAR SÁNCHEZ, Ana María (1968): "Prólogo" a Moyano, Daniel: *"La espera" y otros cuentos*, Buenos Aires: CEAL.

AMÍCOLA, José (1997): "Tres cartas para *La traición de Rita Hayworth*". *Orbis Tertius*, n° 4. La Plata: Facultad de Humanidades y Ciencias de la Educación, pp. 25-33.

——— (2003): *La batalla de los géneros. Novela gótica versus novela de formación*, Rosario: Beatriz Viterbo.

ARGUEDAS, José María (1997 [1961]): "Prólogo" a Reynoso, Oswaldo: *Los inocentes. Relatos de collera*, Lima: Peisa.

——— (2005 [1958]): ¿Una novela sobre las barriadas? I y II. 4 y 23 de diciembre de 1958. *Revista Kataky. Revista Crítica de Literatura Latinoamericana*. Rosario, año 1, n° 1/2, junio, pp. 162/7.

BARRENECHEA, Ana María (1978): "El conflicto generacional en dos novelistas hispanoamericanos: Adolfo Bioy Casares y Elena Portocarrero", en *Textos Hispanoamericanos*, Caracas: Monte Ávila.

BARSZCZEWSKA, Agata (2008): "Gombrowicz y la novela argentina" en Trujillo Maza, María Cecilia: *Lectores, editores y audiencia. La recepción en la literatura hispánica*, Barcelona: Universidad Autónoma de Barcelona. [Disponible en: www.asociacionaleph.com/docs/ActasIVcongreso.pdf].

BORGES, Jorge Luis (1986 [1952]): "Sobre The Purple Land". *Otras inquisiciones*, Buenos Aires: Emecé.

BRANT, Herbert (2004): "Homosexual Desire and Existential Alienation in Renato Pellegrini's Asfalto", *Confluencia. Revista Hispánica de Cultura y Literatura*, University of Northern Colorado, Vol. XX, n° 1, pp. 120-134.

BRETÓN, Salvador (2006): *Entrevista con José Agustín. De La tumba a Vida con mi viuda*. [Disponible en: http://www.reneaviesfabila.com.mex/universodeelbuho/57].

BRIZUELA, Leopoldo (2004): "Prólogo", *Sara Gallardo. Narrativa breve completa*, Buenos Aires: Emecé, pp. 7-13.

Caisso, Claudia (2009): "Como perros y gatos: vías de la réplica en la saga de los irlandeses de Walsh", *Revista de Letras* n° 12, Volumen de Estudios Literarios, Rosario: Facultad de Humanidades y Artes.

Calabrese, Elisa y Martínez, Luciano (2001): *Miguel Briante. Genealogía de un olvido*, Rosario: Beatriz Viterbo.

Cansinos Asséns, Rafael (1957): "Prólogo" a *El adolescente* en *Obras Completas de Fedor Dostoievsky*, Madrid: Aguilar (Traducción de Rafael Cansinos Asséns).

Castillejos, Silvia (2006): *José Agustín: los intelectuales ante el poder. México: Revista «El Buscón» de Teoría y Política*. [Disponible en: http://www.fractal.com.mx/BU2Castillejos.html].

Chambers, Aidan (2006 [2001]): "La pluma de Ana Frank", en *Lecturas*, México: FCE.

Chitarrroni, Luis (2000): "Continuidad de las partes, relato de los límites", en Drucaroff, Elsa: *La narración gana la partida. Tomo XI, Historia Crítica de la Literatura Argentina*, Buenos Aires: Emecé.

Costa, Flavia (2004): *J.D.Salinger. El escritor de la brevedad sustancial, Revista Ñ diario Clarín*, Buenos Aires, 24 de enero, p. 15.

Coy, J.J. (1968): *J.D.Salinger*, Barcelona: Fontanella.

De Leone, Lucía María (2008): "El Enero de una escritora: afiliaciones y desvíos en la primera novela de Sara Gallardo". *El despliegue. De pasados y de fronteras en la literatura latinoamericana*. Noe Jitrik (comp.), Buenos Aires: NJ Editor, pp. 207-215.

Dellepiane, Ángela (1968): "La novela argentina desde 1950 a 1967", *Revista Iberoamericana*, Pittsburg, n° 66, jul.-dic., pp. 237-282.

Di Gerónimo, Mirian (2004): *Narrar por knock-out. La poética del cuento de Julio Cortázar*, Buenos Aires: Simurg.

——— (1991): "El 'hombre-niño' en los relatos de Julio Cortázar", en: *El lector infantil y juvenil; Proceso y Formación. Actas de las I Jornadas Nacionales de Literatura Infantil y Juvenil*, t. II. Mendoza: Universidad Nacional de Cuyo, Facultad de Filosofía y Letras, Centro de Lectura, Documentación e Investigación de Literatura Infantil y Juvenil, pp. 11-22.

Drucaroff, Elsa (2000): *La narración gana la partida. Tomo XI, Historia Crítica de la Literatura Argentina*, Buenos Aires: Emecé.

Domínguez, Nora (2004): "Familias literarias: visión adolescente y poder político en la narrativa de Beatriz Guido", *Revista Iberoamericana*, Vol. LXX, n° 206, enero-marzo, pp. 225-235.

Espósito, Fabio (1998): "La traición de Rita Hayworth: estampas camperas", en: Amícola, José y Speranza, Graciela (comp.), Rosario: Beatriz Viterbo Editora, Orbis Tertius, pp. 281-286.

Fowler, Alastair (1957): "Alien in the Rye", *Modern Age*, I (otoño), pp. 193-197.

Freixa Terradas, Pau (2008): "Recepció de l'obra de Witold Gombrowicz a l'Argentina i configuració de la seva imatge a l'imaginari cultural argentí". Tesi per a optar al títol de doctor per la Universitat de Barcelona, Directora de la tesi: Dra. Bozena Zaboklicka Zakwaska, junio.

GAMERRO, Carlos (2006): "Holden Caulfield cumple 67", *El nacimiento de la literatura argentina y otros ensayos*, Buenos Aires: Norma, pp. 203-213.

GARCÍA, Germán (1970): "José Agustín: el autor como lector", *Revista "Los Libros"*, n° 9, Buenos Aires, julio.

——— (2000): *Macedonio Fernández: la escritura en objeto*, Buenos Aires: Adriana Hidalgo Editora.

GHIANO, Juan Carlos (1954): "Prólogo" a Mansilla, Lucio V: *Mis memorias (infancia y adolescencia)*. Centro Virtual Cervantes.

GIORDANO, Alberto (1996): "Manuel Puig: los comienzos de una literatura menor", *Revista Orbis Tertius*, I (2-3), La Plata: Centro de Estudios de Teoría y Crítica Literaria, Universidad Nacional de la Plata.

——— (2001): *Manuel Puig. La conversación infinita*, Rosario: Beatriz Viterbo Ed.

GIORGI, Gabriel (1998): "Sexo moderno, Cortázar: los límites de la representación sexual y el uso de las perversiones", *e.t.c*, año 7, n° 9, Córdoba, pp. 109-93.

——— (2004): *Sueños de exterminio. Homosexualidad y representación en la literatura argentina contemporánea*, Rosario: Beatriz Viterbo Editora.

GLANTZ, Margo (1971): "Onda y escritura: jóvenes de 20 a 33", en *Esguince de cintura*, México, Conaculta, 1994. [Disponible en: www.cervantesvirtual.com/obra/onda-y-escritura-jovenes-de-20-a-33-o/].

GOLOBOFF, Mario (2004): "Una literatura de puentes y pasajes: Julio Cortázar" en Saítta, Sylvia (dir): *Historia crítica de la literatura argentina*, Tomo IX, Buenos Aires: Emecé.

GOMBROWICZ, Rita (2004): "Argentina, ese amor" Prólogo a Grinberg, Miguel (recopilación y fotos): *Evocando a Gombrowicz*, Buenos Aires: Galerna.

GONZÁLEZ LÓPEZ, María Cristina (2002): "Visión sociopolítica en la novelística de Silvina Bullrich", Memoria para optar al grado de doctor, Madrid, Universidad Complutense de Madrid, Facultad de Filología. [Disponible en: http://eprints.ucm.es/tesis/fll/ucm-t25683.pdf].

GRADIN, Carlos (2010): "Para una genealogía de la mufa. Miguel Grinberg y la revista Eco Contemporáneo 1961-1969". [Disponible en: www.elinterpretador.net/36/cultura/**gradin/gradin**.html].

GRAMUGLIO, María Teresa y RAPALO, María Ester (2002): "Pedagogías para la nación católica. *Criterio* y Hugo Wast" en Gramuglio, María Teresa (dir.): *El imperio realista*, TomoVI, *Historia crítica de la Literatura Argentina*, Buenos Aires: Emecé.

GRINBERG, Miguel (recopilación y fotos) (2004): *Evocando a Gombrowicz*, Buenos Aires: Galerna.

GUERRERO, Leila (2004): "Cortázar, por Sara Facio: homenaje al amigo", 3 de julio. [Disponible en: http://www.paginadigital.com.ar/articulos/2004/2004terc/literatura/l1030276-4pl.asp].

GUSMÁN, Luis (2006): "Qué significó Gombrowicz en los 60", diario *Clarín*, Buenos Aires, sábado 11 de febrero.

——— (2004): "La iniciación", *Revista Ñ* (diario Clarín), Buenos Aires: sábado 24 de enero.

HAUSER, Arnold (1994): Cap. VIII "Rococo, Clacisismo y Romanticismo" en *Historia Social de la literatura y del arte,* Tomo II, Colombia: Grupo Editorial Quinto Centenario, 3° ed.

HARRS, Luis (1971 [1966]): *Los nuestros,* Buenos Aires: Sudamericana.

JOHNSON, Donald Bart on (2002): "Nabokov and the sixties", en Larmour, David (ed.): *Discourse and Ideology in Nabokov's Prose,* London and New York: Routledge.

KOHAN, Martín (2004): "La novela como intervención crítica: David Viñas" en Saítta, Sylvia (dir del volumen), *Historia crítica de la literatura argentina,* Tomo IX, Buenos Aires: Emecé.

LEGAZ, María Elena (1999): *Escritoras en la sala. Norah Lange (imagen y memoria),* Córdoba: Alción Editora.

LAFFORGUE, Jorge (comp.) (1969 y 1972): *Nueva novela latinoamericana,* Tomos I y II, Buenos Aires: Paidós.

LUDMER, Josefina (1999): "Los patricios y sus cuentos autobiográficos de educación" en *El cuerpo del delito. Un manual.,* Buenos Aires: Perfil.

——— (1985): "Las tretas del débil" en González, Patricia Elena y Ortega, Eliana: *La sartén por el mango,* Río Piedras, Puerto Rico: Ed. Huracán.

MAHIEU, José A. (1986): "Beatriz Guido: Las dos escrituras", *Cuadernos Hispanoamericanos,* n° 437, pp. 153-168.

MANCINI, Adriana (2010): "*Los dos retratos* o una manera eficaz de fisgonear la muerte", en Astutti, A. y Domínguez, N. (comp.): *Promesas de tinta. Diez ensayos sobre Norah Lange,* Rosario: Beatriz Viterbo Editora.

Muñoz, Mario (1994): "Cuando creíamos que el mundo sería de los cronopios" en "La palabra y el hombre", julio-septiembre, n° 91, pp. 69-74. [Disponible en: http://cdigital.uv.mx//].

NUÑEZ, Jorgelina (2006): "Del envejecer y los libros", en Figueroa, Estela (comp.): *Un libro sobre Bioy Casares,* Santa Fe: Universidad Nacional del Litoral.

ORDUÑA, María Condor (1999): "Prólogo" a *Los sufrimientos del joven Werther,* Barcelona: Libsa SA.

OVIEDO, José Miguel (1976 [1968]): "Prólogo", *Narradores peruanos,* Caracas: Monte Ávila.

——— (1982): *Mario Vargas Llosa: la invención de una realidad,* Barcelona: Seix Barral.

PALACIOS, Max (2000): Entrevista a Oswaldo Reynoso (Perú, 1972) "Oswaldo Reynoso o la indecencia de la escritura". [Disponible en *Amores Bizarros blogspot* (posted by Max Palacios, jueves 27 de julio)].

PELAYO, Rubén (2004): "Los usos del lenguaje y los procedimientos estilísticos textuales en la novelística de José Agustín". *Ciberletras. Revista de Crítica Latinoamericana y de Cultura,* n° 11. [Disponible en: http://www.lehman.cuny.edu/ciberletras/v11/pelayo2.html].

PEREIRA, Manuel (1984): "Con Julio en Montparnasse" en: *Casa de las Américas, Edición dedicada a Julio Cortázar,* n° 145-146, Año XXV, La Habana: Casa de las Américas, julio-octubre.

PERILLI, Carmen (2004): "Reformulaciones del realismo: Bernardo Verbitsky, Andrés Rivera, Juan José Manauta, Beatriz Guido" en Jitrik, Noé (dir): *Historia crítica de la literatura argentina*, Tomo IX "El oficio se afirma", Buenos Aires: Emecé.

PEZZONI, Enrique (1986): "Memoria, actuación y habla en un texto de Roberto Arlt" en *El texto y sus voces*, Buenos Aires: Sudamericana.

——— (1970): "El diario de la guerra", Revista *Los libros* n° 7, Buenos Aires, enero-febrero.

ROSETTI, Aguilera y Gallo (1996): "Notas y Estudio Preliminar" a Cané, Miguel, *Juvenilia*, Buenos Aires: Kapelusz.

SACCOMANNO, Guillermo (selección y prólogo) (1992): *La colimba. Corre, limpia, barre*, Buenos Aires: Ediciones "Desde la gente", Instituto Movilizador de Fondos Cooperativos.

SORRENTINO, Fernando (2002): "¿Cazador oculto o guardián en el centeno?" en *Revista de traducción El Trujamán*, martes 26 de noviembre. [Disponible en: http://cvc.cervantes.es/trujaman/anteriores/noviembre_02/26112002.htm].

——— (2003): "El traductor oculto de *El cazador oculto*", *Revista El Trujamán*, 13 de marzo. [Disponible en: http://cvc.cervantes.es/trujaman/].

SPERANZA, Graciela (2003): *Manuel Puig. Después del fin de la literatura*, Buenos Aires: Norma.

SHUA, Ana María (2004): "Literatura yanqui" en *Libros prohibidos*, Buenos Aires: Sudamericana.

TRABA, Marta (1985): "Hipótesis sobre una escritura diferente" en González, Patricia Elena y Ortega, Eliana: *La sartén por el mango*, Río Piedras, Puerto Rico: Ed. Huracán.

VARGAS LLOSA, Mario (2005): "Lolita cumple treinta años" en *La verdad de las mentiras*, Madrid: Alfaguara.

VIÑAS, David (1996): "Rodolfo Walsh, el ajedrez y la guerra" en *Literatura argentina y política II*, Buenos Aires: Sudamericana.

——— (1971): "Bioy Casares: entregarse a la inmortalidad" en *Literatura argentina y realidad política. De Sarmiento a Cortázar*, Buenos Aires: Siglo XX.

WALSH, María Elena (1959): "Enero", Revista *Sur*, n° 257, Buenos Aires, marzo-abril, p. 74.

YELIN, Julieta (2008): "Nuevos imaginarios, nuevas representaciones. Algunas claves de lectura para los bestiarios latinoamericanos contemporáneos", *LL Journal*, vol 3, n° 1. [Disponible en: https://lljournal.commons.gc.cuny.edu/vol-3-num2008-1-/].

YUS RAMOS, Francisco (1996): "The catcher in the rye o El guardián entre el centeno: un análisis traductológico" *en Sendebar. Revista de Traductología y Temas Afines*, Granada, Volumen 7, pp. 205-222.

YURKIEVICH, S. (1994): *Julio Cortázar: mundos y modos*, Barcelona: Minotauro.

Sobre las relaciones literatura y educación

ALVARADO, Maite (2001): "Enfoques en la enseñanza de la escritura", en Alvarado, Maite (coord.): *Entre líneas. Teorías y enfoques en la enseñanza de la escritura, la gramática y la literatura,* Buenos Aires: Flacso, Manantial.

BOMBINI, Gustavo (2004): "Prácticas de enseñanza en la educación no formal", *Los arrabales de la literatura. La historia de la enseñanza literaria en la escuela secundaria argentina (1860-1960),* Buenos Aires: Miño y Dávila editores/ Facultad de Filosofía y Letras-UBA.

GAJARDO, Marcela (1999 [1993]): "Iván Illich: 1926". Publicado originalmente en *Perspectivas: revista trimestral de educación comparada* (París, UNESCO: Oficina Internacional de Educación), vol. XXIII, n° 3-4, pp. 808-821. [Disponible en: http://www.ibe.unesco.org/fileadmin/user_upload/archive/publications/ThinkersPdf/illichs.pdf].

GILBERT, Roger (1997): *Las ideas actuales en pedagogía,* México: Grijalbo.

GUTIÉRREZ, Daniela (2006): "Eros pedagógico", en Larrosa, Jorge y Skliar, Carlos (coords.): *Entre pedagogía y literatura,* Buenos Aires: Miño y Dávila editores.

ISER, Wolfgang (1989 [1979]): "El proceso de lectura", en Warning, Rainer (ed.) *Estética de la recepción,* Madrid: Visor.

JACKSON, Philip W. (2001 [1968]): *La vida en las aulas,* Madrid: Morata.

LARROSA, Jorge (2003): *La experiencia de la lectura. Estudios sobre literatura y formación. Nueva edición revisada y aumentada,* México: Colección "Espacios para la lectura", FCE.

——— (2000): "Lectura y metamorfosis" en *Estudios sobre lenguaje, subjetividad, formación,* Buenos Aires: Ed. Novedades Educativas.

——— (1995): "Tecnologías del yo y educación. (Notas sobre la construcción y la mediación pedagógica de la experiencia de sí)" en Larrosa, J. (ed.), *Escuela, poder y subjetivación,* Madrid: Ed. de la Piqueta.

——— (2007): "La convivencia entre generaciones en un tiempo de crisis. A modo de presentación", en *Entre nosotros. La convivencia entre generaciones,* publicación editada con motivo de la Conferencia Internacional sobre la Convivencia entre Generaciones, organizada por la Fundació Viure i Conviure y celebrada en el Palau de la Música Catalana, en Barcelona, el 18 y 19 de junio. [Disponible en: http://obrasocial.catalunyacaixa.com/osocial/idiomes/2/publicacions/entrenosotros.pdf].

LOMAS, Carlos (2003): "Fragmentos para una poética escolar" en Lomas, Carlos (ed.): *La vida en las aulas. Memoria de la escuela en la literatura,* Buenos Aires: Paidós.

——— (2011): "Memoria de la escuela y educación literaria" en *Revista Lulú Coquette de Didáctica de la Lengua y la Literatura,* n° 6, Buenos Aires, septiembre.

NORO, Jorge Eduardo (2011): "Una mirada sobre la educación y sus prácticas en *Un dios cotidiano* de David Viñas". [Disponible en: www.antroposmoderno.com/word/david_251108.doc].

PINEAU, Pablo (1996): "La escuela en el paisaje moderno. Consideraciones sobre el proceso de escolarización". [Disponible en: www.histelea.unlu.edu.ar/pdf/**pineau01.pdf**].

——— (2010): *Historia y política de la educación argentina. Aportes para el desarrollo curricular,* Ministerio de Educación, Presidencia de la Nación. Buenos Aires.

——— (2011 [2005]): *Relatos de escuela. Una compilación de textos breves sobre la experiencia escolar,* Buenos Aires: Paidós.

PIACENZA, Paola (2001): "Enseñanza de la literatura y procesos de canonización en la escuela media argentina (1966-1976)". Tesis de Maestría en Enseñanza de la Lengua y la Literatura, Universidad Nacional de Rosario.

PUIGGRÓS, Adriana (1997): "Espiritualismo, normalismo y educación", en Tomo VIII, "Dictaduras y utopías en la historia reciente de la educación argentina" (1955-1983), Puiggrós, Adriana (dir): *Historia de la educación en la Argentina,* Buenos Aires: Galerna.

——— (2003): *Qué pasó en la educación argentina: breve historia desde la conquista hasta el presente,* Buenos Aires: Galerna.

ROMERO, Francisco (2005): *Culturicidio. Historia de la educación argentina (1966-2004),* Resistencia: Librería de la Paz.

SARDI, Valeria (2006): "Prácticas de lectura contestataria", en *Historia de la enseñanza de la lengua y la literatura. Continuidades y rupturas,* Buenos Aires: Libros del Zorzal.

SOUTHWELL, Myriam (1997): "Algunas características de la formación docente en la historia educativa reciente. El legado del espiritualismo y el tecnocratismo (1955-1970)", en Puiggrós, Adriana (dir): *Historia de la educación en la Argentina,* Tomo VIII, Buenos Aires: Galerna.

TOUBES, Amanda (1961): "Un enfoque en la educación de adultos", Buenos Aires, *Revista de la Universidad Nacional de Buenos Aires,* V Época, año VI, n° 4.

VAIN, Pablo Daniel (2001): "Las relaciones de poder en el aula universitaria. Un caso paradigmático: el examen". [Disponible en: http://rapes.unsl.edu.ar/Congresos_ realizados/Congresos/IV%20Encuentro%20-%20Oct-2004/eje8/086.htm].

Sobre los años sesenta

AGUADO, Amelia (2006): "1956-1975. La consolidación del mercado interno" en **de Diego,** José Luis (dir.): *Editores y políticas editoriales en Argentina 1880-2000,* Buenos Aires: FCE.

ALTAMIRANO, Carlos (2001): *Bajo el signo de las masas (1943-1973),* Buenos Aires: Ariel Historia.

ALTAMIRANO, Carlos y SARLO, Beatriz (1977): *Literatura y Sociedad,* Buenos Aires: CEAL.

CORNEJO POLAR, Antonio (1981): *Historia del Perú. Perú Republicano,* Tomo VIII, Lima: Editorial Juan Mejía Baca.

COSSE, Isabella (2007): "Cultura y sexualidad en la Argentina de los sesenta: usos y resignificaciones de la experiencia transnacional", *Revista Estudios Interdisciplinarios de América Latina y el Caribe,* [Disponible en: www: http//.1.tau.ac.il/eial].

——— (2004): "Germán Leopoldo García y *Nanina:* claves de lectura para una novela de los 60", *Revista de Literatura Hispamérica,* Latin American Studies Center, University of Maryland, n° 96, pp. 103-114.

——— (2010): *Pareja, sexualidad y familia en los años sesenta,* Buenos Aires: Siglo XXI.

FRANCO, Jean (1977): "Modernización, resistencia y revolución. La producción literaria de los años setenta", *Revista Escritura,* Universidad Central de Venezuela, año II, n° 3, enero/junio, Caracas. [Disponible en: http://presnum.mshs.univ-poitiers.fr/Cortazar/image.php?Id_img=3355&Code=4.017].

FUENTES, Carlos (2005): *Los 68. París-Praga-México,* Buenos Aires: Debate-Sudamericana.

GILBERT, Isidoro (2009): *La Fede. Alistándose para la revolución. La federación juvenil comunista 1921-2005,* Buenos Aires: Sudamericana.

HOBSBWAM, Erick (1998): *Historia del siglo XX,* Madrid: Crítica.

JAMESON, Fredric (1997): *Periodizar los sesenta,* Córdoba: Alción Editora.

JOHNSON, D. Barton (2002): "Nabokov and the sixties", en Larmour, David Henry: *Discourse and ideology in Nabokov's prose,* Harwood Academic Publishers.

LUCHTING, Wolfgang A. (1966): "Retratos de un país adolescente: ¿por qué?", *Revista Oiga.* Lima, 18 de marzo.

MANZANO, Valeria (2009): "Las batallas de los 'laicos': movilización estudiantil en Buenos Aires, septiembre-octubre de 1958", *Boletín del Instituto de Historia Argentina y Americana* "Dr. Emilio Ravignani", Tercera Serie, n° 31.

NEIBURG, Federico; PLOTKIN, Mariano (comps.) (2004): *Intelectuales y expertos. La constitución del conocimiento social en la Argentina,* Buenos Aires: Paidós.

PINSI, Santiago (2007): "Los suplementos de los diarios y su metamorfosis", Buenos Aires: UBA. [Disponible en: http://comunicacion.sociales.uba.ar/tesinas_publicadas/1711.pdf].

PONZA, Pablo M. (2007): Los sesenta-setenta: intelectuales, revolución, libros e ideas. *Revista Escuela de Hisoria,* n° 6 [citado 2011-02-07], pp. 137-160. [Disponible en: http://www.scielo.org.ar/scielo.php?script=sci_arttext&pid=S1669-90412007000100008&lng=es&nrm=iso].

PRAVINSANI, Carla (2006): "Una vez que empiezo me gusta (Entrevista a Fernando Sorrentino)". [Disponible en: http://www.elaleph.com/cgi-bin/01/05/leer.cgi?a=6].

PRIETO, Adolfo (1988): *El discurso criollista en la formación de la Argentina moderna,* Buenos Aires: Ed. Sudamericana.

RODRIGUEZ MONEGAL, Emir (1972): *El boom de la novela latinoamericana,* Caracas: Tiempo Nuevo.

TERÁN, Oscar (1991a): *Nuestros años sesentas. La formación de la nueva izquierda intelectual en la Argentina 1956-1966,* Buenos Aires: Puntosur.

——— (1991b) "Rasgos de la cultura intelectual argentina, 1956-1966", *Latin American Studies Center Series,* n° 2, University of Maryland at College Park.

Teoría Literaria y Estudios Culturales

ALBERCA, Manuel (2010): "Las hijas de Ana Frank. Diarios íntimos y adolescencia", *Revista Filología y Lingüística,* 36 (2), pp. 9-25.

ANGENOT, Marc (1982): *La parole pamplhétaire,* Paris, Payot. Publicado en castellano por di Stefano, Mariana (coord) (2006): *Metáforas en uso,* Buenos Aires: Biblos.

─────── (1988): "Retórica del discurso social", en *Langue Française "Rhetorique et littérature"* septembre n° 79, Larousse, pp. 24-36. (Traducción y Revisión Técnica: Elsa María Salas. 2003. Publicación Para Circulación Interna Cátedra "Análisis y Crítica II", Escuela de Letras, Facultad de Humanidades y Artes, UNR).

─────── (1994): "Pour une théorie du discours social: problématique d'une recherche en cours", en *Littérature et société,* Montreal: Ed Jacques Pelletier, VLB.

─────── (1998): *Interdiscursividades. De hegemonías y disidencias,* Córdoba: Editorial Universidad Nacional de Córdoba.

─────── (2010): *El discurso social. Los límites históricos de lo pensable y lo decible,* Buenos Aires: Siglo XXI.

AUERBACH, E. (1998): *Figura,* Madrid: Trotta.

BARTHES, Roland (1986 [1973]): *El placer del texto y Lección inaugural,* México: Siglo XXI.

─────── (2005): *La preparación de la novela,* Buenos Aires: Siglo XXI.

BENVENISTE, Emile (1983[1977]) "El lenguaje y la experiencia humana", *Problemas de Lingüística General* II, México, Siglo XXI.

BLANCHOT, Maurice (1977 [1943]): "Investigaciones sobre el lenguaje", en *Falsos Pasos,* Valencia: Pre-Textos.

CALÓ, Giovanni (1958): "Prólogo", en Petrini, Enzo: *Estudio crítico de la literatura juvenil,* Madrid: Ediciones Rialp.

CICALESE, Guillermo (2006): "Mi país, tu país. Una enciclopedia escolar", en Bueno, Mónica y Taroncher, Miguel Ángel: *Centro Editor de América Latina. Capítulos para una historia,* Buenos Aires: Siglo XXI.

COLODRO, Max (2000): *El silencio en la palabra. Aproximaciones a lo innombrable,* Santiago de Chile: Editorial Cuarto Propio.

DE CERTEAU, Michel (2000 [1990]): Cap. XII "Leer: una cacería furtiva" en *La invención de lo cotidiano. 1. Artes de hacer,* México: Universidad Iberoamericana.

DE DIEGO, JOSÉ LUIS (2000): *Campo intelectual y literario en la Argentina (1970-1986).* Tesis de Doctorado, Universidad Nacional de La Plata, Facultad de Humanidades y Ciencias de la Educación. [Disponible online en http://www.memoria.fahce.unlp.edu.ar/tesis/te.150/te.150.pdf].

DELEUZE, Gilles (1970 [1964]): Cap. IV "Los signos del arte y la esencia", en *Proust y los signos,* Barcelona: Anagrama.

DELEUZE, Gilles y GUATTARI, Felix (1990 [1975]): *Kafka por una literatura menor,* México: Biblioteca Era, Serie Claves.

EAGLETON, Terry (1998 [1983]): "¿Qué es la literatura?" en *Una introducción a la teoría literaria*, Buenos Aires, FCE, pp. 11-25.

ENAUDEAU, Corinne (1999 [1998]): *La paradoja de la representación*, Buenos Aires: Paidós.

EVEN–ZOHAR, Itamar (1999): "La posición de la literatura traducida en el polisistema literario". Traducción de Montserrat Iglesias Santos revisada por el autor. En *Teoría de los Polisistemas*, Estudio introductorio, compilación de textos y bibliografía por Montserrat Iglesias Santos. [Bibliotheca Philologica, Serie Lecturas] Madrid: Arco, pp. 223-231.

FERRER, Christian (2007): "El rostro de la medusa. Exuberancias y copiosidad del cuerpo pornográfico", *Revista "La Biblioteca"*, n° 6, Buenos Aires, Primavera, Biblioteca Nacional de Buenos Aires.

FONDEBRIDER, Jorge (2010): Presentación de la muestra de Carlos Masoch *"Lo sé todo. Fragmentos de una vida maravillosa"*. [Disponible en: http://www.arsomnibus.com.ar/mailer/?action=mail&id=164].

FOUCAULT, Michel (2002): *Las palabras y las cosas*, Buenos Aires: Siglo XXI.

GADAMER, Hans-Georg (1991): *Verdad y método*, Salamanca: Ediciones Sígueme.

GARCÍA, Germán (2005): *El psicoanálisis y los debates culturales. Ejemplos argentinos*, Buenos Aires: Paidós.

——— (1993): "El exilio de escribir", publicado originariamente en la *Revista "El psicoanálisis en el Siglo"*, Córdoba. [Disponible en: http://www.descartes.org.ar/etexts-garcia16.htm].

GERBAUDO, Analía (2008): "Enrique Pezzoni: inscripción y reinvención" (1950-1970), *Revista Borradores* Vol VIII-IX, Río Cuarto: Universidad Nacional de Río Cuarto.

GENETTE, Gerard (1970 [1966]): *Figuras. Retórica y estructuralismo*, Córdoba: Ediciones Nagelkop.

——— (2004): *Metalepsis. De la figura a la ficción*, Buenos Aires: FCE.

GILMAN, Claudia (2003): *Entre la pluma y el fusil. Debates y dilemas del escritor revolucionario en América Latina*, Buenos Aires: Siglo XXI.

GÓMEZ CASTRO, Cristina (2005): "La narrativa traducida del inglés en la transición y su contribución al panorama cultural español: el deterioro y desmantelamiento de la censura", *Actas del Congrés «La Transició de la dictadura franquista a la democràcia»* Cinquena Sessió, Barcelona.

GUILLÉN, Claudio (1985): *Entre lo uno y lo diverso. Introducción a la literatura comparada*, Barcelona: Crítica.

LINK, Daniel (2005): *Clases. Literatura y disidencia*, Buenos Aires: Norma.

LOJO, María Rosa (1987): "Fichero. La cuentística de Miguel Briante: un espacio para la marginalidad", en Briante, Miguel: *Las hamacas voladoras y otros relatos*, Buenos Aires: Puntosur.

MARISTANY, José Javier (2006/2007): "Figuraciones literarias del homoerotismo argentino en la ficción de los 60/70", *Revista Hologramática literaria*, Facultad de Ciencias Sociales, Universidad Nacional de Lomas de Zamora UNLZ, año II, n° 3, vol. 2. [Disponible en: www.cienciared.com.ar/ra/usr/10/286/**maristany_1_.pdf**].

———— (2009): "Fuera de la ley. Fuera del género. Escritura homoerótica en la Argentina de los 60/70", *Lectures du genre* n° 6: "Género, transgénero y censura". [Disponible en: http://www.lecturesdugenre.fr/Lectures_du_genre_6/Maristany.html].

———— (2008): "Entre Arlt y Puig, el affaire Correas. Acerca de 'La narración de la historia', *Revista Orbis Tertius* 13, (14), en Memoria Académica. [Disponible en: http://www.memoria.fahce.unlp.edu.ar/art_revistas/pr.3755/pr.3755.pdf].

MASOTTA, Oscar (1982 [1965]): *Sexo y traición en Roberto Arlt*, Centro Editor de América Latina.

MAUNÁS, Delia (1995): (entrevistas) *Boris Spivacov. Memoria de un sueño argentino*, Buenos Aires: Colihue.

MILLINGTON, Mark (2007): *Hombres in/visibles. La representación de la masculinidad en la ficción latinoamericana*, 1920-1980, Bogotá: FCE.

PAULS, Alan (2010): *Sin título*. [Disponible en: http://algunosescritos.wordpress.com/category/alan-pauls/].

———— (1996): "Prólogo: Las banderas del célibe", *Cómo se escribe el diario íntimo*, Buenos Aires: El Ateneo.

———— (2011): Entrevista del Suplemento "El cultural" de la edición digital del diario *El Mundo.es*, 11 de julio de 2011. [Disponible en: http://www.elcultural.es/noticias/BUENOS_DIAS/1851/Alan_Pauls].

PAZ, Octavio (1999 [1982]): "Sílabas las estrellas compongan" en *Sor Juana Inés de la Cruz o Las trampas de la fe*, México: FCE.

PIACENZA, Paola (2002): "Apropiaciones de la noción de estilo en el ensayo argentino contemporáneo", *Revista "Virtualia"*, Revista Digital de la Escuela de Orientación Lacaniana, Año II, N°6, junio-julio. [Disponible en: http://virtualia.eol.org.ar/006/default.asp?notas/ppiacenza-01.html].

RABANAL, Rodolfo (2006): "El traductor traicionado", Bs. As., *Diario La Nación*, 30 de agosto de 2001. [Disponible en: http://www.lanacion.com.ar. 8 de julio de 2006].

RAMA, Ángel (1985): "El boom en perspectiva" en *La crítica de la cultura en América Latina*, Caracas: Ayacucho.

RESTIVO, Néstor y SÁNCHEZ, Camilo (2005): *Haroldo Conti. Una épica del río y la llanura*, Buenos Aires: Ediciones "Desde la gente", Instituto Movilizador de Fondos Cooperativos.

RICCI, Paulo (comp.) (2011): *Zona de prólogos*, Buenos Aires: Seix Barral/Ediciones UNL.

RICOEUR, Paul (1998): *Tiempo y narración. Configuración del tiempo en el relato de ficción*, México: Siglo XXI.

RIVERA, Jorge B. (1998): *El escritor y la industria cultural*, Buenos Aires: Atuel.

RIVERA, Jorge B. (1980/1986): "Apogeo y crisis de la industria del libro: 1955-1970", en: *Capítulo. Historia de la literatura argentina*. Vol. 4: "Los proyectos de vanguardia". Buenos Aires: Centro Editor de América Latina.

ROBIN, Régine (1993): "Extensión e incertidumbre de la noción de literatura" en Angenot, Marc (ed.): *Teoría Literaria*, México: Siglo XXI.

ROCHA ALONSO, Amparo (2006): "CEAL visual" en Bueno, Mónica y Taroncher, Miguel Ángel: *Centro Editor de América Latina. Capítulos para una historia,* Buenos Aires: Siglo XXI.

ROSA, Nicolás (1998): "Manual de uso" en Signa [Publicaciones periódicas]: revista de la Asociación Española de Semiótica, n° 7. [Disponible en: www.cervantesvirtual.com/biblioteca]. También en Rosa, Nicolás (2003): *Usos de la literatura,* Rosario: Ed. Laborde.

SAÍTTA, Sylvia (2004): Cap. IV "Modos de pensar lo social. Ensayo y sociedad en la Argentina" (1930-1965) en Neiburg, Federico; Plotkin, Mariano (comps.), *Intelectuales y expertos. La constitución del conocimiento social en la Argentina,* Buenos Aires: Paidós.

SARLO, Beatriz (1988): "Guerra y crispación de los saberes" en *Una modernidad periférica: Buenos Aires 1920 y 1930,* Buenos Aires: Nueva Visión.

SARTRE, Jean Paul (2003 [1952]): *San Genet, comediante y mártir,* Buenos Aires: Losada.

SONTAG, Susan (2005): "La imaginación pornográfica" en *Estilos Radicales,* Buenos Aires: Punto de lectura.

WILLSON, Patricia (2004): *La constelación del sur. Traductores y traducciones en la literatura argentina del siglo XX,* Buenos Aires: Siglo XXI.

ZUMTHOR, Paul (1978): *Alegoría y alegoresis,* Traducción de Sonia Yebara para circulación interna, Centro de Estudios del Discurso, Facultad de Humanidades y Artes, Universidad Nacional de Rosario.

Sobre la novela de formación

BAJTÍN, Mijail (1995 [1979]): "La novela de educación y su importancia en la historia del realismo" en *Estética de la creación verbal,* Buenos Aires: Siglo XXI.

DE DIEGO, José Luis (1998/2000): "La novela de aprendizaje en Argentina" (1° y 2° parte), *Revista "Orbis Tertius" de Teoría y Crítica Literaria* n° 6 y 7, La Plata: Ediciones Al Margen.

——— (2007): "Literatura y educación: la novela de aprendizaje", *Revista "Arrabal"* de la Asociación Española de Estudios Literarios Hispanoamericanos, n° 5/6, p. 293.

ESCUDERO PRIETO, Víctor (2007): "Reflexiones sobre el sujeto en el primer Bildungsroman", Trabajo de Investigación para el "Master Construcción y representación de identidades culturales", Departamento de Filología Románica, Universitat de Barcelona, Curso 2007/2008 (Directora: Nora Catelli). [Disponible en: http://diposit.ub.edu/dspace/bitstream/2445/12126/1/Reflexiones%20sobre%20el%20sujeto%20en%20el%20primer%20Bildungsroman%20(V%C3%ADctor%20Escudero).pdf].

ESLAVA, Jorge (2008):*Adolescentes en la ciudad: una visión de la narrativa peruana del siglo XX,* Lima: Editorial: Universidad Católica Sedes Sapientiae.

FRUGONI DE FRITZSCHE, Teresita (1997): "Variantes de la "Bildungsroman" en Latinoamérica", en *Boletín de literatura comparada.* Año 19-22, número especial: *Actas II Jornadas Nacionales de Literatura Comparada.* Mendoza, Año 19/22, pp. 217-232.

GUNTZMANN, Rita (2004): "El Bildungsroman en tiempos difíciles: *Una luz muy lejana* y *El oscuro* de Daniel Moyano", *Revista Río de la Plata*, n° 26-27, pp. 303-316.

KUSHIGIAN, Julia Alexis (2003): *Reconstructing childhood: strategies of reading for culture and gender in the Spanish American bildungsroman*. Lewisburg: Bucknell University Press; London: Associated University Press.

LAGOS, María Inés (1996): *En tono mayor: relatos de formación de protagonista femenina en Hispanoamérica*, Santiago de Chile: Editorial Cuarto Propio.

LATINEZ, Alejandro (2006): "Narrativas de aprendizaje, narrativas de crecimiento: el personaje adolescente y los límites del discurso del desarrollo en Latinoamérica entre 1950 y 1971". Dissertation Submitted to the Faculty of the Graduate School of Vanderbilt University in partial fulfillment of the requirements for the degree of Doctor of Philosophy in Spanish and Portuguese, May, Nashville, Tennessee.

MILES, D.H. (1974): "The Picaro's Journey to the Confessional: The Changing Image of the Hero in the German Bildungsroman", *PMLA*, vol. 89, n° 5, pp. 980-992.

MORA, Gabriela (1985): "El bildungsroman y la experiencia latinoamericana: La pájara pinta de Albalucía Angel" en *La sartén por el mango: Encuentro de escritoras latinoamericanas*, Puerto Rico: Huracán, pp. 71-81.

MORELLO-FROSCH, Marta (1980): "Robinsones de agua dulce en la ficción de Haroldo Conti", en *Actas del Congreso Internacional de la Asociación de Profesores de Español*, Budapest, pp. 131-139.

MORETTI, Franco (2000): *The way of the world. The Bildungsroman in European Culture*, London-New York: Verso.

PAULS, Alan (1986): *Manuel Puig. La traición de Rita Hayworth*. Buenos Aires: Biblioteca Crítica Hachette.

SALGADO, César Augusto (2001): "Incarnating the word: Poetry, Adolescence, and Aesthetic Theory in *A Portrait of the Artist as a Young Man* and *Paradiso*" en *From Modernism to Neobaroque: Joyce and Lezama Lima*, Lewisburg: Bucknell University Press.

SALMERÓN, Miguel (2002): *La novela de formación y peripecia*, Madrid: Machado Libros.

SAMMONS, Jeffrey, L. (1991): "The Bildungsroman for nonspecialists: an attempt to clarification", en *Reflection and action. Essays on the Bildungsroman*, ed. J. Hardin, University of South Carolina Press, Columbia, pp. 26-45.

VILANOU, Conrad (2001): "De la Paideia a la Bildung: hacia una pedagogía hermenéutica". *Revista Portuguesa de Educação*. Año/vol. 14, n° 002. Universidade do Minho.Braga. Portugal. [Disponible en: http://www.redalyc.org/pdf/374/37414210.pdf].

Sobre adolescencia y juventud

AYMARD, M. (2001): "Los tiempos de la adolescencia", en "Amistad y convivencia social" *Historia de la vida privada. Tomo III. Del Renacimiento a la Ilustración*, Madrid: Taurus.

Ariès, Philippe (1962): *Centuries of Childhood. A social history of family life*, New York: Vintage Books.

—————— (1996): "Las edades de la vida" en *Ensayos de la memoria (1943-1983)*, Bogotá: Norma.

Doltó, Francoise (1988): *La causa de los adolescentes*, Barcelona: Seix Barral.

Erikson, E. (1968): *Identidad, juventud y crisis*, Buenos Aires: Paidós (Trad. Margarita Galeano).

Finkielkraut, Alain (1987): "Una sociedad finalmente convertida en adolescente" en *La derrota del pensamiento*, Barcelona: Anagrama, pp. 130-138.

Gagliano, Rafael (1992): "Aportes para la construcción de una historia crítica de la adolescencia en la Argentina" en Puiggrós, Adriana (dir.): *Historia de la educación argentina*, Tomo III, "Escuela, democracia y orden (1916-1943)", Buenos Aires: Galerna, pp. 299-341.

Gil Calvo, Enrique (2007): "Edades inversas. Entrada y salida del espacio público" en Larrosa, Jorge (ed.), "La convivencia entre generaciones en un tiempo de crisis. A modo de presentación", en *Entre nosotros. La convivencia entre generaciones*, Publicación editada con motivo de la *Conferencia Internacional sobre la Convivencia entre Generaciones*, organizada por la Fundació Viure i Conviure y celebrada en el Palau de la Música Catalana, en Barcelona, el 18 y 19 de junio. [Disponible en: http://obrasocial.catalunyacaixa.com/osocial/idiomes/2/publicacions/entrenosotros.pdf].

Kristeva, Julia (1993): "La novela adolescente" en *Las nuevas enfermedades del alma*, Madrid: Cátedra.

Mannoni, O.; Deluz, A.; Gibello, B.; Hérbrard, J. (1986): *La crisis de la adolescencia*, Gedisa: Barcelona.

Marrou, Henry (1985): *Historia de la educación en la Antigüedad*, Madrid: Akal.

Mead, Margaret (1985 [1928]): *Adolescencia, sexo y cultura en Samoa*, Buenos Aires: Planeta-Agostini.

Meyer Spacks, Patricia (1981): *The adolescent idea: myths of youth and the adult imagination*, New York: Basic.

Neubauer, John (1992): *The fin– de–siécle culture of adolescence*, New Haven & London: Yale University Press.

Nitschack, Horst (2005): "*Cidade de Deus* de Paulo Lins y *La virgen de los sicarios* de Fernando Vallejo: el adolescente como sujeto absoluto" en Barbara Potthast/Sandra Carreras (eds.) *Entre la familia, la sociedad y el Estado. Niños y jóvenes en América Latina (siglos XIX-XX)*, Iberoamericana, Veuvert, pp. 311-331.

Obiols, Guillermo y Di Segni de Obiols, Silvia (1988): *Adolescencia, posmodernidad y escuela secundaria*, Buenos Aires: Kapelusz.

Paladino, Diana (2010): "Cine argentino: representaciones de la autoridad escolar en la relación adulto-adolescente". [Disponible en: http://Lasa.international.pitt.edu/members/congress-papers/lasa2010..../163.pdf].

Pandolfo, Gabriel (2009): "Cuando la juventud maravillosa se volvió estúpida e imberbe", *Diario Perfil*, 25 de abril. [Disponible en: http://www.perfil.com/contenidos/2009/04/25/noticia_0054.html].

Peltzer, Federico (2003): "Los adolescentes en la novela argentina"... *En la novela argentina*, Buenos Aires: Academia Argentina de Letras, pp. 88-90.

Ponce, Aníbal (1970 [1938]): *Apuntes de viaje. Diario íntimo de una adolescente*, Buenos Aires: Ed. El Viento en el Mundo.

Pujol, Sergio (2002): "La sociedad de los jóvenes" en *La década rebelde. Los años 60 en la Argentina*, Buenos Aires: Emecé.

——— (2003): "Rebeldes y modernos. Una cultura de los jóvenes" en *Violencia, proscripción y autoritarismo (1955-1976)* en James, Daniel (Dir. Tomo), Tomo IV de la *Nueva Historia Argentina*, Buenos Aires: Sudamericana.

Rassial, Jean Jacques (1999 [1996]): *El pasaje adolescente. De la familia al vínculo social*, Barcelona: Del Serbal.

Rodríguez Carranza, Luz (1996): "Los demonios inútiles. El discurso sobre la juventud en *Primera Plana y Los libros*", en Area, L; Pérez, L y Rogieri, P: *Fin de un siglo: las fronteras de la cultura*, Rosario: Homo Sapiens.

Salabert, Pere (1995): *Figuras del viaje. Tiempo, arte, identidad*, Rosario: Homo Sapiens.

Schindler, Norbert (1996): "Los guardianes del desorden. Rituales de la cultura juvenil en los albores de la era moderna" en *Historia de los jóvenes. Tomo I*, Madrid: Taurus.

La presente edición se terminó de imprimir en marzo de 2017, en los talleres de Imprenta Dorrego, ubicados en Av. Dorrego 1004, CABA, Argentina.

www.ingramcontent.com/pod-product-compliance
Lightning Source LLC
Chambersburg PA
CBHW030850170426
43193CB00009BA/550